数値モデルで
作成プロセス
を理解する

有限責任監査法人
トーマツ【編】

連結財務諸表

詳解

作成ガイドブック

GUIDE BOOK

清文社

は じ め に

　我が国の企業内容開示制度が個別情報中心から連結情報中心に大転換したのは、平成9年6月に当時の大蔵省企業会計審議会が公表した「連結財務諸表制度の見直しに関する意見書」によるものであり、それから既に10年以上も経過していることとなる。

　今日ではマスコミの記事等において連結財務諸表といった用語を目にすることは珍しくなく、連結財務諸表の用語を知らない人はいないといえるぐらいこの用語はかなり定着してきた感がある。

　しかし、開示制度の大転換から10年以上経過しているとはいえ、今日、連結財務諸表の内容の理解がどこまで進んでいるかははなはだ疑問なところがある。例えば、非常に単純な質問であるが、個別財務諸表（損益計算書）で計上されている子会社株式評価損100億円が連結財務諸表（連結損益計算書）で計上されないのはなぜか、また、ある取引先の株式を買い増して子会社化した場合に前期まで保有していた当該株式に係る評価益50億円が連結財務諸表（連結損益計算書）に計上されているが、個別財務諸表（損益計算書）には計上されていないのはなぜか、といった質問に答えられる人はどれほどいるであろうか。

　確かに連結の仕組みは正直複雑なところがある。個別財務諸表の場合は、取引の都度会計処理した伝票を積み上げて作成されるため、それぞれの伝票を理解すれば足りるといえるが（最近の新会計基準の適用でここも難しくなっているともいえるが）、連結財務諸表の場合は、各グループ会社の財務諸表ができ上がってから合算するところまでは問題ないとしても、その後、あるべき連結数値を求めるために処理される修正仕訳についての理解が欠かせない。

　簡単にいうと、このあるべき連結数値と個別財務諸表の合算数値とをつなぐ調整部分が連結財務諸表作成プロセスであり、これを理解するためには個別財務諸表における会計処理の理解とともに、あるべき連結数値、すなわち連結特有の考え方を理解することが非常に重要であるといえる。

本書では、このような連結財務諸表作成プロセスについて、具体的な数値モデルを用いて詳細な解説を試みているが、当該プロセスを作成面からではなく、逆に、利用者の視点に立って開示面から解説しているところに特徴がある。
　「Ⅰ　連結財務諸表の作成」では、有価証券報告書において開示される連結財務諸表から作成プロセスの集約である連結精算表、そして各作成プロセス固有の論点といったように連結数値を掘り下げる形で解説している。紙面の都合上、数値が小さく見づらいところもあるかもしれないが、この点はご容赦いただきたい。
　「Ⅱ　連結財務諸表に関する開示」においては、注記事項も非常に重要な情報を含んでいるため、連結財務諸表における注記事項の体系的な解説を試みている。その中では、単に注記事項の解説にとどまらず、その前提となる会計処理方法の概要にも言及することとしており、最新の会計基準にもできるだけ触れることとしている。また、今回の連結会計基準改正の目玉でもあるセグメント情報（マネジメントアプローチ）については、別に章立てしてわかりやすく解説している。さらに、有価証券報告書における開示にとどまらず、四半期における開示や会社法における開示についても対象としている。
　最後に「Ⅲ　連結納税関係」では、平成22年度税制改正により今後の連結納税の採用の可能性が高まりつつあることを踏まえ、制度の概要や税効果会計適用のポイント等を簡潔に解説することとしている。

　平成20年12月に企業会計基準委員会が公表した企業会計基準第22号「連結財務諸表に関する会計基準」は、IFRSコンバージェンスの一環として改訂された我が国最新の連結会計基準であり、平成22年4月1日以後開始する連結会計年度から適用することとされている。今後もIFRSコンバージェンスの観点から連結会計基準の改訂が予定されているが、本書は現時点で最新の連結会計基準の内容を反映したものとなっている。
　本書が、連結財務諸表の作成者側と利用者側の多くの方々に利用され、その

結果、連結財務諸表に対する理解のレベルアップを通じて、我が国の金融商品取引市場の活性化につながればと願っている次第である。

　なお、本書の出版に際しては、当法人で活躍している女性中心の先鋭チームを組成したおかげで、何とか連結会計基準の適用開始段階で出版にこぎつけることができた。女性の根気強さを痛感した次第である。この場を借りて特に4名の女性の頑張りに感謝する。また、今回の企画を持ち込んでいただき、最終的な取りまとめにご尽力いただいた清文社の橋詰守氏に感謝申し上げる。

　　平成22年5月

有限責任監査法人トーマツ
公認会計士　市川育義

Contents

はじめに

I　連結財務諸表の作成	1
1　有価証券報告書における連結財務諸表の開示	3
2　連結財務諸表の構成	17
2.1　連結精算表	17
2.1.1　連結貸借対照表	25
2.1.2　連結損益計算書	30
2.1.3　連結キャッシュ・フロー計算書	33
2.1.4　包括利益の表示	42
2.2　連結の範囲	45
2.2.1　「親会社」「子会社」「関連会社」の意義	46
2.2.2　用語の説明	47
2.2.3　議決権の所有割合の算定方法	59
2.2.4　緊密な者及び同意している者がいる場合	60
2.2.5　連結の範囲	61
2.2.6　持分法の適用範囲	63
2.2.7　重要性の判断指針	64
2.2.8　特別目的会社の取扱い	69
2.2.9　投資事業組合の取扱い	70
3　単純合算表と各子会社の個別財務諸表	73
3.1　連結会社間の会計処理の統一	73
3.1.1　原則	73
3.1.2　会計処理の統一方法	73

	3.1.3　在外子会社の会計処理に関する取扱い	74
3.2	決算日の異なる会社の連結	77
	3.2.1　子会社の決算日	77
	3.2.2　決算日の異なる在外子会社の換算レート	77
3.3	在外子会社の換算	78
	3.3.1　在外子会社換算の基本	78
	3.3.2　A社の換算	80
	3.3.3　B社の換算	86
	3.3.4　応用論点	91
3.4	個別財務諸表の修正	94
	3.4.1　子会社の資産及び負債の評価	94
	3.4.2　在外子会社の簿価修正に伴う資産、負債及び評価差額の換算	96
	3.4.3　為替換算調整勘定の表示	96
	3.4.4　評価差額の実現に伴う時価評価による簿価修正額の処理	101

4　連結財務諸表作成のために必要な仕訳　105

4.1	資本連結仕訳	105
	4.1.1　投資と資本の相殺消去	105
	4.1.2　少数株主持分	106
	4.1.3　のれんの会計処理	106
	4.1.4　在外子会社ののれん又は負ののれんの計算	111
4.2	連結会社間債権・債務及び取引高の相殺消去仕訳	117
	4.2.1　売上高と仕入高の相殺消去	118
	4.2.2　売上債権と仕入債務の相殺消去	119
	4.2.3　その他の債権・債務の相殺消去	121
4.3	未実現損益の消去仕訳	123
	4.3.1　未実現損益の負担方法	124
	4.3.2　棚卸資産に含まれる未実現損益の消去	125
	4.3.3　固定資産に含まれる未実現損益の消去	125
	4.3.4　未実現損益の換算方法	125

4.4	持分法仕訳		130
	4.4.1	持分法とは	130
	4.4.2	連結決算日と持分法適用会社の決算日が異なる場合の取扱い	131
	4.4.3	会計処理の原則及び手続の統一	131
	4.4.4	持分法の会計処理	132
4.5	その他連結修正仕訳		138
	4.5.1	連結自己株式	138
	4.5.2	連結税効果	144
4.6	翌期の連結財務諸表作成において必要な仕訳		169
	4.6.1	資本連結仕訳	170
	4.6.2	未実現損益消去仕訳	174
	4.6.3	引当金	178
	4.6.4	持分法仕訳	178

5　連結財務諸表上級編　181

5.1	子会社株式の追加取得		181
	5.1.1	その他有価証券として株式を保有している会社が連結子会社となった場合の処理	181
	5.1.2	連結会社が連結子会社となった場合の処理	184
	5.1.3	支配権獲得後に子会社株式を追加取得した場合の処理	190
5.2	子会社株式の売却		196
5.3	子会社の時価発行増資等に伴い親会社の持分が変動した場合		215

6　連結キャッシュ・フロー計算書　229

6.1	理論編		229
	6.1.1	資金の範囲	229
	6.1.2	非資金取引	231
	6.1.3	表示区分	231
	6.1.4	表示方法	235
	6.1.5	連結グループ間の取引	238

6.1.6	外貨の換算	240
6.1.7	連結キャッシュ・フロー計算書の作成	242

6.2 設例編　261
6.2.1 前提条件　261
6.2.2 連結キャッシュ・フロー精算表における調整項目の解説　263

II 連結財務諸表に関する開示　285

7 セグメント開示　287

7.1 セグメント会計基準の考え方（マネジメント・アプローチ）　287
7.1.1 概要　287
7.1.2 範囲　288
7.1.3 マネジメント・アプローチとは　288
7.1.4 マネジメント・アプローチのメリット　288
7.1.5 開示項目　290
7.1.6 セグメント情報等の開示における基本原則　290

7.2 報告セグメントの決定　291
7.2.1 ステップ1～事業セグメントの識別　292
7.2.2 ステップ2～事業セグメントの集約　297
7.2.3 ステップ3～報告セグメントの決定　298
7.2.4 ステップ4～量的基準を満たさない事業セグメント同士の結合　303
7.2.5 ステップ5～報告セグメントの確認　305
7.2.6 ステップ6～報告セグメントの決定に関するその他の定め　305

7.3 セグメント情報の開示項目と測定方法　307
7.3.1 報告セグメントの概要　309
7.3.2 利益（又は損失）、資産及び負債等の測定方法　311
7.3.3 利益（又は損失）、資産及び負債等の額　317
7.3.4 財務諸表との差異調整に関する事項　322

7.4 関連情報の開示　325

	7.4.1	製品及びサービスに関する情報	327
	7.4.2	地域に関する情報	328
	7.4.3	主要な顧客に関する情報	332
7.5	固定資産の減損損失に関する開示		333
7.6	のれんに関する開示		333
7.7	適用時期等		335
	7.7.1	適用時期	335
	7.7.2	適用初年度の取扱い	335
7.8	四半期決算の取扱い		336
	7.8.1	開示項目	336
	7.8.2	適用時期等	337

8　注記情報　339

8.1	継続企業の前提に関する注記		344
8.2	連結財務諸表作成のための基本となる重要な事項		346
	8.2.1	連結の範囲に関する事項	347
	8.2.2	持分法の適用に関する事項	349
	8.2.3	連結子会社の事業年度等に関する事項	350
	8.2.4	会計処理基準に関する事項	351
	8.2.5	連結財務諸表作成のための基本となる重要な事項の変更	377
	8.2.6	追加情報	381
8.3	その他の注記事項		383
	8.3.1	連結貸借対照表関係	383
	8.3.2	連結損益計算書関係	392
	8.3.3	連結株主資本等変動計算書関係	399
	8.3.4	連結キャッシュ・フロー計算書関係	405
	8.3.5	リース取引関係	410
	8.3.6	金融商品関係	417
	8.3.7	有価証券関係	426
	8.3.8	デリバティブ取引関係	431

	8.3.9	退職給付関係	433
	8.3.10	ストック・オプション等関係	439
	8.3.11	税効果会計関係	443
	8.3.12	企業結合等関係	448
	8.3.13	資産除去債務関係	457
	8.3.14	賃貸等不動産関係	461
	8.3.15	セグメント情報	464
	8.3.16	関連当事者情報	464
	8.3.17	開示対象特別目的会社関係	464
	8.3.18	1株当たり情報	467
	8.3.19	重要な後発事象	473
8.4	関連当事者注記		485
	8.4.1	「関連当事者」の範囲	485
	8.4.2	関連当事者の注記内容	492

9 四半期における開示 503

9.1 四半期報告制度の概要 503
9.2 四半期連結財務諸表の種類 503
9.3 四半期報告制度における会計処理等の特徴 504
9.3.1 簡便な会計処理 504
9.3.2 四半期特有の会計処理 506
9.3.3 会計処理の原則及び手続の継続適用 506
9.4 四半期報告書における注記 510

10 会社法における開示 519

10.1 連結計算書類 520
10.1.1 連結計算書類の概要 520
10.1.2 連結の範囲 520
10.1.3 連結計算書類の内容 520
10.2 連結注記表 528

III 連結納税関係　531

11 連結納税制度とは　533

11.1 連結納税制度の概要　533
11.2 連結納税における税額計算　533
　11.2.1 税額計算方法の概要　533
　11.2.2 連結欠損金　535
11.3 連結納税会社の住民税及び事業税　536
11.4 連結納税による連結財務諸表への影響（税効果を除く）　537
　11.4.1 未払法人税等　538
　11.4.2 連結の範囲　538
　11.4.3 決算日に差異がある場合　538

12 連結納税を適用する場合の連結財務諸表における税効果会計　541

12.1 繰延税金資産及び繰延税金負債の把握　541
　12.1.1 連結納税会社ごとの一時差異等に対する繰延税金資産及び繰延税金負債の把握　541
　12.1.2 連結財務諸表固有の一時差異等の把握　545
12.2 回収可能性の判断　550
12.3 税効果会計の考慮時期　552
　12.3.1 連結納税開始の認識時期　553
　12.3.2 加入見込みの考慮時期　553
　12.3.3 離脱見込みの考慮時期　554
12.4 表示及び開示　555
　12.4.1 繰延税金資産及び繰延税金負債の表示　555
　12.4.2 開示　555

<略称一覧>

略称	正式名称
金商法	金融商品取引法
金商法施行令	金融商品取引法施行令
企業内容開示府令	企業内容等の開示に関する内閣府令
開示ガイドライン	企業内容等開示ガイドライン
連結財規	連結財務諸表規則
連結財規ガイドライン	連結財務諸表ガイドライン
財規	財務諸表等規則
財規ガイドライン	財務諸表等規則ガイドライン
企原	企業会計原則・同注解
連結原則	連結財務諸表原則・同注解
CF作成基準	連結キャッシュ・フロー計算書等の作成基準
資本連結実務指針	連結財務諸表における資本連結手続に関する実務指針
持分法実務指針	持分法会計に関する実務指針
持分法会計基準	持分法に関する会計基準
セグメント会計基準	セグメント情報等の開示に関する会計基準
セグメント会計基準適用指針	セグメント情報等の開示に関する会計基準の適用指針
CF実務指針	連結財務諸表等におけるキャッシュ・フロー計算書の作成に関する実務指針
企業結合会計基準	企業結合に関する会計基準
事業分離等会計基準	事業分離等に関する会計基準
企業結合会計基準適用指針	企業結合会計基準及び事業分離等会計基準に関する適用指針
関連当事者会計基準	関連当事者の開示に関する会計基準
関連当事者会計基準適用指針	関連当事者の開示に関する会計基準の適用指針
税効果会計基準	税効果会計に係る会計基準
連結税効果実務指針	連結財務諸表における税効果会計に関する実務指針
個別税効果実務指針	個別財務諸表における税効果会計に関する実務指針
税効果Q&A	税効果会計に関するQ&A
連結納税1	連結納税制度を適用する場合の税効果会計に関する当面の取扱い（その1）
連結納税2	連結納税制度を適用する場合の税効果会計に関する当面の取扱い（その2）
金融商品会計基準	金融商品に関する会計基準
金融商品会計実務指針	金融商品会計に関する実務指針
金融商品会計Q&A	金融商品会計に関するQ&A
自己株式等会計基準	自己株式及び準備金の額の減少に関する会計基準
連結財務諸表会計基準	連結財務諸表に関する会計基準
外貨建実務指針	外貨建取引等の会計処理に関する実務指針
四半期会計基準	四半期財務諸表に関する会計基準

Ⅰ 連結財務諸表の作成

1 有価証券報告書における連結財務諸表の開示

　連結財務諸表とは、支配従属関係にある2つ以上の企業からなる集団（企業集団）を単一の組織体とみなして、親会社が当該企業集団の財政状態、経営成績及びキャッシュ・フローの状況を総合的に報告するために作成するものである（連結財務諸表会計基準1）。

　具体的には、連結財務諸表は、企業グループに属する会社のうち連結財務諸表提出会社の子会社及び関連会社の個別財務諸表を基礎として作成されることとなる（下図の太線で囲まれた部分）。ただし、関連会社については、持分法の適用により基本的に投資額に対応した剰余金のみを連結財務諸表に部分的に反映させるため、個別財務諸表を合算して資産・負債等をすべて反映させる子会社とは作成手続を異にする。

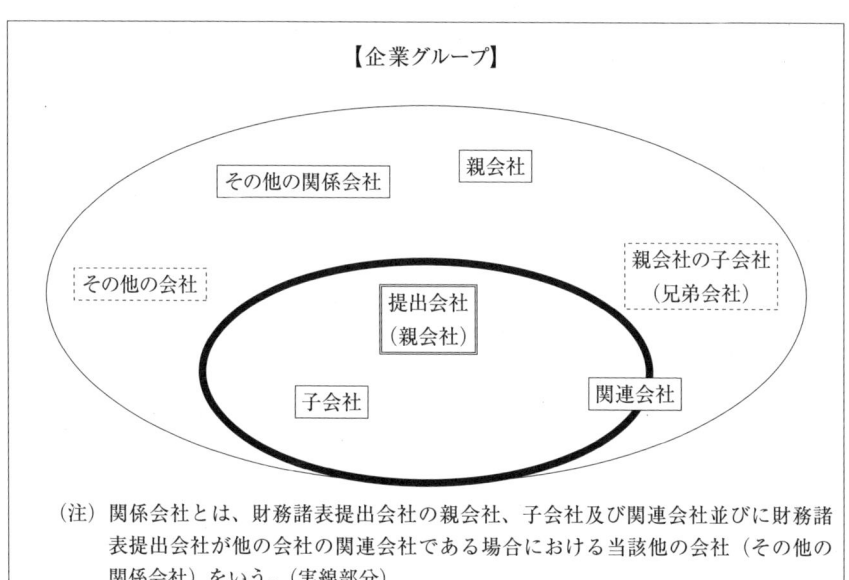

（注）関係会社とは、財務諸表提出会社の親会社、子会社及び関連会社並びに財務諸表提出会社が他の会社の関連会社である場合における当該他の会社（その他の関係会社）をいう。（実線部分）

連結財務諸表の作成にあたっては、子会社については、個別の決算書を合算した上でグループ内取引の消去など必要な修正を行うが、関連会社については、個別の決算書を合算せず、持分法という方法で投資額に必要な修正を行う。このため、子会社と関連会社では、以下のように作成手続が異なることとなる。

1）連結

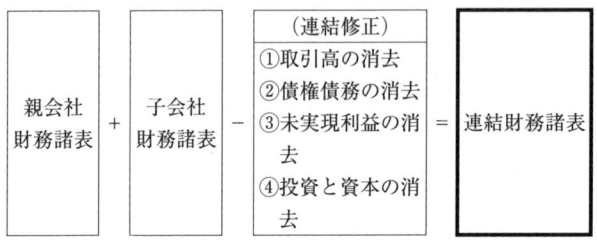

連結では、連結財務諸表上、子会社投資を具体的に子会社の資産、負債及び損益として総額表示することになるため、まず子会社の財務諸表を合算し、合算の結果両建て計上されることとなる内部取引に係る項目等を消去するとともに、子会社の資本のうち親会社に帰属しない部分を"少数株主持分"（純資産の部に独立項目として表示）として振替計上する。次に、子会社の資本勘定の変動、例えば、利益について親会社に帰属しない部分を"少数株主利益"（利益の控除項目）として計上し、"少数株主持分"に加算する。

2）持分法

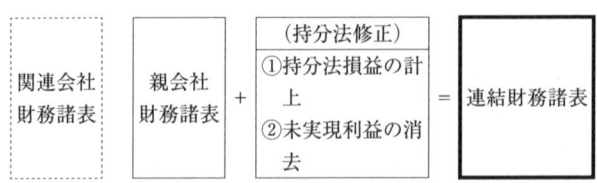

持分法では、連結財務諸表上、関連会社投資を関連会社の資本勘定に対応する関連会社株式として純額表示することになるため、関連会社の財務諸表を合算せず、関連会社の資本勘定の変動、例えば利益についてその持分相当額を"持分法による投資損益"として直接計上し、関連会社株式に加算する。ただし、内部取引による未実現利益については、関連会社財務諸表を合算しない持分法においても、資産・利益として両建て計上されるため、消去する。

現在、企業の多くは企業集団を形成して多数の事業を営んでいる。そのため、企業単体ではなく、企業集団全体の財政状態、経営成績及びキャッシュ・フローの状況を開示することが、投資者や債権者といった利害関係者にとって有用であると考えられることから、現在は連結中心の開示制度となっている。

金融商品取引法に基づき上場会社等が提出した有価証券報告書は、現在、EDINET（Electronic Disclosure for Investors' NETwork）を通じて、インターネット上閲覧可能となっているため、以前よりは大変身近な開示書類になったと思われるが、**図表1-1**に記載のとおり、記載事項は多岐にわたっており、かなり詳細な情報が網羅されていることがわかる。以下ではこのうち、「第一部 企業情報 第5 経理の状況」に記載される連結財務諸表に焦点を当てて、解説することとする。

図表1-1　有価証券報告書の内容

```
【表紙】
第一部【企業情報】
　第1【企業の概況】
　　1【主要な経営指標等の推移】
　　2【沿革】
　　3【事業の内容】
　　4【関係会社の状況】
　　5【従業員の状況】
```

第2【事業の状況】
　1【業績等の概要】
　2【生産、受注及び販売の状況】
　3【対処すべき課題】
　4【事業等のリスク】
　5【経営上の重要な契約等】
　6【研究開発活動】
　7【財政状態、経営成績及びキャッシュ・フローの状況の分析】
第3【設備の状況】
　1【設備投資等の概要】
　2【主要な設備の状況】
　3【設備の新設、除却等の計画】
第4【提出会社の状況】
　1【株式等の状況】
　2【自己株式の取得等の状況】
　3【配当政策】
　4【株価の推移】
　5【役員の状況】
　6【コーポレート・ガバナンスの状況等】
第5【経理の状況】
　1【連結財務諸表等】
　　(1)【連結財務諸表】
　　　①【連結貸借対照表】
　　　②【連結損益計算書】
　　　③【連結株主資本等変動計算書】
　　　④【連結キャッシュ・フロー計算書】
　　　⑤【連結附属明細表】
　　(2)【その他】
　2【財務諸表等】
　　(1)【財務諸表】
　　　①【貸借対照表】
　　　②【損益計算書】
　　　③【株主資本等変動計算書】

```
            ④【キャッシュ・フロー計算書】
            ⑤【附属明細表】
        (2)【主な資産及び負債の内容】
        (3)【その他】
    第6【提出会社の株式事務の概要】
    第7【提出会社の参考情報】
        1【提出会社の親会社等の情報】
        2【その他の参考情報】
    第二部【提出会社の保証会社等の情報】
    第1【保証会社情報】
        1【保証の対象となっている社債】
        2【継続開示会社たる保証会社に関する事項】
        3【継続開示会社に該当しない保証会社に関する事項】
    第2【保証会社以外の会社の情報】
        1【当該会社の情報の開示を必要とする理由】
        2【継続開示会社たる当該会社に関する事項】
        3【継続開示会社に該当しない当該会社に関する事項】
    第3【指数等の情報】
        1【当該指数等の情報の開示を必要とする理由】
        2【当該指数等の推移】
```

(出典) 企業内容開示府令 第三号様式

図表1-1のとおり、連結財務諸表には連結貸借対照表、連結損益計算書、連結株主資本等変動計算書、連結キャッシュ・フロー計算書、そして連結附属明細表がある。また、連結キャッシュ・フロー計算書の後には「連結財務諸表作成のための基本となる重要な事項」をはじめとした注記事項が記載される。なお、連結附属明細表については本書では説明を割愛する。

それでは、実際の連結財務諸表がどのようなものかを見ていくこととする。

図表1-2　連結財務諸表

① 【連結貸借対照表】

(単位：百万円)

	前連結会計年度 （平成×5年3月31日）	当連結会計年度 （平成×6年3月31日）
資産の部		
流動資産		
現金及び預金	11,292	22,958
受取手形及び売掛金	6,950	10,565
貸倒引当金	△55	△103
受取手形及び売掛金（純額）	6,894	10,461
有価証券	83,800	88,000
商品及び製品	11,830	9,792
仕掛品	189	200
原材料及び貯蔵品	500	600
繰延税金資産	1,507	1,427
その他	550	500
流動資産合計	116,564	133,940
固定資産		
有形固定資産		
建物及び構築物	※1　5,350	※1　7,429
機械装置及び運搬具	2,500	2,445
工具、器具及び備品	8,200	11,130
土地	※1　3,580	※1　6,900
リース資産	260	200
有形固定資産合計	※3　19,890	※3　28,104
無形固定資産		
のれん	12	605
ソフトウェア	－	300
無形固定資産合計	12	905
投資その他の資産		
投資有価証券	450	※2　4,502
繰延税金資産	2,805	3,259
投資その他の資産合計	3,255	7,762
固定資産合計	23,158	36,772
資産合計	139,722	170,712

負債の部		
流動負債		
支払手形及び買掛金	3,240	6,870
短期借入金	900	6,880
リース債務	40	40
未払法人税等	1,003	2,448
賞与引当金	1,030	1,529
その他	433	453
流動負債合計	6,646	18,220
固定負債		
社債	−	210
長期借入金	※1　10,150	※1　17,730
リース債務	200	190
繰延税金負債	−	162
退職給付引当金	2,410	3,663
固定負債合計	12,760	21,955
負債合計	19,406	40,175
純資産の部		
株主資本		
資本金	60,000	60,000
資本剰余金	20,000	20,000
利益剰余金	40,217	46,367
自己株式	−	△35
株主資本合計	120,217	126,332
評価・換算差額等		
その他有価証券評価差額金	20	29
為替換算調整勘定	−	△932
評価・換算差額等合計	20	△902
少数株主持分	78	5,107
純資産合計	120,316	130,537
負債純資産合計	139,722	170,712

（注）※は、**8.3.1 連結貸借対照表関係**に記載された注記例と対応している。

② 【連結損益計算書】

(単位：百万円)

	前連結会計年度 (自 平成×4年4月1日 至 平成×5年3月31日)	当連結会計年度 (自 平成×5年4月1日 至 平成×6年3月31日)
売上高	63,449	119,946
売上原価	46,382	80,676
売上総利益	17,067	39,270
販売費及び一般管理費	※1,※2 9,489	※1,※2 25,880
営業利益	7,577	13,389
営業外収益		
受取利息	2	2
受取配当金	10	10
営業外収益合計	12	12
営業外費用		
支払利息	212	701
為替差損	27	140
持分法による投資損失	－	10
その他	1	－
営業外費用合計	241	852
経常利益	7,348	12,548
特別利益		
負ののれん発生益	－	8
特別利益合計	－	8
特別損失		
減損損失	－	※3 80
特別損失合計	－	80
税金等調整前当期純利益	7,348	12,477
法人税、住民税及び事業税	3,132	5,183
法人税等調整額	△167	183
法人税等合計	2,964	5,367
少数株主損益調整前当期純利益	4,383	7,110
少数株主利益	8	459
当期純利益	4,375	6,650

(注) ※は、**8.3.2 連結損益計算書関係**に記載された注記例と対応している。

③【連結株主資本等変動計算書】

(単位:百万円)

	前連結会計年度 (自 平成×4年4月1日 至 平成×5年3月31日)	当連結会計年度 (自 平成×5年4月1日 至 平成×6年3月31日)
株主資本		
資本金		
前期末残高	60,000	60,000
当期変動額		
当期変動額合計	−	−
当期末残高	60,000	60,000
資本剰余金		
前期末残高	20,000	20,000
当期変動額		
当期変動額合計	−	−
当期末残高	20,000	20,000
利益剰余金		
前期末残高	36,342	40,217
当期変動額		
剰余金の配当	△500	△500
当期純利益	4,375	6,650
当期変動額合計	3,875	6,150
当期末残高	40,217	46,367
自己株式		
前期末残高		−
当期変動額		
自己株式の取得	−	△35
当期変動額合計	−	△35
当期末残高	−	△35
株主資本合計		
前期末残高	116,342	120,217
当期変動額		
剰余金の配当	△500	△500
当期純利益	4,375	6,650
自己株式の取得	−	△35
当期変動額合計	3,875	6,115
当期末残高	120,217	126,332

評価・換算差額等		
その他有価証券評価差額金		
前期末残高	25	20
当期変動額		
株主資本以外の項目の当期変動額(純額)	△4	8
当期変動額合計	△4	8
当期末残高	20	29
為替換算調整勘定		
前期末残高	－	－
当期変動額		
株主資本以外の項目の当期変動額(純額)	－	△932
当期変動額合計	－	△932
当期末残高	－	△932
評価・換算差額等合計		
前期末残高	25	20
当期変動額		
株主資本以外の項目の当期変動額(純額)	△4	△923
当期変動額合計	△4	△923
当期末残高	20	△902
少数株主持分		
前期末残高	71	78
当期変動額		
株主資本以外の項目の当期変動額(純額)	6	5,028
当期変動額合計	6	5,028
当期末残高	78	5,107
純資産合計		
前期末残高	116,438	120,316
当期変動額		
剰余金の配当	△500	△500
当期純利益	4,375	6,650
自己株式の取得	－	△35
株主資本以外の項目の当期変動額(純額)	2	4,105
当期変動額合計	3,877	10,220
当期末残高	120,316	130,537

④ 【連結キャッシュ・フロー計算書】

(単位:百万円)

	前連結会計年度 (自 平成×4年4月1日 至 平成×5年3月31日)	当連結会計年度 (自 平成×5年4月1日 至 平成×6年3月31日)
I 営業活動によるキャッシュ・フロー		
税金等調整前当期純利益	7,348	12,477
減価償却費	1,110	2,608
減損損失	-	80
のれん償却額	2	67
貸倒引当金の増減額(△は減少)	△10	△38
賞与引当金の増減額(△は減少)	△220	△158
退職給付引当金の増減額(△は減少)	102	114
受取利息及び受取配当金	△12	△12
支払利息	212	701
持分法による投資損失	-	10
負ののれん発生益	-	△8
売上債権の増減額(△は増加)	△800	4,962
たな卸資産の増減額(△は増加)	100	7,735
仕入債務の増減額(△は減少)	△2,070	△3,655
その他資産の増減額(△は増加)	250	50
その他負債の増減額(△は減少)	△4	70
小計	6,009	25,005
利息及び配当金の受取額	10	28
利息の支払額	△212	△701
法人税等の支払額	△3,800	△4,727
営業活動によるキャッシュ・フロー	2,007	19,605
II 投資活動によるキャッシュ・フロー		
有形固定資産の取得による支出	△185	△367
有形固定資産の売却による収入	200	-
無形固定資産の取得による支出	-	△330
投資有価証券の取得による支出	-	△4,000
投資有価証券の売却による収入	-	15
連結範囲の変更を伴う子会社株式の取得による支出	-	※2 △7,215
投資活動によるキャッシュ・フロー	15	△11,898

Ⅲ	財務活動によるキャッシュ・フロー		
	短期借入による収入	900	5,585
	短期借入金の返済による支出	△500	△1,757
	長期借入による収入	5,300	6,400
	長期借入金の返済による支出	△100	△1,122
	社債の発行による収入	-	210
	リース債務の返済による支出	△30	△40
	自己株式の取得による支出	-	△50
	配当金の支払額	△400	△500
	少数株主への配当金の支払額	-	△1
	財務活動によるキャッシュ・フロー	5,170	8,723
Ⅳ	現金及び現金同等物に係る換算差額	-	△563
Ⅴ	現金及び現金同等物の増減額(△は減少)	7,192	15,866
Ⅵ	現金及び現金同等物の期首残高	87,900	95,092
Ⅶ	現金及び現金同等物の期末残高	※1 95,092	※1 110,958

（注）※は、**8.3.4 連結キャッシュ・フロー計算書関係**に記載された注記例と対応している。

この連結財務諸表は、本書を通して使用する数値モデルのものである。数値モデルは本書のために作成したものであり、実際の会社とは無関係であることをあらかじめお断りしておく。

以降、太枠線☐で囲まれた説明は、すべてこの数値モデルに対応するものである。数値モデルにおける金額の単位は別途明示されている場合を除き「千円」とする。本数値モデルの概要は以下のとおりである。

親会社である東京食品製造株式会社（以下「東京社」という）は、冷凍食品の製造販売を行う3月決算の上場会社であり、毎期有価証券報告書を提出している。東京社は、当期以前より健康食品の製造販売を行う子会社である葛飾健康食品株式会社（以下「葛飾社」という）を連結子会社としている。東京社の葛飾社に対する持株比率は90%である。

東京社は、平成×5年4月1日に下表のとおり株式を取得した。

東京社が平成×5年4月1日に取得した株式

会社名	所在国	決算日	同社に対する持株比率	取得原価
大阪食品販売株式会社	日本	3月31日	70.0%	5,100百万円
Antibes SAS	フランス	3月31日	100.0%	8,100百万円
Boston Corporation	アメリカ	12月31日	60.0%	4,030百万円
横浜貿易株式会社	日本	8月31日	40.0%	4,000百万円

このうち、大阪食品販売株式会社（以下「大阪社」という）、Antibes SAS（以下「A社」という）、Boston Corporation（以下「B社」という）の3社を連結子会社とし、横浜貿易株式会社（以下「横浜社」という）を持分法適用関連会社とした。大阪社、A社は業務の効率化及び販路拡大のために取得した販売子会社であり、それぞれ東京社が製造した製品を仕入れて販売している。

また、B社はペットフード事業を営む会社である。同社の取得は東京社の今後の事業拡大を見据えてのものである。したがって、現在のところ東京社とB社の間で営業取引は行っていない。

横浜社は食品輸入商社である。東京社は大阪社、A社の取得に伴い、自社で製造した製品はすべて大阪社、A社に販売し、自ら小売業者に販売することはなくなったが、横浜社から輸入した商品のみ、大阪社、A社を通さずに自ら小売業者に卸している。

東京社と各子会社及び関連会社との主な取引関係

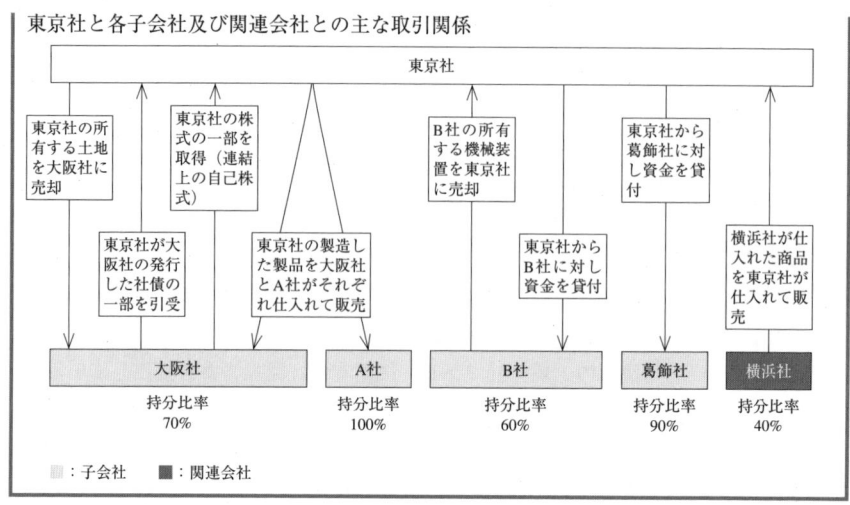

　以上の前提のもとに、**図表1-2**の連結財務諸表を作成しているが、具体的にどのような作業を経てこのような連結財務諸表となったのか、イメージすることは難しいと思われる。そこで**第2章**以降では、具体的な連結財務諸表の作成方法について解説していく。

2 連結財務諸表の構成

2.1 連結精算表

図表2-1 連結財務諸表作成手続の手順

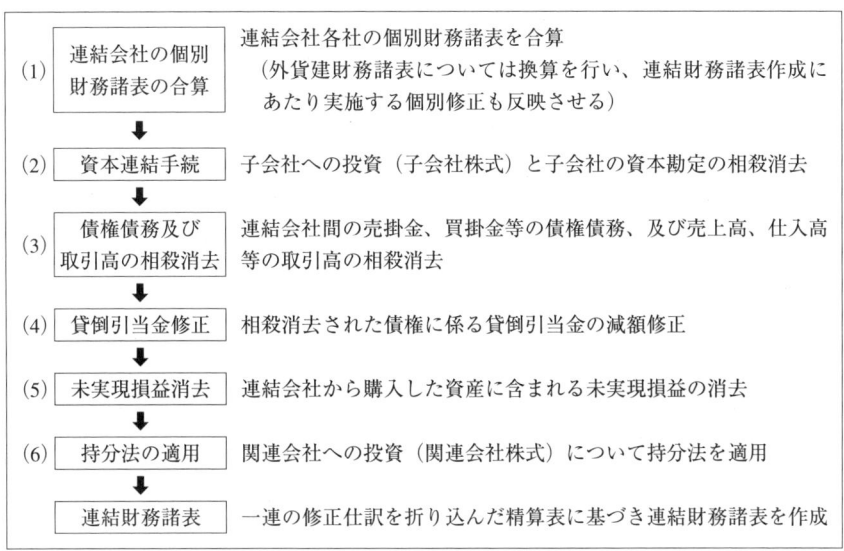

連結財務諸表を作成するにあたっては、連結固有の会計帳簿が存在しないため、連結仕訳を記載するための連結精算表を作成する。その連結精算表上で親会社及び連結子会社の財務諸表を合算し、連結会社間取引及び債権債務の相殺消去や未実現損益の消去などの処理を行う。さらに、持分法適用会社がある場合には、持分法の処理を行う。そして完成した連結精算表の数値を、連結財務諸表規則及び同ガイドラインや企業内容等の開示に関する内閣府令等に基づき組替を行い、連結貸借対照表及び連結損益計算書が完成することとなる。

図表2-2　連結精算表

勘定科目	東京食品製造㈱	大阪食品販売㈱	Antibes SAS	Boston Corporation	葛飾健康食品㈱	単純合計	① 開始仕訳	② 当期利益の按分	③ 為替換算調整勘定の按分
B/S									
現金	102,633	6,164	860,720	1,025,220	5,000	1,999,737	0	0	0
当座預金	4,500,000	600,000	6,230,000	2,968,080	11,120	14,309,200	0	0	0
普通預金	5,000,000	1,350,000	0	0	300,000	6,650,000	0	0	0
譲渡性預金	88,000,000	0	0	0	0	88,000,000	0	0	0
売掛金	1,200,000	3,145,000	3,010,000	2,760,000	250,000	10,365,000	0	0	0
子会社売掛金	3,825,000	0	0	0	0	3,825,000	0	0	0
受取手形	200,000	0	0	0	0	200,000	0	0	0
子会社受取手形	1,325,000	0	0	0	0	1,325,000	0	0	0
貸倒引当金	-52,400	-31,450	-36,120	-22,080	-2,250	-144,300	0	0	0
商品	920,000	1,900,000	2,156,000	1,800,000	160,000	6,936,000	0	0	0
製品	3,000,000	0	0	0	0	3,000,000	0	0	0
原材料	600,000	0	0	0	0	600,000	0	0	0
仕掛品	200,000	0	0	0	0	200,000	0	0	0
親会社株式	0	55,000	0	0	0	55,000	0	0	0
繰延税金資産(短期)(東京)	1,000,000	0	0	0	0	1,000,000	0	0	0
繰延税金資産(短期)(大阪)	0	20,000	0	0	0	20,000	0	0	0
繰延税金資産(短期)(Antibes)	0	0	14,000	0	0	14,000	0	0	0
繰延税金資産(短期)(Boston)	0	0	0	360,000	0	360,000	0	0	0
繰延税金資産(短期)(葛飾)	0	0	0	0	11,130	11,130	0	0	0
その他資産	500,000	0	0	0	0	500,000	0	0	0
建物	5,000,000	1,500,000	280,000	504,000	145,000	7,429,000	0	0	0
機械装置	2,211,200	0	0	253,200	0	2,464,400	0	0	0
器具備品	7,500,000	2,500,000	350,000	600,000	180,000	11,130,000	0	0	0
土地	3,280,000	2,600,000	140,000	600,000	300,000	6,920,000	0	0	0
リース資産	200,000	0	0	0	0	200,000	0	0	0
ソフトウェア	300,000	0	0	0	0	300,000	0	0	0
のれん	0	0	0	0	0	0	719,320	0	0
投資有価証券	540,000	0	30,800	0	0	570,800	0	0	0
子会社株式	17,730,000	0	0	0	0	17,730,000	-17,730,000	0	0
関連会社株式	4,000,000	0	0	0	0	4,000,000	0	0	0
子会社貸付金	206,000	0	0	0	0	206,000	0	0	0
繰延税金資産(長期)(東京)	3,000,000	0	0	0	0	3,000,000	0	0	0
繰延税金資産(長期)(大阪)	0	40,000	0	0	0	40,000	0	0	0
繰延税金資産(長期)(Antibes)	0	0	28,000	0	0	28,000	0	0	0
繰延税金資産(長期)(Boston)	0	0	0	240,000	0	240,000	0	0	0
繰延税金資産(長期)(葛飾)	0	0	0	0	20,000	20,000	0	0	0
親会社支払手形	0	-1,375,000	0	0	0	-1,375,000	0	0	0
買掛金	-3,750,000	0	0	-2,160,000	-110,000	-6,020,000	0	0	0
親会社買掛金	0	-1,375,000	-2,450,000	0	0	-3,825,000	0	0	0
関連会社買掛金	-750,000	0	0	0	0	-750,000	0	0	0
支払手形	0	0	0	0	-100,000	-100,000	0	0	0
短期借入金	-5,000,000	-1,000,000	-490,000	-240,000	-100,000	-6,830,000	0	0	0
リース債務(短期)	-40,000	0	0	0	0	-40,000	0	0	0
未払法人税等	-1,500,000	-3,000	-560,000	-360,000	-25,000	-2,448,000	0	0	0
未払消費税	-30,000	-8,000	-8,400	0	-7,000	-53,400	0	0	0
賞与引当金	-1,200,000	-15,000	-224,000	-60,000	-30,000	-1,529,000	0	0	0
繰延税金負債(短期)(東京)	0	0	0	0	0	0	0	0	0
繰延税金負債(短期)(大阪)	0	-2,020	0	0	0	-2,020	0	0	0
繰延税金負債(短期)(Antibes)	0	0	0	0	0	0	0	0	0
繰延税金負債(短期)(Boston)	0	0	0	0	0	0	0	0	0
繰延税金負債(短期)(葛飾)	0	0	0	0	0	0	0	0	0
その他負債	-400,000	0	0	0	0	-400,000	0	0	0
親会社借入金	0	0	0	-156,000	-50,000	-206,000	0	0	0
社債	0	-300,000	0	0	0	-300,000	0	0	0
長期借入金	-15,000,000	-2,000,000	-630,000	0	-100,000	-17,730,000	0	0	0
リース債務(長期)	-190,000	0	0	0	0	-190,000	0	0	0
退職給付引当金	-2,500,000	-100,000	-91,000	-960,000	-12,000	-3,663,000	0	0	0
繰延税金負債(長期)(東京)	-20,200	0	0	0	0	-20,200	0	0	0
繰延税金負債(長期)(大阪)	0	-202,000	0	0	0	-202,000	0	0	0
繰延税金負債(長期)(Antibes)	0	0	0	0	0	0	0	0	0
繰延税金負債(長期)(Boston)	0	0	0	-24,000	0	-24,000	0	0	0
繰延税金負債(長期)(葛飾)	0	0	0	0	0	0	0	0	0
資本金	-60,000,000	-5,000,000	-5,250,000	-4,940,000	-500,000	-75,690,000	15,690,000	0	0
資本剰余金	-20,000,000	0	0	0	0	-20,000,000	0	0	0
利益剰余金	-43,877,433	-2,003,714	-3,917,500	-2,697,970	-346,000	-52,842,617	5,866,980	464,402	0
その他有価証券評価差額金	-29,800	-2,980	0	0	0	-32,780	0	0	0
少数株主持分	0	0	0	0	0	0	-4,883,300	-464,402	219,420
評価差額	0	-298,000	0	-39,000	0	-337,000	337,000	0	0
自己株式	0	0	0	0	0	0	0	0	0
為替換算調整勘定	0	0	557,500	548,550	0	1,106,050	0	0	-219,420
P/L									
売上高	-10,000,000	-34,671,533	-37,700,000	-34,375,000	-3,200,000	-119,946,533	0	0	0
子会社売上高	-58,805,000	0	0	0	0	-58,805,000	0	0	0
売上原価	50,520,000	28,500,000	30,305,000	27,500,000	2,560,000	139,385,000	0	0	0
販売費及び一般管理費	9,998,237	5,859,489	4,495,000	5,006,250	496,000	25,854,976	0	0	0
受取配当金	-42,200	0	0	0	0	-42,200	0	0	0
受取利息	-2,000	0	0	0	0	-2,000	0	0	0
子会社受取利息	-5,470	0	0	0	0	-5,470	0	0	0
為替差益	0	0	0	0	0	0	0	0	0
持分法による投資利益	0	0	0	0	0	0	0	0	0
支払利息	500,000	150,000	29,725	7,500	10,000	697,225	0	0	0
親会社支払利息	0	0	0	3,120	1,000	4,120	0	0	0
手形売却損	1,500	0	0	0	0	1,500	0	0	0
社債利息	0	4,500	0	0	0	4,500	0	0	0
為替差損	27,500	0	101,500	11,798	0	140,798	0	0	0
持分法による投資損失	0	0	0	0	0	0	0	0	0
固定資産売却益	-20,000	0	0	-19,200	0	-39,200	0	0	0
負ののれん発生益	0	0	0	0	0	0	-8,600	0	0
減損損失	0	80,000	0	0	0	80,000	0	0	0
法人税等	3,150,000	72,020	1,131,000	775,000	55,150	5,183,170	0	0	0
法人税等調整額	300,000	1,810	-29,725	-47,438	-3,150	221,498	0	0	0
少数株主損益	0	0	0	0	0	0	0	464,402	0
当期純利益	4,377,433	3,714	1,667,500	1,137,970	81,000	7,267,617	8,600	-464,402	0
差引	0	0	0	0	0	0	0	0	0

④ のれんの償却	⑤ 受取配当金の相殺	⑥ 売上と仕入の相殺	⑦ 売上債権と仕入債務の相殺	⑧ 貸倒引当金の調整	⑨ 社債の相殺	⑩ 借入金にかかる債権債務相殺	⑪ 棚卸資産未実現損益の消去	⑫ 固定資産取引の消去	⑬ 持分法仕訳	⑭ 親会社株式の処理	合計
0	0	0	0	0	0	0	0	0	0	0	1,999,737
0	0	0	0	0	0	0	0	0	0	0	14,309,200
0	0	0	0	0	0	0	0	0	0	0	6,650,000
0	0	0	0	0	0	0	0	0	0	0	88,000,000
0	0	0	0	0	0	0	0	0	0	0	10,365,000
0	0	0	-3,825,000	0	0	0	0	0	0	0	0
0	0	0	0	0	0	0	0	0	0	0	200,000
0	0	0	-1,325,000	0	0	0	0	0	0	0	0
0	0	0	0	41,200	0	0	0	0	0	0	-103,100
0	0	0	0	0	0	0	-96,000	0	-48,000	0	6,792,000
0	0	0	0	0	0	0	0	0	0	0	3,000,000
0	0	0	0	0	0	0	0	0	0	0	600,000
0	0	0	0	0	0	0	0	0	0	-55,000	200,000
0	0	0	0	0	0	0	79,184	0	0	0	1,079,184
0	0	0	0	0	0	0	0	0	0	0	20,000
0	0	0	0	0	0	0	0	0	0	0	14,000
0	0	0	0	0	0	0	0	0	0	0	360,000
0	0	0	0	0	0	0	0	0	0	0	11,130
0	0	0	0	0	0	0	0	0	0	0	500,000
0	0	0	0	0	0	0	0	0	0	0	7,429,000
0	0	0	0	0	0	0	0	-18,600	0	0	2,445,800
0	0	0	0	0	0	0	0	0	0	0	11,130,000
0	0	0	0	0	0	0	0	-20,000	0	0	6,900,000
0	0	0	0	0	0	0	0	0	0	0	200,000
0	0	0	0	0	0	0	0	0	0	0	300,000
-113,700	0	0	0	0	0	0	0	0	0	0	605,620
0	0	0	0	0	-90,000	0	0	0	0	0	480,800
0	0	0	0	0	0	0	0	0	21,992	0	4,021,992
0	0	0	0	0	0	-206,000	0	0	0	0	0
0	0	0	0	0	0	0	0	8,080	0	0	3,008,080
0	0	0	0	0	0	0	0	0	0	0	40,000
0	0	0	0	0	0	0	0	0	0	0	28,000
0	0	0	0	0	0	0	0	7,440	0	0	247,440
0	0	0	0	0	0	0	0	0	0	0	20,000
0	0	0	1,375,000	0	0	0	0	0	0	0	0
0	0	0	0	0	0	0	0	0	0	0	-6,020,000
0	0	0	3,825,000	0	0	0	0	0	0	0	0
0	0	0	0	0	0	0	0	0	0	0	-750,000
0	0	0	0	0	0	0	0	0	0	0	-100,000
0	0	0	-50,000	0	0	0	0	0	0	0	-6,880,000
0	0	0	0	0	0	0	0	0	0	0	-40,000
0	0	0	0	0	0	0	0	0	0	0	-2,448,000
0	0	0	0	0	0	0	0	0	0	0	-53,400
0	0	0	0	0	0	0	0	0	0	0	-1,529,000
0	0	0	0	-16,645	0	0	-40,400	0	0	0	-57,045
0	0	0	0	0	0	0	0	0	0	2,020	0
0	0	0	0	0	0	0	0	0	0	0	0
0	0	0	0	0	0	0	0	0	0	0	0
0	0	0	0	0	0	0	0	0	0	0	-400,000
0	0	0	0	0	0	206,000	0	0	0	0	0
0	0	0	0	0	90,000	0	0	0	0	0	-210,000
0	0	0	0	0	0	0	0	0	0	0	-17,730,000
0	0	0	0	0	0	0	0	0	0	0	-190,000
0	0	0	0	0	0	0	0	0	0	0	-3,663,000
0	0	0	0	0	0	0	0	0	0	0	-20,200
0	0	0	0	0	0	0	0	0	0	0	-202,000
0	0	0	0	0	0	0	0	0	0	0	-24,000
0	0	0	0	0	0	0	0	0	0	0	-60,000,000
0	0	0	0	0	0	0	0	0	0	0	-20,000,000
67,808	-1,800	0	0	-24,555	0	0	57,216	18,616	26,008	0	-46,367,943
0	0	0	0	0	0	0	0	0	0	2,980	-29,800
0	1,800	0	0	0	0	0	0	4,464	0	15,000	-5,107,018
0	0	0	0	0	0	0	0	0	0	35,000	35,000
45,893	0	0	0	0	0	0	0	0	0	0	932,523
0	0	0	0	0	0	0	0	0	0	0	-119,946,533
0	0	58,805,000	0	0	0	0	0	0	0	0	0
0	0	-58,805,000	0	0	0	0	96,000	0	0	0	80,676,000
67,808	0	0	0	-41,200	0	0	0	-600	0	0	25,880,983
0	16,200	0	0	0	0	0	0	0	16,000	0	-10,000
0	0	0	0	0	0	0	0	0	0	0	-2,000
0	0	0	0	0	1,350	4,120	0	0	0	0	0
0	0	0	0	0	0	0	0	0	0	0	0
0	0	0	1,500	0	0	0	0	0	0	0	698,725
0	0	0	0	0	0	-4,120	0	0	0	0	0
0	0	0	-1,500	0	0	0	0	0	0	0	0
0	0	0	0	0	-1,350	0	0	0	0	0	3,150
0	0	0	0	0	0	0	0	0	0	0	140,798
0	0	0	0	0	0	0	0	0	10,008	0	10,008
0	0	0	0	0	0	0	0	39,200	0	0	0
0	0	0	0	0	0	0	0	0	0	0	-8,600
0	0	0	0	0	0	0	0	0	0	0	80,000
0	0	0	0	0	0	0	0	0	0	0	5,183,170
0	0	0	0	16,645	0	0	-38,784	-15,520	0	0	183,838
0	0	0	0	0	0	0	0	-4,464	0	0	459,938
-67,808	-16,200	0	0	24,555	0	0	-57,216	-18,616	-26,008	0	6,650,523
0	0	0	0	0	0	0	0	0	0	0	0

図表2-3　連結仕訳一覧

```
＜連結仕訳＞

① 開始仕訳（4.1（見出しのNo.　以下同））
```

	借方	金額	貸方	金額
[大阪]	資本金	5,000,000	子会社株式	5,100,000
	利益剰余金	2,000,000	少数株主持分	2,189,400
	評価差額	298,000	負ののれん発生益	8,600
[A]	資本金	5,250,000	子会社株式	8,100,000
	利益剰余金	2,250,000		
	のれん	600,000		
[B]	資本金	4,940,000	子会社株式	4,030,000
	利益剰余金	1,560,000	少数株主持分	2,615,600
	評価差額	39,000		
	のれん	106,600		
[葛飾]	資本金	500,000	子会社株式	500,000
	利益剰余金	65,580	少数株主持分	78,300
	のれん	12,720		
[合計]	**借方**	**金額**	**貸方**	**金額**
	資本金	15,690,000	子会社株式	17,730,000
	利益剰余金	5,875,580	少数株主持分	4,883,300
	評価差額	337,000	負ののれん発生益	8,600
	のれん	719,320		

② 当期利益の按分（4.1）

	借方	金額	貸方	金額
[大阪]	少数株主損益	1,114	少数株主持分	1,114
[B]	少数株主損益	455,188	少数株主持分	455,188
[葛飾]	少数株主損益	8,100	少数株主持分	8,100
[合計]	**借方**	**金額**	**貸方**	**金額**
	少数株主損益	464,402	少数株主持分	464,402

2 連結財務諸表の構成　21

③　為替換算調整勘定の按分（**4.1**）

		借方	金額	貸方	金額
[B]		少数株主持分	219,420	為替換算調整勘定	219,420

④　のれんの償却＆為替換算調整勘定（**4.1**）

		借方	金額	貸方	金額
[A]		販売費及び一般管理費(のれん償却費)	58,000	のれん	58,000
		為替換算調整勘定	38,000	のれん	38,000
[B]		販売費及び一般管理費(のれん償却費)	7,688	のれん	7,688
		為替換算調整勘定	7,893	のれん	7,893
[葛飾]		販売費及び一般管理費	2,120	のれん	2,120
[合計]		借方	金額	貸方	金額
		販売費及び一般管理費(のれん償却費)	67,808	のれん	113,700
		為替換算調整勘定	45,893		0

⑤　受取配当金の相殺（**4.1**）

		借方	金額	貸方	金額
[葛飾]		受取配当金	16,200	利益剰余金	18,000
		少数株主持分	1,800		

⑥　売上と仕入の相殺（**4.2**）

		借方	金額	貸方	金額
[大阪]		子会社売上高	28,500,000	売上原価	28,500,000
[A]		子会社売上高	30,305,000	売上原価	30,305,000
[合計]		借方	金額	貸方	金額
		子会社売上高	58,805,000	売上原価	58,805,000

⑦　売上債権と仕入債務の相殺＆割引手形の処理（**4.2**）

		借方	金額	貸方	金額
[大阪]		親会社買掛金	1,375,000	子会社売掛金	1,375,000
		親会社支払手形	1,375,000	子会社受取手形	1,325,000
				短期借入金	50,000
		支払利息	1,500	手形売却損	1,500
[A]		親会社買掛金	2,450,000	子会社売掛金	2,450,000

[合計]

借方	金額	貸方	金額
親会社買掛金	3,825,000	子会社売掛金	3,825,000
親会社支払利息	1,375,000	子会社受取手形	1,325,000
		短期借入金	50,000
支払利息	1,500	手形売却損	1,500

⑧ 貸倒引当金の調整と税効果 (**4.2**)

[大阪]

借方	金額	貸方	金額
貸倒引当金	21,600	販売費及び一般管理費	21,600
法人税等調整額	8,726	繰延税金負債(東京・短期)	8,726

[A]

借方	金額	貸方	金額
貸倒引当金	19,600	販売費及び一般管理費	19,600
法人税等調整額	7,918	繰延税金負債(東京・短期)	7,918

[合計]

借方	金額	貸方	金額
貸倒引当金	41,200	販売費及び一般管理費	41,200
法人税等調整額	16,645	繰延税金負債	16,645

⑨ 社債の相殺&利息の処理 (**4.2**)

[大阪]

借方	金額	貸方	金額
社債	90,000	投資有価証券	90,000
子会社受取利息	1,350	社債利息	1,350

⑩ 借入金に係る債権債務の消去&利息の処理 (**4.2**)

[B]

借方	金額	貸方	金額
親会社借入金	156,000	子会社貸付金	156,000
子会社受取利息	3,120	親会社支払利息	3,120

[葛飾]

親会社長期借入金	50,000	子会社貸付金	50,000
子会社受取利息	1,000	親会社支払利息	1,000

[合計]

借方	金額	貸方	金額
親会社借入金	206,000	子会社貸付金	206,000
子会社受取利息	4,120	親会社支払利息	4,120

⑪ 棚卸資産に係る未実現損益の消去と税効果 (**4.3**)

[大阪]

借方	金額	貸方	金額
商品	100,000	売上原価	100,000
法人税等調整額	40,400	繰延税金負債(東京・短期)	40,400

	借方	金額	貸方	金額
[A]	売上原価	196,000	商品	196,000
	繰延税金資産(東京・短期)	79,184	法人税等調整額	79,184
[合計]	借方	金額	貸方	金額
	売上原価	96,000	商品	96,000
	繰延税金資産(東京・短期)	79,184	繰延税金負債(東京・短期)	40,400
			法人税等調整額	38,784

⑫　固定資産取引の消去と税効果（**4.3**）

	借方	金額	貸方	金額
[大阪]	固定資産売却益	20,000	土地	20,000
	繰延税金資産(東京・長期)	8,080	法人税等調整額	8,080
[B]	固定資産売却益	19,200	機械装置	19,200
	少数株主持分	7,680	少数株主損益	7,680
	繰延税金資産（B・長期）	7,680	法人税等調整額	7,680
	少数株主損益	3,072	少数株主持分	3,072
	機械装置	600	販売費及び一般管理費(減価償却費)	600
	少数株主損益	240	少数株主持分	240
	法人税等調整額	240	繰延税金資産（B・長期）	240
	少数株主持分	96	少数株主損益	96
[合計]	借方	金額	貸方	金額
	固定資産売却益	39,200	土地	20,000
	少数株主持分	4,464	機械装置	18,600
			少数株主損益	4,464
			販売費及び一般管理費(減価償却費)	600
	繰延税金資産(東京・長期)	8,080	法人税等調整額	15,520
	繰延税金資産（B・長期）	7,440		

⑬　持分法仕訳（**4.4**）

	借方	金額	貸方	金額
[横浜]	関連会社株式	45,800	持分法による投資損益	45,800
	持分法による投資損益	27,200	関連会社株式	27,200
	受取配当金	16,000	関連会社株式	16,000
	持分法による投資損益	48,000	商品	48,000
	関連会社株式	19,392	持分法による投資損益	19,392

[合計]	借方	金額	貸方	金額
	関連会社株式	21,992	商品	48,000
	持分法による投資損益	10,008		
	受取配当金	16,000		

⑭ 親会社株式の処理（**4.5**）

	借方	金額	貸方	金額
[大阪]	その他有価証券評価差額金	2,980	親会社株式	5,000
	繰延税金負債（大阪・短期）	2,020		
	自己株式	35,000	親会社株式	50,000
	少数株主持分	15,000		

なお、この連結仕訳一覧と連結精算表の番号は対応している。連結仕訳一覧の詳細は、各仕訳に記載された各項を参照されたい。

2.1.1 連結貸借対照表

NO.	精算表科目名	(単位:千円)	精算表との対応		表示科目名	(単位:千円)	(単位:百万円)
(1)	現金	1,999,737			資産の部		
(2)	当座預金	14,309,200			流動資産		
(3)	普通預金	6,650,000	(1)+(2)+(3)		現金及び預金	22,958,937	22,958
(4)	譲渡性預金	88,000,000	(5)+(6)		受取手形及び売掛金	10,565,000	10,565
(5)	売掛金	10,365,000	(7)		貸倒引当金	(103,100)	(103)
(6)	受取手形	200,000	(4)	*1	有価証券	88,000,000	88,000
(7)	貸倒引当金	(103,100)	(8)+(9)		商品及び製品	9,792,000	9,792
(8)	商品	6,792,000	(11)		仕掛品	200,000	200
(9)	製品	3,000,000	(10)		原材料及び貯蔵品	600,000	600
(10)	原材料	600,000	別表より	*2	繰延税金資産	1,427,269,200	1,427,269
(11)	仕掛品	200,000	(12)		その他	500,000	500
(12)	その他資産	500,000			有形固定資産		
(13)	繰延税金資産(短期)	1,427,269	(14)		建物及び構築物	7,429,000	7,429
(14)	建物	7,429,000	(15)		機械装置及び運搬具	2,445,800	2,445
(15)	機械装置	2,445,800	(16)		工具、器具及び備品	11,130,000	11,130
(16)	器具備品	11,130,000	(17)		土地	6,900,000	6,900
(17)	土地	6,900,000	(18)		リース資産	200,000	200
(18)	リース資産	200,000			無形固定資産		
(19)	のれん	605,620	(19)		のれん	605,620	605
(20)	ソフトウェア	300,000	(20)		ソフトウェア	300,000	300
(21)	投資有価証券	480,800			投資その他の資産		
(22)	関連会社株式	4,021,992	(21)+(22)		投資有価証券	4,502,792	4,502
(23)	繰延税金資産(長期)	3,259,320	別表より	*2	繰延税金資産	3,259,320,000	3,259,320
(24)	買掛金	6,020,000			負債の部		
(25)	関連会社買掛金	750,000			流動負債		
(26)	支払手形	100,000					
(27)	短期借入金	6,880,000	(24)+(25)+(26)		支払手形及び買掛金	6,870,000	6,870
(28)	リース債務(短期)	40,000	(27)		短期借入金	6,880,000	6,880
(29)	未払法人税等	2,448,000	(28)		リース債務	40,000	40
(30)	未払消費税	53,400	(29)		未払法人税等	2,448,000	2,448
(31)	賞与引当金	1,529,000	(31)		賞与引当金	1,529,000	1,529
(32)	その他負債	400,000	(30)+(32)		その他	453,400	453
(33)	繰延税金負債(短期)	0			固定負債		
(34)	社債	210,000	(34)		社債	210,000	210
(35)	長期借入金	17,730,000	(35)		長期借入金	17,730,000	17,730
(36)	リース債務(長期)	190,000	(36)		リース債務	190,000	190
(37)	退職給付引当金	3,663,000	別表より	*2	繰延税金負債	162,000,000	162,000
(38)	繰延税金負債(長期)	162,000	(37)	*3	退職給付引当金	3,663,000	3,663
(39)	資本金	60,000,000					

(40)	資本剰余金	20,000,000			純資産の部		
(41)	利益剰余金	46,367,943			株主資本		
(42)	その他有価証券評価差額金	29,800	(39)	資本金	60,000,000	60,000
(43)	少数株主持分	5,107,018	(40)	資本剰余金	20,000,000	20,000
(44)	自己株式	(35,000)	(41)	利益剰余金	46,367,943	46,367
(45)	為替換算調整勘定	(932,523)	(44)	自己株式	(35,000)	(35)
				評価・換算差額等		
			(42)	その他有価証券評価差額金	29,800	29
			(45)	為替換算調整勘定	(932,523)	(932)
			(43)	少数株主持分	5,107,018	5,107

1）資産の部

　資産は、流動資産、固定資産及び繰延資産に分類し、さらに、固定資産に属する資産は、有形固定資産、無形固定資産及び投資その他の資産に分類して記載しなければならない（連結財規21）。

① 連結財務諸表規則に掲げられた表示科目（連結財規23①、26①、28①、30①）

（流動資産）
・現金及び預金
・受取手形及び売掛金
・リース債権及びリース投資資産
・有価証券
・商品及び製品
・仕掛品
・原材料及び貯蔵品
・繰延税金資産
・その他

（有形固定資産）
・建物及び構築物
・機械装置及び運搬具
・土地

```
・リース資産
・建設仮勘定
・その他

（無形固定資産）
・のれん
・リース資産
・その他

（投資その他の資産）
・投資有価証券
・長期貸付金
・繰延税金資産
・その他
```

　ただし、「商品及び製品」、「仕掛品」及び「原材料及び貯蔵品」については「たな卸資産」の科目をもって一括して記載することができる。この場合においては、当該項目に属する資産の科目及びその金額を注記しなければならない（連結財規23④）。
② 各区分の「その他」に属する項目について
　各区分の「その他」に属する資産のうち、その金額が資産の総額の5/100を超えるものについては、当該資産を示す名称を付した科目をもって別に掲記しなければならない（連結財規23③、26④、28④、30⑤）。
（＊1）譲渡性預金の表示（金融商品実務指針8）

> 金融商品取引法に定義する有価証券に該当しないが、これに類似するもので活発な市場があるもの（例えば、国内ＣＤ）は、有価証券として取り扱う。
> （以下省略）

（＊2）繰延税金資産及び繰延税金負債の表示方法
　　　流動資産に計上された繰延税金資産と流動負債に計上された繰延税金負債とがある場合には、異なる納税主体に係るものを除き、その差額を繰延税金資産又は

繰延税金負債として流動資産又は流動負債に表示しなければならない（連結財規45①）。また、投資その他の資産に計上された繰延税金資産と固定負債に計上された繰延税金負債とがある場合には、異なる納税主体に係るものを除き、その差額を繰延税金資産又は繰延税金負債として投資その他の資産又は固定負債に表示しなければならない（連結財規45②）。

<繰延税金資産・負債の相殺>

		東京社	大阪社	A社	B社	葛飾社	合計
	繰延税金資産(短期)	1,079,184	20,000	14,000	360,000	11,130	1,484,314
	繰延税金負債(短期)	(57,045)	0	0	0	0	(57,045)
相殺後	繰延税金資産(短期)	1,022,139	20,000	14,000	360,000	11,130	1,427,269
相殺後	繰延税金負債(短期)	0	0	0	0	0	0
	繰延税金資産(長期)	3,008,080	40,000	28,000	247,440	20,000	3,343,520
	繰延税金負債(長期)	(20,200)	(202,000)	0	(24,000)	0	(246,200)
相殺後	繰延税金資産(長期)	2,987,880	0	28,000	223,440	20,000	3,259,320
相殺後	繰延税金負債(長期)	0	(162,000)	0	0	0	(162,000)

2）負債の部

　負債は、流動負債及び固定負債に分類して記載しなければならない（連結財規35）。

①　連結財務諸表規則に掲げられた表示科目（連結財規37①、38①）

（流動負債）
・支払手形及び買掛金
・短期借入金
・リース債務
・未払法人税等
・繰延税金負債
・引当金
・資産除去債務
・その他

(固定負債)
・社債
・長期借入金
・リース債務
・繰延税金負債
・引当金
・資産除去債務
・その他

② 各区分の「その他」に属する項目について

各区分の「その他」に属する負債のうち、その金額が負債及び純資産の合計額の総額の5/100を超えるものについては、当該負債を示す名称を付した科目をもって別に記載しなければならない（連結財規37⑤、38④）。

(*3) 引当金の表示について（連結財規ガイドライン38-1-5）

> （省略）引当金については、1年内にその一部の金額の使用が見込まれるものであっても、1年内の使用額を正確に算定できない場合には、その全額を固定負債として記載するものとする。ただし、その全部又は大部分が1年内に使用されることが確実に見込まれる場合には、その全部について又は1年内の使用額を適当な方法によって算定し、その金額を流動負債として記載するものとする。

3）純資産の部

純資産は、株主資本、評価・換算差額等、新株予約権及び少数株主持分に分類して記載しなければならない（連結財規42）。

① 連結財務諸表規則に掲げられた表示科目（連結財規43①、43の2①、43の3、43の4）

(株主資本)
・資本金
・資本剰余金

・利益剰余金
・自己株式

（評価・換算差額等）
・その他有価証券評価差額金
・繰延ヘッジ損益
・土地再評価差額金
・為替換算調整勘定
・新株予約権
・少数株主持分

2.1.2 連結損益計算書

NO.	精算表科目名	（単位：千円）	精算表との対応	表示科目名	（単位：千円）	（単位：百万円）
(1)	売上高	119,946,533	(1)	売上高	119,946,533	119,946
(2)	売上原価	80,676,000	(2)	売上原価	80,676,000	80,676
(3)	販管費	25,880,983		売上総利益	39,270,533	39,270
(4)	受取配当金	10,000	(3)	販売費及び一般管理費	25,880,983	25,880
(5)	受取利息	2,000		営業利益	13,389,550	13,389
(6)	支払利息	698,725	(5)	受取利息	2,000	2
(7)	社債利息	3,150	(4)	受取配当金	10,000	10
(8)	為替差損	140,798	(6)+(7)	支払利息	701,875	701
(9)	持分法による投資損失	10,008	(8)	為替差損	140,798	140
(10)	負ののれん発生益	8,600	(9)	持分法による投資損失	10,008	10
(11)	減損損失	80,000		経常利益	12,548,869	12,548
(12)	法人税等	5,183,170	(10)	負ののれん発生益	8,600	8
(13)	法人税等調整額	183,838	(11)	減損損失	80,000	80
(14)	少数株主損益	459,938		税金等調整前当期純利益	12,477,469	12,477
(15)	当期純利益	6,650,523	(12)	法人税、住民税及び事業税	5,183,170	5,183
			(13)	法人税等調整額	183,838	183
				法人税等合計	5,367,008	5,367
				少数株主損益調整前当期純利益	7,110,461	7,110
			(14)	少数株主利益	459,938	459
			(15)	当期純利益	6,650,523	6,650

1）収益及び費用の分類（連結財規49）

```
・売上高
・売上原価
・販売費及び一般管理費
・営業外収益
・営業外費用
・特別利益
・特別損失
```

2）販売費及び一般管理費

　販売費及び一般管理費の表示については、適当と認められる費目に分類し、当該費用を示す名称を付した科目をもって記載しなければならないが、「販売費」若しくは「一般管理費」又は「販売費及び一般管理費」の科目に一括して記載し、主要な費目及び金額を記載する方法によることもできる（連結財規 55①）。この場合における「主要な費目」とは、引当金繰入額（その金額が少額であるものを除く）及びこれ以外の費目でその金額が販売費及び一般管理費の合計額の10/100を超える費用をいう（連結財規55②）。

3）営業外収益及び営業外費用
① 連結財務諸表規則に掲げられた表示科目（連結財規57、58）

```
（営業外収益）
　・受取利息
　・受取配当金
　・有価証券売却益
　・持分法による投資利益
　・その他

（営業外費用）
　・支払利息
```

```
・有価証券売却損
・持分法による投資損失
・その他
```

② 一括して表示することが適当と認められる場合について
　　各収益及び費用のうち、その金額が営業外収益及び営業外費用の総額の10/100以下のもので一括して表示することが適当であると認められるものについては、当該収益及び費用を一括して示す名称を付した科目をもって記載することができる（連結財規57ただし書き、58ただし書き）。

4）特別利益及び特別損失
① 連結財務諸表規則に掲げられた表示科目（連結財規62、63）

```
（特別利益）
・前期損益修正益
・固定資産売却益
・負ののれん発生益
・その他

（特別損失）
・前期損益修正損
・固定資産売却損
・減損損失
・災害による損失
・その他
```

② 一括して表示することが適当と認められる場合について
　　各利益及び損失のうち、その金額が特別利益及び特別損失の総額の10/100以下のもので一括して表示することが適当であると認められるものについては、当該利益及び損失を一括して示す名称を付した科目をもって

記載することができる(連結財規62ただし書き、63ただし書き)。

2.1.3 連結キャッシュ・フロー計算書

1) キャッシュ・フロー計算書の組替

　キャッシュ・フロー計算書作成にあたっては、まずキャッシュ・フロー精算表を作成する。そして、完成したキャッシュ・フロー精算表の数値を、連結財務諸表規則及び同ガイドラインや企業内容等の開示に関する内閣府令等に基づき組替を行い、連結キャッシュ・フロー計算書が完成することとなる。

図表2-4　連結キャッシュ・フロー精算表

単位：千円

貸借対照表	×5/3/31 (①)	大阪社残高 (×5/4/1) (②)	A社残高 (×5/4/1) (③)	B社残高 (×5/4/1) (④)	合計 (⑤=①+②+③+④)	×6/3/31 (⑥)	⑥-⑤	増減	為替変動による影響額(A社)	為替変動による影響額(B社)
現金	740,000	4,000	527,250	761,215	2,032,465	1,999,737	-32,728	87,582	-48,315	-71,995
当座預金	5,053,020	116,690	5,265,000	2,340,000	12,774,710	14,309,200	1,534,490	2,146,290	-398,000	-213,800
普通預金	5,499,800	1,000,000	0	0	6,499,800	6,650,000	150,200	150,200	0	0
譲渡性預金	83,800,000	0	0	0	83,800,000	88,000,000	4,200,000	4,200,000	0	0
売掛金	5,200,000	3,150,000	3,000,000	2,860,000	14,210,000	10,365,000	-3,845,000	-3,412,500	-207,500	-225,000
受取手形	1,750,000	0	0	0	1,750,000	200,000	-1,550,000	-1,550,000	0	0
貸倒引当金	-55,800	-31,500	-36,000	-22,880	-146,180	-103,100	43,080	38,790	2,490	1,800
商品	9,330,000	1,900,000	2,310,000	1,950,000	15,490,000	6,792,000	-8,698,000	-8,394,000	-154,000	-150,000
製品	2,500,000	0	0	0	2,500,000	3,000,000	500,000	500,000	0	0
原材料	500,000	0	0	0	500,000	600,000	100,000	100,000	0	0
仕掛品	189,000	0	0	0	189,000	200,000	11,000	11,000	0	0
繰延税金資産(短期)(東京)	1,500,000	0	0	0	1,500,000	1,079,184	-420,816	-420,816	0	0
繰延税金資産(短期)(大阪)	0	18,000	0	0	18,000	20,000	2,000	2,000	0	0
繰延税金資産(短期)(Antibes)	0	0	750	0	750	14,000	13,250	13,775	-525	0
繰延税金資産(短期)(Boston)	0	0	0	340,665	340,665	360,000	19,335	47,438	0	-28,103
繰延税金資産(短期)(葛飾)	10,000	0	0	0	10,000	11,130	1,130	1,130	0	0
その他資産	550,000	0	0	0	550,000	500,000	-50,000	-50,000	0	0
建物	5,350,000	1,600,000	315,000	585,000	7,850,000	7,429,000	-421,000	-357,000	-20,500	-43,500
機械装置	2,500,000	0	507,000	0	3,007,000	2,445,800	-561,200	-531,150	0	-30,050
器具備品	8,200,000	3,200,000	450,000	754,000	12,604,000	11,130,000	-1,474,000	-1,392,500	-27,500	-54,000
土地	3,580,000	2,500,000	150,000	650,000	6,880,000	6,900,000	20,000	80,000	-10,000	-50,000
リース資産	260,000	0	0	0	260,000	200,000	-60,000	-60,000	0	0
ソフトウェア	0	0	0	0	0	300,000	300,000	300,000	0	0
のれん	12,720	0	0	0	12,720	605,620	592,900	592,900	0	0
投資有価証券	450,000	0	33,000	0	483,000	480,800	-2,200	-2,200	0	0
関連会社株式	0	0	0	0	0	4,021,992	4,021,992	4,021,992	0	0
繰延税金資産(長期)(東京)	2,800,000	0	0	0	2,800,000	3,008,080	208,080	208,080	0	0
繰延税金資産(長期)(大阪)	0	43,810	0	0	43,810	40,000	-3,810	-3,810	0	0
繰延税金資産(長期)(Antibes)	0	0	13,500	0	13,500	28,000	14,500	15,950	-1,450	0
繰延税金資産(長期)(Boston)	0	0	0	260,000	260,000	247,440	-12,560	7,440	0	-20,000
繰延税金資産(長期)(葛飾)	20,000	0	0	0	20,000	20,000	0	0	0	0
買掛金	-3,150,000	-1,500,000	-2,250,000	-2,210,000	-9,110,000	-6,020,000	3,090,000	2,915,000	0	175,000
親会社買掛金	0	0	0	0	0	0	0	-162,500	162,500	0
関連会社買掛金	0	0	0	0	0	-750,000	-750,000	-750,000	0	0
支払手形	-90,000	-1,500,000	0	0	-1,590,000	-100,000	1,490,000	1,490,000	0	0
短期借入金	-900,000	-900,000	-600,000	-520,000	-2,920,000	-6,880,000	-3,960,000	-4,027,500	37,500	30,000
リース債務(短期)	-40,000	0	0	0	-40,000	-40,000	0	0	0	0
未払法人税等	-1,003,000	-3,000	-600,000	-390,000	-1,996,000	-2,448,000	-452,000	-522,000	40,000	30,000
未払消費税	-33,000	-8,000	-9,000	0	-50,000	-53,400	-3,400	-4,000	600	0
賞与引当金	-1,030,000	-200,000	-225,000	-260,000	-1,715,000	-1,529,000	186,000	158,000	15,500	12,500
未払費用	0	0	0	0	0	0	0	-98	0	98
繰延税金負債(短期)(東京)	0	0	0	0	0	-57,045	-57,045	-57,045	0	0
繰延税金負債(短期)(葛飾)	-2,020	0	0	0	-2,020	0	2,020	2,020	0	0
その他負債	-400,000	0	0	0	-400,000	-400,000	0	-6,500	0	6,500
親会社借入金	0	0	0	0	0	-210,000	-210,000	-210,000	0	0
社債	0	0	0	0	0	-210,000	-210,000	-210,000	0	0
長期借入金	-10,150,000	-1,800,000	-750,000	0	-12,700,000	-17,730,000	-5,030,000	-5,077,500	47,500	0
リース債務(長期)	-200,000	0	0	0	-200,000	-190,000	10,000	10,000	0	0
退職給付引当金	-2,410,000	-90,000	-94,500	-1,040,000	-3,634,500	-3,663,000	-28,500	-114,900	6,400	80,000
繰延税金負債(長期)(東京)	-14,140	0	0	0	-14,140	-20,200	-6,060	-6,060	0	0
繰延税金負債(長期)(大阪)	0	-202,000	0	0	-202,000	-202,000	0	0	0	0
繰延税金負債(長期)(Boston)	0	0	0	-26,000	-26,000	-24,000	2,000	0	0	2,000
資本金	-60,000,000	-5,000,000	-5,250,000	-4,940,000	-75,190,000	-60,000,000	15,190,000	15,190,000	0	0
資本剰余金	-20,000,000	0	0	0	-20,000,000	-20,000,000	0	0	0	0
利益剰余金	-40,217,420	-2,000,000	-2,250,000	-1,560,000	-46,027,420	-46,367,943	-340,523	-340,523	0	0
その他有価証券評価差額金	-20,860	0	0	0	-20,860	-29,800	-8,940	-8,940	0	0
少数株主持分	-78,300	0	0	0	-78,300	-5,107,018	-5,028,718	-5,028,718	0	0
評価差額	0	-298,000	0	-39,000	-337,000	0	337,000	337,000	0	0
自己株式	0	0	0	0	0	35,000	35,000	35,000	0	0
為替換算調整勘定	0	0	0	0	0	932,523	932,523	-173,528	557,500	548,550
合計	0	0	0	0	0	0	0	0	0	0

キャッシュ・フロー計算書

I 営業活動によるキャッシュ・フロー
　税金等調整前当期純利益
　減価償却費
　減損損失
　のれん償却額
　貸倒引当金の増減額
　賞与引当金の増減額
　退職給付引当金の増減額
　受取利息及び受取配当金
　支払利息
　持分法による投資損失
　負ののれん計上益
　売上債権の増減額
　たな卸資産の増減額
　仕入債務の増減額
　未払消費税の増減額
　その他資産の増減額
　その他負債の増減額
　　小計
　利息及び配当金の受取額
　利息の支払額
　法人税等の支払額
　営業活動によるキャッシュ・フロー

II 投資活動によるキャッシュ・フロー
　有形固定資産の取得による支出
　無形固定資産の取得による支出
　投資有価証券の売却による収入
　新規連結子会社大阪社の取得による支出
　新規連結子会社A社の取得による支出
　新規連結子会社B社の取得による支出
　関連会社横浜社の取得による支出
　投資活動によるキャッシュ・フロー

III 財務活動によるキャッシュ・フロー
　短期借入金による収入
　短期借入金の返済による支出
　長期借入金による収入
　長期借入金の返済による支出
　社債の発行による収入
　リース債務の返済による支出
　自己株式の取得による支出
　配当金の支払額
　少数株主への配当金の支払額
　財務活動によるキャッシュ・フロー

IV 現金及び現金同等物に係る換算差額
V 現金及び現金同等物の増加(減少)額
VI 現金及び現金同等物の期首残高
VII 現金及び現金同等物の期末残高

2 減価償却費	3 のれん償却額	4 のれんに関する為替換算調整勘定の調整	5 現金及び現金同等物に係る換算差額	6 貸倒引当金の増減額	7 賞与引当金の増減額	8 退職給付引当金の増減額	9 持分法による投資損失	10 減損損失	11 資産負債増減	12 受取利息及び受取配当金	13 持分法適用会社からの受取配当金	14 支払利息
0	0	0	-120,310	0	0	0	0	0	0	0	0	0
0	0	0	-611,800	0	0	0	0	0	0	0	0	0
0	0	0	0	0	0	0	0	0	0	0	0	0
0	0	0	0	0	0	0	0	0	3,412,500	0	0	0
0	0	0	0	0	0	0	0	0	1,550,000	0	0	0
0	0	0	0	-38,790	0	0	0	0	0	0	0	0
0	0	0	0	0	0	0	48,000	0	8,346,000	0	0	0
0	0	0	0	0	0	0	0	0	-500,000	0	0	0
0	0	0	0	0	0	0	0	0	-100,000	0	0	0
0	0	0	0	0	0	0	0	0	-11,000	0	0	0
0	0	0	0	0	0	0	0	0	0	0	0	0
0	0	0	0	0	0	0	0	0	0	0	0	0
0	0	0	0	0	0	0	0	0	0	0	0	0
0	0	0	0	0	0	0	0	0	50,000	0	0	0
357,000	0	0	0	0	0	0	0	0	0	0	0	0
531,150	0	0	0	0	0	0	0	0	0	0	0	0
1,600,000	0	0	0	0	0	0	0	0	0	0	0	0
0	0	0	0	0	0	0	0	80,000	0	0	0	0
90,000	0	0	0	0	0	0	0	0	0	0	0	0
30,000	0	0	0	0	0	0	0	0	0	0	0	0
0	67,808	45,893	0	0	0	0	0	0	0	0	0	0
0	0	0	0	0	0	0	0	0	0	0	0	0
0	0	0	0	0	0	0	-37,992	0	0	0	16,000	0
0	0	0	0	0	0	0	0	0	0	0	0	0
0	0	0	0	0	0	0	0	0	0	0	0	0
0	0	0	0	0	0	0	0	0	0	0	0	0
0	0	0	0	0	0	0	0	0	0	0	0	0
0	0	0	0	0	0	0	0	0	-2,915,000	0	0	0
0	0	0	0	0	0	0	0	0	750,000	0	0	0
0	0	0	0	0	0	0	0	0	-1,490,000	0	0	0
0	0	0	0	0	0	0	0	0	0	0	0	0
0	0	0	0	0	0	0	0	0	0	0	0	0
0	0	0	0	0	0	0	0	0	4,000	0	0	0
0	0	0	0	0	-158,000	0	0	0	0	0	0	0
0	0	0	0	0	0	0	0	0	0	0	0	0
0	0	0	0	0	0	0	0	0	0	0	0	0
0	0	0	0	0	0	0	0	0	0	0	0	0
0	0	0	0	0	0	0	0	0	0	0	0	0
0	0	0	0	0	0	114,900	0	0	0	0	0	0
0	0	0	0	0	0	0	0	0	0	0	0	0
0	0	0	0	0	0	0	0	0	0	0	0	0
0	0	0	0	0	0	0	0	0	0	0	0	0
0	0	0	0	0	0	0	0	0	0	0	0	0
0	0	0	0	0	0	0	0	0	0	0	0	0
0	0	0	0	0	0	0	0	0	0	0	0	0
0	0	-45,893	0	0	0	0	0	0	0	0	0	0
2,608,150	67,808	0	-732,110	-38,790	-158,000	114,900	10,008	80,000	9,096,500	0	16,000	0
0	0	0	0	0	0	0	0	0	0	0	0	0
2,608,150	0	0	0	0	0	0	0	0	0	0	0	0
0	0	0	0	0	0	0	0	80,000	0	0	0	0
0	67,808	0	0	0	0	0	0	0	0	0	0	0
0	0	0	0	-38,790	0	0	0	0	0	0	0	0
0	0	0	0	0	-158,000	0	0	0	0	0	0	0
0	0	0	0	0	0	114,900	0	0	0	0	0	0
0	0	0	0	0	0	0	0	0	0	-12,000	0	0
0	0	0	0	0	0	0	0	0	0	0	0	701,875
0	0	0	0	0	0	0	10,008	0	0	0	0	0
0	0	0	0	0	0	0	0	0	4,962,500	0	0	0
0	0	0	0	0	0	0	0	0	7,735,000	0	0	0
0	0	0	0	0	0	0	0	0	-3,655,000	0	0	0
0	0	0	0	0	0	0	0	0	4,000	0	0	0
0	0	0	0	0	0	0	0	0	50,000	0	0	0
2,608,150	67,808	0	0	-38,790	-158,000	114,900	10,008	80,000	9,096,500	-12,000	0	701,875
0	0	0	0	0	0	0	0	0	0	12,000	16,000	0
0	0	0	0	0	0	0	0	0	0	0	0	-701,875
2,608,150	67,808	0	0	-38,790	-158,000	114,900	10,008	80,000	9,096,500	0	16,000	0
0	0	0	0	0	0	0	0	0	0	0	0	0
0	0	0	0	0	0	0	0	0	0	0	0	0
0	0	0	0	0	0	0	0	0	0	0	0	0
0	0	0	0	0	0	0	0	0	0	0	0	0
0	0	0	0	0	0	0	0	0	0	0	0	0
0	0	0	0	0	0	0	0	0	0	0	0	0
0	0	0	0	0	0	0	0	0	0	0	0	0
0	0	0	0	0	0	0	0	0	0	0	0	0
0	0	0	0	0	0	0	0	0	0	0	0	0
0	0	0	0	0	0	0	0	0	0	0	0	0
0	0	0	0	0	0	0	0	0	0	0	0	0
0	0	0	0	0	0	0	0	0	0	0	0	0
0	0	0	0	0	0	0	0	0	0	0	0	0
0	0	0	0	0	0	0	0	0	0	0	0	0
0	0	0	0	0	0	0	0	0	0	0	0	0
0	0	0	0	0	0	0	0	0	0	0	0	0
0	0	0	-732,110	0	0	0	0	0	0	0	0	0
0	0	0	0	0	0	0	0	0	0	0	0	0
0	0	0	0	0	0	0	0	0	0	0	0	0

単位：千円

	15 その他有価証券評価差額金の戻入	16 法人税等	17 繰延税金資産・負債の増減	18 子会社(大阪社)取得	19 子会社(A社)取得	20 子会社(B社)取得	21 関連会社(横浜社)取得	22 固定資産取得	23 投資有価証券売却	24 借入金の増減額	25 社債発行
貸借対照表											
現金	0	0	0	4,000	527,250	761,215	0	0	0	0	0
当座預金	0	0	0	116,690	5,265,000	2,340,000	0	0	0	0	0
普通預金	0	0	0	1,000,000	0	0	0	0	0	0	0
譲渡性預金	0	0	0	0	0	0	0	0	0	0	0
売掛金	0	0	0	0	0	0	0	0	0	0	0
受取手形	0	0	0	0	0	0	0	0	0	0	0
貸倒引当金	0	0	0	0	0	0	0	0	0	0	0
商品	0	0	0	0	0	0	0	0	0	0	0
製品	0	0	0	0	0	0	0	0	0	0	0
原材料	0	0	0	0	0	0	0	0	0	0	0
仕掛品	0	0	0	0	0	0	0	0	0	0	0
繰延税金資産(短期)(東京)	0	0	420,816	0	0	0	0	0	0	0	0
繰延税金資産(短期)(大阪)	0	0	-2,000	0	0	0	0	0	0	0	0
繰延税金資産(短期)(Antibes)	0	0	-13,775	0	0	0	0	0	0	0	0
繰延税金資産(短期)(Boston)	0	0	-47,438	0	0	0	0	0	0	0	0
繰延税金資産(短期)(葛飾)	0	0	-1,130	0	0	0	0	0	0	0	0
その他資産	0	0	0	0	0	0	0	0	0	0	0
建物	0	0	0	0	0	0	0	0	0	0	0
機械装置	0	0	0	0	0	0	0	0	0	0	0
器具備品	0	0	0	0	0	0	0	-207,500	0	0	0
土地	0	0	0	0	0	0	0	-160,000	0	0	0
リース資産	0	0	0	0	0	0	0	0	0	0	0
ソフトウェア	0	0	0	0	0	0	0	-330,000	0	0	0
のれん	0	0	0	0	-600,000	-106,600	0	0	0	0	0
投資有価証券	-15,000	0	0	0	0	0	0	0	15,000	0	0
関連会社株式	0	0	0	0	0	0	-4,000,000	0	0	0	0
繰延税金資産(長期)(東京)	0	0	-208,080	0	0	0	0	0	0	0	0
繰延税金資産(長期)(大阪)	0	0	3,810	0	0	0	0	0	0	0	0
繰延税金資産(長期)(Antibes)	0	0	-15,950	0	0	0	0	0	0	0	0
繰延税金資産(長期)(Boston)	0	0	-7,440	0	0	0	0	0	0	0	0
繰延税金資産(長期)(葛飾)	0	0	0	0	0	0	0	0	0	0	0
買掛金	0	0	0	0	0	0	0	0	0	0	0
親会社買掛金	0	0	0	0	0	0	0	0	0	0	0
関連会社買掛金	0	0	0	0	0	0	0	0	0	0	0
支払手形	0	0	0	0	0	0	0	0	0	0	0
短期借入金	0	0	0	0	0	0	0	0	0	4,027,500	0
リース債務(短期)	0	0	0	0	0	0	0	0	0	0	0
未払法人税等	0	522,000	0	0	0	0	0	0	0	0	0
未払消費税	0	0	0	0	0	0	0	0	0	0	0
賞与引当金	0	0	0	0	0	0	0	0	0	0	0
未払費用	0	0	0	0	0	0	0	0	0	0	0
繰延税金負債(短期)(東京)	0	0	57,045	0	0	0	0	0	0	0	0
繰延税金負債(短期)(葛飾)	0	0	-2,020	0	0	0	0	0	0	0	0
その他負債	0	0	0	0	0	0	0	0	0	0	0
親会社借入金	0	0	0	0	0	0	0	0	0	0	0
社債	0	0	0	0	0	0	0	0	0	0	210,000
長期借入金	0	0	0	0	0	0	0	0	0	5,077,500	0
リース債務(長期)	0	0	0	0	0	0	0	0	0	0	0
退職給付引当金	0	0	0	0	0	0	0	0	0	0	0
繰延税金負債(長期)(東京)	6,060	0	0	0	0	0	0	0	0	0	0
繰延税金負債(長期)(大阪)	0	0	0	0	0	0	0	0	0	0	0
繰延税金負債(長期)(Boston)	0	0	0	0	0	0	0	0	0	0	0
資本金	0	0	0	-5,000,000	-5,250,000	-4,940,000	0	0	0	0	0
資本剰余金	0	0	0	0	0	0	0	0	0	0	0
利益剰余金	0	-5,183,170	-183,839	-2,000,000	-2,250,000	-1,560,000	0	0	0	0	0
その他有価証券評価差額金	8,940	0	0	0	0	0	0	0	0	0	0
少数株主持分	0	0	0	2,189,400	0	2,615,600	0	0	0	0	0
評価差額	0	0	0	-298,000	0	-39,000	0	0	0	0	0
自己株式	0	0	0	0	0	0	0	0	0	0	0
為替換算調整勘定	0	0	0	0	0	0	0	0	0	0	0
合計	0	-4,661,170	0	-3,987,910	-2,307,750	-928,785	-4,000,000	-697,500	15,000	9,105,000	210,000
キャッシュ・フロー計算書											
Ⅰ 営業活動によるキャッシュ・フロー											
税金等調整前当期純利益	0	0	0	0	0	0	0	0	0	0	0
減価償却費	0	0	0	0	0	0	0	0	0	0	0
減損損失	0	0	0	0	0	0	0	0	0	0	0
のれん償却額	0	0	0	0	0	0	0	0	0	0	0
貸倒引当金の増減額	0	0	0	0	0	0	0	0	0	0	0
賞与引当金の増減額	0	0	0	0	0	0	0	0	0	0	0
退職給付引当金の増減額	0	0	0	0	0	0	0	0	0	0	0
受取利息及び受取配当金	0	0	0	0	0	0	0	0	0	0	0
支払利息	0	0	0	0	0	0	0	0	0	0	0
持分法による投資損失	0	0	0	0	0	0	0	0	0	0	0
負ののれん計上益	0	0	0	-8,600	0	0	0	0	0	0	0
売上債権の増減額	0	0	0	0	0	0	0	0	0	0	0
たな卸資産の増減額	0	0	0	0	0	0	0	0	0	0	0
仕入債務の増減額	0	0	0	0	0	0	0	0	0	0	0
未払消費税の増減額	0	0	0	0	0	0	0	0	0	0	0
その他資産の増減額	0	0	0	0	0	0	0	0	0	0	0
その他負債の増減額	0	66,451	0	0	0	0	0	0	0	0	0
小計	0	66,451	0	-8,600	0	0	0	0	0	0	0
利息及び配当金の受取額	0	0	0	0	0	0	0	0	0	0	0
利息の支払額	0	0	0	0	0	0	0	0	0	0	0
法人税等の支払額	0	-4,727,621	0	0	0	0	0	0	0	0	0
営業活動によるキャッシュ・フロー	0	-4,661,170	0	-8,600	0	0	0	0	0	0	0
Ⅱ 投資活動によるキャッシュ・フロー											
有形固定資産の取得による支出	0	0	0	0	0	0	0	-367,500	0	0	0
無形固定資産の取得による支出	0	0	0	0	0	0	0	-330,000	0	0	0
投資有価証券の売却による収入	0	0	0	0	0	0	0	0	15,000	0	0
新規連結子会社大阪社の取得による支出	0	0	0	-3,979,310	0	0	0	0	0	0	0
新規連結子会社A社の取得による支出	0	0	0	0	-2,307,750	0	0	0	0	0	0
新規連結子会社B社の取得による支出	0	0	0	0	0	-928,785	0	0	0	0	0
関連会社横浜社の取得による支出	0	0	0	0	0	0	-4,000,000	0	0	0	0
投資活動によるキャッシュ・フロー	0	0	0	-3,979,310	-2,307,750	-928,785	-4,000,000	-697,500	15,000	0	0
Ⅲ 財務活動によるキャッシュ・フロー											
短期借入金による収入	0	0	0	0	0	0	0	0	0	5,585,000	0
短期借入金の返済による支出	0	0	0	0	0	0	0	0	0	-1,757,500	0
長期借入金による収入	0	0	0	0	0	0	0	0	0	6,400,000	0
長期借入金の返済による支出	0	0	0	0	0	0	0	0	0	-1,122,500	0
社債の発行による収入	0	0	0	0	0	0	0	0	0	0	210,000
リース債務の返済による支出	0	0	0	0	0	0	0	0	0	0	0
自己株式の取得による支出	0	0	0	0	0	0	0	0	0	0	0
配当金の支払額	0	0	0	0	0	0	0	0	0	0	0
少数株主への配当金の支払額	0	0	0	0	0	0	0	0	0	0	0
財務活動によるキャッシュ・フロー	0	0	0	0	0	0	0	0	0	9,105,000	210,000
Ⅳ 現金及び現金同等物に係る換算差額	0	0	0	0	0	0	0	0	0	0	0
Ⅴ 現金及び現金同等物の増加(減少)額	0	0	0	0	0	0	0	0	0	0	0
Ⅵ 現金及び現金同等物の期首残高	0	0	0	0	0	0	0	0	0	0	0
Ⅶ 現金及び現金同等物の期末残高	0	0	0	0	0	0	0	0	0	0	0

26 ファイナンス・リース契約	27 リース債務支払	28 支払配当金	29 為替換算差額(A社)	30 為替換算差額(B社)	31 少数株主持分	32 少数株主への配当金の支払額	33 為替換算調整勘定の少数株主持分への影響	34 自己株式の取得	35 自己株式の少数株主持分への振替	36 利益剰余金	37 連結消去	38 現金及び預金の振替	合計
0	0	0	48,315	71,995	0	0	0	0	0	0	0	-1,259,737	0
0	0	0	398,000	213,800	0	0	0	0	0	0	0	-9,256,180	0
0	0	0	0	0	0	0	0	0	0	0	0	-1,150,200	0
0	0	0	0	0	0	0	0	0	0	0	0	-4,200,000	0
0	0	0	207,500	225,000	0	0	0	0	0	0	0	0	0
0	0	0	-2,490	-1,800	0	0	0	0	0	0	0	0	0
0	0	0	154,000	150,000	0	0	0	0	0	0	0	0	0
0	0	0	0	0	0	0	0	0	0	0	0	0	0
0	0	0	0	0	0	0	0	0	0	0	0	0	0
0	0	0	0	0	0	0	0	0	0	0	0	0	0
0	0	0	0	0	0	0	0	0	0	0	0	0	0
0	0	0	525	0	0	0	0	0	0	0	0	0	0
0	0	0	0	28,103	0	0	0	0	0	0	0	0	0
0	0	0	0	0	0	0	0	0	0	0	0	0	0
0	0	0	20,500	43,500	0	0	0	0	0	0	0	0	0
0	0	0	0	30,050	0	0	0	0	0	0	0	0	0
0	0	0	27,500	54,000	0	0	0	0	0	0	0	0	0
0	0	0	10,000	50,000	0	0	0	0	0	0	0	0	0
-30,000	0	0	0	0	0	0	0	0	0	0	0	0	0
0	0	0	0	0	0	0	0	0	0	0	0	0	0
0	0	0	2,200	0	0	0	0	0	0	0	0	0	0
0	0	0	0	0	0	0	0	0	0	0	0	0	0
0	0	0	0	0	0	0	0	0	0	0	0	0	0
0	0	0	1,450	0	0	0	0	0	0	0	0	0	0
0	0	0	0	20,000	0	0	0	0	0	0	0	0	0
0	0	0	0	-175,000	0	0	0	0	0	0	0	0	0
0	0	0	-162,500	0	0	0	0	0	0	0	162,500	0	0
0	0	0	0	0	0	0	0	0	0	0	0	0	0
0	0	0	-37,500	-30,000	0	0	0	0	0	0	0	0	0
40,000	-40,000	0	0	0	0	0	0	0	0	0	0	0	0
0	0	0	-40,000	-30,000	0	0	0	0	0	0	0	0	0
0	0	0	-600	0	0	0	0	0	0	0	0	0	0
0	0	0	-15,500	-12,500	0	0	0	0	0	0	0	0	0
0	0	0	0	-98	0	0	0	0	0	0	98	0	0
0	0	0	0	0	0	0	0	0	0	0	0	0	0
0	0	0	0	0	0	0	0	0	0	0	0	0	0
0	0	0	0	-6,500	0	0	0	0	0	0	6,500	0	0
0	0	0	0	0	0	0	0	0	0	0	0	0	0
0	0	0	-47,500	0	0	0	0	0	0	0	0	0	0
-10,000	0	0	0	0	0	0	0	0	0	0	0	0	0
0	0	0	-6,400	-80,000	0	0	0	0	0	0	0	0	0
0	0	0	0	0	0	0	0	0	0	0	0	0	0
0	0	0	0	-2,000	0	0	0	0	0	0	0	0	0
0	0	0	0	0	0	0	0	0	0	0	0	0	0
0	0	0	0	0	0	0	0	0	0	0	0	0	0
0	0	-500,000	0	0	-459,938	0	0	0	0	12,477,469	0	0	0
0	0	0	0	0	459,938	-1,800	-219,420	0	-15,000	0	0	0	0
0	0	0	0	0	0	0	0	-50,000	15,000	0	0	0	0
0	0	0	-557,500	-548,550	0	0	219,420	0	0	0	0	0	0
0	-40,000	-500,000	0	0	0	-1,800	0	-50,000	0	12,477,469	169,098	-15,866,117	0
0	0	0	0	0	0	0	0	0	0	12,477,469	0	0	12,477,469
0	0	0	0	0	0	0	0	0	0	0	0	0	2,608,150
0	0	0	0	0	0	0	0	0	0	0	0	0	80,000
0	0	0	0	0	0	0	0	0	0	0	0	0	67,808
0	0	0	0	0	0	0	0	0	0	0	0	0	-38,790
0	0	0	0	0	0	0	0	0	0	0	0	0	-158,000
0	0	0	0	0	0	0	0	0	0	0	0	0	114,900
0	0	0	0	0	0	0	0	0	0	0	0	0	-12,000
0	0	0	0	0	0	0	0	0	0	0	0	0	701,875
0	0	0	0	0	0	0	0	0	0	0	0	0	10,008
0	0	0	0	0	0	0	0	0	0	0	0	0	-8,600
0	0	0	0	0	0	0	0	0	0	0	0	0	4,962,500
0	0	0	0	0	0	0	0	0	0	0	0	0	7,735,000
0	0	0	0	0	0	0	0	0	0	0	0	0	-3,655,000
0	0	0	0	0	0	0	0	0	0	0	0	0	4,000
0	0	0	0	0	0	0	0	0	0	0	0	0	50,000
0	0	0	0	0	0	0	0	0	0	0	0	0	66,451
0	0	0	0	0	0	0	0	0	0	12,477,469	0	0	25,005,771
0	0	0	0	0	0	0	0	0	0	0	0	0	28,000
0	0	0	0	0	0	0	0	0	0	0	0	0	-701,875
0	0	0	0	0	0	0	0	0	0	0	0	0	-4,727,621
0	0	0	0	0	0	0	0	0	0	12,477,469	0	0	19,604,275
0	0	0	0	0	0	0	0	0	0	0	0	0	-367,500
0	0	0	0	0	0	0	0	0	0	0	0	0	-330,000
0	0	0	0	0	0	0	0	0	0	0	0	0	15,000
0	0	0	0	0	0	0	0	0	0	0	0	0	-3,979,310
0	0	0	0	0	0	0	0	0	0	0	0	0	-2,307,750
0	0	0	0	0	0	0	0	0	0	0	0	0	-928,785
0	0	0	0	0	0	0	0	0	0	0	0	0	-4,000,000
0	0	0	0	0	0	0	0	0	0	0	0	0	-11,898,345
0	0	0	0	0	0	0	0	0	0	0	0	0	5,585,000
0	0	0	0	0	0	0	0	0	0	0	0	0	-1,757,500
0	0	0	0	0	0	0	0	0	0	0	0	0	6,400,000
0	0	0	0	0	0	0	0	0	0	0	0	0	-1,122,500
0	0	0	0	0	0	0	0	0	0	0	0	0	210,000
0	-40,000	0	0	0	0	0	0	0	0	0	0	0	-40,000
0	0	-500,000	0	0	0	0	0	-50,000	0	0	0	0	-50,000
0	0	0	0	0	0	-1,800	0	0	0	0	0	0	-500,000
0	0	0	0	0	0	0	0	0	0	0	0	0	-1,800
0	-40,000	-500,000	0	0	0	-1,800	0	-50,000	0	0	0	0	8,723,200
0	0	0	0	0	0	0	0	0	0	0	169,098	0	-563,013
0	0	0	0	0	0	0	0	0	0	0	0	15,866,117	15,866,117
0	0	0	0	0	0	0	0	0	0	0	0	0	95,092,820
0	0	0	0	0	0	0	0	0	0	0	0	0	110,958,937

以下は有価証券報告書を作成するため、東京社で行った連結キャッシュ・フロー精算表の組替表である。

連結キャッシュ・フロー計算書は、連結貸借対照表や連結損益計算書とは異なり、連結財務諸表規則において開示すべき項目が数値基準として定められていないという特徴がある。

NO.	精算表科目名	(単位：千円)	精算表との対応	表示科目名	(単位：千円)	(単位：百万円)
	Ⅰ 営業活動によるキャッシュ・フロー	組替前		Ⅰ 営業活動によるキャッシュ・フロー	組替後	
(1)	税金等調整前当期純利益	12,477,469	(1)	税金等調整前当期純利益	12,477,469	12,477
(2)	減価償却費	2,608,150	(2)	減価償却費	2,608,150	2,608
(3)	減損損失	80,000	(3)	減損損失	80,000	80
(4)	のれん償却額	67,808	(4)	のれん償却額	67,808	67
(5)	貸倒引当金の増減額	-38,790	(5)	貸倒引当金の増減額	-38,790	-38
(6)	賞与引当金の増減額	-158,000	(6)	賞与引当金の増減額	-158,000	-158
(7)	退職給付引当金の増減額	114,900	(7)	退職給付引当金の増減額	114,900	114
(8)	受取利息及び受取配当金	-12,000	(8)	受取利息及び受取配当金	-12,000	-12
(9)	支払利息	701,875	(9)	支払利息	701,875	701
(10)	持分法による投資損失	10,008	(10)	持分法による投資損失	10,008	10
(11)	負ののれん計上益	-8,600	(11)	負ののれん計上益	-8,600	-8
(12)	売上債権の増減額	4,962,500	(12)	売上債権の増減額	4,962,500	4,962
(13)	たな卸資産の増減額	7,735,000	(13)	たな卸資産の増減額	7,735,000	7,735
(14)	仕入債務の増減額	-3,655,000	(14)	仕入債務の増減額	-3,655,000	-3,655
(15)	未払消費税の増減額	4,000	(16)	その他資産の増減額	50,000	50
(16)	その他資産の増減額	50,000	(15)+(17)	その他負債の増減額	70,451	70
(17)	その他負債の増減額	66,451				
	小計	25,005,771		小計	25,005,771	25,005
(18)	利息及び配当金の受取額	28,000	(18)	利息及び配当金の受取額	28,000	28
(19)	利息の支払額	-701,875	(19)	利息の支払額	-701,875	-701
(20)	法人税等の支払額	-4,727,621	(20)	法人税等の支払額	-4,727,621	-4,727
	営業活動によるキャッシュ・フロー	19,604,275		営業活動によるキャッシュ・フロー	19,604,275	19,604
	Ⅱ 投資活動によるキャッシュ・フロー			Ⅱ 投資活動によるキャッシュ・フロー		
(21)	有形固定資産の取得による支出	-367,500	(21)	有形固定資産の取得による支出	-367,500	-367
(22)	無形固定資産の取得による支出	-330,000	(22)	無形固定資産の取得による支出	-330,000	-330
(23)	投資有価証券の売却による収入	15,000	(27)	投資有価証券の取得による支出	-4,000,000	-4,000
(24)	新規連結子会社大阪社の取得による支出	-3,979,310	(23)	投資有価証券の売却による収入	15,000	15
(25)	新規連結子会社A社の取得による支出	-2,307,750	(24)+(25)+(26)	連結範囲の変更を伴う子会社株式の取得による支出	-7,215,845	-7,215

(26)	新規連結子会社B社の取得による支出	-928,785					
(27)	関連会社横浜社の取得による支出	-4,000,000					
	投資活動によるキャッシュ・フロー	-11,898,345			投資活動によるキャッシュ・フロー	-11,898,345	-11,898
	Ⅲ 財務活動によるキャッシュ・フロー				Ⅲ 財務活動によるキャッシュ・フロー		
(28)	短期借入による収入	5,585,000	(28)		短期借入による収入	5,585,000	5,585
(29)	短期借入金の返済による支出	-1,757,500	(29)		短期借入金の返済による支出	-1,757,500	-1,757
(30)	長期借入による収入	6,400,000	(30)		長期借入による収入	6,400,000	6,400
(31)	長期借入金の返済による支出	-1,122,500	(31)		長期借入金の返済による支出	-1,122,500	-1,122
(32)	社債の発行による収入	210,000	(32)		社債の発行による収入	210,000	210
(33)	リース債務の返済による支出	-40,000	(33)		リース債務の返済による支出	-40,000	-40
(34)	自己株式の取得による支出	-50,000	(34)		自己株式の取得による支出	-50,000	-50
(35)	配当金の支払額	-500,000	(35)		配当金の支払額	-500,000	-500
(36)	少数株主への配当金の支払額	-1,800	(36)		少数株主への配当金の支払額	-1,800	-1
	財務活動によるキャッシュ・フロー	8,723,200			財務活動によるキャッシュ・フロー	8,723,200	8,723
	Ⅳ 現金及び現金同等物に係る換算差額	-563,013			Ⅳ 現金及び現金同等物に係る換算差額	-563,013	-563
	Ⅴ 現金及び現金同等物の増加(減少)額	15,866,117			Ⅴ 現金及び現金同等物の増加(減少)額	15,866,117	15,866
	Ⅵ 現金及び現金同等物の期首残高	95,092,820			Ⅵ 現金及び現金同等物の期首残高	95,092,820	95,092
	Ⅶ 現金及び現金同等物の期末残高	110,958,937			Ⅶ 現金及び現金同等物の期末残高	110,958,937	110,958

　連結キャッシュ・フロー計算書の記載方法は、様式第七号（直接法による場合）又は第八号（間接法による場合）により記載する（連結財規82②）。

　また、連結キャッシュ・フロー計算書には、次に掲げる区分を設けてキャッシュ・フローの状況を記載しなければならない（連結財規83）。

・営業活動によるキャッシュ・フロー

・投資活動によるキャッシュ・フロー

・財務活動によるキャッシュ・フロー

・現金及び現金同等物に係る換算差額

・現金及び現金同等物の増加額又は減少額

・現金及び現金同等物の期首残高
・現金及び現金同等物の期末残高

以下、上述の区分ごとに、表示方法を記載する。
Ａ：営業活動によるキャッシュ・フローの表示方法

　　営業活動によるキャッシュ・フローの区分には、次のいずれかの方法により、営業利益又は営業損失の計算の対象となった取引に係るキャッシュ・フロー並びに投資活動及び財務活動以外の取引に係るキャッシュ・フローを、その内容を示す名称を付した科目をもって掲記しなければならない。ただし、その金額が少額なもので一括して表示することが適当であると認められるものについては、適当な名称を付した科目をもって一括して掲記することができる（連結財規84）。

・営業収入、原材料又は商品の仕入れによる支出、人件費の支出その他適当と認められる項目に分けて主要な取引ごとにキャッシュ・フローを総額により表示する方法
・税金等調整前当期純利益金額又は税金等調整前当期純損失金額に、次に掲げる項目を加算又は減算して表示する方法
　　a　連結損益計算書に収益又は費用として計上されている項目のうち資金の増加又は減少を伴わない項目
　　b　売上債権、たな卸資産、仕入債務その他営業活動により生じた資産及び負債の増加額又は減少額
　　c　連結損益計算書に収益又は費用として計上されている項目のうち投資活動によるキャッシュ・フロー及び財務活動によるキャッシュ・フローの区分に含まれる項目

Ｂ：投資活動によるキャッシュ・フローの表示方法

　　投資活動によるキャッシュ・フローの区分には、主要な取引ごとにキャッシュ・フローを総額により表示する方法により、有価証券（現金同等物を除く。以下同じ）の取得による支出、有価証券の売却による収入、

有形固定資産の取得による支出、有形固定資産の売却による収入、投資有価証券の取得による支出、投資有価証券の売却による収入、貸付けによる支出、貸付金の回収による収入その他投資活動に係るキャッシュ・フローを、その内容を示す名称を付した科目をもって掲記しなければならない。ただし、その金額が少額なもので一括して表示することが適当であると認められるものについては、適当な名称を付した科目をもって一括して掲記することができる（連結財規85）。

C：財務活動によるキャッシュ・フローの表示方法

　財務活動によるキャッシュ・フローの区分には、主要な取引ごとにキャッシュ・フローを総額により表示する方法により、短期借入れによる収入、短期借入金の返済による支出、長期借入れによる収入、長期借入金の返済による支出、社債の発行による収入、社債の償還による支出、株式の発行による収入、自己株式の取得による支出その他財務活動に係るキャッシュ・フローを、その内容を示す名称を付した科目をもって掲記しなければならない。ただし、その金額が少額なもので一括して表示することが適当であると認められるものについては、適当な名称を付した科目をもって一括して掲記することができる（連結財規86）。

D：現金及び現金同等物に係る換算差額

　現金及び現金同等物に係る換算差額の区分には、外貨建ての資金の円貨への換算による差額を記載する（連結財規87①）。

E：現金及び現金同等物の増加額又は減少額

　現金及び現金同等物の増加額又は減少額の区分には、営業活動によるキャッシュ・フロー、投資活動によるキャッシュ・フロー及び財務活動によるキャッシュ・フローの収支差額の合計額に前項に規定する外貨建ての資金の円貨への換算による差額を加算又は減算した額を記載する（連結財規87②）。

2) 組替に関するその他の留意事項
　A：利息及び配当金に係るキャッシュ・フローの表示方法
　　　利息及び配当金に係るキャッシュ・フローは、次の各号に掲げるいずれかの方法により記載するものとする（連結財規88①）。
　　一　利息及び配当金の受取額並びに利息の支払額は営業活動によるキャッシュ・フローの区分に記載し、配当金の支払額は財務活動によるキャッシュ・フローの区分に記載する方法
　　二　利息及び配当金の受取額は投資活動によるキャッシュ・フローの区分に記載し、利息及び配当金の支払額は財務活動によるキャッシュ・フローの区分に記載する方法
　　　なお、配当金の支払額は、連結財務諸表提出会社による配当金の支払額と少数株主（連結子会社の株主のうち連結会社以外の株主をいう）への配当金の支払額とに分けて記載しなければならない（連結財規88②）。
　B：連結の範囲の変更を伴う子会社株式の取得又は売却に係るキャッシュ・フロー等の表示方法
　　　連結の範囲の変更を伴う子会社株式の取得又は売却に係るキャッシュ・フローは、投資活動によるキャッシュ・フローの区分にその内容を示す名称を付した科目をもって掲記しなければならない（連結財規89①）。
　　　当該規定は、現金及び現金同等物を対価とする事業の譲受け若しくは譲渡又は合併等に係るキャッシュ・フローについて準用する（連結財規89②）。

2.1.4　包括利益の表示

2009年12月25日に企業会計基準委員会より企業会計基準公開草案第35号「包括利益の表示に関する会計基準（案）」（以下「包括利益会計基準公開草案」という）が公表された。ここに、包括利益とは、ある企業の特定期間の財務諸表において認識された純資産の変動額のうち、当該企業の純資産に対する持分所有者との直接的な取引によらない部分をいう。当該企業の純資産に対する持分

所有者には、当該企業の株主のほか当該企業の発行する新株予約権の所有者が含まれ、連結財務諸表においては、当該企業の子会社の少数株主も含まれる（包括利益会計基準公開草案4）。連結財務諸表においては、少数株主損益調整前当期純利益にその他の包括利益の内訳項目を加減して包括利益を計算する（包括利益会計基準公開草案6（2））。ここに、その他の包括利益とは、包括利益のうち当期純利益及び少数株主損益に含まれない部分をいい、連結財務諸表においては包括利益と少数株主損益調整前当期純利益との間の差額である。連結財務諸表におけるその他の包括利益には、親会社株主に係る部分と少数株主にかかる部分が含まれる（包括利益会計基準公開草案5）。

包括利益を表示する計算書は、次のいずれかの形式による。連結財務諸表においては、包括利益のうち親会社株主に係る金額及び少数株主に係る金額を付記する。

---
(1) 当期純利益を計算する損益計算書と、第6項に従って包括利益を計算する包括利益計算書とで表示する形式（2計算書方式）
(2) 当期純利益の計算と第6項に従った包括利益の計算を1つの計算書（「損益及び包括利益計算書」）で表示する形式（1計算書方式）

（出典）包括利益会計基準公開草案11

以下では、包括利益会計基準公開草案を適用した場合の開示例を示す。なお、数値は架空のものである。

1）2計算書方式による場合

```
＜連結損益計算書＞
  売上高                              20,000
   ‥‥‥‥
  税金等調整前当期純利益               3,200
  法人税等                             1,200
  少数株主損益調整前当期純利益         2,000
    少数株主利益                         500
```

当期純利益	1,500

<連結包括利益計算書>	
少数株主損益調整前当期純利益	2,000
その他の包括利益	
その他有価証券評価差額金	350
繰延ヘッジ損益	120
為替換算調整勘定	(220)
持分法適用による持分相当額	50
その他の包括利益合計	300
包括利益	2,300
(内訳)	
親会社株主に係る包括利益	1,900
少数株主に係る包括利益	400

2）1計算書方式による場合

<連結損益及び包括利益計算書>	
売上高	20,000
・・・・・・・	
税金等調整前当期純利益	3,200
法人税等	1,200
少数株主損益調整前当期純利益	2,000
少数株主利益（控除）	500
当期純利益	1,500
少数株主利益（加算）	500
少数株主損益調整前当期純利益	2,000
その他の包括利益	
その他有価証券評価差額金	350
繰延ヘッジ損益	120
為替換算調整勘定	(220)
持分法適用による持分相当額	50
その他の包括利益合計	300
包括利益	2,300

(内訳)
親会社株主に係る包括利益 　　　　　　　　　　　　　　　　　　　　1,900
少数株主に係る包括利益　　　　　　　　　　　　　　　　　　　　　　400

(参考文献) 包括利益会計基準公開草案　包括利益の表示例

2.2　連結の範囲

　東京社は、大阪社、A社、B社、葛飾社を子会社として、横浜社を関連会社として連結財務諸表を作成しているが、どのような会社が連結財務諸表に含まれる会社となるのだろうか。

　設例における、大阪社、A社、B社、葛飾社、横浜社の議決権比率は以下のとおりである。

大阪社	70%
A社	100%
B社	60%
葛飾社	90%
横浜社	40%

　大阪社、A社、B社、葛飾社は、それぞれ東京社が議決権の過半数を保有しており、東京社はこれらの会社の意思決定機関を支配しているため、これらの会社は、東京社の子会社と判定された。また、横浜社については、議決権比率40％を保有しているが、後述する**2.2.2** 2）イにあるような要件を満たしていない企業のため、子会社とは判定されなかった。しかし、議決権の100分の20以上を保有しており、他の企業の財務及び営業又は事業の方針の決定に対して重要な影響を与えることができる場合に該当し、関連会社に該当すると判定された。

　親会社は原則として、すべての子会社を連結の範囲に含める（連結財務諸表会計基準13）が、支配が一時的である会社、支配が一時的である会社以外の企

業であって、連結することにより利害関係者の判断を著しく誤らせるおそれのある企業は連結の範囲に含めない（連結財務諸表会計基準14）こととされている。また、子会社であって、その資産、売上高等を考慮して、連結の範囲から除いても企業集団の財政状態、経営成績及びキャッシュ・フローの状況に関する合理的な判断を妨げない程度に重要性が乏しいものは、連結の範囲に含めないことができる（連結財務諸表会計基準（注3））。子会社と判定された大阪社、A社、B社、葛飾社は支配が一時的、又は、連結することにより利害関係者の判断を著しく誤らせるおそれのある企業とは判定されず、また、重要性が乏しいともいえないため、すべて連結の範囲に含めることとなった。

関連会社に対する投資については、原則として持分法を適用する。ただし、持分法の適用により、連結財務諸表に重要な影響を与えない場合には、持分法の適用会社としないことができる（持分法会計基準6）。なお、影響が一時的であると認められる会社、又は、持分法を適用することにより利害関係者の判断を著しく誤らせるおそれのある関連会社については、持分法を適用しないとされている。関連会社と判定された横浜社は、影響が一時的又は、持分法を適用することにより利害関係者の判断を著しく誤らせるおそれのある関連会社には該当せず、また、持分法の適用により、連結財務諸表に重要な影響を与えないともいえないため、原則どうり持分法を適用することとなった。

以下、この章では、親会社、子会社、関連会社の意義、及び連結の範囲、持分法の適用範囲についてもう少し詳しく解説していく。

2.2.1 「親会社」「子会社」「関連会社」の意義

まず、「親会社」「子会社」「関連会社」とはそれぞれどのような会社を指すのか説明する。

親会社	他の企業（**2.2.2** 1）参照）の財務及び営業又は事業の方針を決定する機関（株主総会その他これに準ずる機関をいう。以下「意思決定機関」という）を支配している企業（連結財務諸表会計基準6）（**2.2.2** 2）参照）
子会社	親会社の定義にある「他の企業」（連結財務諸表会計基準6）
関連会社	企業（当該企業が子会社を有する場合には、当該子会社を含む）が、出資、人事、資金、技術、取引等の関係を通じて、子会社以外の他の企業の財務及び営業又は事業の方針の決定に対して重要な影響を与えることができる場合（**2.2.2** 3）参照）における当該子会社以外の他の企業（持分法会計基準5）。

2.2.2　用語の説明

1）「企業」

　　会社及び会社に準ずる事業体をいい、会社、組合その他これらに準ずる事業体（外国におけるこれらに相当するものを含む）を指す（連結会計基準5、持分法会計基準4-2）。

　　これには、「資産の流動化に関する法律」に基づく特定目的会社や「投資信託及び投資法人に関する法律」に基づく投資法人、投資事業組合、海外における同様の事業を営む事業体、パートナーシップその他これらに準ずる事業体で営利を目的とする事業体が該当するものと考えられる。会社に準ずる事業体が子会社又は関連会社の範囲に該当するかどうかの判定にあたっては、子会社の範囲の決定に関する取扱い及び関連会社の範囲の決定に関する取扱いに準じて行う（連結財務諸表における子会社及び関連会社の範囲の決定に関する適用指針（以下「連結財務諸表適用指針」という）28）。

2）「他の企業の意思決定機関を支配している企業」

　　「他の企業の意思決定機関を支配している企業」とは、次の企業をいう。ただし、財務上又は営業上若しくは事業上の関係からみて他の企業の意思決定機関を支配していないことが明らかであると認められる企業を除く（連結会計基準7）。

ア：他の企業（更生会社、破産会社その他これに準ずる企業であって、かつ、有効な支配従属関係が存在しないと認められる企業を除く。下記イ、ウにおいても同じ）の議決権の過半数を自己の計算において所有している企業

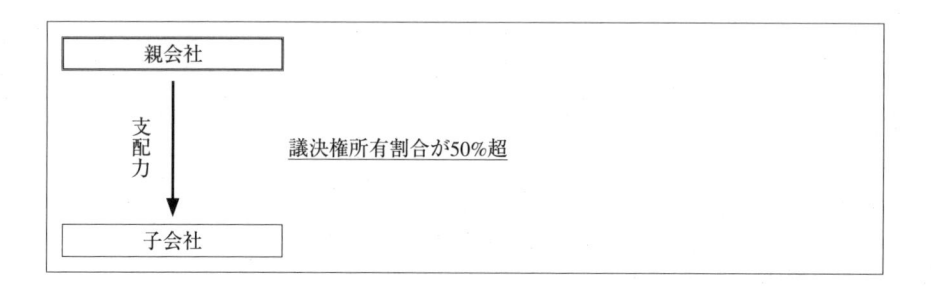

```
┌─────────────────────────────────────────────────┐
│  ┌────────┐                                     │
│  │ 親会社 │                                     │
│  └────────┘                                     │
│   支                                            │
│   配    議決権所有割合が50％超                  │
│   力                                            │
│   ↓                                             │
│  ┌────────┐                                     │
│  │ 子会社 │                                     │
│  └────────┘                                     │
└─────────────────────────────────────────────────┘
```

イ：他の企業の議決権の100分の40以上、100分の50以下を自己の計算において所有している企業であって、かつ、次のいずれかの要件に該当する企業

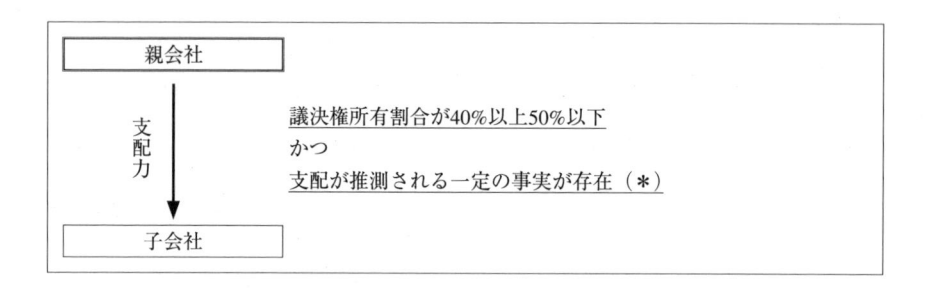

```
┌─────────────────────────────────────────────────┐
│  ┌────────┐                                     │
│  │ 親会社 │                                     │
│  └────────┘                                     │
│   支     議決権所有割合が40％以上50％以下       │
│   配     かつ                                   │
│   力     支配が推測される一定の事実が存在（＊）│
│   ↓                                             │
│  ┌────────┐                                     │
│  │ 子会社 │                                     │
│  └────────┘                                     │
└─────────────────────────────────────────────────┘
```

要件（＊）	留意点
a　自己の計算において所有している議決権と、自己と出資、人事、資金、技術、取引等において緊密な関係があることにより自己の意思と同一の内容の議決権を行使することに同意しているものが所有している議	

決権とを合わせて、他の企業の議決権の過半数を占めていること	
b 役員若しくは使用人である者、又はこれらであったもので自己が他の企業の財務及び営業又は事業の方針の決定に関して影響を与えることができるものが、当該他の企業の取締役会その他これに準ずる機関の構成員の過半数を占めていること	自己の役員、自己の業務を執行する社員若しくは使用人である者又はこれらであった者で、自己の意向に沿って取締役としての業務を執行すると認められる者の員数が、取締役会の構成員の過半数を占めている場合等が該当する（連結財務諸表適用指針11）。
c 他の企業の重要な財務及び営業又は事業の方針の決定を支配する契約等が存在すること	他の企業との間の契約、協定等により総合的に判断して当該他の企業の財務及び営業又は事業の方針の決定を指示し又は強制し得る力を有すると認められる場合が該当し、例えば、他の会社から会社法上の事業全部の経営の委任（会社法第467条第1項第4号）を受けている場合が含まれる（連結財務諸表適用指針12）。 また、次に掲げるような場合にも、これに準じて取り扱うことが適当と考えられる。 ・原材料の供給・製品の販売に係る包括的契約、一手販売・一手仕入契約等により、当該他の会社にとっての事業依存度が著しく大きい場合 ・営業地域の制限を伴うフランチャイズ契約、ライセンス契約等により、当該他の会社が著しく事業上の拘束を受ける場合 ・技術援助契約等について、当該契約の終了により、当該他の会社の事業の継続に重要な影響を及ぼすこととなる場合
d 他の企業の資金調達額（貸借対照表の負債の部に計上されているもの）の総額の過半について融資（債務の保証及び担保の提供を含む。以下同じ）を行っていること（自己と出資、人事、資金、技術、取引等において緊密な関係のある者が行う融資の額を合わせて資金調達額の総額の過半となる場合を含む）	他の企業の負債の部に計上されている資金調達額の総額の概ね過半について融資を行っていることにより、資金の関係を通じて財務の方針決定を支配している場合が該当する。ただし、融資については、金融機関が通常の取引として行っている場合は該当しない（以下同じ）。また、自己と緊密な者の行う融資を合わせて資金調達額の総額の概ね過半となる場合も該当することに留意する（連結財務諸表適用指針13）。

e　その他他の企業の意思決定機関を支配していることが推測される事実が存在すること	例えば、次に掲げる事実が存在することにより、他の企業の意思決定機関を支配していることが推測される場合が含まれる。 ・当該他の企業が重要な財務及び営業又は事業の方針を決定するにあたり、自己の承認を得ることとなっている場合 ・当該他の企業に多額の損失が発生し、自己が当該他の企業に対し重要な経営支援を行っている場合又は重要な経営支援を行うこととしている場合 ・当該他の企業の資金調達額（貸借対照表の負債の部に計上されているものに限らない）の総額の概ね過半について融資及び出資を行っている場合 　なお、当該他の会社の株主総会において、議決権を行使しない株主（株主総会に出席せず、かつ委任状による議決権の行使も行わない株主をいう）が存在することにより、その有効議決権に対し、自己が過半数を占める状態が過去相当期間継続しており、当該事業年度に係る株主総会においても同様と考えられるときには、意思決定機関を支配していると推測することを妨げない（連結財務諸表適用指針14）こととされている。

ウ：自己の計算において所有している議決権（当該議決権を所有していない場合を含む）と、自己と出資、人事、資金、技術、取引等において緊密な関係があることにより自己の意思と同一の内容の議決権を行使すると認められる者及び自己の意思と同一の内容の議決権を行使することに同意しているものが所有している議決権と合わせて、他の企業の議決権の過半数を占めている企業であって、かつ、上記イのbからeまでのいずれかの条件に該当する企業

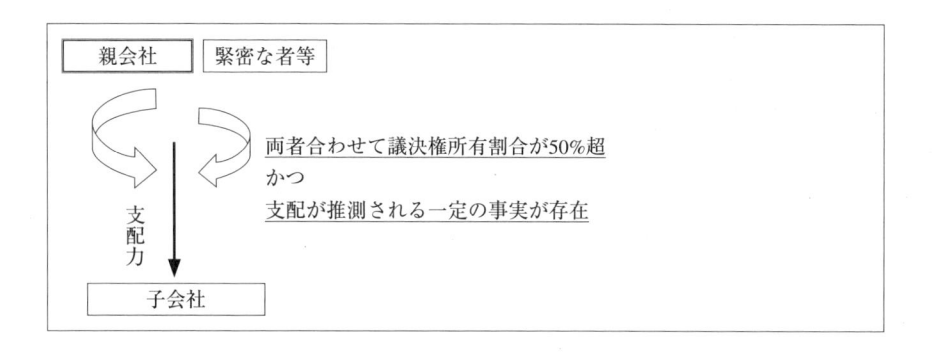

```
┌─────────────────────────────────────────────────────┐
│  親会社    緊密な者等                                │
│    ⤵    ⤵   両者合わせて議決権所有割合が50％超     │
│   支         かつ                                    │
│   配         支配が推測される一定の事実が存在        │
│   力                                                 │
│    ↓                                                 │
│   子会社                                             │
└─────────────────────────────────────────────────────┘
```

この具体例としては、以下が挙げられる。
- 自己の計算において他の会社の議決権の100分の40未満を所有している場合に、緊密な者及び同意している者が所有する議決権と合わせて当該他の会社の議決権の100分の50超を占めており、かつ、当該他の会社に対して取締役の過半数の派遣、重要な財務及び営業又は事業の方針の決定を支配する契約の締結、負債の部に計上されている資金調達額の概ね過半についての融資、その他意思決定機関を支配していることが推測される事実のいずれかの要件に該当しているとき
- 自己の計算において他の会社の議決権を直接所有していないが、緊密な者及び同意している者を通じて議決権の過半数を間接的に所有している場合で、当該他の会社が債務超過の状況にあり、債務保証を行っていること等により当該債務超過額を負担することとなっているとき

＜注意点＞
　以上に記載した他の意思決定機関を支配していることに該当する要件を満たしていても、財務上又は営業上若しくは事業上の関係からみて他の企業の意思決定機関を支配していないことが明らかであると認められる場合、当該他の企業は子会社に該当しないものとされているが、これには以下の場合が該当する（連結財務諸表適用指針16）。

- 複数の企業（親子関係にある企業を除く）それぞれが、他の企業を支配していることにはならない。このため、例えば、他の会社の議決権の100分の40以上、100分の50以下を自己の計算において所有している会社が、他の会社の意思決定機関を支配していることに該当する事項のいずれかを満たしているものの、ほかに当該他の会社の議決権の過半数を自己の計算において所有している株主が存在している場合には、一般的に子会社に該当しない（ただし、関連会社に該当する場合はあり得る）。
- 他の会社に対し共同で出資を行っている合弁会社の場合にも、意思決定機関を支配しているか否かの判定を行うこととなるが、例えば、当該他の会社に共同支配企業の形成による処理方法が適用され、その後も共同で支配されている実態にある場合には、当該他の会社は共同で出資を行っている会社のうち特定の会社の子会社には該当せず、それぞれの会社の関連会社として取り扱われる。
- ある会社A社が他の会社P社の緊密な者（関連会社を含み、個人を除く）に該当し、このためP社が、A社の子会社S社の意思決定機関を支配していることに該当する事項を満たしていても、例えば、S社はA社の一業務部門を実質的に担っておりA社と一体であることが明らかにされた場合には、A社がP社の子会社となるときを除き、一般的にはS社はP社の子会社に該当しない。これは、S社にとってP社及びA社の2社からそれぞれ支配されることはないからである。

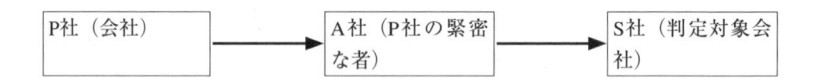

P社（会社）	→	A社（P社の緊密な者）	→	S社（判定対象会社）

- ベンチャーキャピタルなどの投資企業（投資先の事業そのものによる成果ではなく、売却による成果を期待して投資価値の向上を目的とする業務を専ら行う企業）が投資育成や事業再生を図りキャピタルゲイン獲得を目的とする営業取引として、または銀行などの金融機関が債権の円滑

な回収を目的とする営業取引として、他の企業の株式や出資を有している場合において、上記2.2.2　2）にいう他の企業の意思決定機関を支配していることに該当する要件を満たしていても、次のすべてを満たすようなとき（ただし、当該他の企業の株主総会その他これに準ずる機関を支配する意図が明確であると認められる場合を除く）には、子会社に該当しない。

① 売却等により当該他の企業の議決権の大部分を所有しないこととなる合理的な計画があること
② 当該他の企業との間で、当該営業取引として行っている投資又は融資以外の取引がほとんどないこと
③ 当該他の企業は、自己の事業を単に移転したり自己に代わって行うものとはみなせないこと
④ 当該他の企業との間に、シナジー効果も連携関係も見込まれないこと

　なお、他の企業の株式や出資を有している投資企業や金融機関は、実質的な営業活動を行っている企業であることが必要である。また、当該投資企業や金融機関が含まれる企業集団に関する連結財務諸表にあっては、当該企業集団内の他の連結会社（親会社及びその連結子会社）においても上記②から④の事項を満たすことが適当である。

　また、すでに記載したが、更生会社、破産会社、その他これらに準ずる企業であって、かつ、有効な支配従属関係が存在しないと認められる企業は、子会社に該当しないものとするとされている。このため、民事再生法の規定による再生手続開始の決定を受けた会社、会社更生法の規定による更生手続開始の決定を受けた会社、破産法の規定による破産手続開始の決定を受けた会社その他これらに準ずる企業であって、かつ、有効な支配従属関係が存在しないと認められる企業である場合には、子会社に該当しないことになる（連結財務諸表適用指針20）。一方、清算会社のように、継続企業と認められな

い企業であっても、その意思決定機関を支配していると認められる場合には、子会社に該当し、原則として連結の範囲に含まれることとなる（連結財務諸表適用指針20）。

　また、上述の子会社の判定、及び、以下3）の関連会社の判定の際、他の企業の議決権の所有割合を算定するにあたっては、議決権のある株式又は出資の所有の名義が役員等自己以外の者となっていても、議決権のある株式又は出資の所有のための資金関係、当該株式又は出資に係る配当その他の損益の帰属関係を検討し、自己の計算において所有しているか否かについての判断を行う必要がある。

3）「子会社以外の他の企業の財務及び営業又は事業の方針の決定に対して重要な影響を与えることができる場合」

　「子会社以外の他の企業の財務及び営業又は事業の方針の決定に対して重要な影響を与えることができる場合」とは、次の場合をいう。ただし、財務上又は営業上若しくは事業上の関係からみて子会社以外の他の企業の財務及び営業又は事業の方針の決定に対して重要な影響を与えることができないことが明らかであると認められるときを除く（持分法会計基準5-2）

　ア：子会社以外の他の企業（更生会社、破産会社その他これらに準ずる企業であって、かつ、当該企業の財務及び営業又は事業の方針の決定に対して重要な影響を与えることができないと認められる企業を除く。下記イ及びウにおいても同じ）の議決権の100分の20以上を自己の計算において所有している場合

```
┌─────────────────────────────────────────────┐
│  親会社及び子会社                            │
│     │                                       │
│   影│                                       │
│   響│    議決権所有割合が20%以上              │
│   力│                                       │
│     ▼                                       │
│   関連会社                                   │
└─────────────────────────────────────────────┘

イ：子会社以外の他の企業の議決権の100分の15以上、100分の20未満を自己の計算において所有している場合であって、かつ、次のいずれかの要件に該当する場合

┌─────────────────────────────────────────────┐
│  親会社及び子会社                            │
│     │                                       │
│   影│    議決権所有割合が15%以上20%未満        │
│   響│    かつ                                │
│   力│    重要な影響が推測される一定の事実が存在（*）│
│     ▼                                       │
│   関連会社                                   │
└─────────────────────────────────────────────┘

| 要　件　(*) | 留意点 |
|---|---|
| a　役員若しくは使用人である者、又はこれらであった者で自己が子会社以外の他の企業の財務及び営業又は事業の方針の決定に関して影響を与えることができる者が、当該子会社以外の他の企業の代表取締役、取締役又はこれらに準ずる役職に就任していること | ── |
| b　子会社以外の他の企業に対して重要な融資（債務の保証及び担保の提供を含む）を行っていること | ── |
| c　子会社以外の他の企業に対して重要な技術を提供していること | ── |
```

d	子会社以外の他の企業との間に重要な販売、仕入その他の営業上又は事業上の取引があること	例えば次のような取引が該当する（連結財務諸表適用指針21）。 ・当該他の企業にとって、商品又は製品等の売上、仕入・経費取引について、自己との取引の割合が相当程度を占める関係にあること ・代理店、専売店若しくは特約店等又はフランチャイズ契約によるチェーン店等であって、契約による取引金額が当該店における売上高又は仕入高・経費取引の概ね過半を占め、かつ他の契約店等に比して取引条件が特に優遇されていること又はそれへの加盟が極めて限定的であること ・業種における取引の特性からみて、極めて重要な原材料・部品・半製品等を供給していること ・製品等の特性からみて、極めて重要な設備を継続的に発注していること ・当該他の企業の重要な事業場用地を貸与していること ・当該他の企業の主要な営業設備又は生産設備等を貸与していること
e	その他子会社以外の他の企業の財務及び営業又は事業の方針の決定に対して重要な影響を与えることができることが推測される事実が存在すること	他の企業の財務及び営業又は事業の方針の決定に重要な影響を与える契約が存在する場合等が該当し、例えば、共同出資事業契約等に基づいて、当該他の企業に対して多額の出捐及び債務負担を行っていることにより、総合的に判断して財務及び営業又は事業の方針の決定に相当程度関与し得る力を有することが認められる場合が含まれる（連結財務諸表適用指針22）。

ウ：自己の計算において所有している議決権（当該議決権を所有していない場合を含む）と、自己と出資、人事、資金、技術、取引等において緊密な関係があることにより自己の意思と同一の内容の議決権を行使すると認められる者及び自己の意思と同一の内容の議決権を行使することに同

意している者が所有している議決権とを合わせて、子会社以外の他の企業の議決権の100分の20以上を占めているときであって、かつ、上記イのaからeまでのいずれかの要件に該当する場合

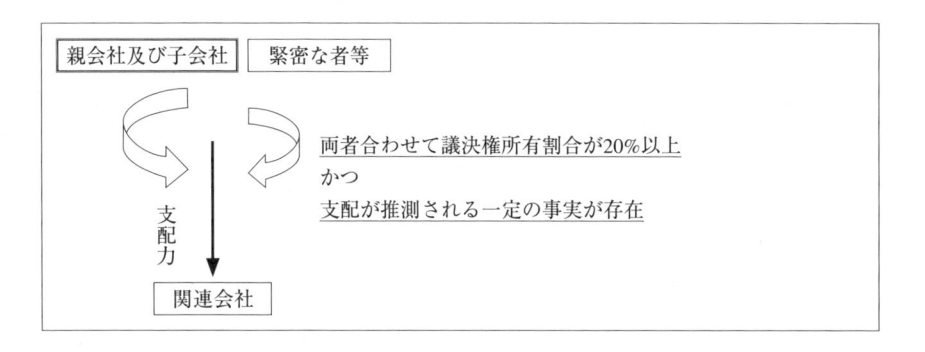

```
┌─────────────────────────────────────────────────┐
│ ┌──────────────┐ ┌──────────┐                   │
│ │親会社及び子会社│ │緊密な者等│                   │
│ └──────────────┘ └──────────┘                   │
│      ⤵        ↓    ⤶  両者合わせて議決権所有割合が20％以上│
│       支          かつ                          │
│       配          支配が推測される一定の事実が存在│
│       力                                        │
│       ↓                                         │
│    ┌──────┐                                     │
│    │関連会社│                                    │
│    └──────┘                                     │
└─────────────────────────────────────────────────┘
```

　これには、例えば、自己の計算において子会社以外の他の企業の議決権の100分の15未満を所有している場合に、緊密な者及び同意している者が所有する議決権を合わせて当該子会社以外の他の会社の議決権の100分の20以上を占めており、かつ、当該子会社以外の他の会社に対して取締役の派遣、重要な融資、重要な技術提供、重要な営業上又は事業上の取引、その他財務及び営業又は事業の方針の決定に対して重要な影響を与えることができることが推測される事実のいずれかの要件に該当しているときが挙げられる（連結財務諸表適用指針23）。

＜注意点＞
　なお、上述のとおり、子会社以外の他の企業の財務及び営業又は事業の方針の決定に対して重要な影響を与えることができる場合に該当する事項を満たしていても、財務上又は営業上若しくは事業上の関係からみて子会社以外の他の企業の財務及び営業又は事業の方針の決定に対して重要な影響を与えることができないことが明らかであると認められる場合、当該他

の企業は関連会社に該当しないものとされている（連結財務諸表適用指針24）。

　これには、例えば、ベンチャーキャピタルなどの投資企業が投資育成や事業再生を図りキャピタルゲイン獲得を目的とする営業取引として、または銀行などの金融機関が債権の円滑な回収を目的とする営業取引として、他の企業の株式や出資を有している場合において、次のすべてを満たすようなときが該当する（ただし、当該他の企業の株主総会その他これに準ずる機関を通じて、財務及び営業又は事業の方針の決定に対し重要な影響を与える意図が明確であると認められる場合を除く）。

ア　売却等により当該他の企業の議決権の大部分を所有しないこととなる合理的な計画があること
イ　当該他の企業との間で、当該営業取引として行っている投資又は融資以外の取引がほとんどないこと
ウ　当該他の企業は、自己の事業を単に移転したり自己に代わって行うものとはみなせないこと
エ　当該他の企業との間に、シナジー効果も連携関係も見込まれないこと

　なお、他の企業の株式や出資を有している投資企業や金融機関は、実質的な営業活動を行っている企業であることが必要である。また、当該投資企業や金融機関が他の会社（親会社）の子会社である場合には、当該親会社の連結財務諸表にあっては、当該親会社及びその連結子会社においても上記イからエの事項を満たすことが適当であるとされている（連結財務諸表適用指針24）

　また、上述した子会社と同様に、民事再生法の規定による再生手続開始の決定を受けた株式会社、会社更生法の更生手続開始の決定を受けた株式会社、破産法の規定による破産手続開始の決定を受けた会社その他これらに準ずる企業であって、かつ、当該企業の財務及び営業又は事業の方針の決定に対して重要な影響を与えることができないと認められる企業である場合には、関

連会社に該当しないこととなる（連結財務諸表適用指針27）。一方、清算会社のように、継続企業と認められない企業であっても、その財務及び営業又は事業の方針の決定に対して重要な影響を与えることができると認められる場合には、関連会社に該当することになる（連結財務諸表適用指針27）。

2.2.3　議決権の所有割合の算定方法

他の会社が子会社又は関連会社に該当するかの判定において用いられる他の会社の議決権の所有割合は、原則として、次の算式によって算定する（連結財務諸表適用指針4）。

> 議決権の所有割合 ＝ $\dfrac{\text{所有する議決権の数（＊2）}}{\text{行使し得る議決権の総数（＊1）}}$
>
> （＊1）「行使し得る議決権の総数」とは、株主総会において行使し得るものと認められている総株主の議決権の数である。したがって、次の株式に係る議決権については、いずれも行使し得る議決権の総数には含まれないことになる（連結財務諸表適用指針5）。
> ・自己株式
> ・完全無議決権株式（株主総会のすべての事項について議決権を行使することができない株式）
> ・会社法第308条第1項による相互保有株式
> （＊2）「所有する議決権の数」とは、行使し得る議決権の総数のうち、自己及び子会社の所有する議決権の数による（連結財務諸表適用指針6）。

＜注意点＞
・この算定にあたっては、期末における議決権の数による。
・他の会社が関連会社に該当するかどうかの判定において、持株関係が複雑であり、行使し得る議決権の総数の把握が困難と認められる場合には、議決権の所有割合の算式における分母を、行使し得る議決権の総数に代え、直前期の株主総会招集通知に記載されている総株主の議決権の数により算定することができる。

2.2.4 緊密な者及び同意している者がいる場合

1）用語の定義

緊密な者	自己と出資、人事、資金、技術、取引等において緊密な関係があることにより自己の意思と同一の内容の議決権を行使すると認められる者（＊1）
同意している者	自己の意思と同一の内容の議決権を行使することに同意していると認められる者（＊2）

(＊1) 緊密な者に該当するかどうかは、両者の関係に至った経緯、両者の関係状況の内容、過去の議決権の行使の状況、自己の商号との類似性を踏まえ、実質的に判断する。例えば、次に掲げる者は一般的に緊密な者に該当するものと考えられる（連結財務諸表適用指針9）。

ただし、以下に記載する者以外であっても、出資、人事、資金、技術、取引等における両者の関係状況からみて、自己の意思と同一の内容の議決権を行使すると認められる者は、「緊密な者」に該当することに留意する必要がある。

また、自己と緊密な関係にあった企業であっても、その後、出資、人事、資金、技術、取引等の関係について見直しが行われ、自己の意思と同一の内容の議決権を行使するとは認められない場合には、緊密な者に該当しない。

＜緊密な者に該当すると考えられるケース＞

・自己（自己の子会社を含む。以下同じ）が議決権の100分の20以上を所有している企業
・自己の役員又は自己の役員が議決権の過半数を所有している企業
・自己の役員若しくは使用人である者、又はこれらであった者で自己が他の企業の財務及び営業又は事業の方針の決定に関して影響を与えることができる者が、取締役会その他これに準ずる機関の構成員の過半数を占めている当該他の企業
・自己の役員若しくは使用人である者、又はこれらであった者で自己が他の企業の財務及び営業又は事業の方針の決定に関して影響を与えることができる者が、代表権のある役員として派遣されており、かつ、取締役会その他これに準ずる機関の構成員の相当数（過半数に満たない場合を含む）を占めている当該他の企業
・自己が資金調達額（貸借対照表の負債の部に計上されているもの）の総額の概ね過半について融資（債務保証及び担保の提供を含む。以下同じ）を行っている企業（金融機関が通常の取引として融資を行っている企業を除く）
・自己が技術援助契約等を締結しており、当該契約の終了により、事業の継続に

重要な影響を及ぼすこととなる企業
・自己との間の営業取引契約に関し、自己に対する事業依存度が著しく大きいこと又はフランチャイズ契約等により自己に対し著しく事業上の拘束を受けることとなる企業

(＊2) 同意している者は、契約や合意等により、自己の意思と同一の内容の議決権を行使することに同意していると認められる者が該当する（連結財務諸表適用指針10）。

2）議決権の所有割合の計算

緊密な者及び同意している者が存在している場合には、他の会社が子会社又は関連会社に該当するかどうかの判定について用いられる他の会社の議決権の所有割合は、原則として、次の算式によって算定する（連結財務諸表適用指針8）。なお、この算定にあたっては上記2.2.3と同様に期末の議決権の数に基づき算定する。

$$議決権の所有割合 = \frac{所有する議決権の数 + 緊密な者及び同意している者が所有する議決権の数}{行使し得る議決権の総数}$$

2.2.5 連結の範囲

親会社はどのような会社を連結の範囲に含めるべきか、その原則は連結財務諸表会計基準第13項、第14項に記載されている。

① 親会社は原則としてすべての子会社を連結の範囲に含める（連結財務諸表会計基準13）。

② 子会社のうち次に該当するものは連結の範囲に含めない（連結財務諸表会計基準14）。

要件	留意点
a　支配が一時的であると認められる会社	当連結会計年度において支配に該当しているものの、直前連結会計年度において支配に該当しておらず、かつ、翌連結会計年度以降相当の期間にわたって支配に該当しないことが確実に予定されている場合をいう。例えば、直前連結会計年度末以降その所有する議決権が相当の期間にわたって100分の50以下となり支配に該当しないことが確実に予定されている場合は、当連結会計年度における支配が一時的であると認められる（連結財務諸表適用指針18）。
b　a以外の企業であって、連結することにより利害関係者の判断を著しく誤らせるおそれのある企業	連結会計基準は、左記のように規定しているが、一般にそれは限定的であると考えられる（連結財務諸表適用指針19）。 　例えば、他の企業が子会社に該当しても、当該子会社がある匿名組合事業の営業者となり、当該匿名組合の事業を含む子会社の損益のほとんどすべてが匿名組合員に帰属し、当該子会社及びその親会社には形式的にも実質的にも帰属せず、かつ、当該子会社との取引がほとんどない場合には、当該子会社を連結することにより利害関係者の判断を著しく誤らせる恐れがあると認められるときに該当するものと考えられる（連結財務諸表適用指針19）。

③　小規模子会社の連結範囲からの除外（連結財務諸表会計基準（注3））

　　子会社であって、その資産、売上高等を考慮して、連結の範囲から除いても企業集団の財政状態、経営成績及びキャッシュ・フローの状況に関する合理的な判断を妨げない程度に重要性が乏しいものは、連結の範囲に含めないことができる。

2.2.6　持分法の適用範囲

　連結の範囲に含めなかった子会社（非連結子会社）及び関連会社に対する投資については、原則として持分法を適用する。

　ただし、持分法の適用により、連結財務諸表に重要な影響を与えない場合には、持分法の適用会社としないことができる（持分法会計基準6）。

　非連結子会社及び関連会社のうち、以下に該当するものは持分法を適用しない。

a	影響が一時的であると認められる会社	当連結会計年度において財務及び営業又は事業の方針の決定に対して重要な影響を与えているものの、直前連結会計年度において重要な影響を与えておらず、かつ、翌連結会計年度以降相当の期間にわたって重要な影響を与えないことが確実に予定されている場合が該当する。 　例えば、直前連結会計年度末において、所有する議決権が100分の20未満で重要な影響を与えておらず、かつ、翌連結会計年度以降その所有する議決権が相当の期間にわたって100分の20未満となり重要な影響を与えないことが確実に予定されている場合は、影響が一時的であると認められる。 　また、議決権の100分の20以上を所有していないが、重要な影響を与えている場合の議決権の一時的所有やその他の影響を与えている要件の一時的充足についても同様に取り扱う。
b	持分法を適用することにより利害関係者の判断を著しく誤らせるおそれのある関連会社（非連結子会社を含む）。	子会社の取扱いと同様、これに該当する場合は限定的であると考えられる。

2.2.7 重要性の判断指針

　上述のように、子会社であっても重要性の乏しい会社については連結の範囲に含めないことができるとされており、また、非連結子会社又は関連会社であっても、持分法の適用により連結財務諸表に重要な影響を与えない場合には、持分法の適用会社としないこととされているが、その重要性の判断に関して、監査・保証実務委員会報告第52号「連結の範囲及び持分法の適用範囲に関する重要性の原則の適用等に関する監査上の取扱い」（以下「監査上の取扱い」という）が公表されている。

1）重要性判断にあたっての留意点

　　連結財務諸表に関する会計基準（注3）では、「連結の範囲から除いても企業集団の財政状態、経営成績及びキャッシュ・フローの状況に関する合理的な判断を妨げない程度に重要性が乏しいものは、連結の範囲に含めないことができる。」とされているが、連結の範囲は全部の子会社を連結するのが原則であるので「企業集団の財政状態、経営成績及びキャッシュ・フローの状況に関する合理的な判断を妨げない程度」に係る重要性は、必ずしも量的要件だけで判断できるものではなく、質的重要性の側面も合わせて判断すべきものと考えられる。

2）連結の範囲から除外できる重要性の乏しい子会社

　　連結の範囲から除いても、企業集団の財政状態及び経営成績に関する合理的な判断を妨げない程度に重要性が乏しい子会社かどうかは、企業集団における個々の子会社の特性並びに、少なくとも資産、売上高、利益及び利益剰余金の4項目に与える影響をもって判断すべきものと考えられる（監査上の取扱い4）。

ア：資産基準

$$\frac{\text{非連結子会社の総資産額の合計額}}{\text{連結財務諸表提出会社の総資産額及び連結子会社の総資産額の合計額}}$$

イ：売上高基準

$$\frac{\text{非連結子会社の売上高の合計額}}{\text{連結財務諸表提出会社の売上高及び連結子会社の売上高の合計額}}$$

ウ：利益基準

$$\frac{\text{非連結子会社の当期純損益のうち持分に見合う額の合計額}}{\text{連結財務諸表提出会社の当期純損益の額及び連結子会社の当期純損益の額のうち持分に見合う額の合計額}}$$

エ：利益剰余金基準（＊）

$$\frac{\text{非連結子会社の利益剰余金のうち持分に見合う額の合計額}}{\text{連結財務諸表提出会社の利益剰余金の額及び連結子会社の利益剰余金の額のうち持分に見合う額の合計額}}$$

（＊）「利益剰余金」とは、「利益準備金及びその他利益剰余金」のほか、法律で定める準備金で利益準備金に準ずるものをいう。

＜注意点＞（監査上の取扱い4）

① 支配が一時的であるため連結の範囲に含めない子会社、及び利害関係者の判断を著しく誤らせる恐れがあるため連結の範囲に含めない子会社に該当し連結の範囲に含めないこととなる子会社は、上記算式に含めない。

② 上記算式における非連結子会社の選定にあたっては、資産や売上等の額の小さいものから機械的に順次選定するのではなく、個々の子会社の特性や上記算式で計量できない要件も考慮する。例えば、以下のような子会社は原則として非連結子会社とすることはできない。

・連結財務諸表提出会社の中・長期の経営戦略上の重要な子会社

- 連結財務諸表提出会社の一業務部門、例えば製造、販売、流通、財務等の業務の全部又は重要な一部を実質的に担っていると考えられる子会社。なお、地域別販売会社、運送会社、品種別製造会社等の同業部門の複数の子会社は、原則としては、その子会社群全体を1社として判断するものとする。
- セグメント情報の開示に重要な影響を与える子会社
- 多額な含み損失や発生の可能性の高い重要な偶発事象を有している子会社

③ 資産基準における総資産額の合計額は連結財務諸表適用会社、連結子会社及び非連結子会社間（以下「会社間」という）における債権と債務及び資産に含まれる未実現損益の消去後の金額に、売上高基準における売上高の合計額は会社間の取引の消去後の金額に、利益基準における当期純損益の額の合計額は会社間の取引による資産に含まれる未実現損益の消去後における合計額によることを原則とする。

　また、利益剰余金基準における利益剰余金の合計額は、資産基準及び利益基準の適用にあたって消去された未実現損益を修正した後の金額によることを原則とする。

④ 総資産の額及び利益剰余金の額は、連結決算日における各会社の貸借対照表のものによるものとする、ただし、子会社の事業年度の末日が連結決算日と異なる場合においてその差異が3か月を超えないときは、当該子会社の総資産の額及び利益剰余金の額は当該事業年度の末日のものによることができる。

⑤ 売上高及び当期純損益の額は、連結会計年度に対応した各会社の事業年度に係る損益計算書のものによるものとする。ただし、子会社の事業年度の末日が連結決算日と異なる場合においてその差異が3か月を超えないときは、当該子会社の売上高及び当期純損益の額は当該事業年度に係るものによることができる。

⑥ 利益基準における連結財務諸表提出会社、連結子会社及び非連結子会

社の当期純損益の額が事業の性質等から事業年度ごとに著しく変動する場合などは、当期純損益の額について最近5年間の平均を用いる等適宜な方法で差し支えないものとする。

3）持分法の適用範囲から除外できる重要性の乏しい非連結子会社等

　持分法の適用範囲から除いても連結財務諸表に重要な影響を与えない非連結子会社及び関連会社（以下「非連結子会社等」という）かどうかは、企業集団における個々の非連結子会社等の特性並びに少なくとも利益及び利益剰余金に与える影響をもって判断すべきものと考えられる（監査上の取扱い5）。

　ア　利益基準
　　　持分法非適用の非連結子会社等の当期純損益の額のうち持分に見合う額の合計額
　　　連結財務諸表提出会社の当期純損益の額、連結子会社の当期純損益の額のうち持分に見合う額並びに持分法適用の非連結子会社等の当期純損益の額のうち持分に見合う額の合計額
　イ　利益剰余金基準
　　　持分法非適用の非連結子会社等の利益剰余金の額のうち持分に見合う額の合計額
　　　連結財務諸表提出会社の利益剰余金の額、連結子会社の利益剰余金の額のうち持分に見合う額並びに持分法適用の非連結子会社等の利益剰余金の額のうち持分に見合う額の合計額

＜注意点＞（監査上の取扱い5）
　①　影響が一時的であるため持分法を適用しない関連会社及び利害関係者の判断を著しく誤らせる恐れがあるため持分法を適用しない関連会社に該当し、持分法を適用しないこととなる非連結子会社等は、上記算式に含めない。

② 上記算式における持分法非適用の非連結子会社等の選定にあたっては、利益や剰余金の額の小さいものから機械的に順次選定するのではなく、個々の非連結子会社等の特性や上記算式で計量できない要件も上記に記載した非連結子会社の選定に準じて考慮する。

③ 利益基準における当期純損益の額は、連結財務諸表提出会社、連結子会社及び非連結子会社間の取引による資産に含まれる未実現損益の消去後における金額によることを前提とする。

　また、利益剰余金基準における利益剰余金の合計額は、利益基準の適用にあたって消去された未実現損益を修正した金額によることを原則とする。

④ 利益基準における連結財務諸表提出会社の当期純損益の額は、連結決算日に係る損益計算書のものによるものとし、連結子会社及び非連結子会社等の当期純損益の額は連結会計年度に対応した各会社の事業年度に係る損益計算書によるものとする。ただし、連結子会社の事業年度の末日が連結決算日と異なる場合においてその差異が3か月を超えないときは、当該連結子会社の当期純損益の額は、当該事業年度に係るものによることができるものとし、非連結子会社等の事業年度の末日が連結決算日と異なる場合には、当該非連結子会社等の当期純損益の額は連結決算日の最近の事業年度に係るものによるものとする。

⑤ 利益剰余金基準における利益剰余金の額は、連結決算日における各会社の貸借対照表のものによるものとする。ただし、連結子会社の事業年度の末日が連結決算日と異なる場合においてその差異が3か月を超えないときは、当該連結子会社の利益剰余金の額は当該事業年度の末日に係るものによることができるものとし、非連結子会社等の事業年度の末日が連結決算日と異なる場合には、当該非連結子会社等の利益剰余金の額は連結決算日の最近の事業年度の末日のものによるものとする。

⑥ 利益基準における連結財務諸表提出会社、連結子会社及び非連結子会社等の当期純損益の額が事業の性質等から事業年度ごとに著しく変動す

る場合などは、当期純損益の額について最近5年間の平均を用いる等適宜な方法で差し支えないものとする。

4）その他の留意事項

上記2)、3) に掲げられている項目が与える影響のほか、純資産に含まれる評価・換算差額等及び新株予約権について、金額の重要性がある場合には、連結の範囲及び持分法の適用範囲の決定上、考慮する必要がある（監査上の取扱い6）。

2.2.8 特別目的会社の取扱い

特別目的会社（＊）については、適正な価額で譲り受けた資産から生ずる収益を当該特別目的会社が発行する証券の所有者に享受させることを目的として設立されており、当該特別目的会社の事業がその目的に従って適切に遂行されているときは、当該特別目的会社に対する出資者及び当該特別目的会社に資産を譲渡した会社（以下「出資者等」という）から独立しているものと認め、上述の子会社の要件に該当していたとしても、出資者等の子会社に該当しないものと推定される（連結財務諸表制度における子会社及び関連会社の範囲の見直しに係る具体的な取扱い（以下「子会社等の範囲の見直しに係る具体的な取扱い」という）三）。

なお、特別目的会社に資産を譲渡した会社が当該特別目的会社の発行した劣後債権を所有している場合等、原債務者の債務不履行又は資産価値の低下が生じたときに損失の全部又は一部の負担を行うこととなるときは、当該資産を譲渡した会社の財務諸表上、その負担を適正に見積り、必要な額を費用計上することとなる（子会社等の範囲の見直しに係る具体的な取扱い 三（注））。

しかしながら、この取扱いについては、近時、特別目的会社を利用した取引が急拡大するとともに、複雑化・多様化していることから、企業集団の状況に関する利害関係者の判断を誤らせるおそれがあるのではないかという指摘があ

る。当面の対応として、出資者等の子会社に該当しないものと推定された特別目的会社（開示対象特別目的会社）については、その概要や取引金額等の開示が要請されている（一定の特別目的会社に係る開示に関する適用指針7）ため、該当する場合にはこちらの適用指針で開示項目を確認する必要がある。

なお、特別目的会社の取扱いについては、日本公認会計士協会 監査・保証実務委員会「連結財務諸表における子会社及び関連会社の範囲の決定に関する監査上の留意点についてのQ&A」Q13に、実務上の具体的な取扱いが示されているため、こちらも参照されたい。

> （＊）特別目的会社による特定資産の流動化に関する法律（平成10年法律第105号）第2条第2項に規定する特定目的会社及び事業内容の変更が制限されているこれと同様の事業を営む事業体をいう。

2.2.9 投資事業組合の取扱い

投資事業組合に対しても、会社と同様に、支配力基準及び影響力基準を適用するが、投資事業組合の場合には、株式会社のように出資者が業務執行者を選任するのではなく、意思決定を行う出資者が業務執行の決定も直接行うという特徴があるため、支配力又は影響力を判断するにあたっては、株式会社における議決権に代えて、基本的には業務執行の権限を用いる。なお、業務執行の権限の保有割合は、自己の計算により保有しているもののほかに、緊密な者及び同意している者が保有しているものも合わせて判定することとされている。

また、出資者（出資以外の資金の拠出者を含む）が投資事業組合に係る業務執行の権限を有していない場合であっても、当該出資者からの出資額や資金調達の状況や、投資事業から生ずる利益又は損失の享受又は負担の状況等によっては、当該投資事業組合は当該出資者の子会社に該当するものとして取り扱われることがあることに留意する必要がある。

投資事業組合の取扱いについては、企業会計基準委員会実務対応報告第20号「投資事業組合に対する支配力基準及び影響力基準の適用に関する実務上の取

扱い」(以下「投資事業組合実務上の取扱い」という)に実務上の取扱いが定められているため、投資事業組合に対する支配力基準及び影響力基準を適用するに際しては、こちらを参照されたい。

3 単純合算表と各子会社の個別財務諸表

3.1 連結会社間の会計処理の統一

3.1.1 原則

　連結財務諸表は、親会社と子会社等の支配従属関係にある2つ以上の企業を単一の組織体とみなして、親会社が企業集団の財政状態、経営成績、キャッシュ・フローの状況を総合的に報告するために作成するものである。連結財務諸表は、親会社及び子会社がそれぞれ作成する個別財務諸表を基礎として作成しなければならない（連結財務諸表会計基準10）が、その場合において、親会社と子会社は、同一環境下で行われた同一の性質の取引等について、親会社及び子会社が採用する会計処理の原則及手続は、原則として統一しなければならない（連結財務諸表会計基準17）。

3.1.2 会計処理の統一方法

　連結財務諸表作成にあたっては、上記のように、親会社及び子会社がそれぞれ作成する個別財務諸表を基礎として作成することになるため、同一環境下で行われた同一の性質の取引等について親会社及び子会社が採用する会計処理の原則及手続は、個別財務諸表を作成する段階で、原則として統一しなければならない。ただし、何らかの事情により、会計処理の統一がされていない場合には、連結財務諸表の作成にあたり、個別財務諸表の修正仕訳を計上することにより、会計処理の差異を修正することになる。

　会計処理の統一にあたっては、より合理的な会計処理の原則及手続を選択すべきであるため、子会社の会計処理を親会社の会計処理に合わせる場合のほ

か、親会社の会計処理を子会社の会計処理に合わせることも考えられる（連結財務諸表会計基準58）。

なお、実務上の事情を考慮して、財政状態、経営成績及びキャッシュ・フローの状況の表示に重要な影響がないと考えられるもの（例えば、棚卸資産の評価方法である先入先出法、平均法等）については、あえて統一を求めるものではない（連結財務諸表会計基準58）とされている。

3.1.3 在外子会社の会計処理に関する取扱い

1）経緯

3.1.1で述べたとおり、連結財務諸表を作成する場合、同一環境下で行われた同一の性質の取引等について、親会社及び子会社が採用する会計処理の原則及び手続は、原則として統一しなければならないとされている。しかし、子会社Bのような海外の子会社の財務諸表は、所在地国において公正妥当と認められた会計基準に準拠して作成されているため、上記3.1.1の原則に基づくと、多くの場合日本の会計基準に基づく財務諸表に修正しなければならないことになる。従来は、実務上の実行可能性等を考慮して、在外子会社の財務諸表が、所在地国において公正妥当と認められた会計基準に準拠して作成されている場合、連結決算手続上これを利用することができるものとされていたが、このような取扱いによって作成された連結財務諸表に対しては、企業集団内での会計処理の整合性が損なわれており、企業集団の財政状態及び経営成績を適切に表示しなくなるという意見があった。

こうした中、国際的な会計基準間の相違点が縮小傾向にあるため、国際財務報告基準又は米国会計基準に準拠して作成された在外子会社の財務諸表を基礎としても、日本の会計基準の下での連結財務諸表が企業集団の財務状況の適切な表示を損なうものではないとの理由、及び実務上の実行可能性が高いと考えられることから、当面の間、連結決算手続上、国際財務報告基準又は米国会計基準に準拠して作成された財務諸表を利用することができるもの

とされた。

2）実務対応報告18号の内容

　在外子会社の会計処理の統一に関する取扱いは、企業会計基準委員会実務対応報告第18号「連結財務諸表作成における在外子会社の会計処理に関する当面の取扱い」（以下「実務対応報告18号」という）に定められている。

① 当面の取扱い

　在外子会社の財務諸表が、国際財務報告基準（IFRS）又は米国会計基準に準拠して作成されている場合には、当面の間、それらを連結決算手続上利用することができる。ここでいう在外子会社の財務諸表には、所在地国で法的に求められるものや外部に公表されるものに限らず、連結決算手続上利用するために内部的に作成されたものも含む。

　これにより、在外子会社の財務諸表が、所在地国で公正妥当と認められた会計基準に準拠して作成されている場合には、連結決算手続上、国際財務報告基準又は米国会計基準に準拠して修正を行うことも可能である。

　その場合であっても、次に示す項目については、当該修正額に重要性が乏しい場合を除き、連結決算手続上、当期純利益が適切に計上されるよう当該在外子会社の会計処理を修正しなければならない。なお、次の項目以外についても、明らかに合理的でないと認められる場合には、連結決算手続上で修正を行う必要がある。

② 修正項目

　a　のれんの償却

　　在外子会社におけるのれんは、連結決算手続上その計上後20年以内の効果の及ぶ期間にわたって定額法その他の合理的な方法により規則的に償却し、当該金額を当期の費用とするよう修正する。ただし、減損処理が行われたことにより、減損処理後の帳簿価額が規則的な償却を行った場合における金額を下回っている場合には、連結決算手続上、修正は不要であるが、それ以降、減損処理後の帳簿価額に基づき規則的な償却を

行い、修正する必要があることに留意する。
b　退職給付会計における数理計算上の差異の費用処理

　　在外子会社において、退職給付会計における数理計算上の差異を純資産の部に直接計上している場合には、連結決算手続上、当該金額を平均残存勤務期間以内の一定の年数で規則的に処理すること（発生した期に全額を処理する方法を継続して採用することも含む）により、当期の損益とするよう修正する。

c　研究開発費の支出時費用処理

　　在外子会社において「研究開発費等に係る会計基準」の対象となる研究開発費に該当する支出を資産に計上している場合には、連結決算手続上、当該金額を支出時の費用とするよう修正する。

d　投資不動産の時価評価及び固定資産の再評価

　　在外子会社において、投資不動産を時価評価している場合又は固定資産を再評価している場合には、連結決算手続上、取得原価を基礎として、正規の減価償却によって算定された減価償却費（減損処理を行う必要がある場合には、当該減損損失を含む）を計上するよう修正する。

e　会計方針の変更に伴う財務諸表の遡及修正

　　在外子会社において、会計方針の変更に伴い、財務諸表の遡及修正を行った場合には、連結決算手続上、当該遡及修正額を当期の損益とするよう修正する。

f　少数株主損益の会計処理

　　在外子会社における当期純利益に少数株主損益が含まれている場合には、連結決算手続上、当該少数株主損益を加減し、当期純利益が親会社持分相当額となるよう修正する。

3.2 決算日の異なる会社の連結

3.2.1 子会社の決算日

　連結グループには、連結決算日と同じ決算日の会社もあれば、連結決算日とは異なる決算日の会社もある。連結財務諸表を作成するにあたり、子会社の決算日が連結決算日と異なる場合には、子会社は、連結決算日に正規の決算に準ずる合理的な手続により決算を行う（連結財務諸表会計基準16）のが原則である。しかし、子会社の決算日と連結決算日の差異が3か月を超えない場合には、子会社の正規の決算を基礎として連結決算を行うことができる（連結財務諸表会計基準（注4））とされている。ただし、この場合には、子会社の決算日と連結決算日が異なることから生じる連結会社間の取引に係る会計記録の重要な不一致について、必要な整理を行うものとする（連結財務諸表会計基準（注4））。

　東京社グループにおいては、大阪社、A社、葛飾社の決算日は3月31日であり親会社と一致しているが、B社の決算日は12月31日であり、親会社の決算日とは異なっている。B社では連結決算日に正規の決算に準ずる決算を行っておらず、東京社とB社との決算日では3か月の差異となっているため、この差異から生じる連結間の取引に係る会計記録の重要な不一致を調整することにより、連結財務諸表を作成することとなる。具体的には、B社の個別財務諸表に重要な取引に関する修正仕訳を計上することになるが、当該修正仕訳に関しては後述の個別修正仕訳で解説を行う。

3.2.2 決算日の異なる在外子会社の換算レート

1）貸借対照表

　　在外子会社等の決算日が連結決算日と異なる場合、在外子会社等の貸借対照表の換算に適用する決算時の為替相場は、在外子会社等の決算日における

為替相場とする（外貨建実務指針33）。なお、連結決算日との差異期間内において為替相場に重要な変動があった場合には、連結決算日時点での在外子会社等の円貨表示による財政状態を連結財務諸表に反映させる目的から、在外子会社等は連結決算日に正規の決算に準ずる合理的な手続による決算を行い、当該決算に基づく貸借対照表項目を連結決算日の為替相場で換算する(外貨建実務指針33、71）。

2）損益計算書

　在外子会社等の決算日が連結決算日と異なる場合、在外子会社等の損益計算書項目の換算に適用する期中平均相場とは、連結会計期間に基づく期中平均相場ではなく、当該在外子会社等の会計期間に基づく期中平均相場とする（外貨建実務指針34）。

　数値例では、B社の決算日が12月31日のため、B社の換算にあたっては、連結決算日である3月31日ではなく、12月31日のレート、及び12月31日時点での期中平均レートを使用して換算している（換算の詳細は、後述の「**3.3　在外子会社の換算**」を参照）。なお、数値例においては、連結決算日との差異期間内において為替相場には重要な変動がないことを前提としている。

3.3　在外子会社の換算

3.3.1　在外子会社換算の基本

　前提条件にあるように、A社はフランスに、B社はアメリカにある会社である。外国にある会社の多くは、現地国の通貨で記帳しているが、日本の親会社である東京社が作成する連結財務諸表は円建てで作成するため、A社、B社についても日本円に換算する必要がある。本事例では子会社が例示されているが、海

外の関連会社についても同様である。

　連結財務諸表作成にあたり、外国にある子会社又は関連会社の外国通貨で表示されている財務諸表項目の換算は次の方法による（外貨建取引等会計処理基準（以下「外貨基準」という）三、貸借対照表の純資産の部の表示に関する会計基準等の適用指針7）。

図表3-1

勘定科目	換算レート	留意点
資産及び負債	決算時レート	
株主資本 ① 親会社取得時 ② 親会社取得後の増加分	取得時レート 発生時レート	在外子会社等の支払配当金の換算 　支払配当金が配当決議日に現地通貨により記録されている場合には当該配当決議日の為替相場により換算する。 　例えば、取締役会で配当決議を行う国に存在する在外子会社等において決算日に配当宣言が行われる場合には、当該決算日の為替相場により円換算する。また、株主総会で配当決議を行う国に所在する在外子会社等については、親会社が繰上方式で配当を計上する場合には親会社の決算日の為替相場により円換算し、繰上方式を採用しない場合には剰余金の配当が確定した日の為替相場により円換算する（外貨建実務指針44）。
評価・換算差額等 ① 親会社取得時 ② 親会社取得後の増加分	取得時レート 決算時レート	
新株予約権	発生時レート	新株予約権に係る為替換算調整勘定は、新株予約権に含めて表示する。

		新株予約権が行使された場合には、行使時のレートにより換算した円貨額をもって払込資本に振り替えることとし、失効した場合には、失効時のレートにより換算した円貨額をもって当期の損益に振り替える。なお、行使時又は失効時のレートについては、期中平均相場によることも可能である。
収益及び費用	期中平均レート 決算時レートも可	親会社との取引に係る収益及び費用は親会社が使用するレートを使用する。 その場合の換算差額は為替差損益として処理する。

(＊) 換算差額の処理

換算によって生じた換算差額については、為替換算調整勘定として貸借対照表の純資産の部に記載する。その結果、純資産の円貨合計は、外貨の純資産額合計に決算時レートを乗じたものと同額になる。

3.3.2　A社の換算

A社はフランスの会社であるので、子会社の財務諸表はユーロ建てで作成されている。そのため、東京社が連結財務諸表を作成するにあたっては、換算を行う必要がある。換算レートは下表のとおりであり、ここでは各数値の換算にあたってどのレートを使用することになるか、説明を行う。

<換算レート表>

			円／ユーロ
×5年4月1日～×6年3月31日	取得時	4/1	150
	期中平均		145
	期末	3/31	140

1）収益及び費用

子会社A社のユーロ建て及び円建ての損益計算書は以下のとおりである。

（単位：ユーロ・円）

P/L						
	ユーロ	円		ユーロ	円
売上原価	209,500,000	30,305,000,000	売上高	260,000,000	37,700,000,000
販売費及び一般管理費	31,000,000	4,495,000,000			
支払利息	205,000	29,725,000			
為替差損	200,000	101,500,000			
法人税等	7,800,000	1,131,000,000			
法人税等調整額	-205,000	-29,725,000			
当期利益	11,500,000	1,667,500,000			
合計	260,000,000	37,700,000,000	合計	260,000,000	37,700,000,000

a 売上高の場合

損益計算書項目は、原則として、期中平均レート（145）を使用して換算する。

260,000,000×145=37,700,000,000円

b 売上原価の場合

A社の仕入は全額親会社からの仕入である。上述 a のとおり、損益計算書項目は、原則として期中平均レートを用いて円換算を行うが、親会社との取引による収益及び費用の換算については、親会社が換算に用いる為替相場を使用する（外貨基準三 3.）。この場合に生じる差額は当期の為替差損益として処理する（外貨基準三 3.）。

したがって、売上原価は、外貨に期中平均レートを乗じた額ではなく、親会社が換算に用いる為替相場を使用して換算した額（30,305,000,000円とする）を使用する。

また、売上原価を期中平均レートで換算した金額（209,500,000×145）と、30,305,000,000円との差額は為替差損益になる。

為替差損益に計上される金額

209,500,000×145-30,305,000,000=72,500,000円

c 当期利益の場合

11,500,000×145=1,667,500,000円

d 為替差損益の場合

A社では為替差損200,000ユーロが計上されているため、期中平均レート（145）を乗じた額で換算する。

200,000×145=29,000,000円

このほか、上記 b より、為替差損益には、東京社がA社との取引に使用した

レートと、A社の期中平均レートとの換算差額72,500,000円が含まれている。
上記合計が換算後PLの為替差損益として計上される。
29,000,000+72,500,000=101,500,000円

2）資産及び負債

A社のユーロ建て及び円建ての貸借対照表は以下のとおりである。

(単位：ユーロ・円)

B/S	ユーロ	円		ユーロ	円
現金	6,148,000	860,720,000	親会社買掛金	17,500,000	2,450,000,000
当座預金	44,500,000	6,230,000,000	短期借入金	3,500,000	490,000,000
売掛金	21,500,000	3,010,000,000	未払法人税等	4,000,000	560,000,000
貸倒引当金	-258,000	-36,120,000	未払消費税	60,000	8,400,000
商品	15,400,000	2,156,000,000	賞与引当金	1,600,000	224,000,000
繰延税金資産（短期）	100,000	14,000,000	長期借入金	4,500,000	630,000,000
建物	2,000,000	280,000,000	退職給付引当金	650,000	91,000,000
器具備品	2,500,000	350,000,000	資本金	35,000,000	5,250,000,000
土地	1,000,000	140,000,000	利益剰余金	26,500,000	3,917,500,000
投資有価証券	220,000	30,800,000	為替換算調整勘定		-557,500,000
繰延税金資産（長期）	200,000	28,000,000			
合計	93,310,000	13,063,400,000	合計	93,310,000	13,063,400,000

×6年3月31日（期末）

　a　現金の場合

　　ユーロ：6,148,000ユーロ

　　決算時の為替相場（期末レート）：140

　　日本円への換算：6,148,000×140=860,720,000円

　　資産項目は、決算時の為替相場による円換算額を付す。

　b　短期借入金の場合

　　ユーロ：3,500,000ユーロ

　　決算時の為替相場（期末レート）：140

　　日本円への換算：3,500,000×140＝490,000,000円

　　負債項目も資産項目と同様に決算時の為替相場による円換算額を付す。

3）株主資本

×5年4月1日（支配獲得時）

a　資本金の場合

　　　ユーロ：35,000,000ユーロ

　　　株式取得時（支配獲得時）の為替相場：150

　　　日本円への換算：35,000,000×150=5,250,000,000円

　　　支配獲得時の在外子会社の資本金の換算については、株式取得時（支配獲得時）の為替相場により換算する。

　　b　利益剰余金

　　　ユーロ：15,000,000ユーロ

　　　株式取得時（支配獲得時）の為替相場：150

　　　日本円への換算：15,000,000×150=2,250,000,000円

　　　支配獲得時の在外子会社の利益剰余金の換算については、株式取得時（支配獲得時）の為替相場により換算する。

×6年3月31日（期末）

　　a　資本金の場合

　　　ユーロ：35,000,000ユーロ

　　　株式取得時（支配獲得時）の為替相場：150

　　　決算時の為替相場：140

　　　日本円への換算：35,000,000×150=5,250,000,000円

　　　支配獲得時の在外子会社の資本金の換算については、株式取得時（支配獲得時）の為替相場により換算する。これは、支配獲得時（期首）のBSのみならず×6年3月31日（期末）の連結財務諸表を作成するときも同様で、換算レートは支配獲得時のものを用いる。

　　b　利益剰余金

　　　ユーロ：26,500,000ユーロ

　　　株式取得時（支配獲得時）の為替相場：150

　　　期中平均レート：145

　　　日本円への換算：①株式取得時15,000,000×150=2,250,000,000円

　　　　　　　　　　　②当期純利益11,500,000×145=1,667,500,000円

　　　期末利益剰余金：①＋②＝2,250,000,000円＋1,667,500,000円

　　　　　　　　　　　　　　＝3,917,500,000円

　　　支配獲得時の在外子会社の利益剰余金の換算については、株式取得時（支配獲得時）の為替相場により換算する。一方、支配獲得後に獲得した当期

純利益については、P/L上期中平均相場により換算されるため、×6年3月31日（期末）の利益剰余金は、株式取得時の為替相場により換算した期首利益剰余金と、期中平均相場により換算された当期純利益の合計で算出されることになる。

　c　為替換算調整勘定

上述のとおり、資産、負債は決算時レートで換算され、株主資本は株式取得時レート及び当期に獲得した利益については期中平均レートを用いている。そのため以下のとおり、このままでは、円換算後のB/Sは貸借が一致しないことになる。

（単位：ユーロ）

勘定科目	借方	勘定科目	貸方
資産	93,310,000	負債	31,810,000
		資本金	35,000,000
		利益剰余金	26,500,000
合計	93,310,000	合計	93,310,000

（単位：円）

勘定科目	借方	勘定科目	貸方
資産	13,063,400,000	負債	4,453,400,000
		資本金	5,250,000,000
		利益剰余金	3,917,500,000
合計	13,063,400,000	合計	13,620,900,000

　　　　　　　　　　　　　　　　　→　不一致　←

このような換算によって生じた換算差額を為替換算調整勘定という。ここでは、13,063,400,000－13,620,900,000＝△557,500,000円が、為替換算調整勘定となる。以下に為替換算調整勘定によって、貸借を調整したB/Sを記載する。

(単位：円)

勘定科目	借方	勘定科目	貸方
資産	13,063,400,000	負債	4,453,400,000
		資本金	5,250,000,000
		利益剰余金	3,917,500,000
		為替換算調整勘定	-557,500,000
合計	13,063,400,000	合計	13,063,400,000

←――→ 一致 ←――→

×5年4月1日（支配獲得時）

東京社がA社を取得したときの貸借対照表の換算は以下のとおりである。取得時(4/1)のレート150で換算する。

なお、取得時はすべての科目を取得時のレートで換算しているため、為替換算調整勘定は発生しない。

(単位：ユーロ・円)

B/S					
	ユーロ	円		ユーロ	円
現金	3,515,000	527,250,000	買掛金	15,000,000	2,250,000,000
当座預金	35,100,000	5,265,000,000	短期借入金	4,000,000	600,000,000
売掛金	20,000,000	3,000,000,000	未払法人税等	4,000,000	600,000,000
貸倒引当金	-240,000	-36,000,000	未払消費税	60,000	9,000,000
商品	15,400,000	2,310,000,000	賞与引当金	1,500,000	225,000,000
繰延税金資産（短期）	5,000	750,000	長期借入金	5,000,000	750,000,000
建物	2,100,000	315,000,000	退職給付引当金	630,000	94,500,000
器具備品	3,000,000	450,000,000	資本金	35,000,000	5,250,000,000
土地	1,000,000	150,000,000	利益剰余金	15,000,000	2,250,000,000
投資有価証券	220,000	33,000,000			
繰延税金資産（長期）	90,000	13,500,000			
合計	80,190,000	12,028,500,000	合計	80,190,000	12,028,500,000

現金：3,515,000×150=527,250,000円

買掛金：15,000,000×150=2,250,000,000円

資本金：35,000,000×150=5,250,000,000円

利益剰余金：15,000,000×150=2,250,000,000円

3.3.3　B社の換算

　B社はアメリカの子会社であるので、子会社の財務諸表はドル建てで作成されている。そのため、B社もA社と同様に東京社の連結財務諸表を作成するにあたっては円換算する必要がある。以下で、具体的に説明を行う。ここで、B社は12月決算の会社であるのに対し、連結決算日は3月末である。このように、在外子会社の決算日が連結決算日と異なる場合、在外子会社の貸借対照表項目の換算に使用する決算時の為替相場は、在外子会社の決算日における為替相場を使用する（外貨建実務指針 33）。

　なお、連結決算日との差異期間内において為替相場に重要な変動があった場合には、在外子会社等は連結決算日に正規の決算に準ずる合理的な手続による決算を行い、当該決算に基づく貸借対照表項目を連結決算日の為替相場で換算する（外貨建実務指針33）。

<換算レート表>

×5年4月1日～×5年12月31日			円／ドル
	取得時	4/1	130
	期中平均		125
	期末	12/31	120

1）収益及び費用

　B社ドル建て及び円建て損益計算書は以下のとおりである。

(単位：ドル・円)

P/L					
	ドル	円		ドル	円
売上原価	220,000,000	27,500,000,000	売上高	275,000,000	34,375,000,000
販売費及び一般管理費	40,050,000	5,006,250,000	固定資産売却益	160,000	19,200,000
支払利息	60,000	7,500,000			
親会社支払利息	19,500	2,340,000			
為替差損	100,000	11,797,500			
法人税等	6,200,000	775,000,000			
法人税等調整額	-379,500	-47,437,500			
当期利益	9,110,000	1,138,750,000			
合計	275,160,000	34,394,200,000	合計	275,160,000	34,394,200,000

a 売上高の場合

損益計算書項目は、原則として、期中平均レート（125）を使用して換算する。

275,000,000×125=34,375,000,000円

b 固定資産売却益の場合

上記「3.3.2 A社の換算」で解説したとおり、損益計算書項目は、原則として期中平均レート（125）を用いるが、親会社との取引は、親会社が換算に用いた為替相場を使用する。

本取引では、12月31日に東京社が、B社から機械装置を211,200,000円（換算レート120）で購入している。B社では、簿価1,600,000ドルの機械装置を1,760,000ドルで売却し160,000ドルの利益を計上しているが、親会社との取引のため、計上される利益は160,000ドルに、親会社の使用するレート120を乗じた19,200,000円として換算する。

なお、これによって生じる差額は為替差損益として計上する。

為替差損益の金額：売却益160,000×期中平均レート125-19,200,000=800,000円

c 親会社支払利息の場合

上記bと同様、親会社との取引のため親会社が換算に用いた為替相場を使用する。

東京社はB社へ、156,000,000円で貸付をしており、年2%の利息を受け取っている。B社では、当期は4月1日から12月31日までの9か月分の利息を計上しているため、円換算額は以下のとおりとなる。

156,000,000×2%×9か月÷12か月=2,340,000円

なお、これによって生じる差額は為替差損益として計上する。

為替差損益の金額：支払利息19,500ドル×期中平均レート125-2,340,000=97,500円

d 当期利益の場合

9,110,000×125=1,138,750,000円

e 為替差損益の場合

B社では為替差損100,000ドルが計上されているため、期中平均レート（125）を乗じた額で換算する。

100,000×125=12,500,000円

このほか、上記b、cより、東京社との取引によって発生した為替差損益がそれぞれ800,000円、97,500円生じている。

上記合計が換算後P/Lの為替差損益として計上される。

12,500,000−800,000＋97,500＝11,797,500円

2）資産及び負債

B社のドル建て及び円建ての貸借対照表は以下のとおりである。

(単位：ドル・円)

B/S					
	ドル	円		ドル	円
現金	8,543,500	1,025,220,000	買掛金	18,000,000	2,160,000,000
当座預金	24,760,000	2,971,200,000	短期借入金	2,000,000	240,000,000
売掛金	23,000,000	2,760,000,000	賞与引当金	500,000	60,000,000
貸倒引当金	−184,000	−22,080,000	親会社借入金	1,300,000	156,000,000
商品	15,000,000	1,800,000,000	未払法人税等	3,000,000	360,000,000
繰延税金資産（短期）	3,000,000	360,000,000	未払費用	19,500	2,340,000
建物	4,200,000	504,000,000	退職給付引当金	8,000,000	960,000,000
機械装置	2,110,000	253,200,000	繰延税金負債（長期）	200,000	24,000,000
器具備品	5,000,000	600,000,000	資本金	38,000,000	4,940,000,000
土地	5,000,000	600,000,000	利益剰余金	21,110,000	2,698,750,000
繰延税金資産（長期）	2,000,000	240,000,000	評価差額	300,000	39,000,000
			為替換算調整勘定		−548,550,000
合計	92,429,500	11,091,540,000	合計	92,429,500	11,091,540,000

×5年12月31日（期末）

 a 現金の場合

  ドル：8,543,500ドル

  決算時の為替相場（期末レート）：120

  日本円への換算：8,543,500×120＝1,025,220,000円

  資産項目は、子会社の決算時の為替相場(12月末)による円換算額を付す。

 b 親会社借入金の場合

  B社は東京社より4月1日に円建てで156,000,000円を借り入れた。B社は期末に当該借入金を現地通貨へ換算するため、期末レートである120で円からドルに換算し、B社の外貨建財務諸表では、ドル建てで1,300,000の親会社借入金が計上されている。

  B社のドル建て財務諸表を円建てに換算する際には、円建て取引である親会社借入金は、円建て借入額156,000,000円を計上する。

  ここで、借入を行った4月1日には、レートが@130であるため、ドル建て借入額は1,200,000となり、期末には@120であるためドル建て借入額は1,300,000

となる。以上よりB社単体上、為替差損100,000ドル(1,300,000 - 1,200,000)が発生する。

一方、連結修正仕訳では、円建て取引として、以下の仕訳を行うため、当該為替差損益は連結上も消去されずに為替差損益として連結損益計算書に計上されることになる。

| （借）親会社借入金 | 156,000,000 | （貸）子会社貸付金 | 156,000,000 |

親子会社を一体として考えると、日本から円建てで156,000,000円を海外の銀行に送金し、外貨預金をしたと考えた場合、B社で発生した為替差損益は預金に係る為替差損益とみることができ、親会社借入金から発生した為替差損益については連結消去仕訳は不要となると考えられる。

 c 買掛金の場合

  ドル：18,000,000ドル

  決算時の為替相場（期末レート）：120

  日本円への換算：18,000,000×120＝2,160,000,000円

  負債項目も資産項目と同様に子会社決算時の為替相場（12月末）による円換算額を付す。

3）株主資本

 ×5年4月1日（支配獲得時）

  a 資本金

   ユーロ：38,000,000ドル

   株式取得時（支配獲得時）の為替相場：130

   日本円への換算：38,000,000×130＝4,940,000,000円

   支配獲得時の在外子会社の資本金の換算については、株式取得時（支配獲得時）の為替相場により換算する。

  b 利益剰余金

   ユーロ：12,000,000ドル

   株式取得時（支配獲得時）の為替相場：130

   日本円への換算：12,000,000×130＝1,560,000,000円

   支配獲得時の在外子会社の利益剰余金の換算については、株式取得時（支配獲得時）の為替相場により換算する。

×5年12月31日（期末）
    a　資本金
        ユーロ：38,000,000ドル
        株式取得時（支配獲得時）の為替相場：130
        決算時の為替相場：120
        日本円への換算：38,000,000×130=4,940,000,000円

      支配獲得時の在外子会社の資本金の換算については、株式取得時（支配獲得時）の為替相場により換算する。これは、支配獲得時のB/Sのみならず、期末に連結財務諸表を作成するときも同様で、換算レートは支配獲得時のものを用いる。

    b　利益剰余金
        ユーロ：21,110,000ドル
        株式取得時（支配獲得時）の為替相場：130
        期中平均レート：125
        日本円への換算：①株式取得時12,000,000×130=1,560,000,000円
                        ②当期純利益9,110,000×125=1,138,750,000円
        期末利益剰余金：①＋②1,560,000,000円＋1,138,750,000円＝2,698,750,000円

      支配獲得時の在外子会社の利益剰余金の換算については、株式取得時（支配獲得時）の為替相場により換算する。一方、支配獲得後に獲得した当期純利益については、P/L上期中平均相場により換算されるため、期末の利益剰余金は、株式取得時の為替相場により換算した期首利益剰余金と、期中平均相場により換算された当期純利益の合計で算出されることになる。

    c　為替換算調整勘定
      資産、負債は決算時レートで換算され、株主資本は株式取得時レート及び当期に獲得した利益については期中平均レートを用いている。このレートの違いによる差額はA社と同様に為替換算調整勘定として計上することになる。

×5年4月1日（支配獲得時）
    東京社がB社を取得したときの純資産の換算は以下のとおりである。
    取得時（4/1）のレート130で換算する。
    なお、取得時はすべての科目を取得時のレートで換算しているため、為替

換算調整勘定は発生しない。

(単位：ドル・円)

B/S						
	ドル	円		ドル	円
現金	5,855,500	761,215,000	買掛金	17,000,000	2,210,000,000
当座預金	18,000,000	2,340,000,000	短期借入金	4,000,000	520,000,000
売掛金	22,000,000	2,860,000,000	賞与引当金	2,000,000	260,000,000
貸倒引当金	−176,000	−22,880,000	未払法人税等	3,000,000	390,000,000
商品	15,000,000	1,950,000,000	退職給付引当金	8,000,000	1,040,000,000
繰延税金資産（短期）	2,620,500	340,665,000	繰延税金負債（長期）	200,000	26,000,000
建物	4,500,000	585,000,000	資本金	38,000,000	4,940,000,000
機械装置	3,900,000	507,000,000	利益剰余金	12,000,000	1,560,000,000
器具備品	5,800,000	754,000,000	評価差額	300,000	39,000,000
土地	5,000,000	650,000,000			
繰延税金資産（長期）	2,000,000	260,000,000			
合計	84,500,000	10,985,000,000	合計	84,500,000	10,985,000,000

東京社がB社を取得した時の純資産の換算は上表のとおりである。

取得時（4/1）のレート130で換算する。

現金：5,855,500×130=761,215,000円

買掛金：17,000,000×130=2,210,000,000円

資本金：38,000,000×130=4,940,000,000円

利益剰余金：12,000,000×130=1,560,000,000円

評価差額：300,000×130=39,000,000円

3.3.4　応用論点

1）円貨により会計帳簿を記録し財務諸表を作成している在外子会社

　タックス・ヘイブン等に籍のある在外子会社等の中には、現地通貨による財務諸表の作成が義務付けられていないため、会社の目的に応じ円貨により会計帳簿を記録し財務諸表を作成している会社がある。このような子会社は、本邦に準じた取扱いをすることになる（外貨建実務指針32）。

2）在外子会社等の決算日が連結決算日と異なる場合

　　B社のように、在外子会社等の決算日が連結決算日と異なる場合、在外子会社等の貸借対照表項目の換算には決算時の為替相場を用いる。

　　なお、連結決算日との差異期間内において、為替相場に重要な変動があった場合には、在外子会社等は連結決算日に正規の決算に準ずる合理的な手続による決算を行い、当該決算に基づく貸借対照表項目を連結決算日の為替相場で換算する（外貨建実務指針33）。

　　在外子会社等の決算日が連結決算日と異なる場合、在外子会社等の損益計算書項目の換算に使用する期中平均相場は、当該在外子会社等の会計期間に基づく期中平均相場とする（外貨建実務指針34）。

3）在外子会社等の支払配当金

　　在外子会社等で支払配当金が配当決議日に現地通貨により記録されている場合には、財務諸表項目の換算に際し、支払配当金は当該配当決議日の為替相場により円換算する。この結果、配当財源である利益剰余金の円換算に用いられた発生時の為替相場と配当決議日の為替相場から生ずる差額は、連結財務諸表上利益剰余金に含まれるとともに同額が為替換算調整勘定として計上され、当該子会社等の株式が売却又は清算されるときまで残ることになる（外貨建実務指針44）。

［例］：（外貨建実務指針　例題14を一部改題）

1．＜前提＞
　（1）子会社の期首貸借対照表は次のとおりである。
　　　期首貸借対照表

	百万ドル	百万円
預金	1	120
有価証券	1	120
合計	2	240
資本金	1	120

利益剰余金他	1	120
合計	2	240

(2) 期中に子会社は取締役会の決議に基づき1百万ドル全額の配当宣言を行い、即日、配当金を送金した。

(3) 親会社は同日入金した配当金1百万ドルを当日の直物為替相場（1ドル＝100円）により円転し預金した。子会社にその他の損益取引は無い。当期末の直物為替相場も1ドル＝100円である。

2. 期末における子会社からの配当の仕訳

子会社の支払配当金　　　　　　　　　　　　　　（単位：百万ドル）

（借）支払配当金	1	（貸）預金	1

親会社の受取配当金　　　　　　　　　　　　　　（単位：百万円）

（借）預金（1百万ドル）	100	（貸）受取配当金（1百万ドル）	100

3. 子会社の外貨建株主資本等変動計算書及び期末貸借対照表とその円換算額は次のとおりである。

株主資本等変動計算書

	百万ドル	百万円
期首利益剰余金	1	120
支払配当金	△1	△100
期末利益剰余金	0	20

期末貸借対照表

	百万ドル	百万円
有価証券	1	100
合計	1	100
資本金	1	120
利益剰余金	0	20
為替換算調整勘定		△40
	1	100

（注）為替換算調整勘定の内訳は、資本金から生じた20百万円（120-1×100）と利益剰余金の発生時の為替相場と支払配当時の為替相場から生じた20百万円（1×(120-100)）との合計額である。

3.4 個別財務諸表の修正

3.4.1 子会社の資産及び負債の評価

　連結貸借対照表を作成するにあたっては、支配獲得日において、子会社の資産及び負債のすべてを支配獲得日の時価で評価する方法（以下「全面時価評価法」という）により評価しなければならない（連結財務諸表会計基準20）。ここに全面時価評価法とは、親会社が子会社を支配した結果、子会社が企業集団に含まれることとなった事実を重視する考え方をいう（連結財務諸表会計基準61）。

　支配獲得日が子会社の決算日以外の日である場合には、当該日の前後いずれかの決算日に支配獲得が行われたものとみなして処理することができる（連結財務諸表会計基準20（注5））。この場合、支配獲得日とは当該決算日をいい、決算日には四半期決算日又は中間決算日が含まれる（資本連結実務指針7）。

　子会社の資産及び負債の時価による評価額と当該資産及び負債の個別貸借対照表上の金額との差額（以下「評価差額」という）は、子会社の資本に計上しなければならない（連結財務諸表会計基準21）。ここで、時価評価により子会社の資産及び負債の帳簿価額を修正した場合における修正額が税効果会計上の一時差異に該当する場合には、当該一時差異について繰延税金資産又は繰延税金負債を計上しなければならない。この場合、当該税効果額は法人税等調整額に計上せずに直接評価差額から控除する。したがって、評価差額の残高は当該税効果額を控除した後の金額となる（資本連結実務指針11）。

　なお、評価差額に重要性が乏しい子会社の資産及び負債は、個別貸借対照表上の金額によることができる（連結財務諸表会計基準22）。この場合の重要性の有無は、個々の貸借対照表項目の時価評価による簿価修正額ごとに判断する（資本連結実務指針13）。

大阪社の資産及び負債の評価

大阪社個別貸借対照表（×6年3月31日）

勘定科目	借方	勘定科目	貸方
現金	6,164	親会社支払手形	1,375,000
当座預金	600,000	親会社買掛金	1,375,000
普通預金	1,350,000	短期借入金	1,000,000
売掛金	3,145,000	未払法人税等	3,000
貸倒引当金	-31,450	未払消費税	8,000
商品	1,900,000	賞与引当金	15,000
親会社株式	55,000	繰延税金負債（短期）	2,020
繰延税金資産（短期）	20,000	社債	300,000
建物	1,500,000	長期借入金	2,000,000
器具備品	2,500,000	退職給付引当金	100,000
土地	2,100,000	資本金	5,000,000
繰延税金資産（長期）	40,000	利益剰余金	2,003,714
		その他有価証券評価差額金	2,980
合計	13,184,714	合計	13,184,714

　東京社は×5年4月1日に大阪社株式の70％を5,100,000千円で取得し、同社を連結子会社とした。×5年4月1日現在保有していた土地の簿価は2,000,000千円、時価は2,500,000千円であった。なお、大阪社の実効税率は40.4％とする。

（借）土地	500,000	（貸）評価差額	298,000
		繰延税金負債	202,000

1）時価と簿価との差額
　　時価2,500,000千円－簿価2,000,000千円＝500,000千円
2）1）に係る税効果額
　　500,000千円×実効税率40.4％＝202,000千円
3）資本に計上する金額
　　500,000千円－202,000千円＝298,000千円

大阪社修正後個別貸借対照表（×6年3月31日）

勘定科目	借方	勘定科目	貸方
現金	6,164	親会社支払手形	1,375,000
当座預金	600,000	親会社買掛金	1,375,000
普通預金	1,350,000	短期借入金	1,000,000
売掛金	3,145,000	未払法人税等	3,000
貸倒引当金	-31,450	未払消費税	8,000
商品	1,900,000	賞与引当金	15,000
親会社株式	55,000	繰延税金負債（短期）	2,020
繰延税金資産（短期）	20,000	社債	300,000
建物	1,500,000	長期借入金	2,000,000
器具備品	2,500,000	退職給付引当金	100,000
土地	2,600,000	繰延税金負債（長期）	202,000
繰延税金資産（長期）	40,000	資本金	5,000,000
		利益剰余金	2,003,714
		その他有価証券評価差額金	2,980
		評価差額	298,000
合計	13,684,714	合計	13,684,714

3.4.2 在外子会社の簿価修正に伴う資産、負債及び評価差額の換算

　在外子会社の資産及び負債の時価評価によって生じた簿価修正額とそれに対応して計上した繰延税金資産及び繰延税金負債は、在外子会社の個別財務諸表上の他の資産及び負債と同様に、毎期決算時の為替相場により換算する。また、在外子会社の資本連結手続において相殺消去の対象となる子会社の個別財務諸表上の資本の額は、支配獲得時の為替相場により換算する（外貨建実務指針37）。

3.4.3 為替換算調整勘定の表示

　為替換算調整勘定は在外子会社等の貸借対照表項目の換算手続の結果発生し、在外子会社等の経営成績とは無関係であることから、純資産の部の独立項目として累積される（外貨建実務指針75）。

B社の個別財務諸表の修正

1. 資産及び負債の評価

B社個別貸借対照表（×5年12月31日）

（単位：千ドル）

勘定科目	借方	勘定科目	貸方
現金	8,544	買掛金	18,000
当座預金	24,760	短期借入金	2,000
売掛金	23,000	未払法人税等	3,000
貸倒引当金	-184	賞与引当金	500
商品	15,000	未払費用	20
繰延税金資産（短期）	3,000	親会社借入金	1,300
建物	4,200	退職給付引当金	8,000
機械装置	2,110	資本金	38,000
器具備品	5,000	利益剰余金	21,110
土地	4,500		
繰延税金資産（長期）	2,000		
合計	91,930	合計	91,930

B社個別損益計算書（自×5年4月1日　至×5年12月31日）

（単位：千ドル）

勘定科目	借方	勘定科目	貸方
売上原価	220,000	売上高	275,000
販売費及び一般管理費	40,050	固定資産売却益	160
支払利息	60		
親会社支払利息	20		
為替差損	100		
法人税等	6,200		
法人税等調整額	-380		
当期純利益	9,110		
合計	275,160	合計	275,160

　東京社は×5年4月1日にB社株式の60％を4,030,000千円（31,000千ドル）で取得し、同社を連結子会社とした。×5年4月1日現在保有していた土地の簿価は4,500千ドル、時価は5,000千ドルであった。なお、B社の実効税率は40.0％とする。

(単位：千ドル)

（借）土地	500	（貸）評価差額	300
		繰延税金負債	200

1）時価と簿価との差額
　時価5,000千ドル－簿価4,500千ドル＝500千ドル
2）1）に係る税効果額
　500千ドル×実効税率40.0％＝200千ドル
3）資本に計上する金額
　500千ドル－200千ドル＝300千ドル

B社修正後個別貸借対照表（×5年12月31日）

(単位：千ドル)

勘定科目	借方	勘定科目	貸方
現金	8,544	買掛金	18,000
当座預金	24,760	短期借入金	2,000
売掛金	23,000	未払法人税等	3,000
貸倒引当金	－184	賞与引当金	500
商品	15,000	未払費用	20
繰延税金資産（短期）	3,000	親会社借入金	1,300
建物	4,200	退職給付引当金	8,000
機械装置	2,110	繰延税金負債（長期）	200
器具備品	5,000	資本金	38,000
土地	5,000	利益剰余金	21,110
繰延税金資産（長期）	2,000	評価差額	300
合計	92,430	合計	92,430

　この貸借対照表及び損益計算書の換算を行う。B社の決算日は12月31日であるが、子会社の決算日と連結決算日の差異が3か月を超えないため、連結決算にあたりB社の正規の決算に基づく財務諸表を使用する（連結財務諸表会計基準16（注4））。損益計算書は4月1日から12月31日までの9か月分となっている。
　×5年4月1日の為替レートは1ドル＝130円、×5年12月31日の為替レートは1ドル＝120円、そして9か月間の期中平均レートは1ドル＝125円であった。

B社換算後個別貸借対照表（×5年12月31日）

勘定科目	借方	勘定科目	貸方
現金	1,025,220	買掛金	2,160,000
当座預金	2,968,080	短期借入金	240,000
売掛金	2,760,000	未払法人税等	360,000
貸倒引当金	-22,080	賞与引当金	60,000
商品	1,800,000	親会社借入金	156,000
繰延税金資産（短期）	360,000	退職給付引当金	960,000
建物	504,000	繰延税金負債（長期）	24,000
機械装置	253,200	資本金	4,940,000
器具備品	600,000	利益剰余金	2,697,970
土地	600,000	評価差額	39,000
繰延税金資産（長期）	240,000	為替換算調整勘定	-548,550
合計	11,088,420	合計	11,088,420

B社換算後個別損益計算書（自×5年4月1日　至×5年12月31日）

勘定科目	借方	勘定科目	貸方
売上原価	27,500,000	売上高	34,375,000
販売費及び一般管理費	5,006,250	固定資産売却益	19,200
支払利息	7,500		
親会社支払利息	3,120		
為替差損	11,798		
法人税等	775,000		
法人税等調整額	-47,438		
当期純利益	1,137,970		
合計	34,394,200	合計	34,394,200

2. 決算日の差異から生じる不一致に係る修正

　　連結決算日とB社の決算日が異なることによって生じる、連結会社間の取引に係る会計記録の重要な不一致を調整する。

　1）親会社からの借入金に係る利息の修正

　　　B社は×5年4月1日に東京社から156,000千円を借り入れた。期間は10年、利率は年2%であり、利払日は毎年3月31日である。

×5年12月31日現在B社試算表(一部)

親会社支払利息	2,340	親会社借入金	156,000
		未払費用	2,340

　×6年3月31日にB社は東京社に対し、借入金に係る利息3,120千円を支払った。

　この取引をB社の個別財務諸表に反映させるため、以下の仕訳を行う。

(借)未払費用	2,340	(貸)現金及び預金	3,120
親会社支払利息	780		

　親会社支払利息＝3/31支払額3,120千円－既計上額2,340千円＝780千円

B社個別修正後貸借対照表(×6年3月31日)

勘定科目	借方	勘定科目	貸方
現金	1,025,220	買掛金	2,160,000
当座預金	2,971,200	短期借入金	240,000
売掛金	2,760,000	未払法人税等	360,000
貸倒引当金	-22,080	賞与引当金	60,000
商品	1,800,000	未払費用	2,340
繰延税金資産(短期)	360,000	親会社借入金	156,000
建物	504,000	退職給付引当金	960,000
機械装置	253,200	繰延税金負債(長期)	24,000
器具備品	600,000	資本金	4,940,000
土地	600,000	利益剰余金	2,698,750
繰延税金資産(長期)	240,000	評価差額	39,000
		為替換算調整勘定	-548,550
合計	11,091,540	合計	11,091,540

B社換算後個別損益計算書(自×5年4月1日　至×5年12月31日)

勘定科目	借方	勘定科目	貸方
売上原価	27,500,000	売上高	34,375,000
販売費及び一般管理費	5,006,250	固定資産売却益	19,200
支払利息	7,500		
親会社支払利息	2,340		
為替差損	11,798		
法人税等	775,000		
法人税等調整額	-47,438		
当期純利益	1,138,750		
合計	34,394,200	合計	34,394,200

3.4.4 評価差額の実現に伴う時価評価による簿価修正額の処理

　評価差額計上の対象となった資産又は負債が売却又は決済により減少して評価差額の全部又は一部が実現した場合、個別損益計算書上は個別貸借対照表上の売却（決済）簿価をもとに損益が計上されるが、連結貸借対照表上の売却（決済）簿価は当該資産又は負債の時価評価による簿価修正額のうち売却（決済）部分を含んでいるため、連結手続上は、当該部分の未償却額を個別損益計算書上の損益の修正として処理する（資本連結実務指針26）。

　上記の場合において、時価評価による簿価修正額のうち未償却額は、親会社持分と少数株主持分に対応する額が子会社の貸借対照表上の資産及び負債に計上されている。連結手続上は、売却又は決済した資産・負債に対応する当該未償却額を個別損益計算書上の損益に加減算する（資本連結実務指針28）。

[例]：資産の売却により評価差額が実現した場合（資本連結実務指針　設例10を一部変更）

1. 新規取得年度
   <前提>
   ① P社はS社株式80%を×1年3月31日に1,200で取得し、S社を連結子会社とした。
   ② S社の資産のうち土地は1,000（簿価）であり、その時価は×1年3月31日1,200である。
   ③ P社及びS社とも、土地の時価評価による簿価修正額（200）以外には、税効果会計上の一時差異は存在しないものとする。
   ④ P社及びS社とも、税効果会計上適用される法定実効税率は50.0%とする。

   ○ 個別貸借対照表（×1年3月31日）

   P社貸借対照表　（×1年3月31日）

資産	5,800	負債	4,000
		資本金	1,500
		繰越利益剰余金	300

   S社貸借対照表　（×1年3月31日）

資産	1,800	負債	1,100
		資本金	500
		繰越利益剰余金	200

・土地に係る評価差額の計上

S社の支配獲得日（×1年3月31日）の土地に係る評価差額について、その全額をS社の資本に計上する。また、時価評価による簿価修正額に係る繰延税金負債を計上し、評価差額から控除する。

（借）土地	200	（貸）評価差額	100
		繰延税金負債	100

1）時価と簿価との差額
　時価1,200 − 簿価1,000 = 200
2）1）に係る税効果額
　200 × 実効税率50.0% = 100
3）資本に計上する金額
　200 − 100 = 100

S社修正後貸借対照表　（×1年3月31日）

資産	2,000	負債	1,200
		資本金	500
		繰越利益剰余金	200
		評価差額	100

4）負債
　1,100 + 繰延税金負債100 = 1,200

2. 資産売却年度

＜前提＞

① S社は土地（簿価1,000）を×2年3月31日に1,500で売却し、土地売却益500を計上した。
② のれんは10年間で均等償却を行うものとする。
③ P社及びS社とも、税効果会計上の一時差異等は存在しないものとする。
④ P社及びS社とも、課税所得に適用される法定実効税率は50%とする。

○ 個別財務諸表（×2年3月31日）

P社貸借対照表 （×2年3月31日）

資産	6,000	負債	4,000
（内数）		資本金	1,500
S社株式1,200		繰越利益剰余金	
			500
		（当期純利益 200）	

S社貸借対照表 （×2年3月31日）

資産	2,100	負債	1,100
		資本金	500
		繰越利益剰余金	
			500
		（当期純利益 300）	

P社損益計算書
　（自×1年4月1日　至×2年3月31日）

営業費用	2,100	売上高	2,500
法人税等	200		
当期純利益	200		

S社損益計算書
　（自×1年4月1日　至×2年3月31日）

営業費用	1,100	売上高	1,200
法人税等	300	土地売却益	500
当期純利益	300		

・土地に係る評価差額の計上及び土地の売却に伴う時価評価による簿価修正額の減額

　S社の支配獲得日（×1年3月31日）の土地に係る評価差額について、その全額をS社の資本に計上する。また、時価評価による簿価修正額に対する繰延税金負債を計上し、評価差額から控除する。さらに、土地の売却に伴い、前期までに計上された時価評価による簿価修正額を土地から減額し、土地売却益と相殺するとともに、それに対応して前期までに計上された繰延税金負債を取り崩して、法人税等調整額に計上する。

（借）土地	200	（貸）評価差額	100
		繰延税金負債	100

（借）土地売却益	200	（貸）土地	200
（借）繰延税金負債	100	（貸）法人税等調整額	100

1）時価と簿価との差額
　　時価1,200 − 簿価1,000 = 200
2）1）に係る税効果額
　　200 × 実効税率50.0% = 100
3）資本に計上する金額
　　200 − 100 = 100

4）土地売却益

200×1,000/1,000＝200

→時価評価額のうち、実際に売却した部分について減額する（この設例ではすべて売却している）。

S社修正後貸借対照表　（×2年3月31日）

資産	2,100	負債	1,100
		資本金	500
		繰越利益剰余金	400
		評価差額	100

S社損益計算書

（自×1年4月1日　至×2年3月31日）

営業費用	1,100	売上高	1,200
法人税等	200	土地売却益	300
当期純利益	200		

5）土地売却益

500－土地売却益の修正200＝300

6）当期純利益

500－土地売却益の修正200＋法人税等調整額100＝400

4 連結財務諸表作成のために必要な仕訳

　連結貸借対照表の作成においては、親会社及び子会社の個別貸借対照表における資産、負債及び純資産の金額を基礎とし、連結会社相互間の投資と資本及び債権と債務の相殺消去等の処理を行う（連結財務諸表会計基準18）。また、連結損益計算書の作成においては、親会社及び子会社の個別損益計算書における収益、費用等の金額を基礎とし、連結会社相互間の取引高の相殺消去及び未実現損益の消去等の処理を行う（連結財務諸表会計基準34）。
　ここでは、前章で示した連結精算表に、連結修正仕訳として記載された仕訳について解説する。

4.1　資本連結仕訳

4.1.1　投資と資本の相殺消去

　資本連結においては、親会社の子会社に対する投資とこれに対応する子会社の資本を相殺消去し、消去差額が生じた場合には当該差額をのれん（又は負ののれん）として計上するとともに、子会社の資本のうち親会社に帰属しない部分を少数株主持分に振り替える処理を行う（連結財務諸表会計基準59）。ここで、親会社の子会社に対する投資の金額は、支配獲得日の時価により測定する（連結財務諸表会計基準23（1））。この場合の支配獲得日の時価とは、現金支出額を意味する。また、子会社に対する投資額は、取得の対価に、対価性が認められる支配獲得に直接要した支出額を加算して算定する（資本連結実務指針8、企業結合会計基準適用指針44、48）。一方、子会社の資本は、子会社の個別貸借対照表上の純資産の部における株主資本及び評価・換算差額等と評価差額か

ら構成される（連結財務諸表会計基準23（2））。

4.1.2　少数株主持分

　少数株主持分とは、子会社の資本のうち親会社に帰属しない部分であり、支配獲得時に子会社の資本のうち少数株主に帰属する部分を、当該少数株主が議決権を有する株式の持分比率に基づき計上する（資本連結実務指針23）。支配獲得日後に生じた子会社の利益剰余金及び評価・換算差額等のうち少数株主に帰属する部分は、少数株主持分として処理する（連結財務諸表会計基準26（注7）（2））。

　前述のとおり、子会社の資産及び負債は全面時価評価法により時価評価されるが、計上された評価差額のうち少数株主持分に対応する額は、連結貸借対照表上、少数株主持分に含めなければならない（資本連結実務指針17）。

4.1.3　のれんの会計処理

　4.1.1でも述べたとおり、親会社の子会社に対する投資とこれに対応する子会社の資本との相殺消去にあたり差額が生じる場合には、当該差額をのれん（又は負ののれん）として処理する（連結財務諸表会計基準24）。のれんは、20年以内のその効果の及ぶ期間にわたって、定額法その他の合理的な方法により規則的に償却する（企業結合会計基準32）。償却期間の決定にあたっては、子会社又は業績報告が行われる単位の実態に基づいた適切な償却期間を決定しなければならない（資本連結実務指針30）。

　負ののれんが生じると見込まれる場合には、まず、すべての識別可能資産及び負債が把握されているか、また、それらに対する取得原価の配分が適切に行われているかどうかを見直す。それでもなお取得原価が受け入れた資産及び引き受けた負債に配分された純額を下回り、負ののれんが生じる場合には、当該負ののれんが生じた事業年度の利益として処理する（資本連結実務指針30、企

業結合会計基準33)。同一の子会社について、のれん及び負ののれんの両方が生ずる場合には、これを相殺して記載することができる(連結原則(注解21) 2)。

のれんの償却開始時期は、原則として、のれんが支配獲得日に発生した場合は当該支配獲得日であり、通常、子会社の損益計算書が連結される期間と一致する（資本連結実務指針31、31-2）。

また、子会社ごとののれんの純借方残高について、親会社の個別財務諸表上、子会社株式の簿価を減損処理（金融商品実務指針91、92、283-2～285）したことにより、減損処理後の簿価が連結上の子会社の資本の親会社持分額とのれん未償却残高（借方）との合計額を下回った場合には、株式取得時に見込まれた超過収益力等の減少を反映するために、子会社株式の減損処理後の簿価と、連結上の子会社の資本の親会社持分額とのれん未償却残高（借方）との合計額との差額のうち、のれん未償却残高（借方）に達するまでの金額についてのれん純借方残高から控除し、連結損益計算書にのれん償却額として計上しなければならない（資本連結実務指針32）。

国内子会社の資本連結仕訳

1. 大阪社の資本連結仕訳

　　東京社は×5年4月1日に大阪社株式の70%を5,100,000千円で取得し、同社を連結子会社とした。

大阪社修正後個別貸借対照表（×6年3月31日）

勘定科目	借方	勘定科目	貸方
現金	6,164	親会社支払手形	1,375,000
当座預金	600,000	親会社買掛金	1,375,000
普通預金	1,350,000	短期借入金	1,000,000
売掛金	3,145,000	未払法人税等	3,000
貸倒引当金	-31,450	未払消費税	8,000
商品	1,900,000	賞与引当金	15,000
親会社株式	55,000	繰延税金負債（短期）	2,020
繰延税金資産（短期）	20,000	社債	300,000
建物	1,500,000	長期借入金	2,000,000

器具備品	2,500,000	退職給付引当金	100,000
土地	2,600,000	繰延税金負債（長期）	202,000
繰延税金資産（長期）	40,000	資本金	5,000,000
		利益剰余金	2,003,714
		その他有価証券評価差額金	2,980
		評価差額	298,000
合計	13,684,714	合計	13,684,714

(1) 投資と資本の相殺消去

×5年4月1日大阪社純資産の部（時価評価後）

資本金	5,000,000
利益剰余金	2,000,000
評価差額	298,000
純資産合計	7,298,000

（借）資本金	5,000,000	（貸）子会社株式	5,100,000
利益剰余金	2,000,000	少数株主持分	2,189,400
評価差額	298,000	負ののれん	8,600

なお、負ののれんは損益計算書上、「負ののれん発生益」として特別利益に計上される。

東京社の投資（子会社株式）と大阪社資本の関連図

負ののれん 8,600		208,600	89,400	評価差額	298,000
子会社株式 5,100,000		3,500,000	1,500,000	資本金	5,000,000
		1,400,000	600,000	利益剰余金	2,000,000

70%

少数株主持分の金額 = 89,400千円 + 1,500,000千円 + 600,000千円
　　　　　　　　 = 2,189,400千円
→図のうち、少数株主に対応する部分の金額の合計となる。

(2) 当期純利益の少数株主への按分

大阪社個別損益計算書（自×5年4月1日　至×6年3月31日）

勘定科目	借方	勘定科目	貸方
売上原価	28,500,000	売上高	34,671,533
販売費及び一般管理費	5,859,489		
支払利息	150,000		
社債利息	4,500		
減損損失	80,000		
法人税等	72,020		
法人税等調整額	1,810		
当期純利益	3,714		
合計	34,671,533	合計	34,671,533

（借）少数株主損益	1,114	（貸）少数株主持分	1,114

当期純利益3,714千円×少数株主持分比率30％＝1,114千円

2. 葛飾社の資本連結仕訳

東京社は×1年3月31日に葛飾社株式の90％を500,000千円で取得し、同社を連結子会社とした。

(1) 取得時の処理

1) 投資と資本の相殺消去

葛飾社の取得時の純資産の部（×1年3月31日）

資本金	500,000
利益剰余金	32,000
純資産合計	532,000

（借）資本金	500,000	（貸）子会社株式	500,000
利益剰余金	32,000	少数株主持分	53,200
のれん	21,200		

東京社の投資（子会社株式）と葛飾社資本の関連図

子会社株式 500,000	21,200		のれん	21,200
	450,000	50,000	資本金	500,000
	28,800	3,200	利益剰余金	32,000
	90%			

少数株主持分の金額＝50,000千円＋3,200千円＝53,200千円

(2) 当期末の処理

×6年3月31日に連結決算日を迎えた。

1) 開始仕訳（×5年3月31日の仕訳に基づく）

（借）資本金	5,000,000	（貸）子会社株式	500,000
利益剰余金	65,580	少数株主持分	78,300
のれん	12,720		

（注）この開始仕訳には×1年3月31日から×5年3月31日までの仕訳が累積されているが、当該仕訳についての記載は省略する。仕訳の引き継ぎについては「**4.6 翌期の連結財務諸表作成において必要な仕訳**」で後述する。

2) 当期純利益の少数株主への按分

葛飾社の個別損益計算書上の当期純利益は81,000千円であった。

（借）少数株主損益	8,100	（貸）少数株主持分	8,100

当期純利益81,000千円×少数株主持分比率10%＝8,100千円

3) のれんの償却

×1年3月31日に把握されたのれん21,200千円について、10年間で定額法により償却を行う。

（借）販売費及び一般管理費 （のれん償却額）	2,120	（貸）のれん	2,120

のれん償却額＝21,200千円×1/10＝2,120千円

4) 受取配当金の相殺消去

葛飾社は×5年6月25日に配当金18,000千円を支払うことを決議し、翌日支払いを行った。東京社はこのうち、16,200千円を葛飾社より受け取った。

| (借) 受取配当金 | 16,200 | (貸) 利益剰余金 | 18,000 |
| 少数株主持分 | 1,800 | | |

親会社が受け取った配当金、少数株主が受け取った配当金ともに相殺消去する。その結果、連結財務諸表上は親会社が支払った配当金のみが残ることとなる。

4.1.4　在外子会社ののれん又は負ののれんの計算

　親会社が在外子会社（財務諸表項目が外国通貨表示）を連結する場合、のれんを原則として支配獲得時（みなし取得日を用いる場合にはみなし取得日）に当該外国通貨で把握する。また、当該外国通貨で把握されたのれんの期末残高については決算時の為替相場により換算し、のれんの当期償却額については、原則として在外子会社の会計期間に基づく期中平均相場により他の費用と同様に換算する。したがって、為替換算調整勘定はのれんの期末残高とのれん償却額の両方の換算から発生することになる。なお、負ののれんは外国通貨で把握するが、その処理額は取得時又は発生時の為替相場で換算し負ののれんが生じた事業年度の利益として処理するため、為替換算調整勘定は発生しない（外貨建実務指針40）。

在外子会社の資本連結仕訳

1. A社の資本連結仕訳

東京社は×5年4月1日にA社株式の100%を8,100,000千円（54,000千ユーロ）で取得し、同社を連結子会社とした。×5年4月1日の為替レートは1ユーロ＝150円、×6年3月31日の為替レートは1ユーロ＝140円、そして期中平均レートは1ユーロ＝145円であった。

A社修正後個別貸借対照表（×6年3月31日）

勘定科目	借方	勘定科目	貸方
現金	860,720	親会社買掛金	2,450,000
当座預金	6,230,000	短期借入金	490,000
売掛金	3,010,000	未払法人税等	560,000
貸倒引当金	-36,120	未払消費税	8,400
商品	2,156,000	賞与引当金	224,000
繰延税金資産（短期）	14,000	長期借入金	630,000
建物	280,000	退職給付引当金	91,000
器具備品	350,000	資本金	5,250,000
土地	140,000	利益剰余金	3,917,500
投資有価証券	30,800	為替換算調整勘定	-557,500
繰延税金資産（長期）	28,000		
合計	13,063,400	合計	13,063,400

A社換算後個別損益計算書（自×5年4月1日　至×6年3月31日）

勘定科目	借方	勘定科目	貸方
売上原価	30,305,000	売上高	37,700,000
販売費及び一般管理費	4,495,000		
支払利息	29,725		
為替差損	101,500		
法人税等	1,131,000		
法人税等調整額	-29,725		
当期純利益	1,667,500		
合計	37,700,000	合計	37,700,000

(1) 投資と資本の相殺消去

×5年4月1日　A社純資産の部

科目名	（単位：千ユーロ）	（単位：千円）
資本金	35,000	5,250,000
利益剰余金	15,000	2,250,000
純資産合計	50,000	7,500,000

（借）資本金	5,250,000	（貸）子会社株式	8,100,000
利益剰余金	2,250,000		
のれん	600,000		

○ のれんの計算方法

54,000千ユーロ －（資本金35,000千ユーロ＋利益剰余金15,000千ユーロ）×100%

＝4,000千ユーロ

4,000千ユーロ×取得時レート150円/ユーロ＝600,000千円

東京社の投資（子会社株式）とA社資本の関連図

子会社株式 8,100,000	600,000	のれん 600,000
	5,250,000	資本金 5,250,000
	2,250,000	利益剰余金 2,250,000

100%

(2) のれんの償却

外貨で把握されたのれん4,000千ユーロについて、10年間で定額法により償却を行う。

（借）販売費及び一般管理費　58,000 　　　（のれん償却額）	（貸）のれん	58,000
（借）為替換算調整勘定　　　38,000	（貸）のれん	38,000

○ のれん償却額の計算方法

のれん4,000千ユーロ×1/10×期中平均レート145円/ユーロ＝58,000千円

のれんに関する為替換算調整勘定の計上
期末残高4,000千ユーロ×9/10×(140円/ユーロ−150円/ユーロ)
+当期償却額4,000千ユーロ×1/10×(145円/ユーロ−150円/ユーロ)=
−38,000千円

なお、ここで示したのれんの計上方法(のれんを連結修正仕訳で計上する方法)のほか、外貨建実務指針においてはのれんを子会社の個別修正仕訳で計上する方法も記載されている。この方法をA社の場合にあてはめると、以下のような仕訳が行われることとなる。

a　のれんの計上

(単位:千ユーロ)

(借)のれん	4,000	(貸)のれん評価勘定	4,000

ユーロ建てののれんの金額は4,000千ユーロである。

b　のれんの償却

(単位:千ユーロ)

(借)販売費及び一般管理費 　　(のれん償却額)	400	(貸)のれん	400

のれん償却額=4,000千ユーロ×1/10=400千ユーロ

以降の説明においては、のれんについて連結修正仕訳で計上する方法を用いることとする。のれんを子会社の個別修正仕訳で計上する方法について、詳細は外貨建実務指針を参照されたい。

2．B社の資本連結仕訳

東京社は×5年4月1日にB社株式の60%を4,030,000千円(31,000千ドル)で取得し、同社を連結子会社とした。B社の決算日は12月31日であるが、子会社の決算日と連結決算日の差異が3か月を超えないため、連結決算にあたりB社の正規の決算に基づく財務諸表を使用する(連結財務諸表会計基準16(注4))。損益計算書は4月1日から12月31日までの9か月分となっている。

×5年4月1日の為替レートは1ドル=130円、×5年12月31日の為替レートは1ドル=120円、そして9か月間の期中平均レートは1ドル=125円であった。

4 連結財務諸表作成のために必要な仕訳

B社個別修正後貸借対照表（×6年3月31日）

勘定科目	借方	勘定科目	貸方
現金	1,025,220	買掛金	2,160,000
当座預金	2,968,080	短期借入金	240,000
売掛金	2,760,000	未払法人税等	360,000
貸倒引当金	-22,080	賞与引当金	60,000
商品	1,800,000	親会社借入金	156,000
繰延税金資産（短期）	360,000	退職給付引当金	960,000
建物	504,000	繰延税金負債（長期）	24,000
機械装置	253,200	資本金	4,940,000
器具備品	600,000	利益剰余金	2,697,970
土地	600,000	評価差額	39,000
繰延税金資産（長期）	240,000	為替換算調整勘定	-548,550
合計	11,088,420	合計	11,088,420

B社個別修正後損益計算書（自×5年4月1日 至×5年12月31日）

勘定科目	借方	勘定科目	貸方
売上原価	27,500,000	売上高	34,375,000
販売費及び一般管理費	5,006,250	固定資産売却益	19,200
支払利息	7,500		
親会社支払利息	3,120		
為替差損	11,798		
法人税等	775,000		
法人税等調整額	-47,438		
当期純利益	1,137,970		
合計	34,394,200	合計	34,394,200

(1) 投資と資本の相殺消去

×5年4月1日B社純資産の部（時価評価後）

科目名	（単位：千ドル）	（単位：千円）
資本金	38,000	4,940,000
利益剰余金	12,000	1,560,000
評価差額	300	39,000
純資産合計	50,300	6,539,000

(借) 資本金	4,940,000	(貸) 子会社株式	4,030,000
利益剰余金	1,560,000	少数株主持分	2,615,600
評価差額	39,000		
のれん	106,600		

○ のれんの計算方法

31,000千ドル －（資本金38,000千ドル＋利益剰余金12,000千ドル
＋評価差額300千ドル）×60％＝820千ドル

820千ドル×取得時レート130円＝106,600千円

東京社の投資（子会社株式）とB社資本の関連図

子会社株式 4,030,000		106,600		のれん 106,600
		23,400	15,600	評価差額 39,000
		2,964,000	1,976,000	資本金 4,940,000
		936,000	624,000	利益剰余金 1,560,000

60％

(2) 当期純利益の少数株主への按分

(借) 少数株主損益	455,188	(貸) 少数株主持分	455,188

当期純利益1,137,970千円×少数株主持分比率40％＝455,188千円

(3) 為替換算調整勘定の少数株主への按分

| （借）少数株主持分 | 219,420 | （貸）為替換算調整勘定 | 219,420 |

為替換算調整勘定548,550千円×少数株主持分比率40％＝219,420千円

(4) のれんの償却分

外貨で把握されたのれん820千ドルについて、10年間で定額法により償却を行う。

| （借）販売費及び一般管理費
　　　（のれん償却額） | 7,688 | （貸）のれん | 7,688 |
| （借）為替換算調整勘定 | 7,893 | （貸）のれん | 7,893 |

○ のれん償却額の計算方法
　のれん820千ドル×1/10×9/12×期中平均レート125円/ドル＝7,688千円
　→当期は×5年4月1日から×5年12月31日までの9か月間を連結するため、のれんの償却期間も9か月間となる。
○ のれんに関する為替換算調整勘定の計上
　期末残高（820千ドル－820千ドル×1/10×9/12）
　×（120円/ドル－130円/ドル）
　＋当期償却額820千ドル×1/10×9/12×（125円/ドル－130円/ドル）
　＝－7,893千円

4.2　連結会社間債権・債務及び取引高の相殺消去仕訳

　連結会社間の債権と債務、及び商品の売買その他の取引に係る項目は相殺消去しなければならない（連結財務諸表会計基準31、35）。相殺消去の対象となる債権又は債務には、前払費用、未収収益、前受収益及び未払費用で連結会社

相互間の取引に関するものも含まれる（連結財務諸表会計基準31（注10（1）））。

また、会社間取引が連結会社以外の企業を通じて行われている場合であっても、その取引が実質的に連結会社間取引であることが明確である場合には、この取引を連結会社間の取引とみなし、相殺消去の対象として処理する（連結財務諸表会計基準35（注12））。

相殺消去を行うにあたっては、連結会社間の個別財務諸表を照合しなければならない。しかし、未達取引の存在などにより各財務諸表項目が一致しないことも考えられる。その場合には、連結会社間で調整を行う必要がある。また、決算日が異なる会社間の取引の場合には、決算日の差異期間内の重要な取引の調整との関係に注意する必要がある。

4.2.1　売上高と仕入高の相殺消去

連結会社間の売上高と仕入高はそれぞれ相殺消去する。

売上高と仕入高の相殺消去

> 1. 大阪社と東京社の間の売上高と仕入高の相殺消去
>   ×5年4月1日から×6年3月31日までの東京社から大阪社に対する売上高は28,500,000千円であった。なお、会社間未達取引は存在しなかった。
>
> | （借）子会社売上高 | 28,500,000 | （貸）売上原価 | 28,500,000 |
>
> 2. A社と東京社の間の売上高と仕入高の相殺消去
>   ×5年4月1日から×6年3月31日までの東京社からA社に対する売上高は30,305,000千円であった。なお、会社間未達取引は存在しなかった。
>
> | （借）子会社売上高 | 30,305,000 | （貸）売上原価 | 30,305,000 |

4.2.2 売上債権と仕入債務の相殺消去

1）売掛金と買掛金の相殺消去

連結会社間の売掛金と買掛金はそれぞれ相殺消去する。

売掛金と買掛金の相殺消去

1．大阪社と東京社の間の売掛金と買掛金の相殺消去

　×6年3月31日現在、東京社の大阪社に対する売掛金は1,375,000千円であった。なお、会社間未達取引は存在しなかった。

| （借）親会社買掛金 | 1,375,000 | （貸）子会社売掛金 | 1,375,000 |

2．A社と東京社の間の売掛金と買掛金の相殺消去

　×6年3月31日現在、東京社のA社に対する売掛金は2,450,000千円であった。なお、会社間未達取引は存在しなかった。

| （借）親会社買掛金 | 2,450,000 | （貸）子会社売掛金 | 2,450,000 |

2）受取手形と支払手形の相殺消去及び手形の割引処理

　連結会社間の受取手形と支払手形はそれぞれ相殺消去する。また、連結会社が振り出した手形を他の連結会社が銀行割引した場合には、連結貸借対照表上、これを借入金に振り替える（連結財務諸表会計基準31（注10（2）））。これは、連結グループを一体と見た場合、手形借入と同様の形態となるためである。

図表4-1

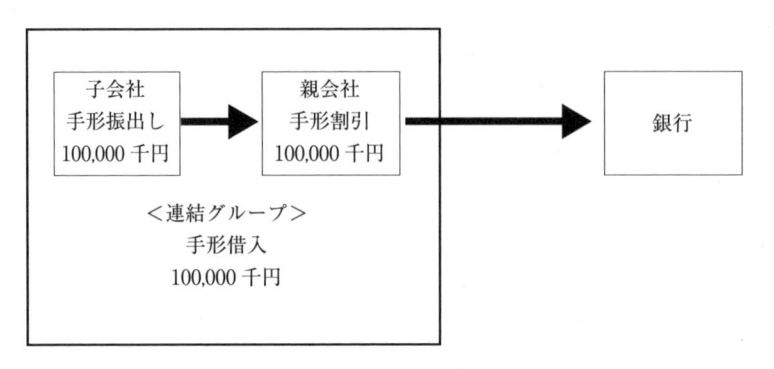

```
┌─────────────────────────────────────┐
│  ┌──────────┐     ┌──────────┐      │
│  │ 子会社   │     │ 親会社   │      │      ┌──────┐
│  │ 手形振出し│ ──→ │ 手形割引 │ ───────→ │ 銀行 │
│  │100,000千円│     │100,000千円│      │      └──────┘
│  └──────────┘     └──────────┘      │
│         ＜連結グループ＞              │
│           手形借入                   │
│          100,000千円                 │
└─────────────────────────────────────┘
```

受取手形と支払手形の相殺消去及び手形の割引処理

×6年3月31日現在、東京社の大阪社に対する受取手形は1,325,000千円であった。一方、大阪社の東京社に対する支払手形は1,375,000千円であった。この差額は、東京社が、大阪社に対する受取手形のうち50,000千円を×6年3月25日に銀行で割り引き、手形割引料1,500千円を差し引いた残額を当座預金に預け入れたことによるものである。

1．×6年3月25日の東京社における仕訳（個別財務諸表に計上済）

（借）当座預金	48,500	（貸）子会社受取手形	50,000
手形売却損	1,500		

2．債権債務の相殺消去

（借）親会社支払手形	1,375,000	（貸）子会社受取手形	1,325,000
手形売却損	1,500	短期借入金	50,000

子会社受取手形＝1,375,000千円－割引分50,000千円＝1,325,000千円

東京社が割り引いた手形50,000千円分を短期借入金に振り替えている。

3．手形売却損の支払利息への振替

| （借）支払利息 | 1,500 | （貸）手形売却損 | 1,500 |

　手形売却損は手形借入の場合の支払利息に該当するため、当該科目に振り替える処理を行う。

3）引当金の相殺消去

　引当金のうち、連結会社を対象として引き当てられたことが明らかなものは、これを調整する（連結財務諸表会計基準31（注10（3）））。

売上債権に係る貸倒引当金の相殺消去

　×6年3月31日現在、東京社は大阪社及びA社に対する売上債権に0.8％の貸倒引当金を計上している。東京社の大阪社に対する売上債権は2,700,000千円、A社に対する売上債権は2,450,000千円であった。なお、東京社の実効税率は40.4％とする。

| （借）貸倒引当金 | 41,200 | （貸）販売費及び一般管理費
　　（貸倒引当金繰入額） | 41,200 |
| （借）法人税等調整額 | 16,645 | （貸）繰延税金負債（東京・短期） | 16,645 |

　貸倒引当金＝（大阪社債権2,700,000千円＋A社債権2,450,000千円）×0.8％
　　　　　　＝41,200千円
　上記に係る税効果額＝41,200千円×東京社の実効税率40.4％
　　　　　　　　　　＝16,645千円

4.2.3　その他の債権・債務の相殺消去

　連結会社間の金銭の貸借に係る債権債務についても相殺する。連結会社が発行した社債を所有している場合についても同様である。ただし、一時所有のものは相殺消去と対象としないことができる（連結財務諸表会計基準31（注10（4）））。

金銭の貸借に係る債権・債務の相殺消去

1. B社と東京社の間の金銭の貸借に係る債権・債務の相殺消去

    B社は×5年4月1日に東京社から156,000千円を借り入れた。期間は10年、利率は年2%であり、利払日は毎年3月31日である。

    ×6年3月31日にB社は東京社に対し、借入金に係る利息3,120千円を支払った。

    (1) 債権債務の相殺消去

(借) 親会社借入金	156,000	(貸) 子会社貸付金	156,000

    (2) 債権債務に係る利息の相殺消去

(借) 子会社受取利息	3,120	(貸) 親会社支払利息	3,120

    利息の金額＝156,000千円×2%＝3,120千円

2. 葛飾社と東京社の間の金銭の貸借に係る債権・債務の相殺消去

    葛飾社は×1年4月1日に東京社から50,000千円を借り入れた。期間は10年、利率は年2%であり、利払日は毎年3月31日である。

    ×6年3月31日に葛飾社は東京社に対し、借入金に係る利息1,000千円を支払った。

    (1) 債権債務の相殺消去

(借) 親会社借入金	50,000	(貸) 子会社貸付金	50,000

    (2) 債権債務に係る利息の相殺消去

(借) 子会社受取利息	1,000	(貸) 親会社支払利息	1,000

    利息の金額＝50,000千円×2%＝1,000千円

3. 東京社が所有する大阪社が発行した社債に係る相殺消去

    大阪社は×5年10月1日に普通社債300,000千円（額面金額300,000千円）を発行

した。期間は5年、利率は年3％であり、利払日は毎年3月31日と9月30日の年2回、年間利払額の半額ずつ支払われる。

　東京社はこのうちの30％に当たる90,000千円を発行と同時に引き受けた。

(1)　社債と投資有価証券の相殺消去

| （借）社債 | 90,000 | （貸）投資有価証券 | 90,000 |

(2)　利息の相殺消去

| （借）子会社受取利息 | 1,350 | （貸）社債利息 | 1,350 |

利息額＝90,000千円×3％×1/2＝1,350千円

4.3　未実現損益の消去仕訳

　同じ連結グループに属する会社であっても、それぞれが独立した会社であるため、取引を行う場合には利益を上乗せしていることが多い。しかし、例えば連結グループ内で商品の売買を行っても、当該商品が連結グループ外に売却されなければ、連結グループを一体と見た場合、上乗せされた利益は実現していないこととなる。したがって、連結会社間の取引によって取得した棚卸資産、固定資産その他の資産に含まれる未実現損益は、その全額を消去しなければならない（連結財務諸表会計基準36）。ただし、未実現損失については、売手側の帳簿価額のうち回収不能と認められる部分は消去しない（連結財務諸表会計基準36ただし書き）。また、未実現損益の金額に重要性が乏しい場合には、これを消去しないことができる（連結財務諸表会計基準37）。

図表4-2

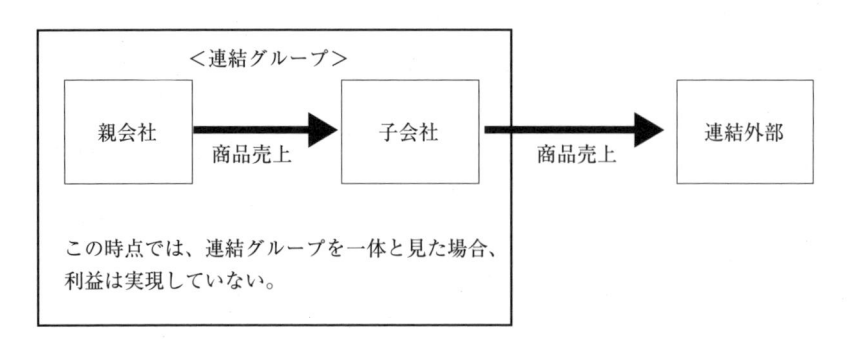

```
＜連結グループ＞
親会社 ──商品売上──▶ 子会社 ──商品売上──▶ 連結外部

この時点では、連結グループを一体と見た場合、
利益は実現していない。
```

4.3.1 未実現損益の負担方法

　未実現損益を消去する場合には、当該損益を付加した売手側がこれを負担する。子会社が売手であって、当該子会社に少数株主が存在する場合には、未実現損益は、親会社と少数株主の持分比率に応じて、親会社の持分と少数株主持分に配分する（連結財務諸表会計基準38）。これを表にすると**図表4-3**のようになる。

図表4-3

売手	買手	負担先
親会社	子会社	親会社（ダウンストリーム）
子会社	親会社	子会社（アップストリーム）

　親会社が売手の場合には、少数株主が存在しないため、未実現損益の全額を親会社が負担する。しかし、子会社が売手であって、当該子会社に少数株主が存在する場合には、未実現損益のうち少数株主の持分に相当する部分を少数株主持分に配分する必要がある。

4.3.2 棚卸資産に含まれる未実現損益の消去

棚卸資産に含まれる未実現損益を消去する場合には、未実現損益を棚卸資産に加減するとともに、売上原価で調整を行う。未実現損益は通常、売上総利益率で算定される。

4.3.3 固定資産に含まれる未実現損益の消去

固定資産に含まれる未実現損益を消去する場合には、まず、固定資産の連結会社間売買による損益を消去する必要がある。また、固定資産を購入した会社は連結会社間売買価額で固定資産を計上しているため、減価償却資産については当該価額に基づき減価償却費が計上されている。したがって、未実現損益に係る減価償却費を調整する仕訳も合わせて必要となる。

図表4-4

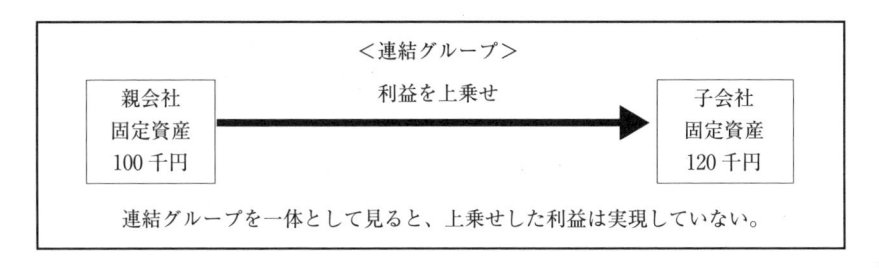

```
              <連結グループ>
              利益を上乗せ
  ┌─────┐               ┌─────┐
  │ 親会社  │──────────────▶│ 子会社  │
  │固定資産 │               │固定資産 │
  │100千円  │               │120千円  │
  └─────┘               └─────┘
  連結グループを一体として見ると、上乗せした利益は実現していない。
```

4.3.4 未実現損益の換算方法

連結会社間の棚卸資産の売買及びその他の取引に係る未実現損益は、売却日に売却元で発生する。このため消去すべき未実現損益は、取得時又は発生時の為替レートで換算する。ただし、取得時又は発生時の為替レートに代えて、次のような合理的な為替レートを使用して、未実現損益を計算することができる

（外貨実務指針45）。

1）国内会社から在外子会社等に売却した場合

　原則として、売却元の売却価格に売却元の利益率を乗じて計算する。ただし、実務上この方法によることが困難な場合には、購入先における外貨建資産残高に売却元の利益率を乗じた外貨額に、決算時の為替レート又は購入先での資産保有期間に基づいて計算した平均レートにより換算することができる。

　なお、国内会社が減価償却資産を在外子会社等に売却したことにより発生する減価償却資産の売却損益は未実現損益として消去した後、在外子会社等における減価償却により部分的に実現することとなる。在外子会社等で計上した減価償却費の円換算額は為替レートの変動の影響を受けるが、未実現損益の円貨額は売却年度で確定しているため、未実現損益の戻入（実現）額は為替レートの変動を受けず、在外子会社等における当該減価償却資産の減価償却方法及び耐用年数等に基づき規則的に戻し入れる。

2）在外子会社等から国内会社に売却した場合

　原則として、売却元の売却価格に売却元の利益率を乗じた外貨額を取引時の為替レートにより換算する。ただし、実務上この方法によることが困難な場合には、購入先における円貨建ての棚卸資産残高に売却元の利益率を乗じて計算することができる。

棚卸資産に係る未実現損益の消去

> 1. A社と東京社の間の取引に係る未実現利益の消去
> 　東京社は自社で製造した製品を、A社に対し10％の利益を付加して販売している。×5年12月31日現在、A社には東京社から購入した製品が棚卸資産（商品）として15,400千ユーロ（2,156,000千円）計上されている。なお、売手である東京社の実効税率は40.4％とする。

（借）売上原価 196,000	（貸）商品 196,000
（借）繰延税金資産(東京・短期) 79,184	（貸）法人税等調整額 79,184

未実現利益＝2,156,000千円×10%/(1＋10%)＝196,000千円
→この未実現利益を商品から減額するとともに、売上原価で調整する。
上記に係る税効果額＝196,000千円×40.4%＝79,184千円

2. 大阪社と東京社の間の取引に係る未実現損失の消去

東京社は自社で製造した製品を、大阪社に対し原価の5%割れの状態で販売している。×6年3月31日現在、大阪社には東京社から購入した製品が棚卸資産（商品）として1,900,000千円計上されている。なお、売手である東京社の実効税率は40.4%とする。

（借）商品 100,000	（貸）売上原価 100,000
（借）法人税等調整額 40,400	（貸）繰延税金負債(東京・短期) 40,400

未実現損失＝1,900,000千円×5%/(1－5%)＝100,000千円
上記に係る税効果額＝100,000千円×40.4%＝40,400千円

　未実現損失については、前述のとおり、売手側の帳簿価額のうち回収不能と認められる部分は消去しない（連結財務諸表会計基準36ただし書き）とあるが、今回の場合、連結ベースでは利益率約13%で当該製品を販売しており、未実現損失は全額回収可能であることから、全額消去する。

固定資産に係る未実現損益の消去

1. 大阪社と東京社の間の取引に係る未実現利益の消去

東京社は×6年2月15日に所有する土地（帳簿価額80,000千円）を大阪社に対し100,000千円で売却した。なお、売手である東京社の実効税率は40.4%とする。

1) 東京社における売却時の仕訳（個別財務諸表に計上済）

（借）当座預金	100,000	（貸）土地	80,000
		固定資産売却益	20,000

2) 大阪社における購入時の仕訳（個別財務諸表に計上済）

（借）土地	100,000	（貸）当座預金	100,000

3) 未実現利益の消去仕訳

（借）固定資産売却益	20,000	（貸）土地	20,000
（借）繰延税金資産（東京・長期）	8,080	（貸）法人税等調整額	8,080

　固定資産売却益＝東京社で計上した20,000千円
　上記に係る税効果額＝20,000千円×40.4％＝8,080千円

2. B社と東京社の間の取引に係る未実現利益の消去

　B社は×5年12月31日に所有する機械（帳簿価額1,600千ドル）を東京社に1,760千ドルで売却した。B社は当該機械を×4年1月1日に2,000千ドルで購入し、耐用年数10年、残存価額0の定額法で減価償却していた。×5年12月31日現在の為替レートは1ドル＝120円であった。なお、東京社のB社に対する持分比率は60％、売手であるB社の実効税率は40.0％とする。

1) B社における売却時の仕訳（個別財務諸表に計上済）

（借）当座預金	1,760	（貸）機械装置	1,600
		固定資産売却益	160

2) 東京社における仕訳（いずれも個別財務諸表に計上済）
　① 購入時の仕訳

（借）機械装置	211,200	（貸）当座預金	211,200

② 決算時の仕訳

東京社は購入した機械を耐用年数8年、残存価額0の定額法で減価償却を実施する。当期は1月から3月の3か月分の減価償却費を計上する。

（借）販売費及び一般管理費　6,600 　　　（減価償却費）	（貸）機械装置　　　　　　　　6,600

減価償却費＝211,200千円×1/8×3/12＝6,600千円

3）未実現利益の消去仕訳

① 売却益の消去

（借）固定資産売却益　　　　　　19,200	（貸）機械装置　　　　　　　　19,200
（借）繰延税金資産(Boston・長期)　7,680	（貸）法人税等調整額　　　　　7,680
（借）少数株主持分　　　　　　　7,680	（貸）少数株主損益　　　　　　7,680
（借）少数株主損益　　　　　　　3,072	（貸）少数株主持分　　　　　　3,072

固定資産売却益＝160ドル×取引時レート120円/ドル＝19,200千円
上記に対する税効果額＝19,200千円×実効税率40.0％＝7,680千円
少数株主損益＝19,200千円×少数株主持分比率40％＝7,680千円
上記に対する税効果額＝7,680千円×実効税率40.0％＝3,072千円（＊1）

（＊1）少数株主持分に係る税効果の仕訳についても、少数株主持分勘定と少数株主損益勘定を用いて行う。

② 減価償却による未実現損益の実現仕訳

（借）機械装置　　　　　　　　　　600	（貸）販売費及び一般管理費(＊2)　600 　　　（減価償却費）
（借）少数株主損益　　　　　　　　240	（貸）少数株主持分　　　　　　　240
（借）法人税等調整額　　　　　　　240	（貸）繰延税金資産（B・長期）240
（借）少数株主持分　　　　　　　　 96	（貸）少数株主損益　　　　　　　 96

（＊2）仮にB社が減価償却を続けていた場合の減価償却費
　　　＝2,000千ドル×1/10×3/12×取引時レート120円/ドル＝6,000千円
　東京社が実際に計上した減価償却費＝6,600千円

> よって、連結グループを一体でみた場合、減価償却費が600千円過大であるため、消去する仕訳を行う。

4.4 持分法仕訳

4.4.1 持分法とは

　持分法とは、投資会社が被投資会社の資本及び損益のうち投資会社に帰属する部分の変動に応じて、その投資の額を連結決算日ごとに修正する方法をいう（持分法会計基準4）。非連結子会社及び関連会社に対する投資については、原則として持分法を適用する（持分法会計基準6）。ここに関連会社とは、企業（当該企業が子会社を有する場合には、当該子会社を含む）が、出資、人事、資金、技術、取引等の関係を通じて、子会社以外の他の企業の財務及び営業又は事業の方針の決定に対して重要な影響を与えることができる場合における当該子会社以外の他の企業をいう（持分法会計基準5）。

　連結は、連結会社の財務諸表を勘定科目ごとに合算することによって企業集団の財務諸表を作成するため、「完全連結」といわれる。これに対し、持分法による処理は、被投資会社の純資産及び損益に対する投資会社の持分相当額を、原則として、貸借対照表上は「投資有価証券」の修正、損益計算書上は「持分法による投資損益」によって連結財務諸表に反映することから、「一行連結」といわれる。連結と持分法による処理との間には、連結財務諸表における連結対象科目が全科目か一科目かという違いはあるが、その当期純損益及び純資産に与える影響は同一である（持分法実務指針2）。

　なお、持分法の適用範囲については第2章で解説しているため、ここでの説明は割愛する。

4.4.2　連結決算日と持分法適用会社の決算日が異なる場合の取扱い

　持分法の適用にあたっては、投資会社は、持分法適用会社の直近の財務諸表を使用する。ただし、投資会社と持分法適用会社の決算日に差異があり、その差異の期間内に重要な取引又は事象が発生しているときには、必要な修正又は注記を行う（持分法会計基準10）。すなわち、その差異の期間内に発生した取引又は事象のうち、その影響を持分法適用会社の当期の損益又は純資産に反映すべきもので、かつ連結上重要なものについては修正を行う。また、持分法適用会社の次期以降の財政状態及び経営成績に影響を及ぼすもので、かつ連結上重要なものについては注記を行う（持分法実務指針4）。

4.4.3　会計処理の原則及び手続の統一

　同一環境下で行われた同一の性質の取引等について、投資会社（その子会社を含む）及び持分法適用会社が採用する会計処理の原則及び手続は、原則として統一する（持分法会計基準9）。

　投資会社及び持分法適用会社が採用する会計処理の原則及び手続の統一にあたっては、原則的な取扱いによるほか、当面の間、親子会社間の会計処理の原則及び手続の統一に準じた取扱いによることができる（持分法実務指針5）。親子会社間の会計処理の原則及び手続の統一に関しては第2章で述べたとおりである。

　関連会社については、投資会社のほかに支配株主が存在するようなときや、上場会社の株式を追加取得することで関連会社としたときなど、支配力が及ぶ子会社とは異なり、修正のために必要となる詳細な情報を入手することが極めて困難な場合には、監査・保証実務委員会報告第56号「親子会社間の会計処理の統一に関する当面の監査上の取扱い」の「2. 親子会社間の会計処理の統一の意義」に示された「統一しないことに合理的な理由がある場合（中略）を除いて、統一しなければならない」の、「統一しないことに合理的な理由がある

場合」に該当する。ただし、これは関連会社に固有の事情を考慮して定められたものであるため、これを非連結子会社に適用することは適当ではない（持分法適用関連会社の会計処理に関する当面の取扱い　本実務対応報告の考え方(4))。

4.4.4　持分法の会計処理

１）持分法適用会社の資産及び負債の評価

　持分法の適用にあたっては、持分法の適用日において持分法適用会社の資産及び負債を時価により評価しなければならない。このうち、持分法適用関連会社については、当該関連会社の資産及び負債のうち、投資会社持分に対応する部分を株式の取得日ごとに当該日の時価で評価し、それ以外の部分については当該関連会社の個別貸借対照表上の金額による方法（以下「部分時価評価法」という）により評価する。持分法の適用開始日までに株式を段階的に取得している場合には、関連会社の資産及び負債を株式の取得日ごとに当該日の時価で評価することが原則とされている（以下、この方法を「原則法」という）。また、株式の段階取得に係る計算の結果が原則法によって処理した場合と著しく相違しないときには、持分法の適用開始日における時価を基準として、持分法適用関連会社の資産及び負債のうち投資会社の持分に相当する部分を一括して評価することができる（持分法実務指針6～6-3)。

　一方、持分法が適用される非連結子会社については、連結財務諸表会計基準20項に「子会社の資産及び負債のすべてを支配獲得日の時価により評価する」とあることから、連結子会社の場合と同様に、支配獲得日において、子会社の資産及び負債のすべてを支配獲得日の時価で評価する方法（全面時価評価法）により評価することとなる（持分法実務指針6、連結財務諸表会計基準20)。

　持分法適用会社の資産及び負債の時価による評価額と当該資産及び負債の個別貸借対照表上の金額との差額（以下「評価差額」という）は、持分法適

用会社の資本に計上しなければならない。当該評価差額は税効果会計の対象となる（持分法実務指針6）。

2）投資と資本の差額及びその償却

　投資会社の投資日における投資とこれに対応する持分法適用会社の資本との間に差額がある場合には、当該差額はのれん又は負ののれんとし、のれんは投資に含めて処理する（持分法会計基準11）。のれんは、原則として、その計上後20年以内に定額法その他合理的な方法により償却しなければならない。ただし、その金額に重要性が乏しい場合には、のれんが生じた期の損益として処理することができる（持分法実務指針9）。また、負ののれんが生じると見込まれる場合には、まず、すべての識別可能資産及び負債が把握されているか、また、それらに対する取得原価の配分が適切に行われているかどうかを見直す。それでもなお取得原価が受け入れた資産及び引き受けた負債に配分された純額を下回り、負ののれんが生じる場合には、当該負ののれんが生じた事業年度の利益として処理する（持分法実務指針9、資本連結実務指針30、企業結合会計基準33）。

3）持分法損益の計算

　投資会社は、投資の日以降における持分法適用会社の利益又は損失のうち、投資会社の持分又は負担に見合う額を算定して、投資の額を増額又は減額し、当該増減額を「持分法による投資損益」として当期純利益の計算に含める（持分法会計基準12、持分法実務指針10）。持分法適用会社に係るのれんの当期償却額及び減損処理額並びに負ののれんの処理額についても「持分法による投資損益」に含めて表示する（持分法会計基準27、持分法実務指針10）。

4）受取配当金の処理

　持分法適用会社から配当金を受け取った場合には、当該配当金に相当する額を投資の額から減額する（持分法会計基準14）。

横浜社に対する持分法仕訳

東京社は×5年4月1日に横浜社株式の40%を4,000,000千円で取得し、同社を持分法適用関連会社とした。横浜社の資産及び負債のうち、時価と簿価が乖離しているものはなかった。なお、横浜社は8月決算であり、四半期財務諸表や中間財務諸表は作成していないため、直近の財務諸表である×4年8月31日時点のものを使用する。

横浜社個別貸借対照表（×4年8月31日）

勘定科目	借方	勘定科目	貸方
現金	7,000	買掛金	21,855,300
当座預金	11,006,349	短期借入金	90,000
売掛金	14,984,000	未払法人税等	40,000
貸倒引当金	-9,272	未払消費税	21,000
商品	5,005,000	未払費用	120,551
繰延税金資産（短期）	320,000	前受収益	41,365
建物	896,215	賞与引当金	310,952
器具備品	321,976	長期借入金	510,000
土地	315,000	退職給付引当金	800,100
繰延税金資産（長期）	603,000	資本金	8,000,000
		利益剰余金	1,660,000
合計	33,449,268	合計	33,449,268

東京社の投資（関連会社株式）と横浜社資本の関連図

関連会社株式 4,000,000	136,000		のれん	136,000
	3,200,000	4,800,000	資本金	8,000,000
	664,000	996,000	利益剰余金	1,660,000
	40%			

×6年3月31日に連結決算日を迎えた。なお、横浜社は8月決算であり、四半期財務諸表や中間財務諸表は作成していないため、直近の財務諸表である×5年8月31日時点のものを使用する。横浜社決算日から連結決算日の間に重要な取引及び事象は発生していない。

横浜社個別貸借対照表（×5年8月31日）

勘定科目	借方	勘定科目	貸方
現金	8,996	買掛金	20,902,227
当座預金	11,517,600	短期借入金	100,000
売掛金	13,246,488	未払法人税等	35,000
貸倒引当金	-9,272	未払消費税	20,987
商品	5,519,370	未払費用	130,981
繰延税金資産（短期）	275,000	前受収益	39,824
建物	862,992	賞与引当金	273,067
器具備品	301,512	長期借入金	500,000
土地	315,000	退職給付引当金	854,100
繰延税金資産（長期）	553,000	資本金	8,000,000
		利益剰余金	1,734,500
合計	32,590,686	合計	32,590,686

横浜社個別損益計算書（自×4年9月1日　至×5年8月31日）

勘定科目	借方	勘定科目	貸方
売上原価	149,022,990	売上高	183,979,000
販売費及び一般管理費	34,687,000	為替差益	245,390
支払利息	20,000		
為替差損	319,400		
法人税等	70,000		
法人税等調整額	-9,500		
当期純利益	114,500		
合計	184,224,390	合計	184,224,390

1. 持分法損益の計算

（借）関連会社株式	45,800	（貸）持分法による投資損益	45,800

　　当期純利益114,500千円×持分比率40％＝45,800千円

2. のれんの償却

取得時に把握したのれん136,000千円について、5年間で定額法により償却を行う。

| （借）持分法による投資損益　27,200 | （貸）関連会社株式　27,200 |

136,000千円 × 1/5 = 27,200千円

のれんの償却についても「持分法による投資損益」に含めて表示する。

3. 受取配当金の処理

横浜社は×5年11月27日に配当金40,000千円を支払うことを決議し、翌日支払いを行った。東京社はこのうち16,000千円を受け取った。

| （借）受取配当金　16,000 | （貸）関連会社株式　16,000 |

横浜社より受け取った配当金の金額だけ関連会社社株式を減額する。

5）未実現損益の消去

投資の増減額の算定にあたっては、連結会社（親会社及び連結される子会社）と持分法適用会社との間の取引に係る未実現損益を消去するための修正を行う（持分法会計基準13）。ただし、未実現損失については、売手側の帳簿価額のうち回収不能と認められる部分は消去しないものとする。なお、未実現損益の消去に関する連結修正については税効果会計を適用する（持分法実務指針11）。

① 売手側である連結会社に生じた未実現損益の処理方法

投資会社が売手側であって、買手側が非連結子会社の場合には、売手側である投資会社に生じた未実現損益は全額消去する。また、投資会社が売手側であって、買手側が関連会社である場合には、原則として、売手側である投資会社に生じた未実現損益のうち、当該関連会社に対する投資の持

分相当額を消去するが、状況から判断して他の株主の持分についても実質的に実現していないと判断される場合には全額消去する。売手側が投資会社の連結子会社である場合にも上記と同様に処理するが、この場合、消去した未実現損益のうち連結子会社の少数株主持分に係る部分については、少数株主に負担させることに留意する（持分法実務指針11）。

売手側である連結会社に生じた未実現損益の消去額は、売手側である連結会社の売上高等の損益項目と買手側である持分法適用会社に対する投資の額に加減する。ただし、前者について利害関係者の判断を著しく誤らせない場合には、当該金額を「持分法による投資損益」に加減することができる（持分法実務指針12）。

② 売手側である持分法適用会社に生じた未実現損益の処理方法

持分法適用会社が売手側であって、買手側が連結会社の場合には、売手側である持分法適用会社に生じた未実現損益のうち、持分法適用会社に対する連結会社の持分相当額を消去する（持分法実務指針11）。

売手側である持分法適用会社に生じた未実現損益の連結会社の持分相当額は、「持分法による投資損益」と買手側である連結会社の未実現損益が含まれている資産の額に加減する。ただし、後者について利害関係者の判断を著しく誤らせない場合には、当該金額を持分法適用会社に対する投資の額に加減することができる。持分法適用会社間の取引に係る未実現損益は、原則として「持分法による投資損益」と投資の額に加減する（持分法実務指針13）。

横浜社との取引に係る未実現利益の消去

> 横浜社は自社で仕入れた商品を、東京社に対し15％の利益を付加して販売している。×6年3月31日現在、東京社には横浜社から購入した商品が棚卸資産として920,000千円計上されている。なお、売手である横浜社の実効税率は40.4％とする。

(借)	持分法による投資損益	48,000	(貸)	商品	48,000
(借)	関連会社株式	19,392	(貸)	持分法による投資損益	19,392

未実現利益＝920,000千円×15％/(1＋15％)×持分比率40％＝48,000千円
上記に係る税効果＝48,000千円×40.4％＝19,392千円

　売手側である持分法適用会社に生じた未実現利益の消去により生じた一時差異については、売却元で繰延税金資産を計上することから（連結税効果実務指針13）、持分法適用会社に帰属することとなる（持分法実務指針25）。したがって、その影響額を「持分法による投資損益」に含めて反映する。

4.5　その他連結修正仕訳

4.5.1　連結自己株式

1）概要

　大阪社では、親会社株式を55,000千円保有している。このように連結子会社が保有する親会社株式（親会社持分相当額）は、企業集団で考えた場合、親会社の保有する自己株式と同様の性質を有すると考えられるため、連結財務諸表上は親会社が保有する自己株式と合わせて、「自己株式」として表示することになる。

　自己株式の会計処理については、自己株式等会計基準及び、企業会計基準適用指針第2号「自己株式及び準備金の額の減少等に関する会計基準の適用指針（以下「自己株式等適用指針」という）」に会計処理が定められている。

2）子会社の個別財務諸表での親会社株式の会計処理

　子会社の保有する親会社株式は、売買目的有価証券又はその他有価証券として会計処理される（金融商品会計Q&A　Q16）。

① 売買目的有価証券の場合

　子会社が親会社株式を売買目的有価証券としていた場合には、時価をもって貸借対照表価額とし、評価差額は当期の損益として処理する（金融商品会計基準2（1）15）。

② その他有価証券の場合

　子会社が親会社株式をその他有価証券としてい場合には、時価をもって貸借対照表価額とし、評価差額は洗替方式に基づき、次のいずれかの方法により処理する（金融商品会計基準2（4）18）。

・評価差額の合計額を純資産の部に計上する。

・時価が取得原価を上回る銘柄に係る評価差額は純資産の部に計上し、時価が取得原価を下回る銘柄に係る評価差額は当期の損失として処理する。

　なお、上述の2つの方法において、純資産の部に計上されるその他有価証券の評価差額については、税効果会計を適用する。

3）連結財務諸表における子会社が保有する親会社株式等の取扱い

　連結子会社が保有する親会社株式は、親会社が保有している自己株式と合わせ、純資産の部の株主資本に対する控除項目として表示する。ここで、子会社が保有する親会社の株式のうち、純資産の部の自己株式として控除するのは、親会社持分相当額であり、少数株主持分相当額は、少数株主持分として表示する。

　以下で大阪社の場合の仕訳について説明する。

① 大阪社個別財務諸表

・大阪社の親会社株式取得原価：50,000千円
・×6年3月31日における親会社株式の時価：55,000千円
・大阪社個別財務諸表での時価評価(その他有価証券に区分されているとする)
・実効税率40.4％とする。

（借）親会社株式	5,000	（貸）その他有価証券評価差額金	2,980
		繰延税金負債	2,020

・大阪社個別財務諸表に計上されている親会社株式55,000千円

② 連結修正仕訳
・自己株式は取得原価をもって処理するため（自己株式等会計基準7）、大阪社で計上されていた親会社株式の時価評価に関する仕訳は振り戻す。

（借）その他有価証券評価差額金	2,980	（貸）親会社株式	5,000
繰延税金負債	2,020		

・連結子会社が保有する親会社株式を自己株式及び少数株主持分に振り替える。

（借）自己株式	35,000（*）	（貸）親会社株式	50,000
少数株主持分	15,000		

（注）親会社株式のうち、親会社持分相当額は自己株式に、少数株主持分相当額は少数株主持分に振り替える。
（*）50,000千円×持分比率70％=35,000千円

4）連結子会社が親会社株式を売却した場合の売却損益の取扱い

　すでに述べたとおり、連結財務諸表においては、子会社が保有する親会社株式（親会社持分相当額）は親会社が保有する自己株式と同様に取り扱うため、連結子会社における親会社株式の売却損益（内部取引によるものを除いた親会社持分相当額）の会計処理は、親会社における自己株式処分差額の会計処理と同様となる（自己株式等会計基準16）。

① 自己株式の処分に関する会計処理
・自己株式の処分差益は、その他資本剰余金に計上する（自己株式等会計基準9）。
・自己株式の処分差損は、その他資本剰余金から減額する（自己株式等会計基準10）。
・上述の2つの会計処理の結果、その他資本剰余金の残高が負の値となった場合には、会計期間末において、その他資本剰余金を零とし、当該負の値をその他利益剰余金（繰越利益剰余金）から減額する（自己株式等会計基準12）。

［例］

＜前提＞
・数値例の大阪社が取得原価50,000千円の親会社株式を外部に52,000千円で売却した場合。
・実効税率は40.4％とする。

1. 大阪社個別財務諸表での会計処理

（借）現金預金	52,000	（貸）親会社株式	50,000
		有価証券売却益	2,000

（借）法人税等	808（＊1）	（貸）未払法人税等	808

（＊1）有価証券売却益2,000千円×40.4％=808千円

2. 連結修正仕訳

（借）少数株主損益	358（＊2）	（貸）少数株主持分	358

（＊2）（2,000千円−808千円）×少数株主持分30％=357.6千円

（借）株式売却益	1,400	（貸）法人税等	566
		資本剰余金	834（＊3）

(＊3) 連結上、資本剰余金（自己株式処分差益）として処理する金額＝1,192千円（親会社株式売却益2,000千円－対応する税金808千円）×親会社持分70％＝834.4千円

5) 持分法適用会社が保有している親会社株式等の会計処理

　持分法の適用対象となっている子会社及び関連会社が親会社株式等（子会社においては親会社株式、関連会社においては当該会社に対して持分法を適用する投資会社の株式）を保有する場合は、親会社等（子会社においては親会社、関連会社においては当該会社に対して持分法を適用する投資会社）の持分相当額を自己株式として純資産の部の株主資本から控除し、当該会社に対する投資勘定を同額減額する（自己株式等会計基準17）。

　また、持分法の適用対象となっている子会社及び関連会社における親会社株式等の売却損益(内部取引によるものを除いた親会社等の持分相当額)は、親会社における自己株式処分差額の会計処理と同様とし（上述4）①参照）、また、当該会社に対する投資勘定を同額減額する（自己株式等会計基準18）。

［例］：（自己株式等適用指針　設例2を一部変更）

＜前提＞
・P社（上場会社）はA社（関連会社）の株式の30％を所有している。
・×1年3月31日（決算日）に、A社の保有するP社株式の帳簿価額は100、時価は150であった。A社はP社株式をその他有価証券に分類した。税率は40％とする。
・×1年5月19日にA社はP社株式全株を200で市場売却し、売却益100を計上した。
・×2年3月31日（決算日）にA社はP社株式売却益100に対応する税金40を計上した。

＜X1年3月期＞
　① A社によるP社株式の期末時価評価（X1年3月31日（決算日））

(借) P社株式（その他有価証券）	50	(貸) 繰延税金負債	20
		その他有価証券評価差額金	30

② 連結修正仕訳（X1年3月31日（決算日））

(借) A社株式（関連会社株式）9（*1）		(貸) その他有価証券評価差額金	9

（*1）その他有価証券評価差額金30×持分比率30％=9

(借) その他有価証券評価差額金	9	(貸) A社株式（関連会社株式）	9

(借) 自己株式（*2）	30	(貸) A社株式（関連会社株式）	30

（*2）連結財務諸表上、自己株式として控除する金額＝A社の取得価額100×持分比率30％=30

＜×2年3月期＞

① A社によるP社株式の売却（評価差額期首洗替仕訳は省略）（×1年5月19日）

(借) 現金預金	200	(貸) P社株式（その他有価証券）	100
		有価証券売却益	100

② A社によるP社株式売却益に対応する税金の計上（×2年3月31日（決算日））

(借) 法人税等	40	(貸) 未払法人税等	40

③ 連結修正仕訳（×2年3月31日（決算日））

(借) A社株式（関連会社株式）	18	(貸) 持分法投資損益	18

(借) 持分法投資損益	18	(貸) 資本剰余金（*3）	18

（*3）連結財務諸表上、資本剰余金（自己株式処分差益）として処理する金額＝60（P社株式売却益100－対応する税金40）×30％=18

4.5.2 連結税効果

1) 税効果会計の意義

　税効果会計は、企業会計上の収益又は費用と課税所得計算上の益金又は損金の認識時点の相違等により、企業会計上の資産又は負債の額と課税所得計算上の資産又は負債の額に相違がある場合において、法人税その他利益に関連する金額を課税標準とする税金（以下「法人税等」という）の額を適切に期間配分することにより、法人税等を控除する前の当期純利益と法人税等を合理的に対応させることを目的とする手続である（税効果会計に係る会計基準の設定に関する意見書　一）。

　すなわち、法人税等の計算の基礎となる課税所得と、会計上の利益の額に相違があるため、法人税等を控除する前の当期純利益に、法人税等の額が対応していない。これを調整して、法人税等を控除する前の当期純利益に法人税等の額が対応するようにしたものが税効果会計である。

図表4-5　会計上の利益と課税所得との関係

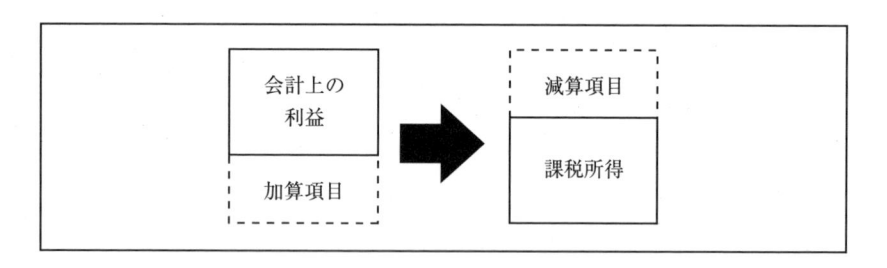

　以下で、簡単な数値例により解説する。

[例]

<前提>
・P社の×1年3月31日の税効果会計適用前のP/L及び税金計算の過程は以下のとおりである。
・計上されている棚卸資産評価損は、税務上×1年3月31日には損金に算入されなかった。
・税率は40%とする。

(×1年3月31日)

....			税引前当期純利益	100
棚卸資産評価損	20	加算：	棚卸資産評価損	20
....			課税所得	120
税引前当期純利益	100		税率40%	
法人税住民税及び事業税	48		税額	48
当期純利益	52			

　税引前当期純利益は100計上されているが、税金計算上は棚卸資産評価損20が損金に算入されないため加算され、課税所得は120となっている。この120に税率40%を乗じたものが当期の税額となるため、会計上計上されている税引前当期純利益100に税率40%を乗じた金額（＝40）と、P/L上計上されている法人税等の金額（＝48）が整合しない状態になっている。
　これを整合させ、会計上の税引前当期純利益に法人税等の額を対応させるのが税効果会計である。以下に、税効果会計を適用した場合のP/Lを記載する。

（×1年3月31日）
・・・・・・・・・
棚卸資産評価損　　　　　　20
・・・・・・・・・
税引前当期純利益　　　　　100
法人税住民税及び事業税　　 48 ┐
法人税等調整額　　　　　　 8 ┘40
当期純利益　　　　　　　　 60

（税効果会計仕訳）

| （借）繰延税金資産 | 8 | （貸）法人税等調整額 | 8 |

棚卸資産評価損20×税率40％=8

　法人税等を控除する前の当期純利益と、法人税等の額とを整合させるため、会計上の利益と課税所得との差異の原因となっている棚卸資産評価損20に税率を乗じた金額（=8）を法人税等調整額として計上した。これにより、税引前当期純利益100×40％=40と、計上されている法人税住民税及び事業税と法人税等調整額の合計（48−8=40）が整合し、税引前当期純利益が税金費用と対応することができるようになる。

　なお、上述のP社の例について、翌期のP/Lを見てみる。

［例］

<前提>
・P社の×2年3月31日の税効果会計適用前のP/L及び税金計算の過程は以下のとおりである。
・×1年3月31日に税務上加算された繰延税金資産評価損20は当期に認容された。
・税率は40％とする。

(×2年3月31日)

税引前当期純利益	120	税引前当期純利益	120
法人税住民税及び事業税	40	減算：棚卸資産評価損	△20
当期純利益	80	課税所得	100
		税率　40%	
		税額	40

　×2年3月31日には、×1年に加算された棚卸資産評価損20が認容減算されているため、会計上の税引前当期純利益（120）と、税務上の課税所得の金額（100）に差が生じている。そのため、税効果会計を適用しない場合、会計上の税引前当期純利益120に税率40%を乗じた額（=48）と、法人税住民税及び事業税の金額（40）が対応しない状態となっている。

　続いて税効果会計を適用した場合のP社翌期P/Lを見てみる。

(×2年3月31日)

税引前当期純利益	120
法人税住民税及び事業税	40
法人税等調整額	△8
当期純利益	72

（40 + △8 = 48）

（税効果会計仕訳）

（借）法人税等調整額	8	（貸）繰延税金資産	8

棚卸資産評価損20×税率40%=8

　×2年においては、前期に計上した棚卸資産評価損20が認容されたため、×1年に計上した繰延税金資産8を取り崩し、法人税等調整額8を計上する。これにより、税引前当期純利益120×40%=48と、計上されている法人税住民税及び事業税と法人税等調整額の合計（40＋8=48）が整合し、税引前当期純利益が税金費用と対応することができるようになる。

2）一時差異とは
① 一時差異の意義

　税効果会計基準第二　一では、「法人税等については、一時差異に係る税金の額を適切な会計期間に配分し、計上しなければならない」とされており、「一時差異とは、貸借対照表及び連結貸借対照表に計上されている資産及び負債の金額と課税所得計算上の資産及び負債の金額との差額をいう。」とされている。

　一時差異は、財務諸表上、例えば次のような場合に発生する。

ⓐ　収益又は費用の帰属年度が相違する場合
ⓑ　資産の評価替えにより生じた評価差額が直接資本の部に計上され、かつ、課税所得の計算に含まれていない場合

　このほかに、連結財務諸表固有の一時差異があるが、これは以下4）で説明する。

　1）のP社の例は、上記ⓐの「収益又は費用の帰属年度が相違する場合」に該当する。会計上、棚卸資産評価損は×1期の費用として計上されるのに対し、課税所得の計算上は×2期の費用（損金）として計上されている。

② 一時差異の種類

　一時差異には、当該一時差異が解消するときにその期の課税所得を減額する効果を持つもの（以下「将来減算一時差異」という）と、当該一時差異が解消するときにその期の課税所得を増額する効果をもつもの（以下「将来加算一時差異」という）がある（税効果会計基準第二　一　3.）。

　将来減算一時差異は、例えば、貸倒引当金、退職給付引当金等の引当金の損金算入限度超過額、減価償却費の損金算入限度超過額、損金に算入されない棚卸資産等に係る評価損等がある（税効果会計基準（注2））。将来加算一時差異は、例えば、利益処分により租税特別措置法上の諸準備金等を計上した場合のほか、連結会社相互間の債権と債務の消去により貸倒引当金を減額した場合に発生する（税効果会計基準（注3））。

　なお、将来の課税所得と相殺可能な繰越欠損金等については、一時差異

と同様に取り扱うものとする（以下、一時差異及び繰越欠損金等を総称して「一時差異等」という）（税効果会計基準第二 一 4.）

3）繰延税金資産の回収可能性

　繰延税金資産は、将来減算一時差異が解消されるときに課税所得を減少させ、税金負担額を軽減することができる（繰延税金資産の回収可能性）と認められる範囲内で計上するものとし、その範囲を超える額については控除しなければならない（税効果会計会計基準（注5））とされており、将来の税金負担額を軽減できない将来減算一時差異については繰延税金資産を計上することができない。

　繰延税金資産の回収可能性の判断に当たっては、次の要件（個別税効果実務指針21）のいずれかを満たしているかどうかにより判断した結果、当該将来減算一時差異（複数の将来減算一時差異が存在する場合には、それらの合計）及び税務上の繰越欠損金が将来課税所得を減少させ、税金負担額を軽減することができると認められる範囲内で計上するものとし、その範囲を超える額については控除しなければならない（個別税効果実務指針22）。

　また、繰延税金資産の回収可能性は、会社の毎決算日現在で見直し、将来減算一時差異及び税務上の繰越欠損金に係る繰延税金資産の全部又は一部が以下の要件を満たさなくなった場合には、計上されていた繰延税金資産のうち過大となった金額を取り崩す。一方、過年度に未計上であった繰延税金資産の回収可能見込額を見直した結果、以下の判断要件を満たすこととなった場合には、回収されると見込まれる金額まで新たに繰延税金資産を計上する（個別税効果実務指針23）。

① 収益力に基づく課税所得の十分性

　ⓐ 将来減算一時差異に係る税効果の認識

　　　将来減算一時差異の解消年度及びその解消年度を基準として税務上認められる欠損金の繰戻し及び繰越しが可能な期間（以下「繰戻・繰越期間」という）に、課税所得が発生する可能性が高いと認められること。

ⓑ　税務上の繰越欠損金に係る税効果の認識

　　　　税務上の繰越欠損金の繰越期間に、課税所得が発生する可能性が高いと認められること。

　　　上記ⓐの解消年度及び繰戻・繰越期間に、または上記ⓑの繰越期間に、課税所得が発生する可能性が高いかどうかを判断するためには、過年度の納税状況及び将来の業績予測等を総合的に勘案し、課税所得の額を合理的に見積る必要がある。

　② タックスプランニングの存在

　　　将来減算一時差異の解消年度及び繰戻・繰越期間又は繰越期間に含み益のある固定資産又は有価証券を売却する等、課税所得を発生させるようなタックスプランニングが存在すること。

　③ 将来加算一時差異の十分性

　　ⓐ　将来減算一時差異に係る税効果の認識

　　　　将来減算一時差異の解消年度及び繰戻・繰越期間に将来加算一時差異の解消が見込まれること。

　　ⓑ　税務上の繰越欠損金に係る税効果の認識

　　　　繰越期間に税務上の繰越欠損金と相殺される将来加算一時差異の解消が見込まれること。

　ここで、課税所得とは、当期末に存在する将来加算（減算）一時差異のうち、解消が見込まれる各年度の解消額を加算（減算）する前及び当期末に存在する税務上の繰越欠損金を控除する前の繰越期間の各年度の所得見積額をいう。

　将来減算一時差異及び税務上の繰越欠損金等に係る繰延税金資産の回収可能性は、多くの場合、将来年度の会社の収益力に基づく課税所得によって判断することになるが、将来年度の会社の収益力を客観的に判断することは実務上困難な場合が多い。そこで、日本公認会計士協会より、監査委員会報告第66号「繰延税金資産の回収可能性の判断に関する監査上の取扱い」が公表され、会社の過去の業績等の状況を主たる判断基準として、将来年度の課税

所得の見積額による繰延税金資産の回収可能性を判断する場合の指針が示されているため、繰延税金資産の回収可能性の判断にあたっては、こちらも参照されたい。

4）連結財務諸表における税効果会計

　連結税効果実務指針第2項では、「連結財務諸表における税効果会計とは、個別財務諸表において財務諸表上の一時差異等に係る税効果会計を適用した後、連結財務諸表作成手続において連結財務諸表固有の一時差異に係る税金の額を期間配分する手続である」とされている。前述したとおり、連結財務諸表は親会社及び子会社の個別財務諸表を合算し、連結会社間取引の相殺消去仕訳等の修正仕訳を行って作成されるが、連結納税制度（注）を採用していない場合には、各社は個別の財務諸表を基に法人税等の申告、納付を行うため、税務申告と接点があるのは個別財務諸表である。このような税務申告と直接関係のない連結財務諸表における一時差異とはどのようなものであるか、以下で解説する。

　　（注）連結納税制度については、「Ⅲ　連結納税関係」で説明するが、連結財務諸表とは目的や連結する子会社の範囲も異なる、別の制度である。

連結財務諸表固有の一時差異には「将来減算一時差異」と「将来加算一時差異」がある（連結税効果実務指針5）

・連結財務諸表固有の将来減算一時差異（連結税効果実務指針6、7）

　連結財務諸表固有の将来減算一時差異は、課税所得の計算には関係しないが、連結手続の結果として連結貸借対照表上の資産額（負債額）が、連結会社の個別貸借対照表上の資産額（負債額）を下回（上回）っており、将来、連結貸借対照表上の資産又は負債が回収又は決済されるなど当該差異が解消されるときに、連結財務諸表上の利益を減額することによってその減額後の利益額がその連結会社の個別財務諸表上の利益と一致する関係をもたらすものである。

なお、在外子会社等の財務諸表の換算において発生する為替換算調整勘定により、子会社等への投資の連結貸借対照表上の価額が親会社の個別貸借対照表上の投資簿価を下回ることがある。この差額は将来減算一時差異である。

・連結財務諸表固有の将来加算一時差異（連結税効果実務指針8、9）

　連結財務諸表固有の将来加算一時差異は、課税所得の計算には関係しないが、連結手続の結果として連結貸借対照表上の資産額（負債額）が、連結会社の個別貸借対照表上の資産額（負債額）を上回（下回）っており、将来、連結貸借対照表上の資産又は負債が回収又は決済されるなど当該差異が解消されるときに、連結財務諸表上の利益を増額することによってその増額後の利益額がその連結会社の個別財務諸表上の利益額と一致する関係をもたらすものである。

　なお、在外子会社等の財務諸表の換算において発生する為替換算調整勘定により、子会社等への投資の連結貸借対照表上の価額が親会社の個別貸借対照表上の投資簿価を上回ることがある。この差額は将来加算一時差異である。

　上記より、連結財務諸表の作成において認識される税効果は、連結貸借対照表上の簿価と、個別貸借対照表上の簿価との差額であるといえる。したがって、個別財務諸表では、個別貸借対照表上の簿価と税務上の簿価との差額について税効果会計を認識しているため、連結財務諸表を作成する段階で連結貸借対照表上の簿価と個別貸借対照表上の簿価との差額について税効果を認識することにより、連結財務諸表では税務上の簿価と連結貸借対照表上の簿価との一時差異について税効果を認識したことになる。

図表4-6

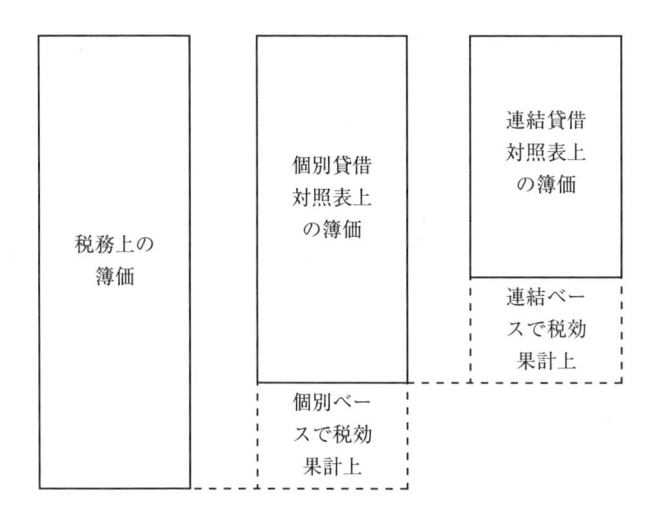

【連結財務諸表固有の一時差異の例】（連結税効果実務指針3、4）
・資本連結に際し、子会社の資産及び負債の時価評価による評価差額
・連結会社相互間の取引から生ずる未実現損益の消去
・連結会社相互間の債権と債務の相殺消去による貸倒引当金の減額修正
・連結上の会計方針の統一を連結手続で行った場合に、連結貸借対照表上の資産額（負債額）が個別貸借対照表上の当該資産額（負債額）と相違するときの当該差額
・連結財務諸表作成手続により、子会社の資産及び負債が連結財務諸表に合算されるために生じる子会社資本の親会社持分額及びのれんの未償却残高の合計額（以下「投資の連結貸借表上の価額」という）と親会社の個別貸借対照表上の投資簿価との差額

5）数値例の解説

以下で、数値例において計上されている税効果会計に関する仕訳について解説する。連結財務諸表作成において、繰延税金資産及び繰延税金負債の計

上は、連結納税制度が適用されている場合を除き、個々の連結会社ごとに行う。したがって、連結財務諸表の作成に当たり、個別財務諸表に税効果会計が適用されていない連結会社については、まず個別財務諸表項目に存在する一時差異等に対して繰延税金資産及び繰延税金負債を計上した後の個別財務諸表を作成する。その後、資本連結手続その他の連結手続上生じた一時差異に対して、当該差異が発生した連結会社ごとに税効果を認識し、繰延税金資産及び繰延税金負債並びに法人税等調整額を計算し、連結財務諸表に計上する（連結税効果実務指針10）。

なお、税効果会計で適用する税率は、納税主体ごとに連結決算日又は子会社の決算日現在における税法規定に基づく税率による。したがって、改正税法が当該決算日までに公布されており、将来の税率改正が確定している場合は改正後の税率を適用する。ただし、子会社の決算日が連結決算日と異なる場合で連結決算日又は他の基準日（仮決算日）に正規の決算に準ずる合理的な手続により決算を行うときには、当該子会社の税効果会計上適用すべき税率は、連結決算日又は仮決算日現在における税法の規定に基づく税率とする。

なお、各社の繰延税金資産の回収可能性については問題ないものとする。

① 土地の時価評価

ⓐ 大阪社

　大阪社の財務諸表を連結するにあたり、土地の簿価と時価に差異が生じていたため、土地の時価評価を行い、その評価差額は資本として処理されることとなる。当該評価差額は親会社の投資と子会社の資本との相殺消去及び少数株主への振替により全額消去されるが、評価対象となった子会社の資産及び負債の連結貸借対照表上の価額と個別貸借対照表上の資産及び負債との間に差異(500,000千円)が生ずる。この差異は連結財務諸表固有の一時差異に該当する(連結税効果実務指針21)。

(借) 土地	500,000	(貸) 評価差額	298,000
		繰延税金負債	202,000

　上記のように、大阪社の所有する土地について時価評価を行った結果、評価増が行われた場合は、将来加算一時差異が生じる。すなわち、大阪社が将来この土地を売却した年度において大阪社の個別損益計算書上の利益が連結損益計算書上の利益より多く計上される。その結果、大阪社の個別損益計算書上の税金費用が連結損益計算書上の利益に対応する税金費用に比べて多くなるため、大阪社の土地を時価評価した時点で評価増に対応する税効果額を繰延税金負債に計上する一方、土地の売却年度に当該繰延税金負債を取り崩し、当該取崩額を法人税等調整額に貸方計上する。具体的には、一時差異である土地の評価増分500,000千円に子会社の税率40.4％を乗じた202,000千円が繰延税金負債として計上される。

　なお、このように、子会社の資産及び負債の時価評価により生じた評価差額は資本として処理されることになるが、その金額は対応する税効果額を控除した金額となる。

ⓑ B社

　B社を連結する際に、B社が保有している土地を時価評価しているが、その際の税効果の考え方は、上述のⓐと同様である。ただし、B社の個別財務諸表は外貨建てで作成されているため、土地の時価評価による簿価修正額と、それに

対応して計上した繰延税金負債の換算方法が問題となる。

　B社のように、在外子会社への投資と資本の相殺消去のため、子会社の資産及び負債を時価評価したことによって生じた簿価修正額と、それに対応して計上した繰延税金資産及び繰延税金負債は、他の資産及び負債項目と同様に、毎期決算時の為替相場により円換算する（外貨建実務指針72-2）。

　これに対し、在外子会社の個別財務諸表上の資本は支配獲得時の為替相場により換算することから、評価差額の換算もこれに従い、支配獲得時の為替相場により換算する（外貨建実務指針72-2）。

(単位：ドル)

（借）土地	500,000	（貸）評価差額	300,000
		繰延税金負債	200,000（＊）

（＊）500,000×子会社の税率40%＝200,000

　B社を連結するにあたっては、上記修正が行われているが、連結財務諸表作成にあたっては、土地及び繰延税金負債は、他の資産と同様に期末日レートで換算の上、連結財務諸表に取り込まれる。一方、評価差額300,000については、資本項目のため、支配獲得時の為替相場により換算したうえで、開始仕訳により投資と相殺される。

② 固定資産売却取引に関する未実現利益

ⓐ 大阪社

　東京社は大阪社に土地を売却し、売却益20,000千円を計上している。連結上は連結会社相互間の取引であるため、未実現利益を消去する。

（借）固定資産売却益	20,000	（貸）土地	20,000

　この未実現利益に係る一時差異は連結財務諸表固有の一時差異として税効果を認識する。

（借）繰延税金資産（東京・長期）	8,080	（貸）法人税等調整額	8,080

ここで、土地を売却した東京社では、土地を売却して利益を計上しており、当該利益に対して課税され、法人税等が計上される。つまり、連結財務諸表上固定資産売却益は消去されているが、税務上は固定資産売却益に対して課税され、逆に、当該土地を連結外部に売却するなどして当該利益が連結上実現したときには課税されないことになる。

　このように、未実現利益に係る一時差異は、個別財務諸表ベースでみた場合、未実現利益が発生した連結会社と一時差異の対象となった資産を保有している連結会社が相違する点で、他の一時差異とは性質が異なる。

　すなわち、未実現利益が発生した連結会社においては、個別財務諸表において課税関係は完了しており、当該連結会社においては未実現利益の消去に係る将来の税金の減額効果は存在しないことになる。同様に、資産を保有する連結会社の個別財務諸表においても購入した資産の計上価額と税務上の資産額とは原則として一致しており、一時差異は発生しない。しかしながら、連結手続上消去された未実現利益は連結財務諸表固有の一時差異に該当するため、税効果を認識することになる。

　ここで、連結手続上、消去された未実現利益に関する税効果は、売却元で発生した税金額を繰延税金資産として計上し、当該未実現利益の実現に対応させて取り崩すことになる。この売却元で発生した税金額は確定したものであるため、売却年度の課税所得に適用された法定実効税率を使用して計算した税金の額である。したがって、売却元に適用される税率がその後改正されても、未実現利益に関連して認識した繰延税金資産は、その税率変更の影響は受けないこととなる。

　本数値例の場合には、未実現利益20,000千円が発生しているが、これに対して、売却元である東京社で発生した税率（40.4％）を使用して税効果を認識することになるため、20,000千円×40.4％=8,080千円が繰延税金資産として計上されることになる。

　なお、未実現利益の消去に係る将来減算一時差異の額は、売却元の売却年度における課税所得額を超えてはならないとされている。これは、当該税効果額は売却元が実際に支払った金額と、未実現損益に関連する一時差異の解消に係る税効果との合計額又は差引額を限度としなければならないという考えによるものである（連結税効果実務指針47）。

　また、上記の未実現利益の消去に伴う税効果は、土地、建物等であって、そ

の未実現利益の実現が長期間にわたることになっても認識するものとする（連結税効果実務指針13）。

ⓑ　B社

B社は東京社に機械装置を売却し、売却益19,200千円を計上している。連結上は連結会社相互間の取引であるため、未実現利益を消去する。

| （借）固定資産売却益 | 19,200 | （貸）機械装置 | 19,200 |
| （借）少数株主持分（*1） | 7,680 | （貸）少数株主損益 | 7,680 |

（*1）アップストリーム取引のため、未実現利益については少数株主への按分仕訳が必要となる。こちらについては、「**4.3　未実現利益の消去仕訳**」を参照。

この未実現利益に係る一時差異は上記ⓐと同様に連結財務諸表固有の一時差異として税効果を認識する。

| （借）繰延税金資産（B・長期） | 7,680 | （貸）法人税等調整額 | 7,680 |
| （借）少数株主損益（*2） | 3,072 | （貸）少数株主持分 | 3,072 |

（*2）売却元である子会社に少数株主が存在する場合の未実現損益の消去に係る法人税等調整額は、未実現損益の消去額に対応して親会社持分と少数株主持分に配分しなければならない（連結税効果実務指針17）。
税効果額7,680千円×少数株主持分40％＝3,072千円

連結修正仕訳において、固定資産売却益19,200千円のうち、減価償却により600千円だけ未実現利益が実現したこととする、以下の仕訳を計上している。

| （借）機械装置 | 600 | （貸）減価償却費 | 600 |
| （借）少数株主損益 | 240 | （貸）少数株主持分 | 240 |

上記未実現利益の実現に対応させて、計上していた繰延税金資産も取り崩すため（連結税効果実務指針13）、税効果に関し、以下の仕訳が必要となる。

| （借）法人税等調整額 | 240（*3） | （貸）繰延税金資産（B・長期） | 240 |
| （借）少数株主持分 | 96（*4） | （貸）少数株主損益 | 96 |

（＊3）未実現利益の実現額600千円×税率（売却元B社）40％=240千円
　　　（＊4）税効果額240千円×少数株主持分40％=96千円

③　棚卸資産の未実現利益消去仕訳（連結税効果実務指針12、13）

ⓐ　A社
　A社は東京社から商品を仕入れているが、これに係る未実現利益も連結上消去することになる。この未実現利益に係る一時差異は、連結財務諸表固有の一時差異として税効果を認識する。未実現利益に関する税効果については、上記②固定資産売却取引に関する未実現利益の解説を参照。

（借）売上原価　　　　　　　196,000	（貸）商品　　　　　　　　　196,000
（借）繰延税金資産（東京・長期）79,184	（貸）法人税等調整額　　　　79,184

　本数値例の場合には、未実現利益196,000千円が発生しているが、これに対して、売却元である東京社で発生した税率（40.4％）を使用して税効果を認識することになるため、196,000千円×40.4％=79,184千円が繰延税金資産として計上されることになる。

④　棚卸資産の未実現損失消去仕訳（連結税効果実務指針14、15）

ⓐ　大阪社
　連結手続上、連結会社相互間の取引から生じた未実現損失は消去されることになるが、その場合、未実現損失に係る一時差異は、連結財務諸表固有の一時差異として税効果を認識する。
　なお、上記②、③で解説した未実現利益と同様に、未実現損失に関する税効果も、未実現損失が発生した会社と一時差異の対象となった資産を保有する連結会社が異なるという特殊性がある。また、売却元で発生した損失は、すでに売却年度の課税所得の算定に織り込まれており、売却元では税金額が確定している。
　したがって、消去された未実現損失による税効果は、売却元で課税所得の計

算上、当該未実現損失が損金処理されたことによる税金軽減額を繰延税金負債として計上し、当該未実現損失の実現に対応させて取り崩される。

| （借）商品 | 100,000 | （貸）売上原価 | 100,000 |
| （借）法人税等調整額 | 40,400 | （貸）繰延税金負債（東京・短期） | 40,400 |

　具体的には上記の仕訳となるが、本例の場合、売却元である東京社で損金処理されたことによる税金軽減額を繰延税金負債として計上することになるため、東京社の実効税率40.4％を使用して算定している。その結果、未実現損失額100,000千円×40.4％＝40,400千円の繰延税金負債を計上することになる。

　なお、未実現損失の消去に係る将来加算一時差異の額は、売却元の当該未実現損失に係る損金を計上する前の課税所得額を超えてはならないとされている。これは、当該税効果額は売却元の支払税金が実際に軽減された額と未実現損益に関連する一時差異の解消に係る税効果との合計額又は差引額を限度としなければならないという考えに基づくものである（連結税効果実務指針48）。

⑤　貸倒引当金の減額修正に関する税効果（連結税効果実務指針18、19、20）

ⓐ　大阪社
　東京社は個別財務諸表上、大阪社に対する売掛金を有しているが、連結手続において、連結会社相互間の債権債務の相殺消去が行われ、相殺された債権に対応する貸倒引当金（21,600千円）が減額修正されている。

| （借）貸倒引当金 | 21,600 | （貸）販売費及び一般管理費 | 21,600 |

　この結果、減額修正される貸倒引当金が税務上損金として認められたものである場合、個別貸借対照表上の貸倒引当金と、税務上の貸倒引当金との間に差異はないが、連結貸借対照表上の貸倒引当金は税務上の貸倒引当金より小さくなり、将来加算一時差異が生じる。このような場合には、原則として、連結手続上、繰延税金負債を計上する。ここで、適用される税率は、債権者側の連結会社に適用されるものである。

数値例では、東京社に適用される税率40.4%が使用され、貸倒引当金の修正額21,600千円×40.4%=8,726千円となる。

| （借）法人税等調整額 | 8,726 | （貸）繰延税金負債（東京・短期） | 8,726 |

なお、減額修正される貸倒引当金が、税務上損金として認められず、所得に加算されている場合には、個別貸借対照表上の貸倒引当金は税務上の貸倒引当金より大きくなるため、個別財務諸表上、将来減算一時差異が発生する。しかし、連結手続上、貸倒引当金の減額修正が行われると、連結貸借対照表上の貸倒引当金は当該修正額だけ小さくなり、結果として税務上の貸倒引当金に一致し、個別財務諸表上で発生した将来減算一時差異は消滅する。これにより、個別貸借対照表に計上した繰延税金資産は税務上取り崩されることとなる。

ⓑ A社

東京社はA社に商品を売却し、東京社の個別財務諸表上、A社に対する売掛金を計上している。大阪社に対する売掛金と同様、連結手続において、連結会社相互間の債権債務の相殺消去が行われ、相殺された債権に対応する貸倒引当金（19,600千円）が減額修正されている。

| （借）貸倒引当金 | 19,600 | （貸）販売費及び一般管理費 | 19,600 |

減額修正される貸倒引当金が税務上損金として認められたものである場合、個別貸借対照表上の貸倒引当金と、税務上の貸倒引当金との間に差異はないが、連結貸借対照表上の貸倒引当金は税務上の貸倒引当金より小さくなり、将来加算一時差異が生じる。このような場合には、原則として、連結手続上、繰延税金負債を計上する。

数値例では、東京社に適用される税率40.4%が使用され、貸倒引当金の修正額19,600千円×40.4%=7,918となる。

| （借）法人税等調整額 | 7,918 | （貸）繰延税金負債（東京・短期） | 7,918 |

⑥ 持分法に係る税効果

持分法会計基準第8項では、「持分法の適用に際しては、被投資会社の財務諸表の適正な修正や資産及び負債の評価に伴う税効果会計の適用等、原則として、連結子会社の場合と同様の処理を行う。」とされていることから、持分法適用会社の財務諸表についても税効果会計を適用することが必要となる。加えて、持分法の適用上生じた未実現損益の消去及び被投資会社への投資等に係る一時差異について税効果会計を適用することが必要となる。

ⓐ 横浜社

(在庫の未実現利益消去仕訳)

横浜社は、商品を東京社に販売しており、期末に東京社が保有している在庫に関して未実現利益消去仕訳を計上している。

(借)持分法による投資損益　48,000	(貸)商品　48,000

この未実現利益に係る一時差異は、連結財務諸表固有の一時差異として税効果を認識する。未実現利益に関する税効果の考え方については、持分法適用会社と連結会社とで異なるところはないため、上記② 固定資産売却取引に関する未実現利益の解説を参照されたい。

(借)関連会社株式　19,392(＊) (横浜社の繰延税金資産)	(貸)持分法による投資損益　19,392 (横浜社の法人税等調整額)

(＊)一時差異48,000千円×税率40.4％＝19,392千円

---

6) 適用税率

税効果会計で適用される税率は各納税主体ごとに連結決算日又は子会社の決算日現在における税法規定に基づく税率による。したがって、改正税法が当該決算日までに公布されており、将来の税率改正が確定している場合は改正後の税率を適用する(連結税効果実務指針11)。

ただし、子会社の決算日が連結決算日と異なる場合で連結決算日又は他の基準日（仮決算日）に正規の決算に準ずる合理的な手続により決算を行うときには、当該子会社の税効果会計上適用すべき税率は、連結決算日又は仮決算日における税法の規定に基づく税率とする（連結税効果実務指針11）

連結財務諸表固有の一時差異について税効果を適用する場合、適用する税率に留意する必要がある。数値例で取り上げた項目について、一時差異に乗じるべき税率を以下にまとめた。

未実現損益に係る税効果	売却元の連結会社に適用される税率（連結税効果実務指針13）（＊）
貸倒引当金の減額修正に係る税効果	債権者側の連結会社に適用される税率（連結税効果実務指針19）
資本連結時の時価評価による評価差額	時価評価対象会社の税率

（＊）売却元に適用される税率がその後改正されても、未実現利益に関連して認識し測定した繰延税金資産は、変更されない。

7）子会社への投資に係る税効果

① 子会社への投資に係る一時差異

次の図から明らかなように、子会社へ投資を行った時点では、親会社における投資の連結貸借対照表上の価額（子会社資本の親会社持分額と資産の部に計上されたのれんとの合計額）は、個別貸借対照表上の簿価と一致しており、投資に係る一時差異は存在しない（連結税効果実務指針53）。

図表4-7　投資時の親会社の投資原価と対応する子会社の純資産及びのれんとの関連

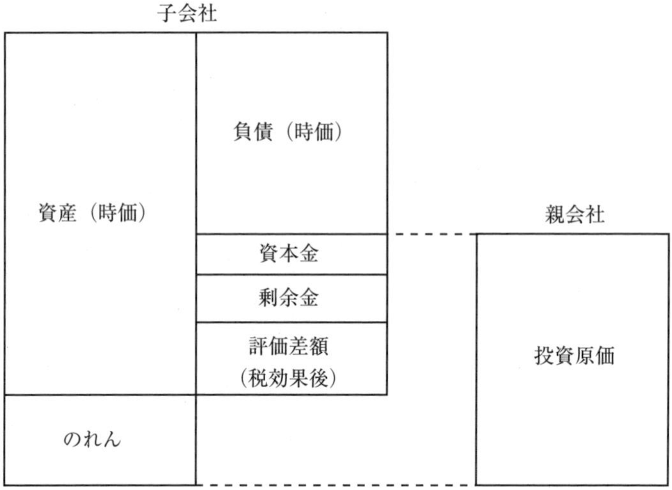

[子会社側：資産（時価）／負債（時価）・資本金・剰余金・評価差額（税効果後）・のれん／親会社側：投資原価]

　しかし、投資後に発生した子会社の損益、のれんの償却及び為替換算調整勘定の計上は、投資の連結貸借対照表上の価額と親会社の個別貸借対照表上の簿価との間に差異をもたらし、その結果、投資に係る税効果が発生する（連結税効果実務指針53）。すなわち、このような差異は、子会社が親会社へ配当を実施した場合、親会社が保有する投資を第三者に売却した場合又は保有する投資に対して個別財務諸表上の評価減を実施した場合に解消され、親会社において税金を増額又は減額する効果が生ずることがある（連結税効果実務指針29）。このように、将来、税金の増減効果が生ずる場合には、子会社への投資の連結貸借対照表上の価額と親会社の個別貸借対照表上の投資簿価との差額は連結財務諸表固有の一時差異に該当する（連結税効果実務指針29）。

　一時差異の発生原因及び種類と解消事由との関係は下図のとおりである（連結税効果実務指針53）。

図表4-8

一時差異の発生原因	一時差異の種類	一時差異の解消事由
子会社の損失計上	将来減算一時差異	投資評価減の税務上の損金算入又は投資の売却
子会社の留保利益	将来加算一時差異	配当受領（追加税金の発生する場合のみ）又は投資の売却
資産の部に計上されたのれんの償却	将来減算一時差異	投資評価減の税務上の損金算入又は投資の売却
負債の部に計上されたのれんの償却	将来加算一時差異	投資の売却
為替換算調整勘定等の計上	将来減算一時差異	投資評価減の税務上の損金算入又は投資の売却
為替換算調整勘定等の計上	将来加算一時差異	投資の売却

　子会社への投資に係る一時差異については、それぞれ該当する解消事由ごとに親会社において税効果額を見積り、繰延税金資産及び繰延税金負債としての計上の可否及び計上額を決めなければならない。

　以上のように、子会社への投資に係る一時差異の税効果は、投資の売却（他の子会社への売却の場合も含む）、投資評価減の税務上の損金算入、配当受領の事由によって解消する。投資の売却及び投資評価減の税務上の損金算入を解消事由とする子会社への投資に係る一時差異の税効果に関しては、予測可能な将来、売却の意思決定が明確な場合又は投資評価減の損金算入の要件が満たされることとなる場合を除き、認識しないこととする（連結税効果実務指針30）。

　また、配当受領を解消事由とする子会社の留保利益に係る税効果に関しては、通常、親会社は子会社の留保利益を回収するものであるので、原則として認識することとする（連結税効果実務指針30）。

② 子会社への投資の評価減に係る税効果（連結税効果実務指針28）

　子会社への投資に対して親会社の個別財務諸表において評価減が計上されることがあるが、この評価減は、資本連結手続によって消去される。その結果、評価減の消去に伴う将来加算一時差異が発生する。この将来加算

一時差異に対する税効果の認識については、投資に対する評価減の税務上の取扱い（有税か、無税か）に関連して以下のように取り扱うものとする。
ⓐ 評価減が税務上損金に算入される場合
　個別財務諸表における当該評価減につき、将来減算一時差異の全部又は一部に対して繰延税金資産が計上されているときには、資本連結手続によって行われた評価減の消去に係る将来加算一時差異に対して、先に税効果を認識した将来減算一時差異の金額を限度として税効果を認識する。その結果、連結手続上発生した将来加算一時差異に対して計上される繰延税金負債の額は、個別貸借対照表において計上された繰延税金資産の額と完全に一致することになり、連結財務諸表上、子会社への投資について一時差異が生じていないことと同様になり、税効果を認識していない結果と同様になる。
ⓑ 評価減が税務上損金に算入される場合
　評価減が税務上損金に算入される場合、個別財務諸表上は会計上の簿価と税務上の簿価が一致しているため、税効果は認識されない。当該評価減が資本連結手続上消去されるため、当該子会社株式の会計上の簿価が税務上の簿価よりも高くなり、評価減の消去に伴う将来加算一時差異が生じるように思われる。しかし、この評価減は、当該連結子会社の財政状態の悪化が原因となっていることから、実質的には当該子会社の連結上の純資産も減少しており、この連結消去からは一時差異は生じないと考えられ、税効果を認識しないものとする。
③ 留保利益に係る一時差異
　留保利益は、連結手続上、子会社資本の親会社持分額及び利益剰余金に含まれることになる。一方、留保利益は親会社の個別貸借対照表上の投資簿価には含まれていないため、子会社資本の親会社持分額と投資の個別貸借対照表上の投資簿価との間に差額が存在する。この差額は将来加算一時差異であり、その消滅時に次のいずれかの場合に該当すると見込まれるときには、繰延税金負債を計上するものとする（連結税効果実務指針34）。

a 親会社が在外子会社の利益を配当金として受け入れるときに、当該配当等のうち税務上益金不算入として取り扱われない部分（配当等の額の5％）及び当該配当等に対する外国源泉所得税が損金不算入となることにより追加納付税金が発生する場合
b 親会社が国内子会社から配当送金を受けるときに、当該配当金の一部又は全部が税務上益金不算入として取り扱われない場合
c 親会社が保有する投資を売却する場合

　上記のように、将来の配当により親会社において追加納付が発生すると見込まれる場合には親会社の繰延税金負債として計上するが、例えば、親会社が当該子会社の利益を配当しない方針をとっている場合や、子会社の利益を配当しないという他の株主等との間に合意がある場合には繰延税金負債は計上しない（連結税効果実務指針35）。

　在外子会社からの配当については、配当の額の5％については日本の法人税が課税されるため、配当を受ける国内連結会社の実効税率により税効果を認識する。また、国によっては、配当が行われるときに源泉税が課税される場合があるが、当該源泉税は、日本では外国税額控除の対象とならないため、連結上税負担が残ることになる。したがって、配当の5％部分と、配当が行われる際の源泉税部分が繰延税金負債として計上されることになる。

　また、留保利益のうち、将来、配当送金されると見込まれるもの以外の将来加算一時差異は、将来における投資の売却によって解消する。したがって、原則として、この将来加算一時差異につき繰延税金負債を計上することとなるが、親会社がその投資の売却を親会社自身で決めることができ、かつ、予測可能な将来の期間に、その売却を行う意思が無い場合には、当該将来加算一時差異に対して税効果を認識しない（連結税効果実務指針37）。

留保利益に係る税効果について、以下に数値例を用いて解説する。

[例]

<前提>
- 親会社は、×1年3月31日に在外子会社（B社）に対し、450を出資し、子会社とした。
- 親会社のB社への出資比率は100%とする。
- B社が保有する利益剰余金は配当金として受け取ることを予定している。
- 親会社における追加法人税等は配当等の益金不算入となる95%を控除した5%に親会社の法定実効税率40%を乗じた2%と、損金不算入となる10%を合計し、配当金に対して12%と見込まれる。
- ×1年3月31日のB社のB/Sは以下のとおりである。

資産	1,000	負債	700
		資本金	100
		利益剰余金	200
	1,000		1,000

（利益剰余金について税効果を認識した場合の資本連結仕訳）

（借）資本金	100	（貸）子会社株式	450
利益剰余金	200	繰延税金負債	24（*1）
のれん	174（*2）		

（*1）200×12%＝24
（*2）差額

④ 為替換算調整勘定に係る税効果（連結税効果実務指針38-2）

為替換算調整勘定は、子会社等への投資に係る一時差異を構成することとなる。為替換算調整勘定に対する税効果は、主に投資会社が株式を売却することによって実現するものであるため、子会社等の株式の売却の意思が明確な場合に税効果を認識し、それ以外の場合には認識しないものとする。

税効果を認識する場合には、連結貸借対照表の純資産の部に計上される為替換算調整勘定は、それに対応して認識された繰延税金資産及び繰延税金負債に見合う額を加減して計上する。

なお、為替換算調整勘定は、発生時に連結上損益計上されていないが、当該為替換算調整勘定の実現額は、子会社等の株式の売却時に個別決算上の売却損益に含めて計上されることになる。

8) 連結手続上生じた繰延税金資産の回収可能性（連結税効果実務指針41）

連結手続上生じた将来減算一時差異（未実現利益の消去に係る将来減算一時差異を除く）に係る税効果額は、各納税主体ごとに個別貸借対照表上の繰延税金資産の計上額と合算し、上記3）繰延税金資産の回収可能性で記載した判断要件を考慮した上で計上の可否及び計上額を決定する。

なお、繰延税金資産の判断要件の1つである将来加算一時差異の十分性を検討するにあたっては、未実現損失の消去に係る将来加算一時差異の将来における解消見込額を含めてはならない。

4.6　翌期の連結財務諸表作成において必要な仕訳

連結財務諸表の作成にあたっては、個別財務諸表のように会計帳簿が作成されるわけではない。したがって、前期までの仕訳を繰り越すために前期までの仕訳を引き継ぐための仕訳が必要となる。ここで損益計算書項目については、すべて当期純利益を構成し利益剰余金に含められていることから、利益剰余金として引き継ぐこととなる。

以下では主に、第4章で作成した東京社の当期に係る連結財務諸表を、翌期に係る連結財務諸表作成のために引き継ぐための処理を示す。

4.6.1 資本連結仕訳

連結子会社の資本連結仕訳

1. 大阪社の資本連結仕訳
   (1) 当期の仕訳（再掲）
   ① 投資と資本の相殺消去（**4.1**）

（借）資本金	5,000,000	（貸）子会社株式	5,100,000
利益剰余金	2,000,000	少数株主持分	2,189,400
評価差額	298,000	負ののれん	8,600

   ② 当期純利益の少数株主への按分（**4.1**）

（借）少数株主損益	1,114	（貸）少数株主持分	1,114

   これらの仕訳を翌期に引き継ぐ。その際、損益計算書項目については利益剰余金として引き継ぐ。

   (2) 翌期の開始仕訳
   ① 投資と資本の相殺消去

（借）資本金	5,000,000	（貸）子会社株式	5,100,000
利益剰余金	1,991,400	少数株主持分	2,189,400
評価差額	298,000	負ののれん	8,600

   利益剰余金＝2,000,000千円－負ののれん分8,600千円＝1,991,400千円

   ② 当期純利益の少数株主への按分

（借）利益剰余金	1,114	（貸）少数株主持分	1,114

   少数株主損益は損益計算書項目のため利益剰余金に振り替える。

③ ①+②（合算）

（借）資本金	5,000,000	（貸）子会社株式	5,100,000
利益剰余金	1,992,514	少数株主持分	2,190,514
評価差額	298,000		

2. A社の資本連結仕訳
   (1) 当期の仕訳（再掲）
   ① 投資と資本の相殺消去（**4.1**）

（借）資本金	5,250,000	（貸）子会社株式	8,100,000
利益剰余金	2,250,000		
のれん	600,000		

   ② のれんの償却（**4.1**）

（借）販売費及び一般管理費	58,000	（貸）のれん	58,000
（のれん償却費）			
為替換算調整勘定	38,000	のれん	38,000

   これらの仕訳を翌期に引き継ぐ。その際、損益計算書項目については利益剰余金として引き継ぐ。

   (2) 当期の開始仕訳
   ① 投資と資本の相殺消去

（借）資本金	5,250,000	（貸）子会社株式	8,100,000
利益剰余金	2,250,000		
のれん	600,000		

② のれんの償却

| （借）利益剰余金 | 58,000 | （貸）のれん | 58,000 |
| （借）為替換算調整勘定 | 38,000 | （貸）のれん | 38,000 |

③ ①＋②（合算）

（借）資本金	5,250,000	（貸）子会社株式	8,100,000
利益剰余金	2,308,000		
のれん	504,000		
為替換算調整勘定	38,000		

3．B社の資本連結仕訳
　(1)　当期の仕訳（再掲）

　　① 投資と資本の相殺消去（**4.1**）

（借）資本金	4,940,000	（貸）子会社株式	4,030,000
利益剰余金	1,560,000	少数株主持分	2,615,600
評価差額	39,000		
のれん	106,600		

　　② 当期純利益の少数株主への按分（**4.1**）

| （借）少数株主損益 | 455,188 | （貸）少数株主持分 | 455,188 |

　　③ 為替換算調整勘定の少数株主への按分（**4.1**）

| （借）少数株主持分 | 219,420 | （貸）為替換算調整勘定 | 219,420 |

④ のれんの償却（**4.1**）

（借）販売費及び一般管理費	7,688	（貸）のれん	7,688
（のれん償却額）			
（借）為替換算調整勘定	7,893	（貸）のれん	7,893

　これらの仕訳を翌期に引き継ぐ。その際、損益計算書項目については利益剰余金として引き継ぐ。

(2) 翌期の開始仕訳
　① 投資と資本の相殺消去

（借）資本金	4,940,000	（貸）子会社株式	4,030,000
利益剰余金	1,560,000	少数株主持分	2,615,600
評価差額	39,000		
のれん	106,600		

　② 当期純利益の少数株主への按分

（借）利益剰余金	455,188	（貸）少数株主持分	455,188

　③ 為替換算調整勘定の少数株主への按分

（借）少数株主持分	219,420	（貸）為替換算調整勘定	219,420

　④ のれんの償却

（借）利益剰余金	7,688	（貸）のれん	7,688
（借）為替換算調整勘定	7,893	（貸）のれん	7,893

⑤ ①+②+③+④（合算）

（借）資本金	4,940,000	（貸）子会社株式	4,030,000
利益剰余金	2,022,876	少数株主持分	2,851,368
評価差額	39,000	為替換算調整勘定	211,527
のれん	91,019		

葛飾社の開始仕訳については省略する。

4.6.2 未実現損益消去仕訳

1）棚卸資産に係る未実現損益

　当期末に計上した棚卸資産の未実現損益については、翌期に当該棚卸資産を連結グループ外部に売却した際に実現する。通常、棚卸資産は翌期末までには連結グループに売却され、実現することがほとんどである。したがって、仕訳を引き継ぐ際には、いったん当期末に計上した棚卸資産の未実現損益消去仕訳を引き継いだ上で、合わせて未実現損益の実現の仕訳を行う。

連結子会社の棚卸資産に係る未実現損益

1. 大阪社の棚卸資産に係る未実現損失
   (1) 当期の仕訳（再掲・4.3）

（借）商品	100,000	（貸）売上原価	100,000
（借）法人税等調整額	40,400	（貸）繰延税金負債（東京・短期）	40,400

   (2) 翌期の仕訳
   ① 未実現損失消去仕訳の引き継ぎ

（借）商品 100,000	（貸）利益剰余金 59,600
	繰延税金負債（東京・短期）40,400

利益剰余金＝売上原価分100,000千円－法人税等調整額分40,400千円
　　　　　＝59,600千円

② 未実現損失の実現

（借）売上原価 100,000	（貸）商品 100,000
（借）繰延税金負債（東京・短期）40,400	（貸）法人税等調整額 40,400

2. A社の棚卸資産に係る未実現利益
　(1) 当期の仕訳（再掲・4.3）

（借）売上原価 196,000	（貸）商品 196,000
（借）繰延税金資産（東京・短期）79,184	（貸）法人税等調整額 79,184

　(2) 翌期の仕訳
　　① 未実現利益消去仕訳の引き継ぎ

（借）利益剰余金 116,816	（貸）商品 196,000
繰延税金資産（東京・短期）79,184	

　　② 未実現利益の実現

（借）商品 196,000	（貸）売上原価 196,000
（借）法人税等調整額 79,184	（貸）繰延税金資産（東京・短期）79,184

2）固定資産に係る未実現損益

　当期末に計上した固定資産の未実現損益については、当該未実現損益が実

現するまで毎期引き継いでいく。また、減価償却資産については、毎期の減価償却の都度、少しずつ未実現損益が実現していくため、毎期その処理を行う。

連結子会社の固定資産に係る未実現損益

1. 大阪社の所有する土地に係る未実現利益
   (1) 当期の仕訳（再掲・**4.3**）

（借）固定資産売却益	20,000	（貸）土地	20,000
（借）繰延税金資産（東京・長期）	8,080	（貸）法人税等調整額	8,080

   (2) 翌期の仕訳
   ① 未実現利益消去仕訳の引き継ぎ

（借）利益剰余金	11,920	（貸）土地	20,000
繰延税金資産（東京・長期）	8,080		

   利益剰余金＝固定資産売却益分20,000千円－法人税等調整額分8,080千円
   　　　　　＝11,920千円

   ② 未実現利益の実現
   　大阪社は東京社から購入した土地（帳簿価額100,000千円）を×6年8月20日に130,000千円で連結グループ外部に売却した。なお、売手である東京社の実効税率は40.4％とする。

（借）土地	20,000	（貸）固定資産売却益	20,000
（借）法人税等調整額	8,080	（貸）繰延税金資産（東京・長期）	8,080

2. 東京社の所有する機械装置に係る未実現利益
   (1) 当期の仕訳（再掲・4.3）

   （未実現利益の消去分と減価償却分を合算）

（借）固定資産売却益	19,200	（貸）機械装置	18,600
少数株主持分	7,440	販売費及び一般管理費（減価償却費）	600
繰延税金資産(B・長期)	7,440	少数株主損益	7,440
少数株主損益	2,976	法人税等調整額	7,440
		少数株主持分	2,976

   (2) 翌期の仕訳
   ① 当期の仕訳の引き継ぎ

（借）利益余剰金	6,696	（貸）機械装置	18,600
繰延税金資産(B・長期)	7,440		
少数株主持分	4,464		

   損益項目はすべて利益剰余金に振り替えている。

   ② 翌期の減価償却の実施

（借）機械装置	2,400	（貸）販売費及び一般管理費（減価償却費）	2,400
法人税等調整額	960	繰延税金資産(B・長期)	960
少数株主損益	960	少数株主持分	960
少数株主持分	384	少数株主損益	384

   減価償却費＝固定資産売却益19,200千円/耐用年数8年＝2,400千円

   当初東京社が計上した固定資産売却益19,200千円は、減価償却によってすべて実現していく。つまり、東京社とB社の減価償却費の差額は固定資産売却益相当額ということとなる。

4.6.3 引当金

当期においては、連結会社を対象として引き当てられた引当金について相殺消去を行っている。翌期はいったん相殺消去仕訳を引き継いだ後、それを戻す仕訳を行う。その後、期末に再び翌期の引当金について相殺消去を行うこととなる。

連結子会社に対する貸倒引当金

1. 当期の仕訳（再掲・**4.2**）

（借）販売費及び一般管理費 　　　（貸倒引当金繰入額）	41,200	（貸）貸倒引当金	41,200
（借）繰延税金負債（東京・長期）	16,645	（貸）法人税等調整額	16,645

2. 翌期の仕訳
   (1) 貸倒引当金相殺消去仕訳の引き継ぎ

（借）利益剰余金	24,555	（貸）貸倒引当金	41,200
（借）繰延税金負債（東京・長期）	16,645		

利益剰余金＝貸倒引当金繰入額分41,200千円－法人税等調整額分16,645千円
　　　　＝24,555千円

   (2) 相殺消去仕訳の戻し

（借）貸倒引当金	41,200	（貸）販売費及び一般管理費 　　　（貸倒引当金繰入額）	41,200
（借）法人税等調整額	16,645	（貸）繰延税金負債（東京・長期）	16,645

4.6.4 持分法仕訳

持分法仕訳についても、他の仕訳と同様に当期の仕訳を引き継ぐ必要がある。

持分法適用会社の仕訳

1. 持分法仕訳
   (1) 当期の仕訳（再掲・**4.4**）

（借）関連会社株式	45,800	（貸）持分法による投資損益	45,800
（借）持分法による投資損益	27,200	（貸）関連会社株式	27,200
（借）受取配当金	16,000	（貸）関連会社株式	16,000

   (2) 翌期の開始仕訳

（借）関連会社株式	2,600	（貸）利益剰余金	2,600

   関連会社株式＝45,800千円－27,200千円－16,000千円＝2,600千円
   利益剰余金＝持分法による投資損益分45,800千円－27,200千円
   －受取配当金分16,000千円＝2,600千円

2. 棚卸資産に係る未実現利益
   (1) 当期の仕訳（再掲・**4.4**）

（借）持分法による投資損益	48,000	（貸）商品	48,000
（借）関連会社株式	19,392	（貸）持分法による投資損益	19,392

   (2) 翌期の仕訳
   ① 未実現利益消去仕訳の引き継ぎ

（借）利益剰余金	28,608	（貸）商品	48,000
（借）関連会社株式	19,392		

   利益剰余金＝持分法による投資損益分48,000千円－19,392千円＝28,608千円

② 未実現利益の実現

(借) 商品	48,000	(貸) 持分法による投資損益	48,000
(借) 持分法による投資損益	19,392	(貸) 関連会社株式	19,392

5 連結財務諸表上級編

5.1 子会社株式の追加取得

5.1.1 その他有価証券として株式を保有している会社が連結子会社となった場合の処理

　その他有価証券として株式を保有している会社が連結子会社となった場合には、支配獲得日に子会社の資本のうち親会社持分額を子会社に対する投資と相殺消去することから、支配獲得日までの取得時利益剰余金及び取得後利益剰余金は投資と相殺消去され、支配獲得日後に生じた取得後利益剰余金は相殺消去されずに、連結損益計算書上、当期純損益として処理されることとなる。なお、子会社の資本を構成する評価・換算差額等（その他有価証券評価差額金など）についても、支配獲得日までの持分額（投資と相殺消去）とその後に生じた持分額（連結株主資本等変動計算書上のその他有価証券評価差額金の区分等に計上）とで分けて処理されることとなる（資本連結実務指針21、金融商品会計に関するQ&A Q73）。

　［例］：株式の段階取得により持分比率が10％（原価法）から70％（連結）になった場合

1. 新規取得年度（原価法）
　＜前提＞
　　ア．P社はS社株式10％を×1年3月31日に200で取得し、S社を原価法適用会社とした。
　　イ．S社の資産のうち土地は1,800（簿価）であり、その時価は×1年3月31日2,000である。

○ 個別貸借対照表（×1年3月31日）

P社貸借対照表（×1年3月31日）

資産	5,800	負債	4,000
（内数）			
S社株式	200	資本金	1,500
		繰越利益剰余金	300

S社貸借対照表（×1年3月31日）

資産	2,000	負債	1,000
		資本金	800
		繰越利益剰余金	200

2. 追加取得年度

＜前提＞

ア．P社はS社株式60％を×2年3月31日に1,500で追加取得し、S社を連結子会社とした（合計70％個別財務諸表上の取得原価1,700）。

イ．×2年3月31日のS社株式1％の時価は25であるので、アのとおり、60％分の追加取得は1,500となっている。

ウ．S社の資産のうち土地は1,800（簿価）であり、その時価は×2年3月31日2,200である。

エ．税効果会計については考慮しないものとする。

○ 個別貸借対照表（×2年3月31日）

P社貸借対照表（×2年3月31日）

資産	6,000	負債	4,000
（内数）			
S社株式	1,700	資本金	1,500
		繰越利益剰余金	500
		（当期純利益	200）

S社貸借対照表（×2年3月31日）

資産	2,500	負債	1,400
		資本金	800
		繰越利益剰余金	300
		（当期純利益	100）

a．S社修正後貸借対照表（×2年3月31日）

○ S社修正仕訳

・土地に係る評価差額の計上

S社の支配獲得日（×2年3月31日）の土地に係る評価差額について、その全額をS社の資本に計上する。

| (借)土地 | 400 | (貸)評価差額 | 400 |

2,200 − 1,800 = 400

○ S社修正後貸借対照表（×2年3月31日）

資産（＊）	2,900	負債	1,400
		資本金	800
		繰越利益剰余金	300
		（当期純利益	100）
		評価差額	400

（＊）2,500 + 400 = 2,900

b．連結貸借対照表（×2年3月31日）

○ 連結修正仕訳
・P社の投資（S社株式）を支配獲得日の時価で評価
　　P社の個別財務諸表上の取得原価（S社株式）を、連結財務諸表上、支配獲得日の時価で評価する。
　　×2年3月31日に追加取得した60％分は時価で取得し評価されているので、従来、取得していた10％分の取得原価200を、×2年3月31日の時価（1％の時価は25であるので、時価評価額は250（＝10％×25）で評価し、取得原価との差額50（＝250-200）を「段階取得に係る差益」として処理する。

| (借)S社株式 | 50 | (貸)段階取得に係る差益 | 50 |

250 − 200 = 50

・P社の投資（S社株式）とS社の資本との相殺消去及びのれんの計上
　　S社の×2年3月期の修正後貸借対照表に基づき、P社のS社株式とS社の資本との相殺消去及び少数株主持分への振替を行い、消去差額をのれんに計上する。全面時価評価法では、評価差額は親会社持分額及び少数株主持分額が計上されるため、少数株主持分にも評価差額が含まれる。

(借) 資本金	800	(貸) S社株式	1,750
繰越利益剰余金	300	少数株主持分（*1）	450
評価差額	400		
のれん（*2）	700		

（*1）（800＋300＋400）×30％＝450
（*2）1,750−（800＋300＋400）×70％＝700

○ 連結貸借対照表（×2年3月31日）

資産（*1） 7,200	負債（*2） 5,400
	資本金 1,500
のれん 700	利益剰余金 550
	少数株主持分 450

（*1）6,000＋50−1,750＋2,900＝7,200
（*2）4,000＋1,400＝5,400

○ P社投資（S社株式）とS社資本の関連図

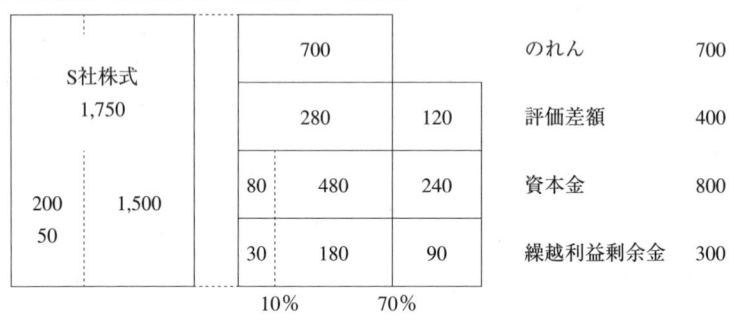

	700		のれん	700
S社株式 1,750	280	120	評価差額	400
200 / 50 1,500	80 480	240	資本金	800
	30 180	90	繰越利益剰余金	300
	10％	70％		

5.1.2 関連会社が連結子会社となった場合の処理

　関連会社が株式の段階取得により連結子会社となった場合、持分法適用時における評価差額は、持分法会計基準に基づき部分時価評価法により会計処理するが（連結財務諸表会計基準61なお書き）、支配獲得時の時価評価をやり直す

必要がある。したがって、支配獲得日の時価に基づき改めて評価差額を計上し、それを当該日の持分比率に応じて親会社持分額と少数株主持分額とに按分する（資本連結実務指針35）。

持分法による投資評価額に含まれていたのれんの未償却額は、支配獲得日の時価に基づき子会社の資産及び負債の評価替えが行われることから、持分法評価額に含まれていたのれんも含めて、のれん又は負ののれんが新たに計算され、のれんの一部に含まれることとなる（資本連結実務指針35）。

［例］：株式の段階取得により持分比率が30％（持分法）から70％（連結）になった場合

1．新規取得年度
＜前提＞
　ア．P社はS社株式30％を×1年3月31日に600で取得し、S社を持分法適用会社とした。P社にはS社以外に連結子会社があり、連結財務諸表を作成するものとする。ただし、本例で示す連結貸借対照表では、便宜上、S社以外の子会社に関する事項は、すべて除外して示している。
　イ．S社の資産のうち土地は1,800（簿価）であり、その時価は×1年3月31日2,000である。
　ウ．のれんは、10年間で均等償却を行うものとする。
　エ．税効果会計については考慮しないものとする。

○　個別貸借対照表（×1年3月31日）

P社貸借対照表（×1年3月31日）

資産	5,800	負債	4,000
(内数)		資本金	1,500
S社株式	600	繰越利益剰余金	300

S社貸借対照表（×1年3月31日）

資産	2,200	負債	1,500
		資本金	500
		繰越利益剰余金	200

a．(仮) S社修正後貸借対照表（×1年3月31日）
　　持分法適用会社の場合、資産及び負債を連結するわけではないため修正後貸

借対照表を作成する必要はないが、理解の便宜のためS社の修正後貸借対照表を示すこととする。なお、S社保有土地に係る評価差額は60（＝(2,000－1,800)×30％）である。

○ S社修正後貸借対照表（×1年3月31日）

資産（＊1） 2,260	負債 1,500
	資本金 500
	繰越利益剰余金 200
	評価差額(＊2) 60

（＊1）2,200＋60＝2,260
（＊2）(2,000－1,800)×30％＝60

b．連結貸借対照表（×1年3月31日）

○ 連結貸借対照表（×1年3月31日）

資産 5,800	負債 4,000
（内数） S社株式 600	資本金 1,500
	利益剰余金 300

S社株式取得に伴うのれんは330（＊）であるが、これはS社株式に含まれている。
（＊）600－[(500＋200)×30％＋60]＝330

○ P社投資（S社株式）とS社資本の関連図

S社株式 600	330		のれん	330
	60		評価差額	60
	150	350	資本金	500
	60	140	繰越利益剰余金	200
	30％			

2. 追加取得年度

<前提>

ア．P社はS社株式40％を×2年3月31日に1,000で追加取得し、S社を連結子会社とした（合計70％個別財務諸表上の取得原価1,600）。

イ．×2年3月31日のS社株式1％の時価は25であるので、アのとおり、40％分の追加取得は1,000となっている。

ウ．S社の資産のうち土地は1,800であり、その時価は×2年3月31日2,200である。

エ．のれんは、10年間で均等償却を行うものとする。

○ 個別貸借対照表（×2年3月31日）

P社貸借対照表（×2年3月31日）

資産	6,000	負債	4,000
（内数）		資本金	1,500
S社株式	1,600	繰越利益剰余金	500
		(当期純利益	200)

S社貸借対照表（×2年3月31日）

資産	2,300	負債	1,500
		資本金	500
		繰越利益剰余金	300
		(当期純利益	100)

a．S社修正後貸借対照表（×2年3月31日）

○ S社修正仕訳

・土地に係る評価差額の計上

S社の支配獲得日（×2年3月31日）の土地に係る評価差額について、その全額をS社の資本に計上する。

（借）土地	400	（貸）評価差額	400

2,200 − 1,800 = 400

○ S社修正後貸借対照表（×2年3月31日）

資産（＊）	2,700	負債	1,500
		資本金	500
		繰越利益剰余金	300
		(当期純利益	100)
		評価差額	400

（＊）2,300 + 400 = 2,700

b．連結貸借対照表（×2年3月31日）

○ 連結修正仕訳
・のれんの償却
　S社の株式取得日（×1年3月31日）に認識されたのれんについて、×2年3月期から10年間で定額法により償却を行う。

| （借）持分法による投資利益 | 33 | （貸）S社株式 | 33 |

330×1/10＝33

・持分法による投資利益の計上
　S社の×2年3月期の当期純利益のうち親会社持分額を持分法による投資利益として計上し、S社株式を増額する。

| （借）S社株式 | 30 | （貸）持分法による投資利益 | 30 |

100×30％＝30

・P社の投資（S社株式）を支配獲得日の時価で評価
　P社の持分法による評価額（S社株式）を、連結財務諸表上、支配獲得日の時価で評価する。
　×2年3月31日に追加取得した40％分は時価で取得し評価されているので、従来、取得していた30％分の持分法による評価額597（＝30％分の取得原価600－のれんの償却33＋持分法による投資利益30）を、×2年3月31日の時価（1％の時価は25であるので、時価評価額は750（＝30×25）で評価し、持分法による評価額との差額153（＝750－597）を「段階取得に係る差益」として処理する。

| （借）S社株式 | 153 | （貸）段階取得に係る差益 | 153 |

1,750－1,597＝153

・P社の投資（時価評価後S社株式）とS社の資本との相殺消去及びのれんの計上

S社の×2年3月期の修正後貸借対照表に基づき、P社のS社株式（時価評価後）とS社の資本との相殺消去及び少数株主持分への振替を行い、消去差額をのれんに計上する。全面時価評価法では、評価差額は親会社持分額及び少数株主持分額が計上されるため、少数株主持分にも評価差額が含まれる。

（借）資本金	500	（貸）S社株式（＊1）	1,750
繰越利益剰余金	300	少数株主持分（＊2）	360
評価差額	400		
のれん（＊3）	910		

（＊1） $1,600 - 33 + 30 + 153 = 1,750$
（＊2） $(500 + 300 + 400) \times 30\% = 360$
（＊3） $1,750 - (500 + 300 + 400) \times 70\% = 910$

○ 連結貸借対照表（×2年3月31日）

資産（＊1）	7,100	負債（＊2）	5,500
		資本金	1,500
のれん	910	利益剰余金（＊3）	650
		少数株主持分	360

（＊1） $(6,000 - 33 + 30 + 153) - 1,750 + 2,700 = 7,100$
（＊2） $4,000 + 1,500 = 5,500$
（＊3） $500 - 33 + 30 + 153 = 650$

○ P社投資（S社株式）とS社資本の関連図

　　　　　　　　　　　　　　→投資評価額に含まれていたのれん償却額

S社株式 1,753		33			のれん	910
		910				
		280	120		評価差額	400
600	1,000	150	200	150	資本金	500
153（＊）		60	80	60	繰越利益剰余金（期首）	200
30		30	40	30	当期純利益	100

→持分法による投資利益　　　30%　70%

（＊）750(30％分の時価) − {600(30％分の取得原価) + 持分法による投資利益30 − 投資評価額に含まれていたのれん償却額33} = 153

5.1.3　支配獲得後に子会社株式を追加取得した場合の処理

１）追加取得持分に係る持分変動の処理とのれんの計上

　支配獲得後に子会社株式を追加取得した場合には、追加取得日の子会社の資本のうち追加取得した株式に対応する持分を少数株主持分から減額して親会社持分を増加させるとともに、追加取得により増加した親会社持分（以下「追加取得持分」という）と追加投資額とを相殺消去し、消去差額をのれん（又は負ののれん）として処理する（連結財務諸表会計基準28、資本連結実務指針37）。

　この場合には、少数株主持分にも評価差額が計上されていて、支配獲得後は時価による評価替えを行わないため、追加取得前の少数株主持分のうち追加取得持分に相当する額をそのまま少数株主持分から親会社持分へ振り替えることとなる。そして、増額する追加取得に係る親会社持分額及び減額する少数株主持分額は等しいため、減額する少数株主持分額（＝増額する親会社持分額）と追加投資額との差額がのれんとなる（資本連結実務指針39）。

　なお、子会社株式を追加取得した結果、負ののれんが生じると見込まれる場合でも、支配獲得時における時価評価の見直しは行わないため、当該差額が生じた事業年度の利益として処理する（連結財務諸表会計基準65なお書き）。

２）追加取得持分に係るのれんの償却

　同一の子会社について支配獲得後に株式の追加取得を行って、株式取得日の異なるのれんがある場合に、合理的な根拠なく異なる償却期間を設定してはならない。すなわち、追加取得時において償却期間の決定に影響する要因

が既取得分の取得時と同様であれば、追加取得分の償却期間は既取得分の残存償却期間ではなく、既取得分の取得時に決定した償却期間と同一の期間としなければならない。また、既取得分の残存償却期間を追加取得分の償却期間に修正してはならない。

他方、追加取得時に、既取得分の取得時と大きな状況の変化があって、のれんの償却期間を改めて合理的に見積った結果、追加取得分についてより短い償却期間が設定された場合には、既取得分の残存償却期間は追加取得分の償却期間を上限とすべきである。この場合、既取得分の残存償却期間がこの上限を超えなければ従来どおりの償却を行い、上限を超えれば追加取得分の償却期間を既取得分の残存償却期間として償却を行う必要がある（資本連結実務指針40）。

［例］：株式の追加取得により持分比率が60％（連結）から80％（連結）になった場合

1．新規取得年度
＜前提＞
ア．P社はS社株式60％を×2年3月31日に960で取得し、S社を連結子会社とした。
イ．S社の資産のうち土地は400（簿価）であり、その時価は×2年3月31日800である。
ウ．税効果会計及びのれんの償却については考慮しないものとする。

○ 個別貸借対照表（×2年3月31日）

P社貸借対照表（×2年3月31日）

資産	4,000	負債	2,000
(内数)			
S社株式	960	資本金	1,500
		繰越利益剰余金	500

S社貸借対照表（×1年3月31日）

資産	1,200	負債	400
		資本金	500
		繰越利益剰余金	300

a．S社修正後貸借対照表（×2年3月31日）

○ S社修正仕訳
・土地に係る評価差額の計上
　S社の支配獲得日（×2年3月31日）の土地に係る評価差額について、その全額をS社の資本に計上する。

| （借）土地 | 400 | （貸）評価差額 | 400 |

800－400＝400

○ S社修正後貸借対照表（×2年3月31日）

資産（＊）	1,600	負債	400
		資本金	500
		繰越利益剰余金	300
		評価差額	400

（＊）1,200＋400＝1,600

b．連結貸借対照表（×2年3月31日）

○ 連結修正仕訳
・P社の投資（S社株式）とS社の資本との相殺消去及びのれんの計上
　S社の×2年3月期の修正後貸借対照表に基づき、P社のS社株式とS社の資本との相殺消去及び少数株主持分への振替を行い、消去差額をのれんに計上する。全面時価評価法では、評価差額は親会社持分額及び少数株主持分額が計上されるため、少数株主持分にも評価差額が含まれる。

（借）資本金	500	（貸）S社株式	960
繰越利益剰余金	300	少数株主持分（＊2）	480
評価差額	400		
のれん（＊1）	240		

（＊1）960－(500＋300＋400)×60％＝240
（＊2）(500＋300＋400)×40％＝480

○ 連結貸借対照表（×2年3月31日）

資産（＊1）	4,640	負債（＊2）	2,400
		資本金	1,500
		利益剰余金	500
のれん	240	少数株主持分	480

（＊1）4,000 − 960 + 1,600 = 4,640

（＊2）2,000 + 400 = 2,400

○ P社投資（S社株式）とS社資本の関連図

S社株式 960	240		のれん	240
	240	160	評価差額	400
	300	200	資本金	500
	180	120	繰越利益剰余金	300

60%

2. 追加取得年度

<前提>

ア．P社はS社株式20％を×3年3月31日に320で追加取得した（合計80％1,280）。

イ．S社の資産のうち土地は400（簿価）であり、その時価は×3年3月31日900である。

○ 個別貸借対照表（×3年3月31日）

P社貸借対照表（×3年3月31日）

資産	4,200	負債	2,000
（内数）		資本金	1,500
S社株式	1,280	繰越利益剰余金	700
		（当期純利益	200）

S社貸借対照表（×3年3月31日）

資産	1,300	負債	400
		資本金	500
		繰越利益剰余金	400
		（当期純利益	100）

a．S社修正後貸借対照表（×3年3月31日）

○ S社修正仕訳
・土地に係る評価差額の計上
　　S社の支配獲得日（×2年3月31日）の土地に係る評価差額について、その全額をS社の資本に計上する。

（借）土地	400	（貸）評価差額	400

800－400＝400

○ S社修正後貸借対照表（×3年3月31日）

資産（＊）	1,700	負債	400
		資本金	500
		繰越利益剰余金	400
		（当期純利益	100）
		評価差額	400

（＊）1,300＋400＝1,700

b．連結貸借対照表（×3年3月31日）

○ 連結修正仕訳
・開始仕訳
　　S社に関する×2年3月期の連結修正仕訳に基づき開始仕訳を行う。

（借）資本金	500	（貸）S社株式	960
繰越利益剰余金	300	少数株主持分	480
評価差額	400		
のれん	240		

・少数株主損益の計上
　　S社の×3年3月期の当期純利益のうち少数株主持分額を少数株主持分に振り替える。

| (借) 少数株主損益 | 40 | (貸) 少数株主持分 | 40 |

$100 \times 40\% = 40$

・S社株式追加取得に伴う持分変動の処理

　S社の×3年3月期の修正後貸借対照表に基づき、P社のS社株式（追加取得原価）と追加取得した株式に対応する少数株主持分（評価差額を含む）とを相殺消去し、消去差額をのれんに計上する。

| (借) 少数株主持分（*） | 260 | (貸) S社株式 | 320 |
| のれん | 60 | | |

（*）$(500 + 400 + 400) \times 20\% = 260$

○ 連結貸借対照表（×3年3月31日）

資産（*1） 4,620	負債（*3） 2,400
	資本金 1,500
	利益剰余金(*4) 760
のれん（*2） 300	少数株主持分(*5) 260

（*1）$4,200 - 1,280 + 1,700 = 4,620$
（*2）$960 - (500 + 300 + 400) \times 60\% + 320 - (500 + 400 + 400) \times 20\% = 300$
（*3）$2,000 + 400 = 2,400$
（*4）$700 + (400 - 300) \times 60\% = 760$
（*5）$(500 + 400 + 400) \times 20\% = 260$

○ P社投資（S社株式）とS社資本の関連図

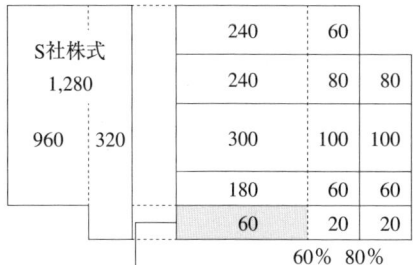

S社株式	240	60		のれん	300
1,280	240	80	80	評価差額	400
960	320	300	100	100	資本金	500
	180	60	60	繰越利益剰余金（期首）	300
	60	20	20	当期純利益	100
		60%	80%		

→ 取得後利益剰余金

5.2　子会社株式の売却

　支配獲得後に子会社株式の全部又は一部を売却した場合、連結財務諸表上の売却簿価は、個別財務諸表上の投資の売却簿価ではなく、子会社の資本の親会社持分額のうち売却した株式に対応する部分（以下「売却持分」という）とのれん未償却額のうち売却した株式に対応する部分との合計額（差引額）となるため、この金額と個別財務諸表上の売却簿価との差額を個別財務諸表に計上した子会社株式売却損益の修正として処理する。ただし、当該差額のうち、子会社が計上している評価・換算差額等（その他有価証券評価差額金など）に係る部分については、子会社株式の売却により連結上の実現損益となるため、個別財務諸表上の子会社株式売却損益の修正には含めない（資本連結実務指針41）。

1）子会社株式の一部売却後も連結子会社にとどまっている場合の処理
　　子会社株式の一部を売却したが、当該会社が連結子会社にとどまっている場合、子会社の資本のうち売却持分を親会社持分から減額して少数株主持分を増加させるとともに、売却持分とそれに対応するのれん未償却額の減少額の合計額と個別貸借対照表上の投資減少額との差額を子会社株式売却損益の修正として処理する（資本連結実務指針42）。この場合において、株式の一部売却によって減額する売却持分及び増額する少数株主持分のいずれにも評価差額が含まれているため、増減額は常に同額となる。したがって、連結財務諸表上の売却簿価は売却前の金額に基づき算定した以下の項目の加減算額となり、これと個別貸借対照表上の投資減少額との差額のうち、すでに連結上損益処理されている部分を子会社株式売却損益の修正として表示する（資本連結実務指針44）。
　　・資本×売却持分比率＝増額する少数株主持分
　　・のれん未償却額×売却持分比率÷売却前親会社持分比率＝減少するのれん

なお、ここでいう資本の額は、以下の①及び②に③の項目を加えた額のことである（資本連結実務指針9）。

① 個別貸借対照表上の純資産の部における株主資本（親子会社間の会計処理の統一及びその他個別財務諸表の修正による損益反映後）
② 個別貸借対照表上の純資産の部における評価・換算差額等
③ 資産及び負債の時価と当該資産及び負債の個別貸借対照表上の金額との差額（評価差額）

[例]：株式の一部売却により持分比率が80％（連結）から60％（連結）になった場合

1．新規取得年度
＜前提＞
　ア．P社はS社株式80％を×3年3月31日に1,280で取得し、S社を連結子会社とした。
　イ．S社の資産のうち土地は400（簿価）であり、その時価は×3年3月31日900である。
　ウ．税効果会計及びのれんの償却については考慮しないものとする。

○ 個別貸借対照表（×3年3月31日）

P社貸借対照表（×3年3月31日）

資産	4,200	負債	2,000
（内数）S社株式	1,280	資本金	1,500
		繰越利益剰余金	700

S社貸借対照表（×3年3月31日）

資産	1,300	負債	400
		資本金	500
		繰越利益剰余金	400

a．S社修正後貸借対照表（×3年3月31日）

　○ S社修正仕訳
　　・土地に係る評価差額の計上
　　　S社の支配獲得日（×3年3月31日）の土地に係る評価差額について、その

全額をS社の資本に計上する。

| （借）土地 | 500 | （貸）評価差額 | 500 |

900 − 400 = 500

○ S社修正後貸借対照表（×3年3月31日）

資産（＊）	1,800	負債	400
		資本金	500
		繰越利益剰余金	400
		評価差額	500

（＊）1,300 + 500 = 1,800

b．連結貸借対照表（×3年3月31日）

○ 連結修正仕訳
・P社の投資（S社株式）とS社の資本との相殺消去及びのれんの計上
　S社の×3年3月期の修正後貸借対照表に基づき、P社のS社株式とS社の資本との相殺消去及び少数株主持分への振替を行い、消去差額をのれんに計上する。全面時価評価法では、評価差額は親会社持分額及び少数株主持分額が計上されるため、少数株主持分にも評価差額が含まれる。

（借）資本金	500	（貸）S社株式	1,280
繰越利益剰余金	400	少数株主持分（＊1）	280
評価差額	500		
のれん（＊2）	160		

（＊1）（500 + 400 + 500）× 20% = 280
（＊2）1,280 −（500 + 400 + 500）× 80% = 160

○ 連結貸借対照表（×3年3月31日）

資産（＊1）	4,720	負債（＊2）	2,400
		資本金	1,500
		利益剰余金	700
のれん	160	少数株主持分	280

(＊1) 4,200 − 1,280 + 1,800 = 4,720
(＊2) 2,000 + 400 = 2,400

○ P社投資（S社株式）とS社資本の関連図

S社株式 1,280	160		のれん	160
	400	100	評価差額	500
	400	100	資本金	500
	320	80	繰越利益剰余金	400

80％

2. 一部売却年度

＜前提＞

・P社はS社株式の20％（簿価320）を×4年3月31日に360で売却し、株式売却益40を計上した。売却後の持分比率は60％（簿価960）である。

○ 個別貸借対照表（×4年3月31日）

P社貸借対照表（×4年3月31日）

資産	4,400	負債	2,000
(内数)		資本金	1,500
S社株式	960	繰越利益剰余金	900
		(当期純利益	200)

S社貸借対照表（×4年3月31日）

資産	1,400	負債	400
		資本金	500
		繰越利益剰余金	500
		(当期純利益	100)

a．S社修正後貸借対照表（×4年3月31日）

○ S社修正仕訳

・土地に係る評価差額の計上

　S社の支配獲得日（×3年3月31日）の土地に係る評価差額について、その全額をS社の資本に計上する。

| （借）土地 | 500 | （貸）評価差額 | 500 |

900 － 400 ＝ 500

○ S社修正後貸借対照表（×4年3月31日）

資産（＊）	1,900	負債	400
		資本金	500
		繰越利益剰余金	500
		（当期純利益	100）
		評価差額	500

（＊）1,400 ＋ 500 ＝ 1,900

b．連結貸借対照表（×4年3月31日）

○ 連結修正仕訳

・開始仕訳

S社に関する×3年3月期の連結修正仕訳に基づき開始仕訳を行う。

（借）資本金	500	（貸）S社株式	1,280
繰越利益剰余金	400	少数株主持分	280
評価差額	500		
のれん	160		

・少数株主損益の計上

S社の×4年3月期の当期純利益のうち少数株主持分額を少数株主持分に振り替える。

| （借）少数株主損益 | 20 | （貸）少数株主持分 | 20 |

100 × 20％ ＝ 20

・持分変動及び株式売却損益の修正

S社の×4年3月期の修正後貸借対照表に基づき、P社のS社株式（一部売却簿価）と売却した株式に対応するS社の資本及びのれん未償却額の合計額

とを相殺消去し、当該差額を株式売却益から控除する。全面時価評価法では、少数株主持分にも評価差額が含まれるため、S社の資本の売却持分相当額を全額少数株主持分に振り替える。

（借）S社株式（＊1）	320	（貸）少数株主持分（＊2）	300
株式売却益	20	のれん（＊3）	40

（＊1）1,280×20%/80%＝320
（＊2）（500＋500＋500）×20%＝300
（＊3）160×20%/80%＝40

○ 連結貸借対照表（×4年3月31日）

資産（＊1）	5,340	負債（＊3）	2,400
		資本金	1,500
		利益剰余金（＊4）	960
のれん（＊2）	120	少数株主持分（＊5）	600

（＊1）4,400－960＋1,900＝5,340
（＊2）1,280×60%/80%－(500＋400＋500)×60%＝120
（＊3）2,000＋400＝2,400
（＊4）900＋(400－300)×80%－20＝960
（＊5）(500＋500＋500)×40%＝600

○ P社投資（S社株式）とS社資本の関連図

S社株式 960	320	120	40		のれん	160
		300	100	100	評価差額	500
		300	100	100	資本金	500
		240	80	80	繰越利益剰余金（期首）	400
		60	20	20	当期純利益	100
			60%	80%		

→ 取得後利益剰余金　→ 株式売却益修正額

2）子会社株式の一部を売却し連結子会社が関連会社となった場合の処理

　　持分法を適用する場合でも、資産及び負債の評価並びにのれんの償却は連結の場合と同様の処理を行うとされている。したがって、子会社株式の一部を売却し連結子会社が関連会社となった場合、当該会社の個別貸借対照表はもはや連結されないため、連結貸借対照表上、親会社の個別貸借対照表上に計上している当該関連会社株式の帳簿価額に、当該会社に対する支配を解消する日まで連結財務諸表に計上した取得後利益剰余金（時価評価による簿価修正額に係る償却及び実現損益累計額を含む。）及び評価・換算差額等並びにのれん償却累計額の合計額（以下「投資の修正額」という。）のうち売却後持分額を加減し、持分法による投資評価額に修正することが必要となる。ただし、売却前の連結財務諸表では投資の修正額は売却前の株式に対応する部分を計上しているため、売却前の投資の修正額とこのうち売却後の株式に対応する部分との差額のうち、既に連結上損益処理されている部分を子会社株式売却損益の修正として処理する。具体的には、以下の算式によりそれぞれの金額を算定することとする（資本連結実務指針45）。

　　・売却前の投資の修正額＝売却前の取得後利益剰余金及び評価・換算差額等±のれん償却累計額
　　・売却後の投資の修正額＝売却前の投資の修正額×売却後親会社持分比率÷売却前親会社持分比率

［例］：株式の一部売却により持分比率が80％（連結）から30％（持分法）になった場合

1．新規取得年度
＜前提＞
　ア．P社はS社株式80％を×2年3月31日に1,280で取得し、S社を連結子会社とした。
　イ．S社の資産のうち土地は400（簿価）であり、その時価は×2年3月31日800である。
　ウ．税効果会計及びのれんの償却については考慮しないものとする。

○ 個別貸借対照表（×2年3月31日）

P社貸借対照表（×2年3月31日）

資産	4,000	負債	2,000
（内数）		資本金	1,500
S社株式 1,280		繰越利益剰余金	500

S社貸借対照表（×2年3月31日）

資産	1,200	負債	400
		資本金	500
		繰越利益剰余金	300

a．S社修正後貸借対照表（×2年3月31日）

○ S社修正仕訳

・土地に係る評価差額の計上

S社の支配獲得日（×2年3月31日）の土地に係る評価差額について、その全額をS社の資本に計上する。

（借）土地	400	（貸）評価差額	400

800 － 400 ＝ 400

○ S社修正後貸借対照表（×2年3月31日）

資産（＊）	1,600	負債	400
		資本金	500
		繰越利益剰余金	300
		評価差額	400

（＊）1,200 ＋ 400 ＝ 1,600

b．連結貸借対照表（×2年3月31日）

○ 連結修正仕訳

・P社の投資（S社株式）とS社の資本との相殺消去及びのれんの計上

S社の×2年3月期の修正後貸借対照表に基づき、P社のS社株式とS社の資本との相殺消去及び少数株主持分への振替を行い、消去差額をのれんに計上する。全面時価評価法では、評価差額は親会社持分額及び少数株主持分額が計上されるため、少数株主持分にも評価差額が含まれる。

（借）資本金	500	（貸）S社株式	1,280
繰越利益剰余金	300	少数株主持分（＊1）	240
評価差額	400		
のれん（＊2）	320		

（＊1）（500＋300＋400）×20％＝240
（＊2）1,280－（500＋300＋400）×80％＝320

○ 連結貸借対照表（×2年3月31日）

資産（＊1）	4,320	負債（＊2）	2,400
		資本金	1,500
		利益剰余金	500
のれん	320	少数株主持分	240

（＊1）4,000－1,280＋1,600＝4,320
（＊2）2,000＋400＝2,400

○ P社投資（S社株式）とS社資本の関連図

S社株式 1,280	320		のれん	320
	320	80	評価差額	400
	400	100	資本金	500
	240	60	繰越利益剰余金	300

80％

2. 一部売却年度

＜前提＞
・P社はS社株式の50％（簿価800）を×3年3月31日に900で売却し（株式売却益100を計上）、S社を持分法適用会社（持分比率30％、簿価480）とした。P社にはS社以外に連結子会社があり、連結財務諸表を作成するものとする。ただし、本例で示す連結貸借対照表及び連結精算表では、便宜上、S社以外の子会社に関する事項は、すべて除外して示している。

○ 個別貸借対照表（×3年3月31日）

P社貸借対照表（×3年3月31日）

資産	4,200	負債	2,000
(内数)		資本金	1,500
S社株式	480	繰越利益剰余金	700
		(当期純利益	200)

S社貸借対照表（×3年3月31日）

資産	1,300	負債	400
		資本金	500
		繰越利益剰余金	400
		(当期純利益	100)

a．S社修正後貸借対照表（×3年3月31日）

○ S社修正仕訳

・土地に係る評価差額の計上

S社の支配獲得日（×2年3月31日）の土地に係る評価差額について、その全額をS社の資本に計上する。

(借) 土地	400	(貸) 評価差額	400

800 − 400 ＝ 400

○ S社修正後貸借対照表（×3年3月31日）

資産（＊）	1,700	負債	400
		資本金	500
		繰越利益剰余金	400
		(当期純利益	100)
		評価差額	400

（＊）1,300 ＋ 400 ＝ 1,700

b．連結貸借対照表（×3年3月31日）

○ 連結修正仕訳

・開始仕訳

S社に関する×2年3月期の連結修正仕訳に基づき開始仕訳を行う。

（借）資本金	500	（貸）S社株式	1,280
繰越利益剰余金	300	少数株主持分	240
評価差額	400		
のれん	320		

・少数株主損益の計上

　S社の×3年3月期の当期純利益のうち少数株主持分額を少数株主持分に振り替える。

（借）少数株主損益	20	（貸）少数株主持分	20

$100 \times 20\% = 20$

・開始仕訳の振戻し

　S社株式の一部売却に伴いS社は持分法適用会社となるため、P社のS社株式とS社の資本との相殺消去及び少数株主持分への振替に関する開始仕訳を振り戻す。

（借）S社株式	1,280	（貸）資本金	500
少数株主持分	240	繰越利益剰余金	300
		評価差額	400
		のれん	320

・S社貸借対照表連結除外仕訳

　S社株式は期末（×3年3月31日）に売却されたため、S社の×3年3月期の損益計算書のみを連結し、×3年3月期の貸借対照表は連結除外とする。

（借）負債	400	（貸）資産	1,700
資本金	500		
利益剰余金―期首残高	300		
利益剰余金―連結除外	100		
評価差額	400		

・持分法による評価及び少数株主持分の振戻し

連結除外年度（×3年3月期）に計上されたS社の当期純利益を取得後利益剰余金として計上し、そのうち売却前の親会社持分額を投資の修正額としてS社株式に加算する。

（借）S社株式（＊1）	80	（貸）利益剰余金―連結除外	100
少数株主持分（＊2）	20		

（＊1）100×80％＝80
（＊2）100×20％＝20

・株式売却損益の修正

S社株式の投資の修正額のうち、売却持分に対応する部分を株式売却益から控除する。

（借）株式売却益	50	（貸）S社株式	50

80×50％／80％＝50

○ 連結貸借対照表（×3年3月31日）

資産（＊1）	4,230	負債	2,000
（内数）		資本金	1,500
S社株式（＊2）	510	利益剰余金（＊3）	730

（＊1）4,200＋80－50＝4,230
（＊2）480＋80－50＝510
（＊3）700＋100－20－50＝730

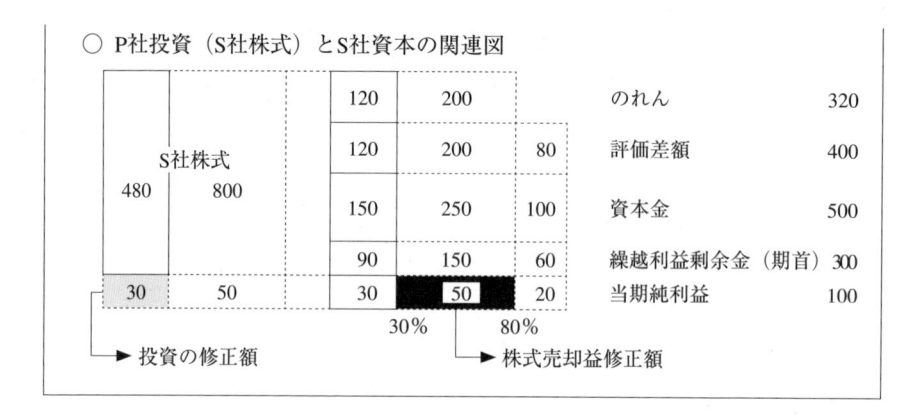

○ P社投資（S社株式）とS社資本の関連図

```
                    120    200          のれん              320
  S社株式            120    200    80   評価差額            400
    480     800
                    150    250    100  資本金              500
                     90    150    60   繰越利益剰余金（期首）300
     30     50       30     50    20   当期純利益          100
                          30%    80%
  ▶ 投資の修正額          ▶ 株式売却益修正額
```

3）子会社株式の一部を売却し、子会社が連結子会社及び関連会社のいずれにも該当しなくなった場合の処理

　　子会社株式の売却等により被投資会社が子会社及び関連会社に該当しなくなった場合には、連結財務諸表上、残存する当該被投資会社に対する投資は、個別貸借対照表上の帳簿価額をもって評価する（連結財務諸表会計基準29なお書き）。この場合の子会社株式売却損益の修正額は、「2）子会社株式の一部を売却し連結子会社が関連会社となった場合の処理」に準じて算定する。また、併せて売却後の投資の修正額を取り崩すことも必要であり、当該取崩額を連結株主資本等変動計算書上の利益剰余金の区分に連結除外に伴う利益剰余金減少高（又は増加高）等その内容を示す適当な名称をもって計上する（資本連結実務指針46）。

[例]：株式の一部売却により持分比率が80％（連結）から10％（原価法）になった場合

1. 新規取得年度
<前提>
　ア．P社はS社株式80％を×2年3月31日に1,280で取得し、S社を連結子会社とした。
　イ．S社の資産のうち土地は400（簿価）であり、その時価は×2年3月31日800で

ある。
ウ．税効果会計及びのれんの償却については考慮しないものとする。

○ 個別貸借対照表（×2年3月31日）

P社貸借対照表（×2年3月31日）

資産	4,000	負債	2,000
（内数）		資本金	1,500
S社株式	1,280	繰越利益剰余金	500

S社貸借対照表（×2年3月31日）

資産	1,200	負債	400
		資本金	500
		繰越利益剰余金	300

a．S社修正後貸借対照表（×2年3月31日）

○ S社修正仕訳

・土地に係る評価差額の計上
　S社の支配獲得日（×2年3月31日）の土地に係る評価差額について、その全額をS社の資本に計上する。

（借）土地	400	（貸）評価差額	400

800 － 400 ＝ 400

○ S社修正後貸借対照表（×2年3月31日）

資産（＊）	1,600	負債	400
		資本金	500
		繰越利益剰余金	300
		評価差額	400

（＊）1,200 ＋ 400 ＝ 1,600

b．連結貸借対照表（×2年3月31日）

○ 連結修正仕訳
・P社の投資（S社株式）とS社の資本との相殺消去及びのれんの計上
　S社の×2年3月期の修正後貸借対照表に基づき、P社のS社株式とS社の資

本との相殺消去及び少数株主持分への振替を行い、消去差額をのれんに計上する。全面時価評価法では、評価差額は親会社持分額及び少数株主持分額が計上されるため、少数株主持分にも評価差額が含まれる。

(借) 資本金	500	(貸) S社株式	1,280
繰越利益剰余金	300	少数株主持分（＊1）	240
評価差額	400		
のれん（＊2）	320		

（＊1）（500＋300＋400）×20％＝240
（＊2）1,280－(500＋300＋400)×80％＝320

○ 連結貸借対照表（×2年3月31日）

資産（＊1）	4,320	負債（＊2）	2,400
		資本金	1,500
のれん	320	利益剰余金	500
		少数株主持分	240

（＊1）4,000－1,280＋1,600＝4,320
（＊2）2,000＋400＝2,400

○ P社投資（S社株式）とS社資本の関連図

S社株式 1,280	320		のれん	320
	320	80	評価差額	400
	400	100	資本金	500
	240	60	繰越利益剰余金	300

　　　　　　　　　　80％

2. 一部売却年度
＜前提＞
　・P社はS社株式の70％（簿価1,120）を×3年3月31日に1,300で売却し、S社を原

価法適用会社（持分比率10％、簿価160）とした。P社にはS社以外に連結子会社があり、連結財務諸表を作成するものとする。ただし、本例で示す連結貸借対照表では、便宜上、S社以外の子会社に関する事項は、すべて除外して示している。

○ 個別貸借対照表（×3年3月31日）

P社貸借対照表（×3年3月31日）

資産	4,200	負債	2,000
		資本金	1,500
（内数）		繰越利益剰余金	700
S社株式	160	（当期純利益	200）

S社貸借対照表（×3年3月31日）

資産	1,300	負債	400
		資本金	500
		繰越利益剰余金	400
		（当期純利益	100）

a．S社修正後貸借対照表（×3年3月31日）

○ S社修正仕訳

・土地に係る評価差額の計上

S社の支配獲得日（×2年3月31日）の土地に係る評価差額について、その全額をS社の資本に計上する。

（借）土地	400	（貸）評価差額	400

800 － 400 ＝ 400

○S社修正後貸借対照表（×3年3月31日）

資産（＊）	1,700	負債	400
		資本金	500
		繰越利益剰余金	400
		（当期純利益	100）
		評価差額	400

（＊）1,300 ＋ 400 ＝ 1,700

b．連結貸借対照表（×3年3月31日）

○ 連結修正仕訳
・開始仕訳
S社に関する×2年3月期の連結修正仕訳に基づき開始仕訳を行う。

（借）資本金	500	（貸）S社株式	1,280
繰越利益剰余金	300	少数株主持分	240
評価差額	400		
のれん	320		

・少数株主損益の計上
S社の×3年3月期の当期純利益のうち少数株主持分額を少数株主持分に振り替える。

（借）少数株主損益	20	（貸）少数株主持分	20

100×20％＝20

・開始仕訳の振戻し
S社株式の一部売却に伴いS社は原価法適用会社となるため、P社のS社株式とS社の資本との相殺消去及び少数株主持分への振替に関する開始仕訳を振り戻す。

（借）S社株式	1,280	（貸）資本金	500
少数株主持分	240	繰越利益剰余金	300
		評価差額	400
		のれん	320

・S社貸借対照表連結除外仕訳
S社株式は期末（×3年3月31日）に売却されたため、S社の×3年3月期の損益計算書のみを連結し、×3年3月期の貸借対照表は連結除外とする。

(借) 負債	400	(貸) 資産	1,700
資本金	500		
利益剰余金―期首残高	300		
利益剰余金―連結除外	100		
評価差額	400		

・売却前持分の評価及び少数株主持分の振戻し

　連結除外年度（×3年3月期）に計上されたS社の当期純利益を取得後利益剰余金として計上し、そのうち売却前の親会社持分額を投資の修正額としてS社株式に加算する。

(借) S社株式（＊1）	80	(貸) 利益剰余金―連結除外	100
少数株主持分（＊2）	20		

（＊1）　100×80％＝80
（＊2）　100×20％＝20

・株式売却損益の修正

　S社株式の投資の修正額のうち、売却持分に対応する部分を株式売却益から控除する。

(借) 株式売却益	70	(貸) S社株式	70

80×70％/80％＝70

・S社株式の帳簿価額への修正

　原価法適用会社となった場合、S社株式は個別貸借対照表上の帳簿価額をもって評価することとされているため、売却後のS社株式に含まれる投資の修正額を取り崩して、利益剰余金に振り替える。

(借) 利益剰余金―減少高	10	(貸) S社株式	10

70－80＝－10

○ 連結貸借対照表（×3年3月31日）

資産（＊1） 4,200	負債　　　　2,000
（内数） S社株式　　160	資本金　　　1,500 利益剰余金　　700

○ P社投資（S社株式）とS社資本の関連図

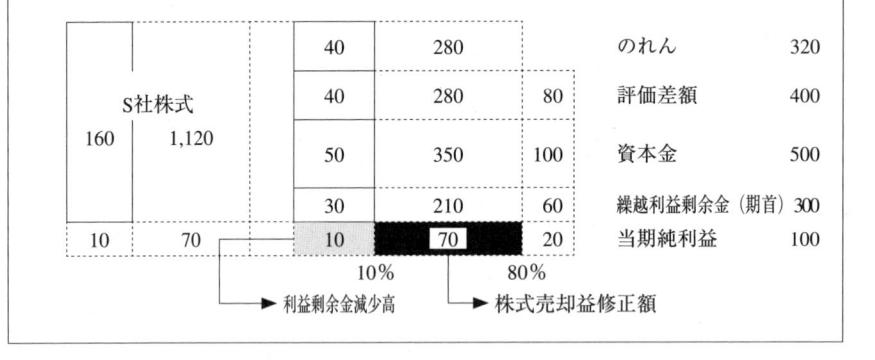

		40	280		のれん	320
S社株式		40	280	80	評価差額	400
160	1,120	50	350	100	資本金	500
		30	210	60	繰越利益剰余金（期首）	300
10	70	10	70	20	当期純利益	100
		10%	80%			

→ 利益剰余金減少高　　→ 株式売却益修正額

5.3 子会社の時価発行増資等に伴い親会社の持分が変動した場合

　子会社の時価発行増資等に伴い、親会社の引受割合が増資前の持分比率と異なるために増資後の持分比率に変動が生ずる場合、いったん、従来の持分比率で株式を引き受け、その後に追加取得（親会社の持分比率が増加する場合）又は一部売却（親会社の持分比率が減少する場合）を行ったものとみなす。したがって、追加取得とみなす場合のみなし取得価額は、増資額のうち、親会社が従来の持分比率により引き受けたとみなした金額を上回る実際引受額であり、一部売却とみなす場合のみなし売却価額は、従来の持分比率により引き受けたとみなした金額を下回る実際引受額である。この場合に、株式の発行価格が増資前の1株当たり純資産額と等しければ、みなし取得価額又はみなし売却価額と親会社持分の増加額又は減少額との間に差額は発生しないが、これらが異なるときは持分変動差額が生ずることとなる（資本連結実務指針47）。

　親会社の持分比率が増加した場合には、持分比率の増加により新たに連結子会社に該当することとなれば支配獲得に準じて処理し、従来からの連結子会社の持分比率が増加するのであれば追加取得に準じて処理する。この結果、みなし取得価額と資本のうち親会社持分増減額との差額は、のれんに計上する（資本連結実務指針48）。

　親会社の持分比率が減少した場合には、一部売却に準じて処理する。この結果、個別貸借対照表上のみなし売却簿価と連結貸借対照表上の売却簿価（子会社の資本及びのれん未償却額のそれぞれの持分減少相当額の合計額）との間に持分変動差額（評価・換算差額等に係る部分を除く）が生じた場合、当該差額は、株式を売却した場合に準じて、損益として処理することが原則とされている（連結財務諸表会計基準30）。損益として処理した持分変動差額は、特別利益又は特別損失の区分に、持分変動損益等その内容を示す適当な名称をもって計上する。ただし、持分変動差額を連結損益計算書へ計上することで利害関係者の判断を著しく誤らせるおそれがあると認められる場合には、持分変動差額

は連結株主資本等変動計算書上の利益剰余金の区分に、持分変動差額等その内容を示す適当な名称をもって計上することができる（連結財務諸表会計基準30ただし書き、資本連結実務指針49）。

[例]：時価発行増資により持分比率が増加した場合

1. 新規取得年度
<前提>
　ア．P社はS社株式60％を×1年3月31日に960で取得し、S社を連結子会社とした。
　イ．S社の資産のうち土地は400（簿価）であり、その時価は×1年3月31日600である。
　ウ．S社の発行済株式は100株（1株の額面金額は5）とする。
　エ．税効果会計及びのれんの償却については考慮しないものとする。

○ 個別貸借対照表（×1年3月31日）

P社貸借対照表（×1年3月31日）

資産	3,800	負債	2,000
(内数) S社株式 960		資本金	1,500
		繰越利益剰余金	300

S社貸借対照表（×1年3月31日）

資産	1,000	負債	300
		資本金	500
		繰越利益剰余金	200

a．S社修正後貸借対照表（×1年3月31日）

○ S社修正仕訳
・土地に係る評価差額の計上
　S社の支配獲得日（×1年3月31日）の土地に係る評価差額について、その全額をS社の資本に計上する。

(借) 土地	200	(貸) 評価差額	200

600－400＝200

○ S社修正後貸借対照表（×1年3月31日）

資産（＊） 1,200	負債 300
	資本金 500
	繰越利益剰余金 200
	評価差額 200

（＊）1,000＋200＝1,200

b．連結貸借対照表（×1年3月31日）

○ 連結修正仕訳

・P社の投資（S社株式）とS社の資本との相殺消去及びのれんの計上

S社の×1年3月期の修正後貸借対照表に基づき、P社のS社株式とS社の資本との相殺消去及び少数株主持分への振替を行い、消去差額をのれんに計上する。全面時価評価法では、評価差額は親会社持分額及び少数株主持分額が計上されるため、少数株主持分にも評価差額が含まれる。

（借）資本金	500	（貸）S社株式	960
繰越利益剰余金	200	少数株主持分（＊1）	360
評価差額	200		
のれん（＊2）	420		

（＊1）（500＋200＋200）×40％＝360
（＊2）960－（500＋200＋200）×60％＝420

○ 連結貸借対照表（×1年3月31日）

資産（＊1） 4,040	負債（＊2） 2,300
	資本金 1,500
のれん 420	利益剰余金 300
	少数株主持分 360

（＊1）3,800－960＋1,200＝4,040
（＊2）2,000＋300＝2,300

218　第Ⅰ部　連結財務諸表の作成

○ P社投資（S社株式）とS社資本の関連図

S社株式 960	420		のれん	420
	120	80	評価差額	200
	300	200	資本金	500
	120	80	繰越利益剰余金	200

60%

2．増資年度

＜前提＞

ア．S社の資産のうち土地は400（簿価）であり、その時価は×2年3月31日800である。

イ．S社は、×2年3月31日に親会社に10株を180（1株当たり18）で割り当てた。

○ 個別貸借対照表（×2年3月31日）

P社貸借対照表（増資引受前）（×2年3月31日）

資産	4,000	負債	2,000
(内数) S社株式 960		資金	1,500
		繰越利益剰余金	500
		(当期純利益	200)

S社貸借対照表（増資前）（×2年3月31日）

資産	1,100	負債	300
		資本金	500
		繰越利益剰余金	300
		(当期純利益	100)

↓ 増資引受 ↓　　　　　親会社に対する
　　　　　　　　　　　↓ 第三者割当増資180 ↓

P社貸借対照表（増資引受後）（×2年3月31日）

資産	4,000	負債	2,000
(内数) S社株式 1,140		資本金	1,500
		繰越利益剰余金	500
		(当期純利益	200)

S社貸借対照表（増資後）（×2年3月31日）

資産	1,280	負債	300
		資本金	680
		繰越利益剰余金	300
		(当期純利益	100)

a．S社修正後貸借対照表（×2年3月31日）

　○ S社修正仕訳
　　・土地に係る評価差額の計上
　　　S社の支配獲得日（×1年3月31日）の土地に係る評価差額について、その全額をS社の資本に計上する。

（借）土地	200	（貸）評価差額	200

　　600－400＝200

　○ S社修正後貸借対照表（×2年3月31日）

資産（＊）	1,480	負債	300
		資本金	680
		繰越利益剰余金	300
		(当期純利益	100)
		評価差額	200

　　（＊）1,280＋200＝1,480

b．連結貸借対照表（×2年3月31日）

　○ 連結修正仕訳
　　・開始仕訳
　　　S社に関する×1年3月期の連結修正仕訳に基づき開始仕訳を行う。

（借）資本金	500	（貸）S社株式	960
繰越利益剰余金	200	少数株主持分	360
評価差額	200		
のれん	420		

　　・少数株主損益の計上
　　　S社の×2年3月期の当期純利益のうち少数株主持分額を少数株主持分に振

り替える。

| (借) 少数株主損益 | 40 | (貸) 少数株主持分 | 40 |

100 × 40% = 40

・時価発行増資に伴う持分変動の処理

　P社で全株引き受けたS社の第三者割当増資額180（10株）を、いったん従来の持分比率で少数株主も72（4株）引き受け、その後P社が少数株主から増資引受株式に相当する株式数（4株）を少数株主の引受額で追加取得したものとみなし、追加取得に準じた処理を行う。

(借) 資本金	180	(貸) S社株式	180
S社株式	72	少数株主持分（＊1）	72
(借) 少数株主持分（＊2）	43	(貸) S社株式	72
のれん（＊3）	29		

（＊1）180 × 40% = 72
（＊2）（680 + 300 + 200）×（70株/110株）− 60株/100株）= 43
（＊3）72 − 43 = 29

○ 所有株数及び持分変動表（評価差額を含む）

	区分	所有株数(割合) 持分金額	増資株数 持分金額	持分変動	合計株数(割合) 合計持分金額
S社純資産	P社	60株（60%） 600	10株 180	−72 + 43	70株（63.6%） 751
	少数株主	40株（40%） 400	0株 0	＋72 − 43	40株（36.4%） 429
	合計	100株（100%） 1,000	10株 180	0	110株（100%） 1,180

○ 連結貸借対照表（×2年3月31日）

資産（*1） 4,340	負債（*3） 2,300
	資本金　　　　　1,500
	利益剰余金（*4）560
のれん（*2） 449	少数株主持分（*5）429

(*1) 4,000 − 1,140 + 1,480 = 4,340
(*2) 420 + 29 = 449
(*3) 2,000 + 300 = 2,300
(*4) 500 + (300 − 200) × 60% = 560
(*5) (680 + 300 + 200) × 40株/110株 = 429

○ P社投資（S社株式）とS社資本の関連図

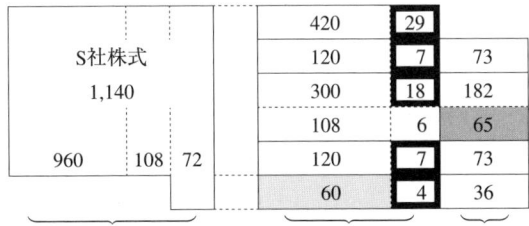

		420	29		のれん	449
S社株式		120	7	73	評価差額	200
1,140		300	18	182	資本金	680
		108	6	65		
960	108　72	120	7	73	繰越利益剰余金（期首）	200
		60	4	36	当期純利益	100

　　　63.6%　　　　63.6%　　36.4%

□：取得後利益剰余金　　■：持分増加額　　▨：持分減少額

第Ⅰ部 連結財務諸表の作成

[例]：時価発行増資により持分比率が減少した場合

1. 新規取得年度

＜前提＞

ア．P社はS社株式60％を×1年3月31日に960で取得し、S社を連結子会社とした。

イ．S社の資産のうち土地は400（簿価）であり、その時価は×1年3月31日600である。

ウ．S社の発行済株式は100株（1株の額面金額は5）とする。

エ．税効果会計及びのれんの償却については考慮しないもととする。

○ 個別貸借対照表（×1年3月31日）

P社貸借対照表（×1年3月31日）

資産	3,800	負債	2,000
(内数)		資本金	1,500
S社株式	960	繰越利益剰余金	300

S社貸借対照表（×1年3月31日）

資産	1,000	負債	300
		資本金	500
		繰越利益剰余金	200

a．S社修正後貸借対照表（×1年3月31日）

○ S社修正仕訳

・土地に係る評価差額の計上

S社の支配獲得日（×1年3月31日）の土地に係る評価差額について、その全額をS社の資本に計上する。

（借）土地	200	（貸）評価差額	200

600－400＝200

○ S社修正後貸借対照表（×1年3月31日）

資産（＊）	1,200	負債	300
		資本金	500
		繰越利益剰余金	200
		評価差額	200

（＊）1,000＋200＝1,200

b．連結貸借対照表（×1年3月31日）

○ 連結修正仕訳
・P社の投資（S社株式）とS社の資本との相殺消去及びのれんの計上
　S社の×1年3月期の修正後貸借対照表に基づき、P社のS社株式とS社の資本との相殺消去及び少数株主持分への振替を行い、消去差額をのれんに計上する。全面時価評価法では、評価差額は親会社持分額及び少数株主持分額が計上されるため、少数株主持分にも評価差額が含まれる。

（借）資本金	500	（貸）S社株式	960
繰越利益剰余金	200	少数株主持分（＊1）	360
評価差額	200		
のれん（＊2）	420		

（＊1）$(500+200+200) \times 40\% = 360$
（＊2）$960 - (500+200+200) \times 60\% = 420$

○ 連結貸借対照表（×1年3月31日）

資産（＊1）	4,040	負債（＊2）	2,300
		資本金	1,500
のれん	420	利益剰余金	300
		少数株主持分	360

（＊1）$3,800 - 960 + 1,200 = 4,040$
（＊2）$2,000 + 300 = 2,300$

○ P社投資（S社株式）とS社資本の関連図

S社株式 960	420		のれん	420
	120	80	評価差額	200
	300	200	資本金	500
	120	80	繰越利益剰余金	200

60%

2. 増資年度

<前提>

・S社は、×2年3月31日に親会社以外の第三者に10株を180（1株当たり18）で割り当てた。

○ 個別貸借対照表（×2年3月31日）

P社貸借対照表（×2年3月31日）

資産	4,000	負債	2,000
(内数)		資本金	1,500
S社株式	960	繰越利益剰余金	500
		(当期純利益	200)

S社貸借対照表（増資前）（×2年3月31日）

資産	1,100	負債	300
		資本金	500
		繰越利益剰余金	300
		(当期純利益	100)

親会社以外に対する
↓ 第三者割当増資 180 ↓

S社貸借対照表（増資後）（×2年3月31日）

資産	1,280	負債	300
		資本金	680
		繰越利益剰余金	300
		(当期純利益	100)

a．S社修正後貸借対照表（×2年3月31日）

　○ S社修正仕訳
　　・土地に係る評価差額の計上
　　　S社の支配獲得日（×1年3月31日）の土地に係る評価差額について、その全額をS社の資本に計上する。

| （借）土地 | 200 | （貸）評価差額 | 200 |

　　600 － 400 ＝ 200

　○ S社修正後貸借対照表（×2年3月31日）

資産（＊）	1,480	負債	300
		資本金	680
		繰越利益剰余金	300
		（当期純利益	100）
		評価差額	200

　（＊）1,280 ＋ 200 ＝ 1,480

b．連結貸借対照表（×2年3月31日）

　○ 連結修正仕訳
　　・開始仕訳
　　　S社に関する×1年3月期の連結修正仕訳に基づき開始仕訳を行う。

（借）資本金	500	（貸）S社株式	960
繰越利益剰余金	200	少数株主持分	360
評価差額	200		
のれん	420		

　　・少数株主損益の計上
　　　S社の×2年3月期の当期純利益のうち少数株主持分額を少数株主持分に振り替える。

| （借）少数株主損益 | 40 | （貸）少数株主持分 | 40 |

　　100 × 40％ ＝ 40

・時価発行増資に伴う持分変動の処理

少数株主が全株引き受けたS社の第三者割当増資額180（10株）を、いったん従来の持分比率でP社も108（6株）引き受け、その後P社が少数株主へ、増資引受株式に相当する株式数（6株）を一部売却したものとみなし、一部売却に準じた処理を行う。

（借）資本金	180	（貸）少数株主持分	180
少数株主持分（＊1）	108	S社株式	108
（借）S社株式	108	（貸）少数株主持分（＊2）	64
		のれん（＊3）	38
		持分変動損益（＊4）	6

（＊1）　180×60％＝108
（＊2）　(680＋300＋200)×(60株/110株－60株/100株)＝－64
（＊3）　420×100％/60％×60株/110株－420＝－38
（＊4）　108－(64＋38)＝6

○所有株数及び持分変動表（評価差額を含む）

	区　分	所有株数(割合) 持分金額	増資株数 持分金額	持分変動	合計株数(割合) 合計持分金額
S社純資産	P　社	60株（60％） 600	0株 0	＋108－64	60株（54.5％） 644
	少数株主	40株（40％） 400	10株 180	－108＋64	50株（45.5％） 536
	合　計	100株（100％） 1,000	10株 180	0	110株（100％） 1,180

○ 連結貸借対照表（×2年3月31日）

資産（*1） 4,520	負債（*3） 2,300
	資本金　　　　　1,500
	利益剰余金（*4）　566
のれん（*2） 382	少数株主持分（*5）536

（*1）　4,000 − 960 + 108 − 108 + 1,480 = 4,520
（*2）　420 − 38 = 382
（*3）　2,000 + 300 = 2,300
（*4）　500 +（300 − 200）× 60% + 6 = 566
（*5）　(680 + 300 + 200) × 50株/110株 = 536

○P社投資（S社株式）とS社資本の関連図

S社株式 960	108	382	38		のれん	420
		109	11	80	評価差額	200
		273	27	200	資本金	680
		98	10	72		
		109	11	80	繰越利益剰余金（期首）	200
		55	5	40	当期純利益	100
54.5%	5.5%	54.5%	45.5%			

░：取得後利益剰余金　■：持分増加額　▓：持分減少額

6 連結キャッシュ・フロー計算書

6.1 理論編

　連結キャッシュ・フロー計算書とは、企業集団の一会計期間におけるキャッシュ・フローの状況を報告するために作成するものであり、貸借対照表及び損益計算書と同様に企業活動全体を対象とする重要な情報を提供するものである（CF作成基準第一、CF作成基準の設定に関する意見書　二）。以下では、連結キャッシュ・フロー計算書について具体的に解説する。

6.1.1　資金の範囲

　連結キャッシュ・フロー計算書が対象とする資金の範囲は、現金及び現金同等物とする。

1）現金

　現金とは手許現金及び要求払預金をいう（CF作成基準第二　一　1）。要求払預金とは、預金者が一定の期間を経ることなく引き出すことができる預金をいい、例えば当座預金、普通預金、通知預金が含まれる。したがって、預入期間の定めがある定期預金は要求払預金には該当しない（CF作成基準注解（注1）、CF実務指針2（1））。

2）現金同等物

　現金同等物とは容易に換金可能であり、かつ、価値の変動について僅少なリスクしか負わない短期投資をいう（CF作成基準第二　一　2）。

　現金同等物には、例えば、取得日から満期日又は償還日までの期間が3か月以内の短期投資である定期預金、譲渡性預金、コマーシャル・ペーパー、

売戻し条件付現先、公社債投資信託が含まれる（CF作成基準注解（注2））。なお、市場性のある株式等については、換金が容易であっても価値変動リスクが僅少とはいえないことから現金同等物には含まれない（CF実務指針2(2)）。

CF作成基準注解（注2）においては、現金同等物に該当するための取得日から満期日又は償還日までの期間について3か月以内が一般的な例として示されているが、一律の基準を設けることは必ずしも適切ではない。資金管理上想定している短期の支払資金の運用期間は各企業によって異なることから、3か月といった期間が妥当でない場合も想定される。したがって、資金の範囲に含めた現金同等物の内容に関する会計方針の記載にあたっては金融商品の主な種類及び取得日から満期日又は償還日までの最長の期間を記載する（CF実務指針28）。

当座借越契約に基づき、当座借越限度枠を企業が保有する現金及び現金同等物と同様に利用している場合には、この当座借越は負の現金同等物を構成する（CF実務指針3）。

現金同等物として具体的に何を含めるかについては、各企業の資金管理活動により異なることが予想されるため、経営者の判断に委ねることが適当と考えられる。したがって、資金の範囲に含めた現金及び現金同等物の内容については会計方針として記載するとともに、その期末残高と貸借対照表上の科目別残高との関係について調整が必要な場合には、その調整を注記する（CF実務指針2(2)）。

3）資金の範囲の注記

連結キャッシュ・フロー計算書の作成にあたっては、資金の範囲に含めた現金及び現金同等物の内容、並びにその期末残高の連結貸借対照表科目別の内訳を記載しなければならない（CF作成基準第四 1）。

資金の範囲は、連結キャッシュ・フロー計算書を作成する上で基本となる事項であるため、毎期継続して適用することとし、これをみだりに変更して

はならない（CF実務指針4）。したがって、資金の範囲を変更した場合には、その旨、その理由及び影響額について注記しなければならないことに留意する必要がある（CF作成基準第四 2）。

6.1.2 非資金取引

連結キャッシュ・フロー計算書の作成にあたっては、重要な非資金取引を注記しなければならない（CF作成基準第四 3）。ここで注記を求めている重要な非資金取引とは、企業の財政状態には重要な影響を与えるがキャッシュ・フローを伴わない取引のうち、翌会計期間以降のキャッシュ・フローに重要な影響と与える取引をいう（CF実務指針24）。連結キャッシュ・フロー計算書に注記すべき重要な非資金取引には、例えば以下のようなものがある（CF実務指針24、CF作成基準注解（注9））。

・社債の償還と引換えによる新株予約権付社債に付された新株予約権の行使
・貸借対照表に計上されたリース資産の取得
・株式の発行等による資産の取得又は合併
・現物出資による株式の取得又は資産の交換

非資金取引の内容によっては、部分的にキャッシュ・フローを伴うものもあるが、その場合にはキャッシュ・フローを伴う部分についてのみ連結キャッシュ・フロー計算書で報告しなければならない（CF実務指針24）。

6.1.3 表示区分

連結キャッシュ・フロー計算書には、「営業活動によるキャッシュ・フロー」、「投資活動によるキャッシュ・フロー」及び「財務活動によるキャッシュ・フロー」の区分を設けなければならない（CF作成基準第二 二 1）。

1）営業活動によるキャッシュ・フロー

営業活動によるキャッシュ・フローの区分には、営業損益計算の対象となった取引のほか、投資活動及び財務活動以外の取引によるキャッシュ・フロ

ーを記載する（CF作成基準第二 二 1 ①）。営業損益計算の対象となった取引とは、商品及び役務の販売による収入、商品及び役務の購入による支出等とされており、売上高、売上原価、販売費及び一般管理費に含まれる取引に係るキャッシュ・フローは、営業活動によるキャッシュ・フローの区分に記載する（CF実務指針7 (1)）。営業活動に係る債権・債務から生ずるキャッシュ・フローには、商品及び役務の販売により取得した手形の割引による収入及び営業債権のファクタリング等による収入も含まれる。また、営業活動に係る債権から生じた破産債権・更生債権等や償却済み債権の回収についても、「営業活動によるキャッシュ・フロー」の区分に記載するものとする（CF作成基準の設定に関する意見書三 3 (2)、CF実務指針7 (2)、31）。

　営業活動によるキャッシュ・フローの区分に含まれる投資活動及び財務活動以外の取引によるキャッシュ・フローの例としては、災害による保険金収入、損害賠償金の支払い、巨額の特別退職金の支給などがある。なお、取引先への前渡金や営業保証金の支出及び取引先からの前受金や営業保証金の収入等は、営業損益計算の対象には含まれず、また、営業活動に係る債権・債務から生ずるキャッシュ・フローでもないが、その取引の性格から営業活動によるキャッシュ・フローの区分に記載するものとする（CF実務指針7 (3)）。

2 ）投資活動によるキャッシュ・フロー

　投資活動によるキャッシュ・フローの区分には、固定資産の取得及び売却、現金同等物に含まれない短期投資の取得及び売却等によるキャッシュ・フローを記載する（CF作成基準第二 二 1 ②）。投資活動によるキャッシュ・フローの金額は、将来の利益獲得及び資金運用のために、どの程度資金を支出し又は回収したかを示す情報となる。投資活動によるキャッシュ・フローの区分には、①有形固定資産及び無形固定資産の取得及び売却、②資金の貸付け及び回収、並びに③現金同等物に含まれない有価証券及び投資有価証券の取得及び売却等の取引に係るキャッシュ・フローを記載する（CF実務指針8、

CF作成基準注解（注4））。

3）財務活動によるキャッシュ・フロー

　財務活動によるキャッシュ・フローの区分には、資金の調達及び返済によるキャッシュ・フローを記載する（CF作成基準第二　二　1　③）。財務活動によるキャッシュ・フローの金額は、営業活動及び投資活動を維持するためにどの程度の資金が調達又は返済されたかを示す情報となる。財務活動によるキャッシュ・フローの区分には、①借入れ及び株式又は社債の発行による資金の調達並びに②借入金の返済及び社債の償還等の取引に係るキャッシュ・フローを記載する（CF実務指針9、CF作成基準注解（注5））。

　なお、自己株式の取得に係る支出は、取得事由にかかわらず財務活動によるキャッシュ・フローの区分に記載することとしているため、自己株式の売却による収入も財務活動によるキャッシュ・フローの区分に記載するものとする（CF実務指針9なお書き）。

4）法人税等の表示区分

　法人税等（住民税及び利益に関連する金額を課税標準とする事業税等を含む）に係るキャッシュ・フローは、営業活動によるキャッシュ・フローの区分に記載する（CF作成基準第二　二　2）。なお、事業税のうち付加価値割及び資本割などは利益に関連する金額を課税標準としていないことから、これらの事業税の支払いは営業活動によるキャッシュ・フローに含まれるものではあるが、「法人税等の支払額」に含めてはならない（CF実務指針10）。

5）利息及び配当金の表示区分

　利息及び配当金に係るキャッシュ・フローは、次のいずれかの方法により記載し、毎期継続して適用する（CF作成基準第二　二　3）。
①　受取利息、受取配当金及び支払利息は営業活動によるキャッシュ・フローの区分に記載し、支払配当金は財務活動によるキャッシュ・フローの区

分に記載する方法
② 受取利息及び受取配当金は投資活動によるキャッシュ・フローの区分に記載し、支払利息及び支払配当金は財務活動によるキャッシュ・フローの区分に記載する方法

　現金及び現金同等物の運用から生じる受取利息等は、他の受取利息等と区分して把握することが実務的に困難であることから、上記受取利息に含めることとし、負の現金同等物に関連して支出する支払利息も同様に上記支払利息に含めることとする（CF実務指針11）。なお、利息の受取額と支払額は相殺せず総額で表示する（CF実務指針11なお書、CF作成基準注解（注6））。

6）消費税等に係るキャッシュ・フロー

　消費税及び地方消費税（以下「消費税等」という）の連結キャッシュ・フロー計算書上の表示としては次の方法が考えられる。
① 課税対象取引に係るキャッシュ・フローを消費税等込みの金額で表示する方法
② 課税対象取引に係るキャッシュ・フローを消費税等抜きの金額で表示する方法
③ 消費税等抜きの資産・負債の増加額又は減少額に、あるいは収益又は費用の額に、これらに関連する消費税込みの債権・債務の期中増減額を調整して、各表示区分の主要な取引ごとのキャッシュ・フローを表示する方法

　消費税等に係るキャッシュ・フローについては、いずれの処理も認められるが、企業が採用した処理は毎期継続して適用する必要があることに留意する。

　なお、消費税等の申告による納付又は還付に係るキャッシュ・フローは、課税取引に関連付けて区分することが実務的に困難なため、「法人税等の支払額」と同様に営業活動によるキャッシュ・フローの区分に消費税等支払額（還付額）又は未払（未収）消費税等の増減額として記載する（CF実務指針36）。

6.1.4 表示方法

1）営業活動によるキャッシュ・フローの表示方法

　営業活動によるキャッシュ・フローは、次のいずれかの方法により表示しなければならない（CF作成基準第三 一、CF実務指針12）。

① 営業収入、原材料又は商品の仕入れによる支出等、主要な取引ごとにキャッシュ・フローを総額表示する方法（以下「直接法」という）

② 税金等調整前当期純利益に非資金損益項目、営業活動に係る資産及び負債の増減、投資活動によるキャッシュ・フロー及び財務活動によるキャッシュ・フローの区分に含まれる損益項目を加減して表示する方法（以下「間接法」という）

　ここで、非資金損益項目とは、税金等調整前当期純利益の計算には反映されるが、キャッシュ・フローを伴わない項目を指す。具体的には、例えば減価償却費、のれん償却額、貸付金に係る貸倒引当金の増加額、持分法による投資損益等である。しかし、営業債権の貸倒償却損、棚卸資産の評価損等の営業活動に係る資産及び負債に関連して発生した非資金損益項目は、税金等調整前当期純利益の計算に反映されるとともに、営業活動に係る資産及び負債の増減にも反映されていることから、税金等調整前当期純利益に加減算する非資金損益項目には含まれない（CF実務指針12）。

　また、投資活動によるキャッシュ・フロー及び財務活動によるキャッシュ・フローの区分に含まれるキャッシュ・フローに関連して発生した損益項目とは、例えば、有形固定資産売却損益、投資有価証券売却損益等を指す（CF実務指針12また書き）。

　選択した営業活動によるキャッシュ・フローの表示方法は、毎期継続して適用しなければならない（CF実務指針12）。

図表6-1　直接法による連結キャッシュ・フロー計算書

(単位：円)

	前連結会計年度 (自　平成　年　月　日) (至　平成　年　月　日)	当連結会計年度 (自　平成　年　月　日) (至　平成　年　月　日)
営業活動によるキャッシュ・フロー		
営業収入	xxx	xxx
原材料又は商品の仕入れによる支出	△xxx	△xxx
人件費の支出	△xxx	△xxx
その他の営業支出	△xxx	△xxx
小計	xxx	xxx
利息及び配当金の受取額	xxx	xxx
利息の支払額	△xxx	△xxx
損害賠償金の支払額	△xxx	△xxx
・・・・・・・・	xxx	xxx
法人税等の支払額	△xxx	△xxx
営業活動によるキャッシュ・フロー	xxx	xxx
投資活動によるキャッシュ・フロー		
有価証券の取得による支出	△xxx	△xxx
有価証券の売却による収入	xxx	xxx
有形固定資産の取得による支出	△xxx	△xxx
有形固定資産の売却による収入	xxx	xxx
投資有価証券の取得による支出	△xxx	△xxx
投資有価証券の売却による収入	xxx	xxx
連結の範囲の変更を伴う子会社株式の取得による支出	△xxx	△xxx
連結の範囲の変更を伴う子会社株式の売却による収入	xxx	xxx
貸付けによる支出	△xxx	△xxx
貸付金の回収による収入	xxx	xxx
・・・・・・・・	xxx	xxx
投資活動によるキャッシュ・フロー	xxx	xxx
財務活動によるキャッシュ・フロー		
短期借入れによる収入	xxx	xxx
短期借入金の返済による支出	△xxx	△xxx
長期借入れによる収入	xxx	xxx
長期借入金の返済による支出	△xxx	△xxx
社債の発行による収入	xxx	xxx
社債の償還による支出	△xxx	△xxx
株式の発行による収入	xxx	xxx
自己株式の取得による支出	△xxx	△xxx
配当金の支払額	△xxx	△xxx
少数株主への配当金の支払額	△xxx	△xxx
・・・・・・・・	xxx	xxx
財務活動によるキャッシュ・フロー	xxx	xxx
現金及び現金同等物に係る換算差額	xxx	xxx
現金及び現金同等物の増減額（△は減少）	xxx	xxx
現金及び現金同等物の期首残高	xxx	xxx
現金及び現金同等物の期末残高	xxx	xxx

(出典)　連結財規　様式第7号

図表6-2　間接法による連結キャッシュ・フロー計算書

(単位：円)

	前連結会計年度 (自 平成 年 月 日 至 平成 年 月 日)	当連結会計年度 (自 平成 年 月 日 至 平成 年 月 日)
営業活動によるキャッシュ・フロー		
税金等調整前当期純利益(又は税金等調整前当期純損失)	xxx	xxx
減価償却費	xxx	xxx
減損損失	xxx	xxx
のれん償却額	xxx	xxx
貸倒引当金の増減額（△は減少）	xxx	xxx
受取利息及び受取配当金	△xxx	△xxx
支払利息	xxx	xxx
為替差損益（△は益）	xxx	xxx
持分法による投資損益（△は益）	xxx	xxx
有形固定資産売却損益（△は益）	xxx	xxx
損害賠償損失	xxx	xxx
売上債権の増減額（△は増加）	xxx	xxx
たな卸資産の増減額（△は増加）	xxx	xxx
仕入債務の増減額（△は減少）	xxx	xxx
‥‥‥‥‥	xxx	xxx
小計	xxx	xxx
利息及び配当金の受取額	xxx	xxx
利息の支払額	△xxx	△xxx
損害賠償金の支払額	△xxx	△xxx
‥‥‥‥‥	xxx	xxx
法人税等の支払額	△xxx	△xxx
営業活動によるキャッシュ・フロー	xxx	xxx
（以下は直接法の場合と同様のため省略）		

（出典）連結財規　様式第8号

２）投資活動によるキャッシュ・フロー及び財務活動によるキャッシュ・フローの表示方法

　投資活動によるキャッシュ・フロー及び財務活動によるキャッシュ・フローは、主要な取引ごとにキャッシュ・フローを総額表示しなければならない（CF作成基準第三 二）。例えば、有価証券の取得と売却に係るキャッシュ・フローは相殺せずにそれぞれ総額で表示する（CF実務指針13）。

　ただし、期間が短く、かつ回転が速い項目に係るキャッシュ・フローについては、純額で表示することができる（CF作成基準注解（注8））。例えば、期間の短いコマーシャル・ペーパーの発行と償還が一会計期間を通じて行わ

れるような場合や、短期間に連続して借換えが行われる場合などにおいては、これらのキャッシュ・フローを総額で表示すると、キャッシュ・フローの金額が大きくなり、かえって連結キャッシュ・フロー計算書の利用者の判断を誤らせるおそれがあるため、純額で表示することができる（CF実務指針13ただし書き）。なお、その場合には純額であることが分かるように表示する必要がある（CF実務指針13なお書き）。その他、外注先のための資材の代理購入等、企業が第三者のために行う取引や、単元未満株式の買取り及びその処分等企業自身の活動というより第三者の活動を反映している取引に係るキャッシュ・フロー並びに重要性の乏しい項目に係るキャッシュ・フローについても、純額表示するものとする（CF実務指針14）。

6.1.5 連結グループ間の取引

1）連結会社相互間のキャッシュ・フロー

　連結キャッシュ・フロー計算書の作成にあたっては、連結会社相互間のキャッシュ・フローは相殺消去しなければならない（CF作成基準第二　三）。なお、連結会社相互間において現金及び現金同等物の未達取引がある場合には、これを調整した上で連結会社相互間のキャッシュ・フローを相殺消去しなければならない（CF実務指針19なお書き）。

2）連結会社振出しの受取手形の割引

　商品及び役務の販売により取得した連結会社振出しの手形を他の連結会社が金融機関で割り引いた場合、割引を行った連結会社の個別ベースのキャッシュ・フロー計算書では、当該収入を営業活動によるキャッシュ・フローの区分に記載する。しかし、連結上は手形借入と同様の効果を有することから、連結キャッシュ・フロー計算書においては財務活動によるキャッシュ・フローの区分に記載することとなる（CF実務指針20）。

3）連結追加及び連結除外

　連結範囲の変動を伴う子会社株式の取得又は売却に係るキャッシュ・フローは、投資活動の区分に独立の項目として記載する。この場合、新たに連結子会社となった会社の現金及び現金同等物の額は株式の取得による支出額から控除し、連結子会社でなくなった会社の現金及び現金同等物の額は株式の売却による収入額から控除して記載するものとする。事業の譲受け又は譲渡に係るキャッシュ・フローについても、投資活動によるキャッシュ・フローの区分に、同様に計算した額をもって独立の項目として記載するものとする（CF作成基準第二 二 4、CF実務指針46）。

　新規の連結子会社については、連結の範囲に含めた時点以降のキャッシュ・フローを連結キャッシュ・フロー計算書に含め、連結除外会社については、連結除外時点までのキャッシュ・フローを連結キャッシュ・フロー計算書に含める。すなわち、当該子会社の経営成績が連結損益計算書に含まれた期間とキャッシュ・フローが連結キャッシュ・フロー計算書に含まれた期間が一致しなければならない（CF実務指針21）。

4）少数株主との取引

　少数株主に対する配当金の支払額及び少数株主の増資引受けによる払込額は、財務活動によるキャッシュ・フローの区分にそれぞれ独立掲記する（CF実務指針22）。

5）持分法適用会社からの受取配当金

　持分法適用会社からの配当金の受取額は、前述の利息及び配当金に係るキャッシュ・フローの表示区分について選択した方法に従って記載する。

　なお、営業活動によるキャッシュ・フローの区分の表示方法に間接法を採用した場合において、税金等調整前当期純利益から営業活動によるキャッシュ・フローへの調整を行う際の非資金損益項目の1つとして持分法による投資損益がある。受取配当金を営業活動によるキャッシュ・フローの区分に記

載することとしている場合には、持分法適用会社からの配当金受取額を持分法による投資損益と相殺して表示することもできることとする（CF実務指針23）。

6.1.6 外貨の換算

1）外貨建の現金及び現金同等物に係る為替差損益

外貨建の現金及び現金同等物に係る為替差損益の額は「現金及び現金同等物に係る換算差額」として表示する。すなわち、外貨建の現金及び現金同等物の期中の為替相場の変動による円貨増減額は、現金及び現金同等物の増減額の調整項目である「現金及び現金同等物に係る換算差額」として区分表示することとなる（CF実務指針15、CF作成基準第三 三）。

2）間接法を採用した場合の為替差損益の調整

営業活動によるキャッシュ・フローの区分の表示方法に間接法を採用した場合においては、**図表6-2**にも示しているように税金等調整前当期純利益に対する調整項目として為替差損益が記載されている。この為替差損益は連結損益計算書において計上された為替差損益のうち、原則として、営業活動によるキャッシュ・フローの小計欄以下の各項目又は営業活動によるキャッシュ・フロー以外の各表示区分に記載される取引に係る為替差損益であることに留意する必要がある（CF実務指針16）。

3）在外子会社のキャッシュ・フローの換算

在外子会社における外貨によるキャッシュ・フローは、外貨建取引等会計処理基準における収益及び費用の換算方法に準じて換算する（CF作成基準第二 四）。したがって、在外子会社における外貨によるキャッシュ・フロー計算書の表示区分のうち、営業活動によるキャッシュ・フロー、投資活動によるキャッシュ・フロー及び財務活動によるキャッシュ・フローについては、

当該在外子会社の収益及び費用の換算に用いられた為替レート、すなわち期中平均レート若しくは決算時レートのいずれかによる円換算額を付すこととなる。換算の結果生じた円貨による差額は、「現金及び現金同等物に係る換算差額」に含めて表示する。なお、配当金及び増資等の資本取引に関連するキャッシュ・フローについては、当該キャッシュ・フローの発生時の為替レートによる円換算額を付す（CF実務指針17）。

在外子会社の円換算後の貸借対照表及び損益計算書を用いて当該在外子会社のキャッシュ・フローを求める場合には、前期の決算時レートと当期の決算時レートの変動による影響額が資産及び負債の円貨による増減額に含まれて算出されるが、為替レートの変動による円貨増減額はキャッシュ・フローを伴うものではないため、その影響を調整しなければならない。ただし、在外子会社の各表示区分ごとのキャッシュ・フローに重要性がない場合、または為替レートの変動による影響額が重要でないと認められる場合には、当該調整を行わず、「現金及び現金同等物に係る換算差額」に含めて表示することができる（CF実務指針18）。

CF実務指針18項には、例示として以下のような場合が挙げられている。

> 例えば、在外子会社の商品の販売による収入を、期中平均相場により換算した売上高に前期末の円貨による売上債権残高を加え、当期末の円貨による売上債権残高を控除して求めた場合の円貨額は、前項の外貨による「キャッシュ・フロー計算書」上の商品の販売による収入を期中平均相場で換算した場合の円貨額と比べて差異が生じる。この差額は、在外子会社の財務諸表を円換算した際に生じた為替換算調整勘定の増減額の一部を構成している。したがって、在外子会社の外貨による「キャッシュ・フロー計算書」を収益及び費用の換算方法に準じて換算した場合と結果が同一となるように、資産及び負債の円貨による増減額を原則として為替換算調整勘定増減額の分析を行うことにより調整しなければならない。

6.1.7 連結キャッシュ・フロー計算書の作成

１）原則法と簡便法

　原則法とは、各連結会社において個別キャッシュ・フロー計算書を作成し、これらを連結する方法をいう。CF作成基準においては「連結キャッシュ・フロー計算書の作成にあたっては、連結会社相互間のキャッシュ・フローは相殺消去しなければならない（CF作成基準第二 三）」としていることから、原則法を前提としていると考えられる。しかし、簡便的に連結損益計算書並びに連結貸借対照表の期首残高と期末残高の増減額の分析及びその他の情報から作成する方法（以下「簡便法」という）も認められている。ただし、この場合においても原則法を採用した場合と同様のキャッシュ・フローに関する情報が得られるようにしなければならない（CF実務指針47）。

図表6-3　原則法による連結キャッシュ・フロー計算書の作成手順

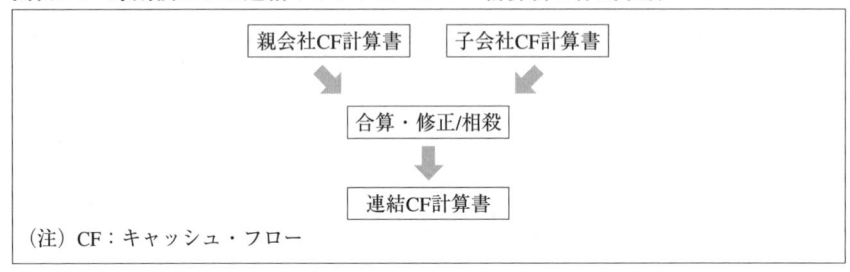

```
      親会社CF計算書        子会社CF計算書
              ↓                    ↓
              　　合算・修正/相殺
                       ↓
                   連結CF計算書
```
（注）CF：キャッシュ・フロー

図表6-4　簡便法による連結キャッシュ・フロー計算書の作成手順

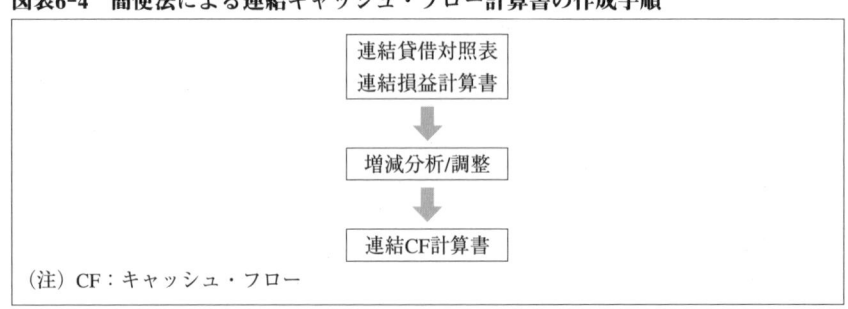

```
              連結貸借対照表
              連結損益計算書
                       ↓
                   増減分析/調整
                       ↓
                   連結CF計算書
```
（注）CF：キャッシュ・フロー

2）営業活動によるキャッシュ・フローの区分を間接法によった場合の連結キャッシュ・フロー計算書の作成方法

　営業活動によるキャッシュ・フローの区分を間接法によった場合の連結キャッシュ・フロー計算書の作成方法は以下のとおりである。

　すなわち、間接法の場合には税金等調整前当期純損益からスタートし、営業外損益項目及び特別損益項目を調整して、営業損益を算出する。これに非現金支出費用を加算し、営業損益に係る資産負債の増減を調整することで、営業損益を発生主義ベースからキャッシュ・フローベースに変換する。

3）営業活動によるキャッシュ・フローの区分を直接法によった場合の連結キャッシュ・フロー計算書の作成方法

　営業活動によるキャッシュ・フローの区分を直接法によった場合には、営業収入、原材料又は商品の仕入れによる支出、人件費の支出及びその他の営業支出をそれぞれ把握しなければならない。そのためには、貸借対照表及び損益計算書の調整により、それぞれの収入額及び支出額を算出する必要がある。

　以下では連結キャッシュ・フロー計算書の作成方法について簡単な数値例を用いて説明していく。

［例］

<前提>
　親会社P（以下「P社」という）は国内子会社S（以下「S社」という）の株式を100%所有し、連結子会社としている。なお、利息及び配当金の表示区分は、受取利息、受取配当金及び支払利息は営業活動によるキャッシュ・フローの区分に記載し、支払配当金は財務活動によるキャッシュ・フローの区分に記載する方法による。

P社貸借対照表

	前期			当期			増減		
	対子会社	その他	合計	対子会社	その他	合計	対子会社	その他	合計
現金預金	0	100	100	0	160	160	0	60	60
売上債権	50	120	170	40	100	140	-10	-20	-30
棚卸資産	0	150	150	0	120	120	0	-30	-30
固定資産	0	200	200	0	200	200	0	0	0
S社株式	100	0	100	100	0	100	0	0	0
子会社貸付金	30	0	30	30	0	30	0	0	0
その他投資	0	150	150	0	150	150	0	0	0
資産合計	180	720	900	170	730	900			
仕入債務	0	130	130	0	120	120	0	-10	-10
短期借入金	0	30	30	0	20	20	0	-10	-10
1年以内長期借入金	0	50	50	0	50	50	0	0	0
未払法人税等	0	20	20	0	25	25	0	5	5
賞与引当金	0	20	20	0	15	15	0	-5	-5
長期借入金	0	50	50	0	0	0	0	-50	-50
退職給付引当金	0	100	100	0	110	110	0	10	10
負債合計	0	400	400	0	340	340			
資本金	0	300	300	0	300	300	0	0	0
資本剰余金	0	100	100	0	100	100	0	0	0
利益剰余金	0	100	100	0	160	160	0	60	60
純資産合計	0	500	500	0	560	560			

P社損益計算書

	当期		
	対子会社	その他	合計
売上高	600	1440	2040
売上原価	0	1630	1630
販売費及び一般管理費	0	280	280
減価償却費	0	20	20
給与手当	0	130	130
賞与	0	30	30
賞与引当金繰入額	0	15	15
退職給付費用	0	25	25
その他経費	0	60	60
受取利息配当金	11	0	11
支払利息	0	6	6
特別利益	0	0	0
減損損失	0	10	10
税引前当期純利益			125
法人税等			45
当期純利益			80

S社貸借対照表

	前期			当期			増減		
	対親会社	その他	合計	対親会社	その他	合計	対親会社	その他	合計
現金預金	0	70	70	0	85	85	0	15	15
売上債権	0	80	80	0	70	70	0	-10	-10
棚卸資産	0	70	70	0	80	80	0	10	10
その他投資	0	100	100	0	100	100	0	0	0
資産合計	0	320	320	0	335	335			
仕入債務	50	15	65	40	10	50	-10	-5	-15
賞与引当金	0	10	10	0	13	13	0	3	3
未払法人税等	0	10	10	0	15	15	0	5	5
長期借入金	30	0	30	30	0	30	0	0	0
退職給付引当金	0	55	55	0	57	57	0	2	2
負債合計	80	90	170	70	95	165			
資本金	100	0	100	0	100	100	-100	100	0
利益剰余金	0	50	50	0	70	70	0	20	20
純資産合計	100	50	150	0	170	170			

S社損益計算書

	当期		
	対親会社	その他	合計
売上高	0	850	850
売上原価	600	100	700
販売費及び一般管理費	0	100	100
給与手当	0	50	50
賞与	0	12	12
賞与引当金繰入額	0	13	13
退職給付費用	0	5	5
その他経費	0	20	20
支払利息	1	0	1
税引前当期純利益			49
法人税等			19
当期純利益			30

＜その他の前提＞

- P社、S社とも、商品はすべて掛により売り上げている。また、仕入についても、全額を掛により仕入れている。
- P社はS社に対し商品を販売している。その際、利益の上乗せは実施していない。
- P社はS社に対し前々期首に30の貸付を行っている。これについて毎期末に利息1を受け取っている。なお、返済期日は7年後である。

- P社は毎期20の配当を実施している。
- S社は毎期10の配当を実施している。
- P社は当期、固定資産を30購入している。
- P社は当期、長期借入金50を返済している。
- P社の貸借対照表上の現金及び預金の額とキャッシュ・フロー計算書上の資金の範囲は一致している。
- 税効果会計は考慮していない。
- 金額は便宜的に小さくしている。

1. 原則法による連結キャッシュ・フロー計算書の作成（間接法）
   （1）P社の個別キャッシュ・フロー計算書の作成
      1）営業活動によるキャッシュ・フローの区分の作成

      まず、税引前当期純利益に営業外損益項目及び特別損益項目を調整して、営業損益を算出する。

税引前当期純利益	125
減損損失	10
受取利息配当金	-11
支払利息	6

次に、非現金支出費用を加算し、営業損益に係る資産負債の増減を調整する。

減価償却費	20
賞与引当金の減少額	-5
退職給付引当金の増加額	10
売上債権の減少額	30
棚卸資産の減少額	30
仕入債務の減少額	-10

これで、小計欄より上の部分が算定される。資産負債の増減に関しては、資産の場合には増加がマイナス、減少がプラスとなり、逆に負債の場合には増加がプラス、減少がマイナスとなっている。例えば、売上債権の場合を考えてみる。

売上債権			
期首	170	当期回収額	**2,070**
当期増加額	2,040	当期増加額	2,040

　当期の売上高は2,040だが、当期の回収金額は2,070となっている。つまり、キャッシュベースでは2,070の営業収入を得ているため、発生主義から修正する場合、30を加える必要がある。この30は期首と期末の売上債権の差額である。他についても同様であるため、一度計算してみると分かりやすいと思われる。

　小計欄より下の部分については、キャッシュ・フローベースで記載する必要がある。この例題においては、利息及び配当の受取額、利息の支払額はともに費用と支出が一致しているため、損益計算書の金額を転記すればよいが、法人税等の支払額については未払法人税等が計上されているため、キャッシュ・フローベースへの調整が必要である。

法人税の調整	
前期未払額	20
法人税等計上額	45
当期未払額	−25
支払額	40

　以上を考慮して、営業活動によるキャッシュ・フローの区分を作成すると以下のようになる。

```
営業活動によるキャッシュ・フロー
    税引前当期純利益                    125
    減価償却費                           20
    減損損失                             10
    受取利息配当金                       −11
    支払利息                              6
    賞与引当金の減少額                    −5
    退職給付引当金の増加額                10
    売上債権の減少額                      30
    棚卸資産の減少額                      30
    仕入債務の減少額                     −10
    小計                                205
```

法人税等の支払額	-40
利息及び配当の受取額	11
利息の支払額	-6
営業活動によるキャッシュ・フロー	170

2）投資活動によるキャッシュ・フローの区分の作成

　P社において、当期投資活動によるキャッシュ・フローの区分に該当するのは、固定資産の購入のみである。よって、投資活動によるキャッシュ・フローの区分を作成すると以下のようになる。

投資活動によるキャッシュ・フロー	
固定資産の取得による支出	-30
投資活動によるキャッシュ・フロー	-30

3）財務活動によるキャッシュ・フローの区分の作成

　P社において、当期財務活動によるキャッシュ・フローの区分に該当する取引は以下のとおりである。

・短期借入金の純減少額　10
・長期借入金の返済　50
・配当金の支払い　20

　よって、財務活動によるキャッシュ・フローの区分を作成すると以下のようになる。

財務活動によるキャッシュ・フロー	
短期借入金の純減少額	-10
長期借入金の返済による支出	-50
配当金の支払額	-20
財務活動によるキャッシュ・フロー	-80

　以上より、P社のキャッシュ・フロー計算書の全体は以下のように作成される。

営業活動によるキャッシュ・フロー	
税引前当期純利益	125
減価償却費	20
減損損失	10

受取利息配当金	-11
支払利息	6
賞与引当金の減少額	-5
退職給付引当金の増加額	10
売上債権の減少額	30
棚卸資産の減少額	30
仕入債務の減少額	-10
小計	205
法人税等の支払額	-40
利息及び配当の受取額	11
利息の支払額	-6
営業活動によるキャッシュ・フロー	170
投資活動によるキャッシュ・フロー	
固定資産の取得による支出	-30
投資活動によるキャッシュ・フロー	-30
財務活動によるキャッシュ・フロー	
短期借入金の純減少額	-10
長期借入金の返済による支出	-50
配当金の支払額	-20
財務活動によるキャッシュ・フロー	-80
現金及び現金同等物の増減額	60
現金及び現金同等物の期首残高	100
現金及び現金同等物の期末残高	160

(2) S社の個別キャッシュ・フロー計算書の作成

　　S社についてもP社と同様にキャッシュ・フロー計算書を作成する。作成方法はP社と同一であるため説明は省略する。

営業活動によるキャッシュ・フロー	
税引前当期純利益	49
支払利息	1
賞与引当金の増加額	3
退職給付引当金の増加額	2
売上債権の減少額	10
棚卸資産の増加額	-10
仕入債務の減少額	-15
小計	40
法人税等の支払額	-14
利息の支払額	-1
営業活動によるキャッシュ・フロー	25

```
  財務活動によるキャッシュ・フロー
    配当金の支払額                          -10
    財務活動によるキャッシュ・フロー          -10
    現金及び現金同等物の増減額                15
    現金及び現金同等物の期首残高              70
    現金及び現金同等物の期末残高              85
```

(3) 個別キャッシュ・フロー計算書の合算及び相殺消去

原則法により連結キャッシュ・フロー計算書を作成する場合には、個別キャッシュ・フロー計算書を合算し、連結会社相互間のキャッシュ・フローを相殺消去する。この例題において、連結会社相互間のキャッシュ・フローは以下のとおりである。

・P社のS社に対する商品の販売に係るキャッシュ・フロー
・S社のP社に対する借入金利息の支払いに係るキャッシュ・フロー
・S社のP社に対する配当金の支払いに係るキャッシュ・フロー

このうち、商品の販売に係るキャッシュ・フローは、営業活動によるキャッシュ・フローの区分を間接法によっていることから、売上債権及び仕入債務の増減額によって調整する。調整を行うための精算表を以下に示す。

	親会社P	子会社S	単純合計	相殺消去 債権債務の相殺	相殺消去 利息の相殺	相殺消去 配当金の相殺	修正合計	連結CF
営業活動によるCF								
税引前当期純利益	125	49	174			-10	-10	164
減価償却費	20	0	20				0	20
減損損失	10	0	10				0	10
受取利息配当金	-11	0	-11		1	10	11	0
支払利息	6	1	7		-1		-1	6
賞与引当金の増減額	-5	3	-2				0	-2
退職給付引当金の増減額	10	2	12				0	12
売上債権の増減額	30	10	40	-10			-10	30
棚卸資産の増減額	30	-10	20				0	20
仕入債務の増減額	-10	-15	-25	10			10	-15
小計	205	40	245	0	0	0	0	245
法人税等の支払額	-40	-14	-54				0	-54
利息および配当の受取額	11	0	11		-1	-10	-11	0
利息の支払額	-6	-1	-7		1		1	-6
営業活動によるCF	170	25	195	0	0	-10	-10	185
投資活動によるCF								

固定資産の取得による支出	-30	0	-30				0	-30
投資活動によるCF	-30	0	-30	0	0	0	0	-30
財務活動によるCF								
短期借入金の純減少額	-10	0	-10				0	-10
長期借入金の返済による支出	-50	0	-50				0	-50
配当金の支払額	-20	-10	-30			10	10	-20
財務活動によるCF	-80	-10	-90	0	0	10	10	-80
現金及び現金同等物の増減額	60	15	75	0	0	0	0	75
現金及び現金同等物の期首残高	100	70	170				0	170
現金及び現金同等物の期末残高	160	85	245				0	245

(注) CF＝キャッシュ・フロー

　配当金の相殺については、P社では受取配当金として損益計算に反映しているものの、S社では剰余金の配当であり、損益計算に反映されていないことから、税引前当期純利益の調整が必要となる。

　以上の調整をもとに作成された連結キャッシュ・フロー計算書は以下のとおりである。

```
　　営業活動によるキャッシュ・フロー
　　　　税金等調整前当期純利益                        164
　　　　減価償却費                                    20
　　　　減損損失                                      10
　　　　受取利息配当金                                 0
　　　　支払利息                                       6
　　　　賞与引当金の増減額                            -2
　　　　退職給付引当金の増減額                        12
　　　　売上債権の増減額                              30
　　　　棚卸資産の増減額                              20
　　　　仕入債務の増減額                             -15
　　　　小計                                         245
　　　　法人税等の支払額                             -54
　　　　利息及び配当の受取額                           0
　　　　利息の支払額                                  -6
　　　　営業活動によるキャッシュ・フロー              185
　　投資活動によるキャッシュ・フロー
　　　　固定資産の取得による支出                     -30
```

投資活動によるキャッシュ・フロー	-30
財務活動によるキャッシュ・フロー	
短期借入金の純減少額	-10
長期借入金の返済による支出	-50
配当金の支払額	-20
財務活動によるキャッシュ・フロー	-80
現金及び現金同等物の増減額	75
現金及び現金同等物の期首残高	170
現金及び現金同等物の期末残高	245

2. 簡便法による連結キャッシュ・フロー計算書の作成（間接法）

　簡便法により連結キャッシュ・フロー計算書を作成する場合には、連結損益計算書及び連結貸借対照表を使用する。

連結損益計算書

売上高	2,290
売上原価	1,730
販売費及び一般管理費	380
減価償却費	20
給与手当	180
賞与	42
賞与引当金繰入額	28
退職給付費用	30
その他経費	80
支払利息	6
減損損失	10
税引前当期純利益	164
法人税等	64
当期純利益	100

連結貸借対照表

	前期	当期	増減
現金預金	170	245	75
売上債権	200	170	(30)
棚卸資産	220	200	(20)

固定資産	200	200	0
S社株式	0	0	0
子会社貸付金	0	0	0
その他投資	250	250	0
資産合計	1,040	1,065	25
仕入債務	145	130	(15)
短期借入金	30	20	(10)
1年以内長期借入金	50	50	0
未払法人税等	30	40	10
賞与引当金	30	28	(2)
長期借入金	50	0	(50)
退職給付引当金	155	167	12
負債合計	490	435	(55)
資本金	300	300	0
資本剰余金	100	100	0
利益剰余金	150	230	80
純資産合計	550	630	80

　これらをもとに連結キャッシュ・フロー精算表を作成すると、以下のようになる。

連結キャッシュ・フロー精算表

	前期	当期	増減	減価償却費	減損損失	固定資産取得	資産負債増減	支払利息	法人税等	資金返済	支払配当金	利益剰余金	現金及び預金の振替	合計
現金預金	170	245	75										(75)	0
売上債権	200	170	(30)				30							0
棚卸資産	220	200	(20)				20							0
固定資産	200	200	0	20	10	(30)								0
S社株式	0	0	0											0
子会社貸付金	0	0	0											0
その他投資	250	250	0											0
仕入債務	(145)	(130)	15				(15)							0
短期借入金	(30)	(20)	10							(10)				0
1年以内長期借入金	(50)	(50)	0											0
未払法人税等	(30)	(40)	(10)						10					0
賞与引当金	(30)	(28)	2				(2)							0
長期借入金	(50)	0	50							(50)				0
退職給付引当金	(155)	(167)	(12)				12							0
資本金	(300)	(300)	0											0

資本剰余金	(100)	(100)	0									0
利益剰余金	(150)	(230)	(80)					(64)		(20)	164	0
合計	0	0	0	20	10	(30)	45	(54)	(60)	(20)	164	(75)	0
営業活動によるCF												
税引前当期純利益											164	164
減価償却費				20								20
減損損失					10							10
支払利息							6					6
賞与引当金の増減額						(2)						(2)
退職給付引当金の増減額						12						12
売上債権の増減額						30						30
棚卸資産の増減額						20						20
仕入債務の増減額						(15)						(15)
小計				20	10	0	45	6	0	0	164	0	245
法人税等の支払額								(54)				(54)
利息の支払額							(6)					(6)
営業活動によるCF				20	10	0	45	0	(54)	0	0	164	0	185
投資活動によるCF												
固定資産の取得による支出						(30)						(30)
投資活動によるCF				0	0	(30)	0	0	0	0	0	0	(30)
財務活動によるCF												
短期借入金の純減少額									(10)			(10)
長期借入金の返済による支出									(50)			(50)
配当金の支払額										(20)		(20)
財務活動によるCF				0	0	0	0	0	(60)	(20)	0	0	(80)
現金及び現金同等物の増減額												75
現金及び現金同等物の期首残高												170
現金及び現金同等物の期末残高												245

(注) CF＝キャッシュ・フロー

　この精算表では、1. で解説した方法と同じ方法を用いている。精算表は検算しながら作成することができるため、実務的に非常によく用いられている。
　精算表によって作成された連結キャッシュ・フロー計算書は以下のとおりである。

　　　営業活動によるキャッシュ・フロー
　　　　　税金等調整前当期純利益　　　　　　　164
　　　　　減価償却費　　　　　　　　　　　　　 20
　　　　　減損損失　　　　　　　　　　　　　　 10
　　　　　受取利息配当金　　　　　　　　　　　　0
　　　　　支払利息　　　　　　　　　　　　　　　6
　　　　　賞与引当金の増減額　　　　　　　　　 -2
　　　　　退職給付引当金の増減額　　　　　　　 12
　　　　　売上債権の増減額　　　　　　　　　　 30
　　　　　棚卸資産の増減額　　　　　　　　　　 20

仕入債務の増減額	-15
小計	245
法人税等の支払額	-54
利息及び配当の受取額	0
利息の支払額	-6
営業活動によるキャッシュ・フロー	185
投資活動によるキャッシュ・フロー	
固定資産の取得による支出	-30
投資活動によるキャッシュ・フロー	-30
財務活動によるキャッシュ・フロー	
短期借入金の純減少額	-10
長期借入金の返済による支出	-50
配当金の支払額	-20
財務活動によるキャッシュ・フロー	-80
現金及び現金同等物の増減額	75
現金及び現金同等物の期首残高	170
現金及び現金同等物の期末残高	245

　1.で作成した連結キャッシュ・フロー計算書と同じ結果となっていることが確認できる。

3. 原則法による連結キャッシュ・フロー計算書の作成（直接法）
　（1）P社個別キャッシュ・フロー計算書の作成
　　1）営業収入の算定
　　　営業収入については、売上高及び売上債権の調整により算定できる。

売上債権

期首	170	当期回収額	**2,070**
当期増加額	2,040	期末	140

　　　このうち、当期回収額である2,070が営業収入に該当することとなる。

　　2）原材料又は商品の仕入による支出の算定
　　　原材料又は商品の仕入による支出については、棚卸資産、売上原価及び仕入債務の調整により算定できる。

仕入債務				棚卸資産			
当期支払額	**1,610**	期首	130	期首	150	売上原価	1,630
期末	120	当期仕入高	1,600	← 当期仕入高	1,600	期末	120

このうち、仕入債務の当期支払額である1,610が原材料又は商品の仕入れによる支出に該当することとなる。

3）人件費の支出の算定

人件費の支出については該当する勘定科目が複数にわたることから、それらをもれなく集計する必要がある。P社の場合には以下のような調整を行う。

① 給与手当

給与手当については経過勘定処理したものはないため、損益計算書計上額が支出額となる。よって、当期の支出額は130である。

② 賞与

賞与については、貸借対照表に計上された賞与引当金及び損益計算書に計上された賞与について調整を行う。

賞与引当金			
当期支払額	**20**	期首	20
期末	15	当期繰入額	15

損益計算書に計上された賞与30についてはすでに支払われているため、賞与についての当期の支出額は20＋30＝50である。

③ 退職金

退職金については、貸借対照表に計上された退職給付引当金について調整を行う。

退職給付引当金			
当期支払額	**15**	期首	100
期末	110	当期繰入額	25

よって、当期の退職金支払額は15である。

以上①～③より、130＋50＋15＝195が人件費の支出に該当することとなる。

4）その他の営業支出の算定

その他の営業支出についても経過勘定処理したものはないため、損益計算書計上額が支出額となる。よって、当期の支出額は60である。

以上より、直接法によるP社の個別キャッシュ・フロー計算書が以下のように作成される。

営業活動によるキャッシュ・フロー	
営業収入	2,070
原材料又は商品の仕入による支出	-1,610
人件費の支出	-195
その他の営業支出	-60
小計	205

(2) S社の個別キャッシュ・フロー計算書の作成

S社についてもP社と同様に勘定の調整を行って個別キャッシュ・フロー計算書を作成する。作成方法はP社と同一であるため説明は省略する。

営業活動によるキャッシュ・フロー	
営業収入	860
原材料又は商品の仕入による支出	-725
人件費の支出	-75
その他の営業支出	-20
小計	40

(3) 個別キャッシュ・フロー計算書の合算及び相殺消去

直接法の場合にも、間接法の場合と同様に個別キャッシュ・フロー計算書を合算し、連結会社相互間のキャッシュ・フローを相殺消去する。連結会社相互間のキャッシュ・フローのうち、営業活動によるキャッシュ・フローの区分に該当するものは「P社のS社に対する商品の販売に係るキャッシュ・フロー」である。これについては以下のように算定する。両社の金額は一致することとなる。

・P社の調整

子会社に対する売上債権

期首	50	当期回収額	**610**
当期増加額	600	期末	40

・S社の調整

仕入債務

当期支払額	610	期首	50
期末	40	当期仕入高	600

棚卸資産

期首	0	売上原価	600
当期仕入高	600	期末	0

この調整をもとに精算表を作成すると以下のようになる。

	親会社P	子会社S	単純合計	営業収入と仕入支出の相殺	修正合計	連結CF
営業活動によるCF						
営業収入	2,070	860	2,930	-610	-610	2,320
原材料又は商品の仕入れによる支出	-1,610	-725	-2,335	610	610	-1,725
人件費の支出	-195	-75	-270		0	-270
その他の営業支出	-60	-20	-80		0	-80
小計	205	40	245	0	0	245

（注）CF＝キャッシュ・フロー

以上の調整をもとに作成された連結キャッシュ・フロー計算書は以下のとおりである。

営業活動によるキャッシュ・フロー
　営業収入　　　　　　　　　　　　　　　　2,320
　原材料又は商品の仕入による支出　　　　　-1,725
　人件費の支出　　　　　　　　　　　　　　-270
　その他の営業支出　　　　　　　　　　　　-80
　小計　　　　　　　　　　　　　　　　　　245

小計欄の金額が間接法により作成された連結キャッシュ・フロー計算書と同じ金額となっていることが確認できる。なお、営業活動によるキャッシュ・フローの区分の小計欄以降は間接法と作成方法が同一であるため、説明は省略する。

4. 簡便法による連結キャッシュ・フロー計算書の作成（直接法）

簡便法により連結キャッシュ・フロー計算書を作成する場合には、間接法の場合と同様、連結損益計算書及び連結貸借対照表を使用して調整作業を行う。

① 営業収入の算定………2,320

	売上債権		
期首	200	当期回収額	**2,320**
当期増加額	2,290	期末	170

② 原材料又は商品の仕入れによる支出の算定………1,725

仕入債務				棚卸資産			
当期支払額	**1,725**	期首	145	期首	220	売上原価	1,730
期末	130	当期仕入高	1,710 ←	当期仕入高	1,710	期末	200

③ 人件費の支出の算定………270

　ア　給与手当………180

　イ　賞与………72

　（内訳）

　　損益計算書計上額………42

	賞与引当金		
当期支払額	**30**	期首	30
期末	28	当期繰入額	28

　ウ　退職金………18

退職給付引当金			
当期支払額	18	期首	155
期末	167	退職給付費用	30

④　その他の営業支出の算定………80

以上の調整をもとに作成された連結キャッシュ・フロー計算書は以下のとおりである。

```
営業活動によるキャッシュ・フロー
    営業収入                              860
    原材料又は商品の仕入による支出       -725
    人件費の支出                          -75
    その他の営業支出                      -20
    小計                                  40
```

3.で作成した連結キャッシュ・フロー計算書と同じ結果となっていることが確認できる。

6.2 設例編

6.2.1 前提条件

	東京社グループの当連結会計年度における取引は以下のとおりである。
減価償却費	当期の東京社グループの減価償却費は以下のとおりである。 　建物：357,000千円 　機械装置：531,150千円 　器具備品：1,600,000千円 　リース資産：90,000千円 　ソフトウェア：30,000千円
貸倒引当金	全額営業項目に関連して発生したものとする。
その他資産	すべて営業項目に関するものとする。
建物	新規購入、売却資産は無い。
機械装置	東京社はB社から12月末に機械装置211,200千円を購入しているが、連結内取引のため全額消去され、連結キャッシュ・フロー計算書には影響しない。 東京社グループでは上記以外の新規資産購入、売却取引は行っていない。
器具備品	東京社は、当期に器具備品を207,500千円で取得している。当該固定資産取得に関し×6年3月31日現在未払は発生していない。
ソフトウェア	東京社は、当期期中にソフトウェアを330,000千円購入している。当該固定資産取得に関し、×6年3月31日現在未払は発生していない。

リース資産	当期に取引を開始したリース契約は30,000千円である。
土地	大阪社は当期中に土地を160,000千円で取得している。 なお、×6年3月31日現在、当該土地取得に関して未払は発生していない。
為替差損益	東京社及びA社で発生した為替差損益はすべて営業取引から発生したものとする。
未払法人税	以下**6.2.2** 16.参照
短期借入金	以下**6.2.2** 24.参照
長期借入金	以下**6.2.2** 24.参照
譲渡性預金	当社が保有する譲渡性預金は、取得日から満期日までの期間が3か月以内の短期投資である。
投資有価証券	東京社は、当期に15,000千円の投資有価証券を簿価と同額で売却している。

・東京社グループは営業キャッシュ・フローの表示方法として、税金等調整前当期純利益に、非資金損益項目、営業活動に係る資産及び負債の増減並びに「投資活動によるキャッシュ・フロー」及び「財務活動によるキャッシュ・フロー」の区分に含まれるキャッシュ・フローに関連して発生した損益項目を加減算して「営業活動によるキャッシュ・フロー」を表示する方法（CF実務指針12）である間接法を採用している。
・連結キャッシュ・フローの作成方法として、連結損益計算書並びに連結貸借対照表の期首残高と期末残高の増減額の分析及びその他の情報から作成する、簡便法を採用している。
・利息及び配当金の表示区分に関し、受取利息及び支払利息は、「営業活動によるキャッシュ・フロー」の区分に記載し、支払配当金は「財務活動によるキャッシュ・フロー」の区分に記載する方法によっている。

6.2.2 連結キャッシュ・フロー精算表における調整項目の解説

　上述のとおり、東京社グループでは、連結キャッシュ・フロー計算書を連結損益計算書並びに連結貸借対照表の期首残高と期末残高の増減額の分析及びその他の情報から作成する簡便法を使用している。連結キャッシュ・フロー計算書精算表では、最初に期首と期末のB/Sを並べ、増減額を算出する（図中①）。次に、この増減額をB/S調整項目の欄で分析し（図中②）、一番右の列の合計欄を0になるように調整する（図中③）。続いて、B/S調整項目で調整された金額をキャッシュ・フロー項目の欄に転記する（図中④）。最後にキャッシュ・フロー項目の欄に記載された金額を合計し、キャッシュ・フロー計算書が完成する（図中⑤）。

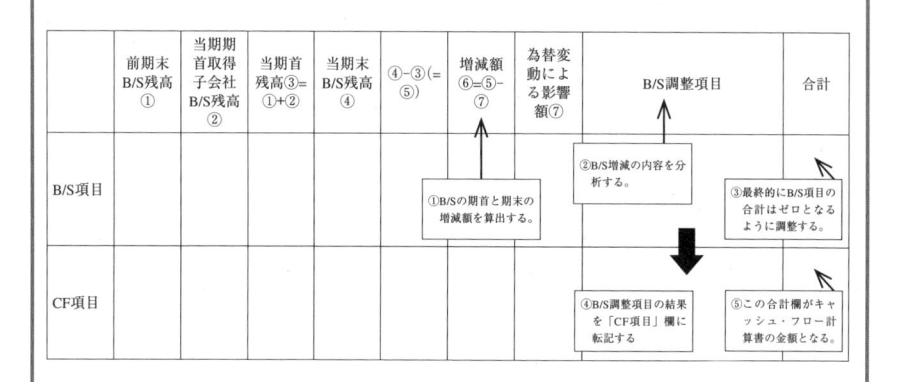

	前期末B/S残高①	当期期首取得子会社B/S残高②	当期首残高③=①+②	当期末B/S残高④	④-③(=⑤)	増減額⑥=⑤-⑦	為替変動による影響額⑦	B/S調整項目	合計
B/S項目									
CF項目									

①B/Sの期首と期末の増減額を算出する。
②B/S増減の内容を分析する。
③最終的にB/S項目の合計はゼロとなるように調整する。
④B/S調整項目の結果を「CF項目」欄に転記する。
⑤この合計欄がキャッシュ・フロー計算書の金額となる。

　東京社グループでは、×5年3月31日の連結貸借対照表残高に、×5年4月1日に子会社となった大阪社、A社、B社の期首残高を加算したものと、×6年3月31日の連結貸借対照表残高との差額についてその内容を分析し、調整を行っていく。

　以下では、各調整項目について説明を行う。なお、各項目の前に付されている番号は、連結キャッシュ・フロー精算表（**図表2-4**）のB/S調整項目の上に付されている各番号と対応している。

1. 為替変動による影響額

　　連結貸借対照表は、在外子会社の円換算後の貸借対照表及び損益計算書を利用して作成されているため、前期と当期の決算時の為替相場による影響額が資

産及び負債の円貨による増減額に含まれて算出される。為替相場の変動による円貨増減額はキャッシュ・フローを伴うものではないため、その影響を調整する必要がある。

A社円貨増減額の分析

貸借対照表	外貨額(単位:千ユーロ) 取得時(ア)	当期末(イ)	増減(ウ)	円換算額(単位:千円) ①取得時(ア)×150	②当期末(イ)×140	③増減(ウ)×145	②-①-③ 換算差額(千円)	②-①円ベース増減(千円)
現金	3,515	6,148	2,633	527,250	860,720	381,785	-48,315	333,470
当座預金	35,100	44,500	9,400	5,265,000	6,230,000	1,363,000	-398,000	965,000
売掛金	20,000	21,500	1,500	3,000,000	3,010,000	217,500	-207,500	10,000
貸倒引当金	-240	-258	-18	-36,000	-36,120	-2,610	2,490	-120
商品	15,400	15,400	0	2,310,000	2,156,000	0	-154,000	-154,000
繰延税金資産(短期)	5	100	95	750	14,000	13,775	-525	13,250
建物	2,100	2,000	-100	315,000	280,000	-14,500	-20,500	-35,000
器具備品	3,000	2,500	-500	450,000	350,000	-72,500	-27,500	-100,000
土地	1,000	1,000	0	150,000	140,000	0	-10,000	-10,000
投資有価証券	220	220	0	33,000	30,800	0	-2,200	-2,200
繰延税金資産(長期)	90	200	110	13,500	28,000	15,950	-1,450	14,500
親会社買掛金	-15,000	-17,500	-2,500	-2,250,000	-2,450,000	-362,500	162,500	-200,000
短期借入金	-4,000	-3,500	500	-600,000	-490,000	72,500	37,500	110,000
未払法人税等	-4,000	-4,000	0	-600,000	-560,000	0	40,000	40,000
未払消費税	-60	-60	0	-9,000	-8,400	0	600	600
賞与引当金	-1,500	-1,600	-100	-225,000	-224,000	-14,500	15,500	1,000
長期借入金	-5,000	-4,500	500	-750,000	-630,000	72,500	47,500	120,000
退職給付引当金	-630	-650	-20	-94,500	-91,000	-2,900	6,400	3,500
資本金	-35,000	-35,000	0	-5,250,000	-5,250,000	0	0	0
利益剰余金	-15,000	-15,000	0	-2,250,000	-2,250,000	0	0	0
当期純利益	0	-11,500	-11,500	0	-1,667,500	-1,667,500	0	-1,667,500
為替換算調整勘定	0	0	0	0	557,500	0	557,500	557,500
合計	0	0	0	0	0	0	0	0

上表のうち、資本金、期首利益剰余金は発生時の為替相場で、当期純利益は期中平均相場で換算している。
連結上相殺消去の対象となった買掛金に配分された為替換算差額は、原則として調整する(「為替換算損益」に加減算するか、「現金及び現金同等物に係る換算差額」に含める。)ことになる。

B社円貨増減額の分析

貸借対照表	外貨額(単位:千ドル) 取得時(ア)	当期末(イ)	増減(ウ)	円換算額(単位:千円) ①取得時(ア)×130	②当期末(イ)×120	③増減(ウ)×125	②-①-③ 換算差額(千円)	②-①円ベース増減(千円)
現金	5,856	8,544	2,688	761,215	1,025,220	336,000	-71,995	264,005
当座預金	18,000	24,760	6,760	2,340,000	2,971,200	845,000	-213,800	631,200
売掛金	22,000	23,000	1,000	2,860,000	2,760,000	125,000	-225,000	-100,000
貸倒引当金	-176	-184	-8	-22,880	-22,080	-1,000	1,800	800
商品	15,000	15,000	0	1,950,000	1,800,000	0	-150,000	-150,000
繰延税金資産(短期)	2,621	3,000	380	340,665	360,000	47,438	-28,103	19,335
建物	4,500	4,200	-300	585,000	504,000	-37,500	-43,500	-81,000
機械装置	3,900	2,110	-1,790	507,000	253,200	-223,750	-30,050	-253,800

器具備品	5,800	5,000	-800	754,000	600,000	-100,000	-54,000	-154,000
土地	5,000	5,000	0	650,000	600,000	0	-50,000	-50,000
繰延税金資産（長期）	2,000	2,000	0	260,000	240,000	0	-20,000	-20,000
買掛金	-17,000	-18,000	-1,000	-2,210,000	-2,160,000	-125,000	175,000	50,000
短期借入金	-4,000	-2,000	2,000	-520,000	-240,000	250,000	30,000	280,000
親会社借入金	0	-1,300	-1,300	0	-156,000	-162,500	6,500	-156,000
未払費用	0	-20	-20	0	-2,340	-2,438	98	-2,340
未払法人税等	-3,000	-3,000	0	-390,000	-360,000	0	30,000	30,000
賞与引当金	-2,000	-500	1,500	-260,000	0	187,500	12,500	200,000
退職給付引当金	-8,000	-8,000	0	-1,040,000	-960,000	0	80,000	80,000
繰延税金負債（長期）	-200	-200	0	-26,000	-24,000	0	2,000	2,000
資本金	-38,000	-38,000	0	-4,940,000	-4,940,000	0	0	0
利益剰余金	-12,000	-12,000	0	-1,560,000	-1,560,000	0	0	0
当期純利益		-9,110	-9,110	0	-1,138,750	-1,138,750	0	-1,138,750
評価差額	-300	-300	0	-39,000	-39,000	0	0	0
為替換算調整勘定	0	0	0	0	548,550	0	548,550	548,550
合計	0	0	0	0	0	0	0	0

上表のうち、資本金、期首利益剰余金は発生時の為替相場で、当期純利益は期中平均相場で換算している。
連結上相殺消去の対象となった未払費用及び親会社借入金に配分された為替換算差額は、原則として調整する（「為替換算損益」に加減算するか、「現金及び現金同等物に係る換算差額」に含める。）ことになる。

以下に簡単な事例で解説する。外貨で当期売上代金回収額を算出し、これを期中平均相場で換算した場合（以下【1】の場合）と、期中平均相場により換算した売上高に当期首の円貨建て売上債権残高を加え、当期末の円貨建て売上債権残高を控除して求めた場合（以下【2】の場合）の円貨額とでは差異が生じる。

（売掛金）

【1】

	外貨①	換算レート②	円貨③＝①×②
期首残高 a	20,000		
当期売上高 b	260,000		
期末残高 c	21,500		
当期売上代金回収額 d=a+b-c	258,500	145	37,482,500

【2】　　　　　　　　　　　　　　　　　　　　　　　差異：207,500

	外貨①	換算レート②	円貨③＝①×②
期首残高 a	20,000	150	3,000,000
当期売上高 b	260,000	145	37,700,000
期末残高 c	21,500	140	3,010,000
当期売上代金回収額			37,690,000

この差額は、在外子会社の財務諸表を円換算した際に生じた為替換算調整勘定の増減額の一部を構成している。したがって、在外子会社の外貨による「キャッシュ・フロー計算書」を収益及び費用の換算方法に準じて換算した場合と結果が同一となるように、資産及び負債の円貨による増減額を原則として為替換算調整勘定増減額の分析を行うことにより調整しなければならない。
　以下で各科目の増減額の調整を行うが、それぞれ調整の対象となる金額は、為替変動の影響を除いた金額（キャッシュ・フロー精算表「増減」欄）である。

2. 減価償却費

　減価償却費は、資金の流入、流出を伴わないが、税金等調整前当期純利益の計算に含まれる非資金損益項目のため、間接法を採用している東京社グループでは、発生額全額を税金等調整前当期純利益に加算する。
　精算表上では、固定資産残高の当期首と期末の間の増減額のうち、減価償却による減少額分（建物：357,000千円、機械装置：531,150千円、器具備品1,600,000千円、リース資産：90,000千円、ソフトウェア：30,000千円）について、B/S調整項目の欄で減価償却実施前の状態に戻すとともに、同額を税金等調整前当期純利益に加算している。

3. のれん償却額

　のれんの償却額も、上述の「2. 減価償却費」と同様に非資金損益項目のため、B/S調整項目の欄では減価償却実施前の状態に戻すとともに、同額を税金等調整前当期純利益に加算する。
　精算表上では、のれん残高の当期首と期末の間の増減額のうち、以下4.に記載するのれんに関する為替換算調整勘定の調整を除く部分（A社：58,000千円、B社7,688千円、葛飾社：2,120千円の合計額67,808千円）について、調整している。

4. のれんに関する為替換算調整勘定の調整

　4.1.4で解説したとおり、親会社が在外子会社を連結する場合、のれんを原則として支配獲得時（みなし取得日を用いる場合にはみなし取得日）に当該外国通貨で把握する。また、当該外国通貨で把握されたのれんの期末残高については決算時の為替相場により換算し、のれんの当期償却額については、原則として在外子会社の会計期間に基づく期中平均相場により他の費用と同様に換算する（外貨建実務指針40）。

当期ののれんは以下のとおり、のれんの償却及び為替換算調整勘定の調整によって減少しているが、このうち、のれん償却額については、上述の「3. のれん償却額」で調整されており、ここでは、為替換算調整勘定に係るもの(38,000千円+7,893千円=45,893千円)を調整する。当該為替換算調整勘定によるのれんの減少（借方から見た場合）は、一方で純資産の部の為替換算調整勘定の減少理由となっているため(貸方から見た場合)、精算表上ではB/S調整項目の欄において、のれんをプラスすると同時に為替換算調整勘定をマイナスする。当該調整項目は、キャッシュ・フローを伴うものではないが、税金等調整前当期純利益には含まれていないため、キャッシュ・フロー計算書の欄では調整は行われない。

【A社】

| （借）のれん償却額 | 58,000 | （貸）のれん | 58,000 |
| （借）為替換算調整勘定 | 38,000 | （貸）のれん | 38,000 |

【B社】

| （借）のれん償却額 | 7,688 | （貸）のれん | 7,688 |
| （借）為替換算調整勘定 | 7,893 | （貸）のれん | 7,893 |

5. 現金及び現金同等物に係る換算差額

　A社及びB社の為替換算による影響額のうち、現金及び現金同等物に係る換算差額は、キャッシュ・フロー計算書上、「現金及び現金同等物に係る換算差額」として開示する。

6. 貸倒引当金の増減額

　貸倒引当金の減少額は、キャッシュ・フローを伴わないため減少額全額を税金等調整前当期純利益に加算する。

　精算表上では、B/S調整項目の欄で貸倒引当金残高を期首のB/S残高に戻すように調整し、この調整額と同額を税金等調整前当期純利益に加算している。

7. 賞与引当金の増減額

　賞与引当金の繰入額自体はキャッシュ・フローを伴わないが、取崩し分で資金が流出する場合があるため、繰入額から資金流出を伴う取崩し分を控除した額を税金等調整前当期純損益に加減算する。

(例)

期首残高	10	
賞与引当金取崩額	10	当該賞与引当金取崩額は、P/L上費用とはならないが、資金流出を伴うものである。
賞与引当金繰入額	20	賞与引当金繰入額は、P/L上は費用であるが、資金流出を伴わないものである。
期末残高	20	

⇒この例では、P/L上費用計上されている金額が△20であり、実際に資金流出した金額が△10であるため、その差額10を税金等調整前当期純利益に加算する。

設例のケースでは、賞与引当金は期首と比べて期末には残高が158,000千円減少しているため、同額を税金等調整前当期純利益から減算する調整を行っている。

8. 退職給付引当金の増減額

退職給付引当金繰入額（引当金増加）は、費用計上されるが、キャッシュ・フローはなく、また、年金掛金支払額（引当金減少）は、費用計上されないが、キャッシュ・アウトする項目である。この場合、結果として退職給付引当金の純増減額がPL上費用計上された金額とキャッシュ・フローとの差額となり、キャッシュ・フロー計算書を作成するにあたってはこれを調整する。

精算表では、退職給付引当金残高が当期首と比べ期末には114,900千円増加しているため、税金等調整前当期純利益に同額を加算している。

9. 持分法による投資損失

持分法による投資損失は、非資金損益項目のため、損失額全額を税金等調整前当期純利益に加算する。

連結財務諸表上では以下の仕訳が計上されており、この欄では持分法による投資損益に関連する①、②、④、⑤の仕訳について調整を行う。

持分法による投資損益の計上によって増減した資産には、横浜社株式(①、②、⑤）と商品（④）があるため、精算表上ではそれぞれに分けて調整を行う。

持分法による投資損益が計上されているもののうち、37,992千円(=①45,800千円-②27,200千円+⑤19,392千円)は横浜社株式の欄で調整し、④は、持分法による投資損益の計上に伴い商品が減少しているため、商品の欄で48,000千円の調整を行う。

キャッシュ・フロー計算書上においては、上述の金額の合計10,008千円が持分法による投資損失として営業キャッシュ・フローに加算することになる。

①(借)	横浜社株式	45,800	(貸)	持分法による投資損益	45,800
②(借)	持分法による投資損益	27,200	(貸)	横浜社株式	27,200
③(借)	受取配当金	16,000	(貸)	横浜社株式	16,000
④(借)	持分法による投資損益	48,000	(貸)	商品	48,000
⑤(借)	横浜社株式	19,392	(貸)	持分法による投資損益	19,392

なお、③の仕訳については、後述「13. 持分法適用会社からの受取配当金」で解説している。

10. 減損損失

東京社連結財務諸表では、減損損失80,000千円が計上されている。減損損失は、P/L上は費用計上されるが、資金流出は伴わないためキャッシュ・フロー計算書では税金等調整前当期純利益に加算する。

精算表上では、土地の増減理由のうちの80,000千円が、減損損失計上によるものであるため、B/S増減額の調整欄では土地を調整する。

11. 資産負債増減

間接法の場合、営業活動に係る資産及び負債の金額の増減を、税金等調整前当期純利益の金額に加減算しなければならない。

以下にB/S項目別の増減金額及び、キャッシュ・フロー計算書上の調整を行う科目及び金額を示す。

B/S科目	B/S増減金額	キャッシュ・フロー計算書上の科目	キャッシュ・フロー計算書での調整金額
売掛金（減少）	3,412,500	売上債権の増減額	4,962,500
受取手形（減少）	1,550,000		
商品（減少）（＊）	8,346,000	たな卸資産の増減額	7,735,000
製品（増加）	-500,000		
原材料（増加）	-100,000		
仕掛品（増加）	-11,000		
その他資産	50,000	その他資産の増減額	50,000
買掛金	-2,915,000	仕入債務の増減額	-3,655,000
関連会社買掛金	750,000		
支払手形	-1,490,000		
未払消費税	4,000	未払消費税の増減額	4,000
合計	9,096,500	合計	9,096,500

（*）B/Sの期首と期末の増減額のうち、「9. 持分法による投資損失」で調整している金額48,000千円を除く。

12. 受取利息及び受取配当金

　受取利息や受取配当金は、P/L上費用として計上され、キャッシュ・フローも伴う項目であるが、未収利息などの経過勘定がある場合には、キャッシュ・フローの金額とP/L上計上されている費用の金額が異なるため、キャッシュ・フロー計算書では調整する必要がある。

　以下の図表を用いて説明を行うと、P/L上計上されている受取利息の金額は50だが、期首及び期末に未収利息がそれぞれ10と15あったことにより、実際のキャッシュ・イン・フローは45である。これをキャッシュ・フロー計算書に反映させるため、調整を行う必要がある。

期首未収利息 10	キャッシュ・フロー 45
受取利息 （P/L計上額） 50	期末未収利息 15

　利息及び配当金の表示区分について、受取利息及び受取配当金を「営業活動によるキャッシュ・フロー」の区分に記載する方法を採用した場合、キャッシュ・フロー計算書では、単に経過勘定項目を調整するだけではなく、営業キャッシュ・フローの表示に「小計」欄を設け、「小計」よりも上の欄において、P/L上計上された受取利息及び受取配当金をマイナスし、「小計」よりも下の欄において、実際の利息及び配当金の受取額（キャッシュ・イン・フロー）の金額をプラスする。

期首未収利息 10	キャッシュ・フロー 45 小計欄の下
受取利息 (P/L計上額) 50 小計欄より上	期末未収利息 15

　東京社グループでは、連結上、未収利息等の経過勘定が計上されていないため、B/S項目の増減はない。そのため、「営業活動によるキャッシュ・フロー」の小計欄よりも上の金額と、小計欄の下の金額とが一致している。

13. 持分法適用会社からの受取配当金

　持分法適用会社からの配当金の受取額は、利息及び配当金に係るキャッシュ・フローの表示区分について選択した方法に従い、「営業活動によるキャッシュ・フロー」の区分又は「投資活動によるキャッシュ・フロー」の区分のいずれかに原則として記載する（CF実務指針23）。

　なお、間接法で「営業活動によるキャッシュ・フロー」を表示する場合、税金等調整前当期純利益から「営業活動によるキャッシュ・フロー」への調整を行う際の非資金損益項目の1つとして、持分法による投資（損）益がある。受取配当金を「営業活動によるキャッシュ・フロー」の区分に記載することとしている場合には、持分法適用会社からの配当金受取額を持分法による投資（損）益と（合算）相殺して表示することもできる（CF実務指針23）。

　東京社グループでは、利息及び配当金に係るキャッシュ・フローの表示を「営業活動によるキャッシュ・フロー」に記載する方法を選択しているため、精算表では利息及び配当金の受取額に加算している。

　精算表においては、B/S調整項目欄で関連会社株式（横浜社）を調整しているが、これは持分法の仕訳上、以下のように、単体上計上された受取配当金が消去され、横浜社株式（関連会社株式）を減額させていることによるものである。

（単体仕訳）

（借）現金及び預金	16,000	（貸）受取配当金	16,000

(連結仕訳)

(借) 受取配当金	16,000	(貸) 横浜社株式	16,000

14. 支払利息

　　支払利息は、P/L上費用として計上され、キャッシュ・フローも伴う項目であるが、未払利息などの経過勘定がある場合には、キャッシュ・フローの金額とP/L上計上されている費用の金額が異なるため、調整する必要がある。

　　利息及び配当金の表示区分について、支払利息を「営業活動によるキャッシュ・フロー」の区分に記載する方法を採用した場合、受取利息及び受取配当金の場合と同じように、キャッシュ・フロー計算書の表示は、「営業活動によるキャッシュ・フロー」の小計欄よりも上において、一度P/L上計上した支払利息の金額をプラスし、小計欄よりも下において、支払利息の金額をマイナスする。

　　東京社グループでは、連結上、未払利息等の経過勘定が計上されていないため、「営業活動によるキャッシュ・フロー」の小計欄よりも上の金額と、小計欄の下の金額は一致する。

15. その他有価証券評価差額金の戻入

　　その他有価証券を時価評価すると、投資有価証券のB/S残高は増減するが、この増減はキャッシュ・フローを伴うものではない。そのため、精算表においては、キャッシュ・フロー計算書に影響しないように、B/S調整項目欄において投資有価証券のB/S増減額と同額（逆符号）をその他有価証券評価差額金及び繰延税金負債と調整する必要がある。

　　東京社グループでは期首（前期末）に35,000千円、期末に50,000千円の評価替えをしており、期首と期末の差額15,000千円がB/S上の増減額となっている。当該増減はキャッシュ・フローを伴うものではないためキャッシュ・フロー計算書には影響しない。

(期首残高) ①

(借) 投資有価証券	35,000	(貸) その他有価証券評価差額金	20,860
		繰延税金負債	14,140

（期末残高）②

（借）投資有価証券　50,000	（貸）その他有価証券評価差額金　29,800
	繰延税金負債　20,200

（期首と期末の差額）②－①

（借）投資有価証券　15,000	（貸）その他有価証券評価差額金　8,940
	繰延税金負債　6,060

16. 法人税等

　法人税等（住民税及び利益に関連する金額を課税標準とする事業税を含む）に係るキャッシュ・フローは、「営業活動によるキャッシュ・フロー」の区分に「法人税等の支払額」として一括して記載する。なお、事業税のうち、付加価値割及び資本割に係る事業税は、利益に関連する金額を課税標準としていないことから、これらの事業税の支払は、「営業活動によるキャッシュ・フロー」に含まれるキャッシュ・フローではあるが、法人税等の支払額に含めてはならない（CF実務指針10）。

　事業税のうち付加価値割及び資本割に係る事業税（以下「外形標準課税」という）は、B/S上は未払法人税等に含めて表示され、P/L上は販売費及び一般管理費に含めて表示される。そのため、キャッシュ・フロー計算書作成において、間接法を採用する場合には、B/S上の未払法人税等の内容を分析し、事業税のうち外形標準課税に係るものを区分しなければならない。

　東京社グループの状況は下図のとおりである。

未払法人税等に含まれる外形標準課税

期首	期末	増減
56,349	122,800	66,451

```
(外形標準課税控除前)                    (外形標準課税控除後)
┌──────────────┬──────────────┐   ┌──────────────┬──────────────┐
│ 期首未払法人税 │              │   │ 期首未払法人税 │              │
│ 等            │ キャッシュ・フ│   │ 等            │ キャッシュ・フ│                    ┌──────────────┐
│ 1,996,000     │ ロー          │   │ 1,939,651(=1,9│ ロー          │                    │ 法人税等の支払額│
│              │ 4,731,170     │   │ 96,000-56,349)│ (為替変動含む)│    ⇒              │ 4,727,621     │
├──────────────┤              │   ├──────────────┤ 4,797,621     │                    └──────────────┘
│ 法人税、住民税 │              │   │ 法人税、住民税 │              │   為替変動に
│ 及び事業税    │              │   │ 及び事業税    ├──────────────┤   よる影響
│ (P/L計上額)   ├──────────────┤   │ (P/L計上額)   │ 期末未払法人税 │   70,000千円を
│ 5,183,170     │ 期末未払法人税 │   │ 5,183,170     │ 等            │   除く
│              │ 等            │   │              │ 2,325,200(=2,44│
│              │ 2,448,000     │   │              │ 8,000-122,800)│
└──────────────┴──────────────┘   └──────────────┴──────────────┘
```

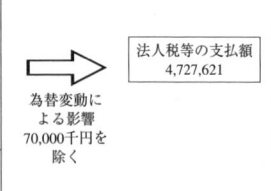

　精算表においては、B/Sの未払法人税等の増加額522,000千円と、P/L上計上されている法人税、住民税及び事業税の金額（利益剰余金で調整する）5,183,170千円との差額4,661,170千円について、キャッシュ・フロー計算書に転記する。
　キャッシュ・フロー計算書では、未払法人税等のうち外形標準課税分の増減額66,451千円を「その他負債の増減額」に記載し、上表上の法人税等の支払額4,727,621千円を、「営業活動によるキャッシュ・フロー」の小計欄より下に記載する。

17. 繰延税金資産・負債の増減額

　繰延税金資産・負債の増減は、キャッシュ・フローが発生するものではない。また、繰延税金資産、負債の増減はP/L上、法人税等調整額に反映されるが、連結キャッシュ・フロー計算書を間接法で作成する場合にスタートとする、「税金等調整前当期純利益」は、法人税等調整額を加減する前の金額である。したがって、上述の減価償却費等とは異なり、非資金損益項目とはならない。一方で、法人税等調整額は当期純利益に影響を与えるため、結果として利益剰余金に影響している。このため、精算表においては、B/S調整項目の欄において繰延税金資産・負債の増減額と同額（逆符号）を利益剰余金の増減額として調整を行う。
　東京社グループにおいては、「繰延税金負債（長期）東京社」のうち、6,060千円は、「15. その他有価証券評価差額金の戻入」において調整済みのため、「17. 繰延税金資産・負債の増減」の欄ではこれを除いている。

18. 子会社（大阪社）取得
19. 子会社（A社）取得

20. 子会社（B社）取得

当期新たに他の会社の株式等を取得して、当該会社を連結子会社とした場合は、取得に伴い支出した現金及び現金同等物の額から、連結開始時に当該子会社が保有していた現金及び現金同等物の額を控除した額をもって「投資活動によるキャッシュ・フロー」の区分に記載する（CF実務指針46）

設例のケースでは以下のようになる。

【大阪社】
資本金	-5,000,000
利益剰余金	-2,000,000
少数株主持分	2,189,400
評価差額	-298,000
負ののれん（＊）	8,600
取得に伴い支出した現金及び現金同等物の額	-5,100,000

連結開始時に子会社が保有していた現金及び現金同等物の額
	現金	4,000
	当座預金	116,690
	普通預金	1,000,000
差引：新規連結子会社大阪社の取得による支出		-3,979,310

（＊）非資金損益項目のため、精算表上は負ののれん計上益としてキャッシュ・フロー計算書の「営業活動によるキャッシュ・フロー」で加算

【A社】
資本金	-5,250,000
利益剰余金	-2,250,000
のれん	-600,000
取得に伴い支出した現金及び現金同等物の額	-8,100,000

連結開始時に子会社が保有していた現金及び現金同等物の額
	現金	527,250
	当座預金	5,265,000
差引：新規連結子会社A社の取得による支出		-2,307,750

【B社】
資本金	-4,940,000
利益剰余金	-1,560,000

	少数株主持分	2,615,600
	評価差額	-39,000
	のれん	-106,600
	取得に伴い支出した現金及び現金同等物の額	-4,030,000

連結開始時に子会社が保有していた現金及び現金同等物の額

	現金	761,215
	当座預金	2,340,000
	差引：新規連結子会社B社の取得による支出	-928,785

21. 関連会社（横浜社）取得

　投資有価証券の増減額のうち、4,000,000千円は、関連会社（横浜社）の取得によるものである。精算表においては、B/Sの投資有価証券の増減額4,000,000千円を、キャッシュ・フロー計算書の「投資活動によるキャッシュ・フロー」「関連会社横浜社の取得による支出」に転記する。

22. 固定資産取得

　東京社は、当期に器具備品207,500千円、ソフトウェア330,000千円を取得しており、大阪社は土地を160,000千円取得している（東京社からの土地購入を除く）。精算表のB/S増減における器具備品、土地及びソフトウェアの増減のうち、これらの取引は、キャッシュ・フロー計算書上、器具備品と土地の取得の合計額を「有形固定資産の取得による支出」として、ソフトウェアの取得金額を「無形固定資産の取得による支出」として「投資活動によるキャッシュ・フロー」に記載する。なお、東京社グループではこれらの固定資産取得に係る未払金がないため、取得額全額を投資活動によるキャッシュ・フローに転記している。

23. 投資有価証券売却

　東京社は、当期に15,000千円の投資有価証券を簿価と同額で売却している。精算表のB/S増減における投資有価証券の増減のうち、この取引に係る15,000千円は、キャッシュ・フロー計算書上「投資活動によるキャッシュ・フロー」の「投資有価証券の売却による収入」に転記される。なお、東京社では、投資有価証券売却に係る未払金及び売却損益が計上されていないため、売却簿価15,000千円をそのままキャッシュ・フロー計算書に転記することになる。

24. 借入金の増減額

　借入による資金調達及び借入金の返済によるキャッシュ・フローは「財務活動によるキャッシュ・フロー」の区分に記載する。なお、「期間が短く、かつ、回転が速い項目に係るキャッシュ・フローについては、純額で表示することができる。」（CF作成基準注解（注8））とされており、短期間に連続して借換えが行われる場合にはキャッシュ・フローを純額表示することができる。なお、その場合には、純額であることが分かるように表示する必要がある。

　東京社グループにおける当期中の借入金の増減は以下のとおりである。

　なお、通常、長期借入金は一年内返済予定として短期借入金に振り替えられたものを返済するが、キャッシュ・フロー計算書上の表示では、長期借入金の返済として取り扱う。下表では、B/S上短期借入金に表示されている1年内返済予定の長期借入金を、短期借入金と区別して表示している。

東京社

	前期末	当期末	増減
短期	0	4,000,000	4,000,000
1年内返済長期	800,000	1,000,000	200,000
長期	10,000,000	15,000,000	5,000,000

【短期借入金当期取引】
　（借入）4,000,000千円
【長期借入金当期取引】
　（借入）6,000,000千円
　（返済）800,000千円

大阪社

	前期末	当期末	増減
短期	700,000	800,000	100,000
1年内返済長期	200,000	200,000	0
長期	1,800,000	2,000,000	200,000

【短期借入金当期取引】
　（借入）800,000千円
　（返済）700,000千円
【長期借入金当期取引】
　（借入）400,000千円
　（返済）200,000千円

A社（ユーロ建て）

	前期末	当期末	増減
短期	3,500	3,000	-500
1年内返済長期	500	500	0
長期	5,000	4,500	-500

【短期借入金当期取引】
（借入）3,000千ユーロ×145=435,000千円
（返済）3,500千ユーロ×145=507,500千円
【長期借入金当期取引】
（返済）500千ユーロ×145=72,500千円

B社（ドル建て）

	前期末	当期末	増減
短期	4,000	2,000	-2,000

【短期借入金当期取引】
（借入）2,000千ドル×125=250,000千円
（返済）4,000千ドル×125=500,000千円

葛飾社

	前期末	当期末	増減
短期	50,000	50,000	0
1年内返済長期	50,000	50,000	0
長期	150,000	100,000	-50,000

【短期借入金当期取引】
（借入）50,000千円
（返済）50,000千円
【長期借入金当期取引】
（返済）50,000千円

　精算表上は、短期借入金、長期借入金のB/S上の期首と期末の増減額を、キャッシュ・フロー計算書における財務活動によるキャッシュ・フローの「短期借入による収入」「短期借入金の返済による支出」「長期借入による収入」「長期借入金の返済による支出」に振り分ける。

・「短期借入による収入」

東京社	4,000,000
大阪社	800,000

A社	435,000
B社	250,000
葛飾社	50,000
連結修正（＊）	50,000
合計	5,585,000

（＊）東京社は、大阪社に対する受取手形のうち50,000千円を×6年3月25日に銀行で割り引いている。このように、商品及び役務の販売により取得した連結会社振出しの手形を他の連結会社が金融機関で割り引いた場合、連結上は手形借入と同様の効果であるため、連結キャッシュ・フロー計算書においては「財務活動によるキャッシュ・フロー」の区分に記載する（CF実務指針20）。東京社連結財務諸表では短期借入金に振り替えているため、当該収入も短期借入による収入に含めて記載する。

・「短期借入金の返済による支出」

大阪社	700,000
A社	507,500
B社	500,000
葛飾社	50,000
合計	1,757,500

・「長期借入による収入」

東京社	6,000,000
大阪社	400,000
合計	6,400,000

・「長期借入金の返済による支出」

東京社	800,000
大阪社	200,000
A社	72,500
葛飾社	50,000
合計	1,122,500

25. 社債発行

　　社債発行による資金調達は、「財務活動によるキャッシュ・フロー」に記載さ

れる。

　設例のケースでは大阪社が300,000千円の社債を発行したが、そのうちの90,000千円については東京社が引き受けているため、B/S上は前期と比べて社債が210,000千円（300,000千円 - 90,000千円）増加している。精算表では、社債の増加額210,000千円が、キャッシュ・フロー計算書上は「社債の発行による収入」として財務活動によるキャッシュ・フローに記載される。

26. ファイナンス・リース契約
27. リース債務支払

　会計上、売買処理された借手側のファイナンス・リース取引に係る支払リース料のうち、元本返済部分は、当該リースが資金調達活動の一環として利用されているものと認められることから、「財務活動によるキャッシュ・フロー」の区分に記載し、利息相当額部分については、企業が採用した支払利息の表示区分に従って記載する。なお、利息相当額部分を区分計算していない場合は、支払リース料を「財務活動によるキャッシュ・フロー」の区分に記載する（CF実務指針34（1））。

　東京社グループでは、利息相当額部分を区分計算していないため、支払リース料を「財務活動によるキャッシュ・フロー」に記載している。

　精算表では、「ファイナンス・リース契約」のB/S調整項目欄ではB/Sのリース資産、リース債務の増減額のうち、当期にリース契約をしたものについて調整を行うが、リース契約の段階でキャッシュ・フローは発生していないためキャッシュ・フロー計算書には影響しない。一方、「リース債務支払」の欄ではリース料の支払によるリース債務の減少について調整を行い、当取引はキャッシュ・フローを伴うため、キャッシュ・フロー計算書においても財務活動によるキャッシュ・フローにおいて「リース債務の支払額」として表示される。

　東京社グループの状況は下図のとおり。

リース資産

前期	当期
260,000	200,000
減価償却	-90,000
新規取引	30,000

リース債務

	前期	当期	増減
短期	-40,000	-40,000	0
長期	-200,000	-190,000	10,000

当期返済額　　　40,000
当期の新規リース契約　30,000

28. 支払配当金

　東京社グループでは、「受取利息、受取配当金及び支払利息は、「営業活動によるキャッシュ・フロー」の区分に記載し、支払配当金は「財務活動によるキャッシュ・フロー」の区分に記載する方法」(CF実務指針11 ①) を採用している。

　当社グループは東京社が500,000千円の配当を実施しているため、B/S調整項目欄において、利益剰余金を500,000千円調整するとともに、同額を「財務活動によるキャッシュ・フロー」の「配当金の支払額」として記載する。

29. 為替換算差額（A社）
30. 為替換算差額（B社）

　「1. 為替変動による影響額」によって算出された為替変動による資産及び負債の増減額を転記する。この増減額はキャッシュ・フローを伴うものではないため、キャッシュ・フロー計算書には影響しない。

31. 少数株主持分

　東京社の連結財務諸表では、P/Lに少数株主利益459,938千円が計上され、同額の少数株主持分が増加している。少数株主利益は、キャッシュ・フローを伴わないが、税金等調整前当期純利益の計算にも含まれていないため、非資金損益項目ではない。ただし、当期純利益の計算に含まれ、結果的に利益剰余金に影響する。したがって、B/S調整項目欄では少数株主持分の増加459,938千円を調整するとともに利益剰余金も同額（逆符号）調整する。その結果キャッシュ・フロー計算書には影響しないこととなる。

32. 少数株主への配当金の支払額

　葛飾社は18,000千円の配当を実施し、そのうち東京社が16,200千円、少数株主が1,800千円を受け取っている。東京社が受け取った16,200千円についてはグル

ープ内で資金が移動したにすぎず、連結上はキャッシュ・フローの増減が無いが、少数株主に配当されたものについてはキャッシュ・フローを生じるため、「財務活動によるキャッシュ・フロー」の「少数株主への配当金の支払額」として記載する。

連結財務諸表上は、以下の仕訳が計上されており、葛飾社単体上計上されている支払配当金が消去され、少数株主持分が減少している。

| （借）少数株主持分 | 1,800 | （貸）利益剰余金(支払配当金) | 1,800 |

精算表では、B/S調整項目欄で、少数株主持分の減少1,800千円を調整し、同額をキャッシュ・フロー計算書の「少数株主への配当金の支払額」に転記する。

33. 為替換算調整勘定の少数株主への振替

連結仕訳上、B社の為替換算調整勘定の一部を少数株主持分に振り替えている（**4.1.4**）。為替換算調整勘定及び少数株主持分の増減はキャッシュ・フローを伴うものではないため、キャッシュ・フロー計算書には記載されない。

精算表では、B/S調整項目の欄において少数株主持分を219,420千円調整し、同額（逆符号）の為替換算調整勘定を調整する。

34. 自己株式の取得

大阪社は、当期に親会社東京社の株式50,000千円を取得しているが、連結上は自己株式として取り扱われるため、キャッシュ・フロー計算書上は「自己株式の取得による支出」として「財務活動によるキャッシュ・フロー」に記載する。

35. 自己株式の少数株主持分への振替

上述の34.の自己株式のうち、少数株主持分相当額15,000千円を、連結上少数株主持分に振り替えている（**4.5.1**）。この仕訳によって自己株式及び少数株主持分が増減しているが、当該増減はキャッシュ・フローを伴うものではないため、キャッシュ・フロー計算書には記載されない。

精算表では、B/S調整項目の欄において少数株主持分及び自己株式を調整する。

36. 利益剰余金

この項では、利益剰余金の増加原因となっている税金等調整前当期純利益をB/Sの増減として入力し、同額をキャッシュ・フロー計算書のスタートとして「営

業活動によるキャッシュ・フロー」の「税金等調整前当期純利益」に記載する。

37. 連結消去

　　連結上相殺消去の対象となった項目に配分された為替換算差額は原則として「為替差損益」に加減算するか、「現金及び現金同等物に係る換算差額」に含めることになる。本設例では相殺消去の対象となった、親会社買掛金、未払費用、親会社借入金に配分された為替換算差額は「現金及び現金同等物に係る換算差額」に含める方法によっている。

38. 現金及び預金の振替

　　最後に、現金及び現金同等物に含まれるB/S残高の増減額を、キャッシュ・フロー計算書の現金及び現金同等物の増減額に振り替える。

Ⅱ 連結財務諸表に関する開示

7 セグメント開示

7.1 セグメント会計基準の考え方（マネジメント・アプローチ）

【ポイント】

- セグメント会計基準では、いわゆる「マネジメント・アプローチ」に基づくセグメント情報等の開示が求められている。
- セグメント会計基準では、「セグメント情報」「セグメント情報の関連情報」「固定資産の減損損失に関する報告セグメント別情報」「のれんに関する報告セグメント別情報」の4つの開示に関する取扱いが定められている。
- セグメント会計基準では、企業がセグメント情報等を開示するにあたっての「基本原則」が定められている。
- 報告セグメントとは、識別した事業セグメントのうち、セグメント情報等を独立して報告すべきセグメントをいい、その決定は一定のステップに従って行うこととされている。

7.1.1 概要

　平成20年3月に、企業会計基準委員会からセグメント会計基準が公表され、平成22年4月1日以後開始する連結会計年度から適用されることとなった。したがって、連結財務諸表において開示が求められるセグメント情報等については、このセグメント会計基準に従うことになる。

　セグメント会計基準では、従来のセグメント情報に求められていた「事業の種類別セグメント情報」「所在地別セグメント情報」「海外売上高」という画一的な開示方法ではなく、いわゆる「マネジメント・アプローチ」に基づくセグメント情報等の開示が求められている。

7.1.2 範囲

　従来のセグメント情報は連結財務諸表の注記事項とされていたため、連結財務諸表を作成していない会社は開示を要しないこととされていた。しかしながら、セグメント会計基準では、連結財務諸表を作成していない場合には、個別財務諸表の注記情報として開示が求められている（セグメント会計基準3)。

　これは、セグメント基準で採用されたマネジメント・アプローチが、企業内部で使用されている情報を基礎としたセグメント情報を財務諸表利用者に提供することを目的としていることから、連結子会社の有無など、企業の組織の形態によって開示される情報を差別化することはもはや適当ではないと考えられたためである。

7.1.3 マネジメント・アプローチとは

　セグメント情報等の開示において採用された「マネジメント・アプローチ」とは、経営者が、経営上の意思決定を行い、又は、業績を評価するために、企業ないし企業集団を分別している事業の構成単位を基礎とする方法をいう。従来のセグメント情報では、ある企業集団が市場調査や研究開発、製造、販売に至る一連の事業を営んでいる場合であっても、同一の事業に属するものとして単一セグメントとして報告されるケースもあった。しかしながら、このマネジメント・アプローチによれば、経営者がそれぞれの事業に対して事業計画を作り、投資金額の決定を行い、あるいは業績の評価を行っている場合には、それぞれの事業が事業セグメントとして識別されることになる。

7.1.4 マネジメント・アプローチのメリット

　マネジメント・アプローチのメリットとしては、次のようなものが挙げられる。財務諸表の利用者のみならず、財務諸表の作成者にとっても利点があるこ

とは注目に値しよう。

1）経営者の視点での投資意思決定が可能となること

　　マネジメント・アプローチによるセグメント区分は、経営者が、経営上の意思決定や業績の評価を行う際に実際に使用しているものとなる。したがって、財務諸表利用者も、経営者と同じ視点から企業の中身を見ることができるようになり、このことによって経営者の行動を予測し、また、その予測を企業の将来キャッシュ・フローの評価に反映することが可能になる。

2）セグメント情報を作成するためのコストが軽減すること

　　従来のセグメント情報の開示にあたっては、すでに会社で利用していた内部管理資料とは別に、事業の種類別セグメント、所在地別セグメント及び海外売上高に関するデータを識別し、集計する必要があった。しかしながら、マネジメント・アプローチによるセグメント情報の基礎となる財務情報は、経営者が、経営上の意思決定や業績の評価を行うために既に作成されているものを使用することとなる。したがって、財務諸表の作成者がセグメント情報を作成するために必要となる追加コストは比較的少ないと考えられる。

3）セグメント区分について恣意性が入りにくいこと

　　従来のセグメント情報で求められていた事業の種類別セグメント情報では、経営者が、製品系列によって製品をグループ化することにより事業区分を決定することとされていた。この事業区分の決定にあたっては、企業集団の経営多角化の実態を適切に反映するため、当該製品の使用目的や製造方法、ターゲットとする市場や販売方法の類似性など多様な要素を考慮することとされていたため、経営者の恣意性が介入する余地も残されていた。これに対して、マネジメント・アプローチは、実際の企業の組織構造に基づいて区分を行うこととなるため、経営者の恣意性が入りにくくなると考えられる。

7.1.5　開示項目

セグメント会計基準では次の4項目の開示に関する取扱いが定められており、これらを合わせて「セグメント情報等」というものとされている（セグメント会計基準1）。

- セグメント情報
- セグメント情報の関連情報（製品及びサービス、地域、主要な顧客に関する情報）
- 固定資産の減損損失に関する報告セグメント別情報
- のれんに関する報告セグメント別情報

7.1.6　セグメント情報等の開示における基本原則

セグメント会計基準では、企業がセグメント情報等を開示するにあたっての基本的な考え方として、次の基本原則を定めている。

基本原則
- セグメント情報等の開示は、財務諸表利用者が、企業の過去の業績を理解し、将来のキャッシュ・フローの予測を適切に評価できるように、企業が行う様々な事業活動の内容及びこれを行う経営環境に関して適切な情報を提供するものでなければならない（セグメント会計基準4）。
- 本会計基準は、企業又はその特定の事業分野について、その事業活動の内容及びこれを行う経営環境を財務諸表利用者が理解する上で有用な情報を、本会計基準に定める事項に加えて開示することを妨げない（セグメント会計基準5）。

この基本原則は、セグメント会計基準の具体的な適用にあたって常に留意すべきものとして定められており、セグメント会計基準における定めにおいてもしばしば参照されている重要な考え方である（例えば、セグメント会計基準第11項「集約基準」やセグメント会計基準適用指針第7項「マトリックス組織」

など）。したがって、企業がセグメント情報等を作成・開示するにあたり実務上判断に迷うような事象が生じた場合には、この基本原則に則して考えていくことが必要である。

　セグメント会計基準の定めであっても、重要性が乏しく、財務諸表利用者の判断を誤らせる可能性がないと考えられるものについては、これを適用することを要しない（セグメント会計基準59）。また、マネジメント・アプローチに基づき、最高経営意思決定機関の意思決定のために報告されている情報を基礎としている場合であっても、当該情報が財務諸表利用者の判断を誤らせる可能性があると考えられるときには、これを開示することは適当ではないとされている（セグメント会計基準60）。例えば、形式的にも実質的にも、取引の当事者ではなくもっぱら代理人として活動を行っており、かつ、単に会社の帳簿上を通過するだけであるため、収益の総額表示が明らかに適当ではない取引について、損益計算書上は純額（手数料に相当する額）で処理しているにもかかわらず、最高経営意思決定機関に対して顧客からの対価の総額を報告していることを理由に、セグメント情報において当該対価の総額を収益として開示することは適当でないと考えられる。

7.2　報告セグメントの決定

　報告セグメントとは、識別した事業セグメントのうち、セグメント情報等を独立して報告すべきセグメントをいう（セグメント会計基準10）。
　報告セグメントの決定は、**図表7-1**のステップに従って行うこととされている。

図表7-1 報告セグメントの決定フロー

	項　目	会計基準	適用指針
ステップ1	事業セグメントを識別する。	第6項～第9項	第3項～第7項
ステップ2	事業セグメントを集約するかどうか決定する。	第11項	第8項
ステップ3	次の手順により、事業セグメントの中から報告すべきセグメント（報告セグメント）を決定する。		第9項
	① 売上高がすべての事業セグメントの売上高の合計額の10％以上であるか？	第12項（1）	
	② 利益又は損失の絶対値が、利益の生じている事業セグメントの利益の合計額又は損失の生じている事業セグメントの損失の合計額の絶対値のいずれか大きい額の10％以上であるか？	第12項（2）	
	③ 資産が、すべての事業セグメントの資産の合計額の10％以上であるか？	第12項（3）	
ステップ4	ステップ3を満たさない複数の事業セグメントを結合するかどうか決定する。	第13項	－
ステップ5	報告セグメントの外部顧客への売上高の合計額が、損益計算書の売上高の75％以上となっているか確かめる。	第13項	－

7.2.1　ステップ1～事業セグメントの識別

1）事業セグメントの定義

「事業セグメント」とは、企業の構成単位で、次の3つの要件のすべてに該当するものをいう（セグメント会計基準6）。

- ・収益を稼得し、費用が発生する事業活動に関わるもの（同一企業内の他の構成単位との取引に関連する収益及び費用を含む）
- ・企業の最高経営意思決定機関が、当該構成単位に配分すべき資源に関する意思決定を行い、また、その業績を評価するために、その経営成績を定期的に検討するもの

・分離された財務情報を入手できるもの

① 収益を稼得し、費用が発生する構成単位であること

　事業セグメントは、当該企業の構成単位でもって収益を稼得し、費用が発生するものでなければならない。したがって、企業の本社又は特定の部門のように、企業を構成する一部であっても収益を稼得しない、又は付随的な収益を稼得するに過ぎない構成単位は、事業セグメント又は事業セグメントの一部とはならない（セグメント会計基準7）。

　また、新たな事業を立ち上げたときのように、現時点では収益を稼得していない事業活動を事業セグメントとして識別する場合もある。

> **コラム**
>
> ### 事業部制における事業部管理部門などの取扱い
>
> 　事業部制を採用している企業における各事業部ごとの管理部門や、製造業を営む企業における工場の管理部門が、事業セグメントの一部となるかどうかが問題となる。
>
> 　セグメント会計基準における事業セグメントの定義を厳密に解釈すれば、これらは収益を稼得しない部門であるため、事業セグメントの一部とはならないと考えることもできる。しかしながら、経営者がそれぞれの事業部や工場に対する経営判断を行う際には、各事業や工場における管理部門も含めて行っていることも多いと思われる。
>
> 　このような場合には、「セグメント情報等の開示における基本原則」に立ち返って判断することが必要である。すなわち、財務諸表の利用者が、企業の業績を正しく理解し、将来のキャッシュ・フローの予測を適切に評価するために有用と判断されれば、他の事業セグメントの要件を満たす限り、当該管理部門も含めた構成単位を事業セグメントとすることになろう。

② 企業の最高経営意思決定機関が、当該構成単位に配分すべき資源に関する意思決定を行い、また、その業績を評価するために経営成績を定期的に検討していること

　事業セグメントは、企業の最高経営意思決定機関が、当該構成単位に配分すべき資源に関する意思決定を行っており、また、その業績を評価するために経営成績を定期的に検討しているものでなければならない。

　ここでいう「最高経営意思決定機関」としては、取締役会や執行役員会議といった会議体のほか、最高経営責任者（CEO）又は最高執行責任者（COO）といった個人である場合も考えられる（セグメント会計基準63）。したがって、企業は事業セグメントの識別にあたり実質的な最高経営意思決定機関を決定する必要があるが、一般には、これらの経営意思決定機関が経営判断を行うために作成される資料は共通のものである場合が多いと考えられる。

　また、企業が行う配分すべき資源に関する意思決定又は業績評価の方法は、当該企業の規模や業種等によって多様であるものの、企業が行う各事業活動に関する経営計画等の決定と、その成果の事後的な評価等からなる場合が多いと考えられる（セグメント会計基準64）。具体的には、各社で作成している「予算実績比較表」などを基礎とした事業計画が作成され、最高経営意思決定機関によってモニタリングされている構成単位ということになろう。

コラム

親会社は事業ごとに業績評価を行っているが、子会社は会社単位の業績評価にとどまっている場合の取扱い

　企業の最高経営意思決定機関が連結ベースの業績評価などを行うにあたり、親会社については事業ごとに行っているものの、子会社については各子会社単位で行っていることがある。このような場合、セグメント会計基準では、親会社にお

ける各事業とそれぞれの子会社が事業セグメントとして識別することもあり得るとされている（セグメント会計基準適用指針3）。

　しかしながら、セグメント情報等の開示における基本原則からすれば、この事業セグメントの識別が必ずしも最善のものとはならない可能性もある。すなわち、子会社の中に複数の事業がある場合には、子会社レベルでは当該複数の事業ごとの業績評価などを行っているのが通常であり、また、なかには親会社と同じ事業を営んでいる場合もあることから、これら子会社の事業それぞれについて事業セグメントとして識別することも、財務諸表の利用者にとって有用であると考えられる。

　また、連結経営の観点からも、企業の最高経営意思決定機関が連結ベースで見た各事業の業績や投資効率などを評価することができるようになる点で有益であると考えられ、この意味からも、連結ベースの事業別管理会計を導入することは検討に値しよう。

③　分離された財務情報を入手できること

　　事業セグメントは、当該企業の構成単位について分離された財務情報が入手できるものでなければならない。

　　なお、ここでいう財務情報とは、いわゆる残高試算表のような一連の財務諸表項目のすべてを意味するものではない。したがって、例えば、ある構成単位の財務情報として資産に関する情報がなかったとしても、このことをもって事業セグメントの要件を満たさないということにはならない（セグメント会計基準66）。ただし、後述のとおり、企業は各報告セグメントの資産の額を開示しなければならないこととされているため、企業が事業セグメントに資産を配分していない場合にはその旨を開示することとされている（セグメント会計基準24（3））。

2）セグメントの区分方法が複数ある場合の取扱い

　　企業によっては、事業活動を様々な角度から分析し、その結果を最高経営意思決定機関に提出することもある。このように、事業セグメントの定義を満たすセグメントの区分方法が複数ある場合には、企業は、各構成単位の事

業活動の特徴、それらについて責任を有する管理者の存在及び取締役会等に提出される情報などの要素に基づいて、企業の事業セグメントの区分方法を決定する（セグメント会計基準9）。

ただし、セグメント管理者（セグメントの事業活動や業績、予測又は計画に関して、最高経営意思決定機関に対する報告責任を有する管理者をいう）が責任を負う構成単位からなる区分方法が1つしかないときは、当該構成単位を各事業セグメントとすることとされている（セグメント会計基準適用指針6）。

また、事業セグメントの要件に合致する複数の重複する区分方法があり、そのいずれにもセグメント管理者がいる場合（いわゆる「マトリックス組織」）がある。このような場合には、企業はセグメント情報開示に係る基本原則に照らして、いずれの区分方法が適切であるかを決定することになる（セグメント会計基準適用指針7）。例えば、特定の種類の製品及びサービスについて責任を有するセグメント管理者がいる一方で（製品及びサービス別の管理）、特定の地域について責任を有する別のセグメント管理者がおり（地域別の管理）、両者の責任の範囲が重複している場合には、財務諸表利用者にとってどちらのセグメント区分がより有用な情報を提供することになるかどうかを判断したうえで、それを事業セグメントとして開示することになる。

コラム

マトリックス組織の取扱いに関する国際的な会計基準との比較

セグメント会計基準では、マトリックス組織を採用する企業における事業セグメントの識別は、セグメント情報開示に係る基本原則に照らして、いずれの区分方法が適切であるかを決定することとされているが、この取扱いは、国際財務報告基準（IFRS）でも同様である。国際財務報告基準（IFRS）では、マトリックス組織は一般に大規模かつ複雑な組織において使用されているものであり、そのような状況下である特定の構成単位の使用を義務付けることはマネジメント・ア

プローチの考え方に矛盾することから、基本原則に従って事業セグメントの識別を行うことを要求している（IFRS第8号「事業セグメント」BC27）。

一方、米国財務会計基準書（SFAS）第131号「企業のセグメント及び関連情報の開示」では、マトリックス組織構造を採用する企業においては製品及びサービスを基礎にする構成要素が事業セグメントを構成することとされており（SFAS131.15）、わが国におけるセグメント会計基準及び国際財務報告基準（IFRS）とは異なる取扱いとなっている。

7.2.2 ステップ2〜事業セグメントの集約

ステップ1により識別された事業セグメントのうち、次の3つの要件のすべてを満たす複数の事業セグメントがある場合には、それら複数の事業セグメントを1つの事業セグメントに集約することができる（セグメント会計基準11）。

(a) 当該事業セグメントを集約することが、セグメント情報を開示する基本原則と整合していること
(b) 当該事業セグメントの経済的特徴が、概ね類似していること
(c) 当該事業セグメントの次のすべての要素が、概ね類似していること
 ・製品及びサービスの内容
 ・製品の製造方法又は製造過程、サービスの提供方法
 ・製品及びサービスを販売する市場又は顧客の種類
 ・製品及びサービスの販売方法
 ・銀行、保険、公益事業等のような業種に特有の規制環境

これは、たとえ事業セグメントの定義を満たしていたとしても、その結果あまりに細分化されて開示されたセグメント情報は、財務諸表利用者にとって必ずしも有用な情報とはならないと考えられるためである。ただし、その一方で、事業セグメントは企業の経営者が意思決定のために実際に用いている構成単位であり、マネジメント・アプローチが経営者の視点を財務諸表利用者に提供することを目的としている以上、事業セグメントの集約は、類似する事業上のリ

スクを有し、それらを集約しても財務諸表利用者の意思決定に重要な影響を与えない場合に限られるべきであると考えられる。そこで、セグメント会計基準では、これら3つの要件のすべてを満たした場合に限り、事業セグメントの集約を認めることとされている。

> **コラム**
>
> ### 事業セグメントの集約レベル
>
> 　同種の製品系列を有する2つの企業がある場合、両社の行う事業セグメントの集約は必ず同じ結果になると言えるだろうか。答えは、もちろん「No」である。
> 　例えば、テニス用品とサッカー用品を販売する2つの企業（A社、B社）があるとしよう。いずれの会社においてもテニス用品販売とサッカー用品販売は事業セグメントの定義に該当するが、A社はこれらの販売に特化しており、テニス用品販売事業とサッカー用品販売事業はまったく異なる事業として考えている。このような場合には、テニス用品事業とサッカー用品事業は集約せずに、それぞれ独立した事業セグメントと捉えるべきであろう。
> 　一方、B社は、テニス用品とサッカー用品の販売のほか、金融業や飲食事業も営む高度に多角化された企業であるとする。B社における業績評価や投資意思決定では、テニス用品販売事業とサッカー用品販売事業はいずれも類似の事業として考えられている。したがって、B社における2つの事業セグメントは、例えば「スポーツ用品販売事業」といった形で集約され、金融業や飲食事業と併せて開示されることも考えられる。

7.2.3　ステップ3～報告セグメントの決定

１）量的基準

　ステップ1及びステップ2により事業セグメントが決定したら、次に、その中から報告すべきセグメント（これを「報告セグメント」という）を決める必要がある。この報告セグメントの決定は、量的基準にしたがって行う。具体的には、次の3つのいずれかを満たす事業セグメントは、報告セグメント

として開示しなければならないこととされている（セグメント会計基準12）。

図表7-2　3つの量的基準

項　目	量的基準
売上高基準	事業セグメントの売上高（事業セグメント間の内部売上高又は振替高を含む）が、すべての事業セグメントの売上高の合計額の10％以上であること
利益基準	事業セグメントの利益又は損失の絶対値が、①利益の生じているすべての事業セグメントの利益の合計額、又は、②損失の生じているすべての事業セグメントの損失の合計額の絶対値のいずれか大きい額の10％以上であること
資産基準	事業セグメントの資産が、すべての事業セグメントの資産の合計額の10％以上であること

ただし、この定めは、いずれの量的基準も満たさない事業セグメントは報告セグメントとして開示してはいけないということを意味するものではない点に留意しなければならない。量的基準のいずれも満たさない事業セグメントであっても、例えば企業全体にとって重要な負債を有している場合など、あるセグメント情報の1つが財務諸表利用者の意思決定にとって重要であることも考えられる。したがって、たといずれの量的基準も満たない事業セグメントであっても、財務諸表の利用者にとって有用であると判断されるものであれば、報告セグメントとして開示することが望まれる（＊1）。

（＊1）重要と判断されたセグメント情報の項目によっては、報告セグメントとして開示するのではなく、差異調整に関する事項の開示と併せて、その内容を説明することも考えられる（セグメント会計基準15 参照）。

① 売上高基準

次の算式を満たす事業セグメントは、報告セグメントとなる。

$$\frac{事業セグメントの売上高（事業セグメント間の内部売上高又は振替高を含む）}{すべての事業セグメントの売上高の合計額} \geqq 10\%$$

　ここで、「事業セグメントの売上高」には、事業セグメント間の内部売上高又は振替高を含むものとされており、同一の事業セグメント内の内部売上及び内部振替高は含まないものと考えられる。

　なお、ステップ2により事業セグメントを集約した際に集約した事業セグメント間の内部売上高及び内部振替高を含めたまま最高経営意思決定機関に報告されている場合、原則として、売上高基準の判定においても当該内部売上高及び内部振替高は含めたまま行うことになる。しかしながら、集約した事業セグメント間の内部取引を相殺消去した金額を開示することが財務諸表利用者にとって有用となるのであれば、当該相殺消去を反映した売上高を開示することができるものとされており（セグメント会計基準適用指針14）、この場合には、売上高基準の判定においても相殺消去後の売上高で判定を行うことになると考えられる。

② 利益基準

　次の算式を満たす事業セグメントは、報告セグメントとなる。

a ｜利益の生じているすべての事業セグメントの利益の合計額｜＞｜損失の生じているすべての事業セグメントの損失の合計額｜の場合（「｜ ｜」は絶対値を表す）

$$\frac{事業セグメントの利益又は損失の絶対値}{利益の生じているすべての事業セグメントの当該利益の合計額} \geqq 10\%$$

b ｜利益の生じているすべての事業セグメントの利益の合計額｜＜｜損失の生じているすべての事業セグメントの損失の合計額｜の場合（「｜ ｜」は絶対値を表す）

$$\frac{\text{事業セグメントの利益又は損失の絶対値}}{\text{損失の生じているすべての事業セグメントの当該損失の合計額}} \geqq 10\%$$

ここでの利益又は損失は、事業セグメントに資源を配分する意思決定を行い、その業績を評価する目的で最高経営意思決定機関に報告される金額に基づいて行わなければならないとされており（セグメント会計基準23）、必ずしも一般に公正妥当と認められる企業会計の基準に準拠することは求められていない（*2）。したがって、例えば最高経営意思決定機関に報告される金額、すなわちセグメント利益（損失）がEBIT（Earning before interests and taxes：税金及び利払い控除前利益）やNOPAT（Net operating profit after taxes：税引き後事業利益）などである場合には、利益基準の判定にあたってもこれらを使用することになる。

(*2) 例えば、事業セグメント間での振替価格などは各企業において管理上適当と考えられる水準で決定しているものであり、そこには一般に公正妥当と認められる企業会計の基準はもともと存在しない。

③ 資産基準

次の算式を満たす事業セグメントは、報告セグメントとなる。

$$\frac{\text{事業セグメントの資産}}{\text{すべての事業セグメントの資産の合計額}} \geqq 10\%$$

> コラム
>
> ### 集約基準と量的基準の適用順序
>
> 識別した事業セグメントについて、経済的特徴が類似しているなど一定の要件を満たすものについては集約基準が認められているとともに、量的基準を超える事業セグメントについては報告セグメントとして開示が要求されている。ここで、

集約基準と量的基準の適用順序は決まっているのであろうか。

　セグメント会計基準第10項では、「企業は、第6項から第9項に基づいて識別された事業セグメント又は第11項に基づいて集約された事業セグメントの中から、量的基準（第12項から第16項参照）に従って、報告すべきセグメント（以下「報告セグメント」という）を決定しなければならない。」とされている。すなわち、識別した事業セグメントに対しては、「集約基準→量的基準」の順で適用することとされており、その逆は認められていない。

　したがって、たとえ経済的特徴などが類似していたとしても、量的基準を適用した後で、量的基準を満たした事業セグメントと量的基準を満たしていない事業セグメントを集約するといったことは認められない。

2）セグメントの区分方法の継続性

　量的基準を適用して報告セグメントを決定するにあたっては、相当期間にわたりその継続性が維持されるよう配慮することとされている（セグメント会計基準適用指針9）。したがって、前年度において報告セグメントとされた事業セグメントが当年度において量的基準を下回ったとしても、当該事業セグメントが財務諸表の利用者にとって引き続き重要であると判断される場合には、当該セグメントに関する情報を区分し、継続的に開示する必要がある。

　企業集団の中に、中長期にわたる景気変動の影響を受ける事業を有している企業を考えてみよう。ここで、従来、企業集団に占める売上高などの割合が高かったため報告セグメントとして開示していた事業セグメントが、不況により量的基準を満たさなくなった場合であっても、その形式的な判断により報告対象から外すことは適切ではないと考えられる。当該事業セグメントがその企業にとって重要なものであれば、財務諸表利用者も、当該事業の収益性の変化などを時系列として把握することを求めているかもしれない。このように、量的基準を満たさなくなったため報告セグメントから外すかどうかを決定する際には、当該事業セグメントが区分して開示されないこととした場合に、財務諸表利用者が企業の過去の業績を理解し、将来のキャッシュ・フローの予測を適切に評価するにあたり重要な影響を受けるかどうかについ

て、十分に吟味する必要がある。

7.2.4 ステップ4〜量的基準を満たさない事業セグメント同士の結合

企業は、ステップ3の量的基準を満たしていない複数の事業セグメントの経済的特徴が概ね類似し、かつ、「**7.2.2 ステップ2〜事業セグメントの集約**」で記載した事業セグメントを集約するにあたって考慮すべき要素の過半数について概ね類似している場合には、これらの事業セグメントを結合して報告セグメントとすることができる（セグメント会計基準13）。

「**7.2.2 ステップ2〜事業セグメントの集約**」で適用される集約基準は、異なる特徴を持つ事業セグメントが集約されてしまうという弊害を防止すべく、厳格な要件が定められている。しかしながら、一方で、他の事業セグメントと類似の経済的特徴を有しているにもかかわらず、販売方法が異なるからといって別の事業セグメントとして区分され、結果として、当該事業セグメントが開示されないことは、財務諸表利用者にとって不利益となる場合も考えられる。そこで、セグメント会計基準では、一定の要件を満たす場合には、量的基準を満たさない事業セグメント同士の結合を許容することとした。

ここでのポイントは、次の3点である。

・事業セグメントの経済的特徴が概ね類似していること
・集約基準で考慮すべきとされた5つの要素のうち、過半数について概ね類似していること
・結合することは強制ではなく、任意であること

1）事業セグメントの経済的特徴が概ね類似していること

事業セグメント同士を結合するためには、両者の経済的特徴が概ね類似していることが必要である。

複数の事業セグメントが類似の経済的特徴を有していれば、多くの場合、両者の業績は長期的に類似の傾向を示すことになると考えられる。例えば、

2つの事業セグメントの経済的特徴が類似していれば、両者の売上高総利益率や営業利益率は同様の傾向を示すことになるであろう。そこで、経済的特徴が概ね類似しているかどうかを判断するためには、例えば、長期的な売上総利益率（平均値）が近似することが見込まれるなど、両者が長期的に近似した業績の動向を示すことが見込まれている必要があるとされている（セグメント会計基準適用指針8）。

2）集約基準で考慮すべきとされた5つの要素のうち、過半数について概ね類似していること

　事業セグメント同士を結合するためには、集約基準で考慮すべきとされた5つの要素のうち、過半数について概ね類似していることが必要である。

　集約基準で考慮すべきとされた5つの要素は、次のとおりである。

・製品及びサービスの内容
・製品の製造方法又は製造過程、サービスの提供方法
・製品及びサービスを販売する市場又は顧客の種類
・製品及びサービスの販売方法
・銀行、保険、公益事業等のような業種に特有の規制環境

　すなわち、量的基準を満たさない事業セグメント同士を結合するためには、これらのうち3つ以上について、概ね類似している必要がある。

3）結合することは強制ではなく、任意であること

　1）及び2）の要件のいずれを満たしていたとしても、事業セグメント同士を結合するかどうかは任意とされている。したがって、量的基準を満たさない事業セグメント同士を最終的に結合するかどうかは、セグメント会計基準における基本原則に立ち返って、財務諸表利用者にとって適切な情報を提供することになるかといった観点から決定することになると考えられる。

7.2.5 ステップ5〜報告セグメントの確認

ステップ4までのプロセスが終了したら、最後に、開示されている報告セグメントが十分であるかどうかの確認を行う必要がある。すなわち、報告セグメントの外部顧客への売上高の合計額が、連結損益計算書又は個別損益計算書（以下「損益計算書」という）の売上高の75％未満である場合には、損益計算書の売上高の75％以上が報告セグメントに含まれるまで、報告セグメントとする事業セグメントを追加して識別しなければならない（セグメント会計基準14）。

ここで追加して識別される事業セグメントはいずれも量的基準を満たしていないものであるため、比較的規模の小さい事業セグメントを多数追加することになることも考えられる。どの事業セグメントを追加するかは企業の任意であるが、セグメント会計基準の基本原則及びセグメント区分方法の継続性を勘案して決定することになると考えられる（＊3）。

なお、この「75％」は、国際財務報告基準（IFRS）第8号及び米国財務会計基準（SFAS）第131号と同様の基準値として定められたものである。

(＊3) 量的な重要性の変化により報告セグメントを変更した場合には、その旨及びセグメント情報に与える影響を開示しなければならないこととされている（セグメント会計基準16）。詳細は、「**7.2.6 2）報告セグメントを変更した場合の取扱い**」を参照のこと。

7.2.6 報告セグメントの決定に関するその他の定め

1）報告セグメントとされなかった事業セグメント等の取扱い

報告セグメントに含まれない事業セグメント及びその他の収益を稼得する事業活動に関する情報は、後述の「**7.3.4 1）差異調整に関する事項**」において求められる差異調整の中で、他の調整項目とは区分して、「その他」の区分に一括して開示しなければならない（セグメント会計基準15）。なお、この場合には、「その他」に含まれる主要な事業の名称等をあわせて開示しなければならないこととされている。

［記載例］：製品及びサービスを基礎として事業セグメントを識別している場合

（注）「その他」は、健康食品事業である。

2）報告セグメントを変更した場合の取扱い
　①　重要性の変化により報告セグメントを変更した場合の取扱い
　　　新たに量的基準を満たした事業セグメントを報告セグメントとした場合や、報告セグメントの外部顧客への売上高の合計額が損益計算書の売上高の75％未満となったため新たに事業セグメントを報告セグメントに追加した場合など、量的な重要性の変化により報告セグメントを変更した場合には、その旨及びセグメント情報に与える影響を開示しなければならない（セグメント会計基準16）。
　　　この場合、セグメント情報に与える影響の開示方法としては、影響を与える項目別に文章形式にて記載することのほか、前年度のセグメント情報を当年度の報告セグメントの区分により作り直したものを開示することも考えられる（セグメント会計基準76）。
　　　なお、国際的な会計基準においては、必要な情報を入手できないなど実務上不可能な場合を除き、比較目的で開示する前年度のセグメント情報を修正再表示して、新たな報告セグメントを独立して開示しなければならないこととされている（IFRS8.18、SFAS131.23）。
　②　組織変更などにより報告セグメントを変更した場合の取扱い
　　　セグメント情報はマネジメント・アプローチに基づいて作成されるものであるため、企業の組織構造が変更された場合など、企業の管理手法が変更されたときには、識別される事業セグメントも当然に変更されることになる。このように、識別される事業セグメントが変更されたことに伴い、報告セグメントの区分方法を変更した場合には、その旨及び前年度のセグメント情報を当年度の区分方法により作り直した情報を開示しなければな

らない（セグメント会計基準27）。

　ただし、前年度のセグメント情報を当年度の区分方法により作り直した情報を開示することが実務上困難な場合には（＊4）、当年度のセグメント情報を前年度の区分方法により作成した情報を開示することも認められている。

(＊4) 実務上困難な場合とは、必要な情報の入手が困難であって、当該情報を作成するために過度の負担を要する場合をいうものとされている（セグメント会計基準27）。

7.3　セグメント情報の開示項目と測定方法

　報告セグメントが決定したら、それぞれの報告セグメントごとに、具体的なセグメント情報の開示を行うことになる。開示しなければならないセグメント情報は、**図表7-3**のとおりである。

図表7-3　開示が求められるセグメント情報

区　分	項　目	会計基準	適用指針
報告セグメントの概要	報告セグメントの決定方法		
	①　事業セグメントを識別するために用いた方法（例えば、製品・サービス別、地域別、規制環境別、又はこれらの組合せ等、企業の事業セグメントの基礎となる要素）	第18項（1）	－
	②　複数の事業セグメントを集約した場合にはその旨	第18項（1）	－
	各報告セグメントに属する製品及びサービスの種類	第18項（2）	－
利益（又は損失）、資産及び負債等の測定方法	報告セグメント間の取引がある場合には、その会計処理の基礎となる事項（例えば、報告セグメント間の取引価格や振替価格の決定方法など）	第24項（1）	－

利益（又は損失）、資産及び負債等の測定方法	報告セグメントの利益（又は損失）の合計額と損益計算書の利益（又は損失）計上額との間に差異があり、差異調整に関する事項の開示からはその内容が明らかでない場合には、その内容	第24項（2）	－
	報告セグメントの資産の合計額と貸借対照表の資産計上額との間に差異があり、差異調整に関する事項の開示からはその内容が明らかでない場合には、その内容	第24項（3）	－
	報告セグメントの負債の合計額と貸借対照表の負債計上額との間に差異があり、差異調整に関する事項の開示からはその内容が明らかでない場合には、その内容	第24項（4）	－
	事業セグメントの利益（又は損失）の測定方法を前年度に採用した方法から変更した場合には、その旨、変更の理由及び当該変更がセグメント情報に与えている影響	第24項（5）	－
	事業セグメントに対する特定の資産又は負債の配分基準と関連する収益又は費用の配分基準が異なる場合には、その内容	第24項（6）	－
利益（又は損失）、資産及び負債等の額	利益（又は損失）	第19項	－
	資産	第19項	－
	負債（最高経営意思決定機関に対して定期的に提供され、使用されている場合）	第20項	－
	次の項目のうち、報告セグメントの利益（又は損失）の額の算定に含まれているもの、又は、最高経営意思決定機関に対して定期的に提供され、使用されているもの		
	① 外部顧客への売上高	第21項（1）	－
	② 事業セグメント間の内部売上高又は振替高	第21項（2）	－
	③ 減価償却費（のれんを除く無形固定資産に係る償却費を含む）	第21項（3）	第10項
	④ のれんの償却額及び負ののれんの償却額	第21項（4）	－
	⑤ 受取利息及び支払利息	第21項（5）	－
	⑥ 持分法投資利益（又は損失）	第21項（6）	－
	⑦ 特別利益及び特別損失（主な内訳を含む）	第21項（7）	－
	⑧ 税金費用（法人税等及び法人税等調整額）	第21項（8）	－
	⑨ その他の重要な非資金損益項目	第21項（9）	－

利益（又は損失）、資産及び負債等の額	次の項目のうち、報告セグメントの資産の額の算定に含まれているもの、又は、最高経営意思決定機関に対して定期的に提供され使用されているもの		－
	① 持分法適用会社への投資額（当年度末残高）	第22項（1）	－
	② 有形固定資産及び無形固定資産の増加額（当年度の投資額）	第22項（2）	第10項
財務諸表との差異調整に関する事項	報告セグメントの開示項目と財務諸表計上額との差異内容		－
	① 売上高	第25項（1）	－
	② 利益（又は損失）	第25項（2）	－
	③ 資産	第25項（3）	－
	④ 負債	第25項（4）	－
	⑤ その他の開示項目	第25項（5）	－
	利益（又は損失）の調整対象としている損益計算書における段階利益の科目名	第26項	－

7.3.1 報告セグメントの概要

　報告セグメントの概要には、次の2つの事項を開示しなければならない（セグメント会計基準18）。

- ・報告セグメントの決定方法
- ・各報告セグメントに属する製品及びサービスの種類

1）報告セグメントの決定方法

　　企業は、報告セグメントの決定方法、すなわち、事業セグメントを識別するために用いた方法を記載しなければならない。事業セグメントを識別するために用いた方法としては、例えば、製品・サービス別、地域別、規制環境別、又はこれらの組合せなどが挙げられる。また、複数の事業セグメントを集約した場合には、その旨などについて記載する必要がある。

　　セグメント会計基準が公表される前のセグメント情報では、一律に「事業の種類別」、「所在地別」及び「海外売上高」に関する情報を開示することとされていた。しかしながら、マネジメント・アプローチによれば、開示され

る報告セグメントの決定方法も必然的に各企業によって様々なものとなる。そこで、セグメント会計基準では、開示されるセグメント情報の基礎となる「事業セグメントを識別するために用いた方法」についての記載が求められている。

［記載例］：製品・サービス別に事業セグメントを識別している場合（＊5）

> 当社グループは、冷凍食品の製造販売ほか複数の業種にわたる事業を営んでおり、業種別に区分された主たる事業ごとに事業計画を立案し、また、業績評価や投資意思決定をしている。したがって、当社グループの事業セグメントは、当該業種別に区分された主たる事業別のセグメントによって識別しており、「冷凍食品事業」と「ペットフード事業」の2つを報告セグメントとしている。

（＊5）もし一部の事業セグメントを集約している場合には、次のような記載が追加されることになる。
　　　「なお、『〇〇』については、『〇〇』『〇〇』及び『〇〇』の3つの事業セグメントを集約している。」

［記載例］：地域別に事業セグメントを識別している場合

> 当社グループは、主として国内及び海外における食品製造販売事業を営んでおり、日本のほか、地域別に事業計画を立案し、また、業績評価や投資意思決定をしている。したがって、当社グループの事業セグメントは、当該地域別のセグメントによって識別しており、「日本」「欧州」及び「北米」の3つを報告セグメントとしている。

2）各報告セグメントに属する製品及びサービスの種類

　企業は、各報告セグメントに属する製品及びサービスの種類を記載しなければならない。

　これは、マネジメント・アプローチによって各企業ごと異なる報告セグメントが開示され得るなかで、各報告セグメントにおける収益獲得の源泉となる製品及びサービスの種類を開示することにより、財務諸表利用者が、各種

の産業統計指標や同じ製品・サービスを提供する同業他社から開示された情報などと比較する上で有用となるためであると考えられる。

［記載例］：製品・サービス別に事業セグメントを識別している場合

> 「冷凍食品事業」は、冷凍食品の製造販売を行っている。「ペットフード事業」は、主として海外におけるペットフードの製造販売を行っている。

［記載例］：地域別に事業セグメントを識別している場合

> 「日本」及び「欧州」においては、冷凍食品の製造販売を行っている。また、「北米」においては、ペットフードの製造販売を行っている。

7.3.2 利益（又は損失）、資産及び負債等の測定方法

企業は、報告セグメントにおいて開示する項目の測定方法について開示しなければならない。また、その際には、少なくとも次の事項を開示しなければならないこととされている（セグメント会計基準24）。

- 報告セグメント間の取引がある場合には、その会計処理の基礎となる事項
- 報告セグメントの利益（又は損失）の合計額と、損益計算書の利益（又は損失）計上額との間に差異がある場合には、その内容（差異調整に関する事項の開示からはその内容が明らかでない場合）
- 報告セグメントの資産の合計額と、貸借対照表の資産計上額との間に差異がある場合には、その内容（差異調整に関する事項の開示からその内容が明らかでない場合）
- 報告セグメントの負債の合計額と、貸借対照表の負債計上額との間に差異がある場合には、その内容（差異調整に関する事項の開示からはその内容が明らかでない場合）
- 事業セグメントの利益（又は損失）の測定方法を、前年度に採用した方法から

> 変更した場合には、その旨、変更の理由及び当該変更がセグメント情報に与えている影響
> ・事業セグメントに対する特定の資産又は負債の配分基準と、関連する収益又は費用の配分基準が異なる場合には、その内容

　なお、セグメント利益(又は損失)がおおむね損益計算書におけるどの段階利益を基礎として測定しているかについての記載は、必ずしも求められていない(ただし、差異調整に関する事項の開示から明らかでない場合には、その内容を開示することとされている)。しかしながら、当該事項は、財務諸表利用者が報告セグメントで開示されている利益(又は損失)の額を理解するにあたって基礎となる重要な事項であるため、利益(又は損失)の測定方法に関する記述と併せて記載することが望ましいと考えられる(セグメント会計基準適用指針「参考1.　開示例」参照)。

[**記載例**]：セグメント利益がおおむね営業利益を基礎としている場合

> 　報告セグメントの利益は、営業利益(のれん償却前)を基礎としている。

[**記載例**]：セグメント利益がEBITを基礎としている場合

> 　報告セグメントの利益は、当社グループにおける各事業セグメントの業績管理に使用しているEBIT(Earning before interests and taxes)を基礎としている。当社グループにおけるEBITは、次の算式によって算定している。
> 　　EBIT＝経常利益＋支払利息－受取利息

1)　報告セグメント間の取引がある場合には、その会計処理の基礎となる事項
　　報告セグメント間の取引がある場合には、その会計処理の基礎となる事項を記載しなければならない。これには、例えば、報告セグメント間の取引価格や振替価格の決定方法などが挙げられる。

同一の企業集団内にある会社同士の取引であれば、通常は、第三者取引価格（市場実勢価格）で取引されているものと思われる。しかしながら、同じ会社内の異なる事業セグメント間取引の場合には、利益を付さない価格で取引している場合や、社内で定めた一定のマークアップを付加した価格で取引を行う場合も考えられるであろう。これらの内容を開示することにより、財務諸表利用者は、当該報告セグメントの開示内容をより的確に把握することが可能となる。

2）報告セグメントの利益（又は損失）の合計額と、損益計算書の利益（又は損失）計上額との間に差異がある場合には、その内容（差異調整に関する事項の開示からはその内容が明らかでない場合）

　報告セグメントの利益（又は損失）の合計額と、損益計算書の利益（又は損失）計上額との間に差異がある場合には、差異調整に関する事項の開示からはその内容が明らかである場合を除き、その内容を記載しなければならない。これには例えば、事業セグメントの利益（又は損失）の測定において、棚卸資産の収益性が低下したことによる簿価切下額を反映していない場合や、広告宣伝費など特定の費用のうち合理的な配分基準がないことから各事業セグメントに配分していない場合などが該当する。

　この場合には、そのような差異がある旨や、そのような差異が生じる理由などを記載することになると考えられる。

3）報告セグメントの資産の合計額と、貸借対照表の資産計上額との間に差異がある場合には、その内容（差異調整に関する事項の開示からはその内容が明らかでない場合）

　報告セグメントの資産の合計額と、貸借対照表の資産計上額との間に差異がある場合には、差異調整に関する事項の開示からはその内容が明らかである場合を除き、その内容を記載しなければならない。これには例えば、事業セグメントの資産の測定において、棚卸資産の収益性が低下したことによる

簿価切り下げ額を反映していない場合や、各事業セグメントにおいて生じたのれんの償却額などを当該事業セグメントに反映させていない場合などが該当する。

　この場合には、そのような差異がある旨や、そのような差異が生じる理由などを記載することになると考えられる。

4）報告セグメントの負債の合計額と、貸借対照表の負債計上額との間に差異がある場合には、その内容（差異調整に関する事項の開示からはその内容が明らかでない場合）

　報告セグメントの負債の合計額と、貸借対照表の負債計上額との間に差異がある場合には、差異調整に関する事項の開示からはその内容が明らかである場合を除き、その内容を記載しなければならない。もっとも、これは、負債に関する情報が、最高経営意思決定機関に対して定期的に提供され使用されているため、各報告セグメントの負債の額を開示している場合に限られる。

　これには、例えば、事業セグメントの借入金の測定にあたり、企業グループ内でCMS（Cash management system）を採用している場合などについて、補足的に説明が必要となるときなどが該当する。

　この場合には、そのような差異がある旨や、そのような差異が生じる理由などを記載することになると考えられる。

5）事業セグメントの利益（又は損失）の測定方法を、前年度に採用した方法から変更した場合には、その旨、変更の理由及び当該変更がセグメント情報に与えている影響

　事業セグメントの利益（又は損失）の測定方法を、前年度に採用した方法から変更した場合には、その旨、変更の理由及び当該変更がセグメント情報に与えている影響を記載しなければならない。

　ただし、測定方法の変更がセグメント情報に重要な影響を与えるときには、前年度のセグメント情報との比較可能性を確保する観点から、測定方法の変

更による影響額そのものを開示する方法に代えて、前年度のセグメント情報を当年度の事業セグメントの利益（又は損失）の測定方法に基づき作り直したセグメント情報を開示することによって、その影響を開示することが望ましいこととされている（セグメント会計基準86）。

また、事業セグメントの利益（又は損失）の測定方法の変更は、財務諸表における会計方針の変更に伴って事業セグメントの利益（又は損失）の測定方法を変更した場合を含め、会計方針の変更として取り扱わないことに留意する必要がある（セグメント会計基準86なお書き）。

［記載例］：測定方法の変更による影響額そのものを開示する場合

(事業セグメントの利益（又は損失）の測定方法の変更)
　退職給付費用については、従来、年金基金への拠出額（現金支払額）を基礎として計上していたが、当連結会計年度より、「連結財務諸表作成のための基本となる重要な事項」に記載した方法によることに変更した。
　この変更は、・・・（具体的な理由を書く）・・・によるものである。
　この結果、従来の方法に比べ、当連結会計年度のセグメント利益は、「冷凍食品事業」がXXX百万円、「ペットフード事業」がXXX百万円、それぞれ減少している。

［記載例］：前年度のセグメント情報を当年度の事業セグメントの利益（又は損失）の測定方法に基づき作り直したセグメント情報を開示する場合

(事業セグメントの利益（又は損失）の測定方法の変更)
　退職給付費用については、従来、年金基金への拠出額（現金支払額）を基礎として計上していたが、当連結会計年度より、「連結財務諸表作成のための基本となる重要な事項」に記載した方法によることに変更した。
　この変更は、・・・（具体的な理由を書く）・・・によるものである。
　なお、前連結会計年度のセグメント情報を、当連結会計年度の事業セグメントの利益（又は損失）の測定方法に基づき作り直したものは、次のとおりである。

	冷凍食品事業	ペットフード事業	調整額	連結財務諸表計上額
売上高				
外部顧客への売上高	XX,XXX	X,XXX	—	XX,XXX
セグメント間の内部売上高又は振替高	—	—	△XXX	—
計	XX,XXX	X,XXX	△XXX	XX,XXX
セグメント利益	X,XXX	XXX	△XX	X,XXX

―― 以下、省略 ――

6）事業セグメントに対する特定の資産又は負債の配分基準と、関連する収益又は費用の配分基準が異なる場合には、その内容

　事業セグメントに対する特定の資産又は負債の配分基準と、関連する収益又は費用の配分基準が異なる場合には、その内容を記載しなければならない。例えば、ある事業セグメントに特定の償却資産を配分していないにもかかわらず、その減価償却費を当該事業セグメントの費用に配分する場合がこれに該当する。

　これは、財務諸表利用者がセグメントの開示を適切に理解できるようにするため、それぞれの開示項目への配分基準が互いに整合しているかどうかについて説明を求めているものである。

［記載例］

　報告されている事業セグメントの会計処理は、退職給付費用について年金基金への拠出額（現金支払額）を基礎として計上していることを除き、「連結財務諸表作成のための基本となる重要な事項」に記載したものとおおむね同一の方法によっている。なお、報告セグメントの利益は、営業利益を基礎とした数値である。

> また、セグメント間の内部取引及び内部振替高は、第三者取引価格（市場実勢価格）に基づいている。

7.3.3　利益（又は損失）、資産及び負債等の額

セグメント情報として開示する項目には、必ず開示を要する項目と、該当する場合に開示する項目がある。

> ・必ず開示を要する項目
>   　利益又は損失の額、資産の額
> ・該当する場合に開示する項目
>   　負債の額、外部顧客への売上高、事業セグメント間の内部売上高又は振替高、減価償却費（のれんを除く無形固定資産に係る償却費を含む）、のれんの償却額及び負ののれんの償却額、受取利息及び支払利息、持分法投資利益（又は持分法投資損失）、特別利益及び特別損失、税金費用（法人税等及び法人税等調整額）、その他の重要な非資金損益項目、持分法適用会社への投資額（当年度末残高）、有形固定資産及び無形固定資産の増加額（当年度の投資額）

1 ）必ず開示を要する項目

①　利益又は損失の額

　　企業は、報告セグメントの利益（又は損失）の額を開示しなければならない（セグメント会計基準19）。

　　従来のセグメント情報では、営業利益（又は営業損失）あるいは経常利益（又は経常損失）を開示することとされていた。しかしながら、セグメント会計基準で開示が求められる利益又は損失の額は、必ずしも損益計算書で表示されている特定の段階利益を意味するものではなく、ここではマネジメント・アプローチに基づき最高経営意思決定機関に報告される金額に基づいて開示する必要がある。

> コラム

財務諸表の作成にあたり修正を行っている場合の取扱い

　例えば、連結財務諸表の作成にあたり棚卸資産の未実現利益を消去している場合など、財務諸表の作成にあたり一定の修正を行っているときには、その修正内容を報告セグメントの利益（又は損失）にも反映させるべきかどうかが問題となる。

　セグメント会計基準では、財務諸表の作成にあたって行った修正や相殺消去、又は特定の収益費用などの配分は、最高経営意思決定機関が使用する事業セグメントの利益（又は損失）の算定に含まれている場合にのみ、報告セグメントの各項目の額に含めることができるものとし、財務諸表の作成にあたり修正などを行っているか否かにかかわらず、原則として、最高経営意思決定機関に報告される金額に基づいて開示することを求めている（セグメント会計基準23）。

　ただし、このことは、最高経営意思決定機関に報告される金額であれば何でもそのまま開示すれば足りるというわけではない。すなわち、セグメント会計基準では、利益又は損失の額として最高経営意思決定機関に報告される金額に基づいて開示することを求めている一方で、特定の収益費用を各事業セグメントの利益（又は損失）に配分する場合には合理的な基準に従って配分しなければならないこととされている。これは、一見マネジメント・アプローチに対する制約とも考えられるが、最高経営意思決定機関が意思決定のために使用している情報であっても、合理的ではない基準によって各事業セグメントへ配分がなされている場合には、財務諸表利用者にとって必ずしも有用な情報であるとはいえないと考えられるためである。

　したがって、最高経営意思決定機関の意思決定のために特殊な配分基準を採用している場合であって、それらの情報が財務諸表利用者にとっても有用であると考えられるときには、当該特殊な配分基準の内容と併せてセグメント情報を開示することも、マネジメント・アプローチの基本原則に合致するものと思われる（＊）。

（＊）例えば、ある事業を新規に立ち上げた場合に、当該事業の採算性や将来性を判断するにあたり、当面の間、特定の共通費を配賦しないこととしたときなどが該当すると考えられる。

② 資産の額

　企業は、各報告セグメントの資産の額を開示しなければならない（セグメント会計基準19）。

　従来のセグメント情報においても、事業の種類別セグメント及び所在地別セグメントごとに資産の額の開示が求められていたため、セグメント情報の作成にあたりセグメントごとの資産の額も集計していた。しかしながら、セグメント会計基準では、最高経営意思決定機関に報告される金額に基づいて開示することが求められているため、資産の額についても、最高経営意思決定機関に定期的に報告されていることが開示の前提となる。

　なお、企業が事業セグメントに資産を配分していない場合には、その旨を開示しなければならないこととされている（セグメント会計基準24(3)）。

［記載例］：事業セグメントに資産を配分していない場合

> （注）事業セグメントに資産を配分していないため、セグメント資産の記載は行っていない。

2）該当する場合に開示する項目

① 負債の額

　負債に関する情報が、最高経営意思決定機関に対して定期的に提供され、使用されている場合には、企業は各報告セグメントの負債の額を開示しなければならない（セグメント会計基準20）。

　事業部ごとの独立採算制をとっている場合や資本コストも加味した事業管理を行っている場合、あるいは、事業別の資金調達の状況がそれぞれの事業の運営にとって重要である場合などには、事業セグメントごとの負債情報が、最高経営意思決定機関に対して定期的に報告されていることもある。このような場合には、負債に関する情報も財務諸表の利用者にとって重要なものであるため、報告セグメントの負債の額として開示することが

必要となる。

② 損益項目の額

次の損益項目については、企業が開示する報告セグメントの利益（又は損失）の額の算定に含まれている場合、又は、最高経営意思決定機関に対して定期的に提供され使用されている場合には、各報告セグメントの金額を開示しなければならない（セグメント会計基準21）。

・外部顧客への売上高
・事業セグメント間の内部売上高又は振替高
・減価償却費（のれんを除く無形固定資産に係る償却費を含む）
・のれんの償却額及び負ののれんの償却額
・受取利息及び支払利息
・持分法投資利益（又は損失）
・特別利益及び特別損失（主な内訳を含む）
・税金費用（法人税等及び法人税等調整額）
・上記に含まれていない重要な非資金損益項目

どの項目を開示することになるかは、通常、最高経営意思決定機関に対して報告されている事業セグメントの利益が、おおよそ損益計算書のどの段階利益に相当するかによって変わってくることになる。外部顧客への売上高や事業セグメント間の内部売上高又は振替高は、多くの場合報告することになると考えられるが、例えば、手数料収入を主たる事業としているセグメントなど、売上と利益が同額となるような場合には開示されないことも考えられる。また、受取利息及び支払利息、持分法投資利益（又は損失）、特別利益及び特別損失（主な内訳を含む）、税金費用（法人税等及び法人税等調整額）などは、事業セグメントの利益が営業利益ベースであれば一般に含まれることはないと思われるが、事業セグメントの利益が経常利益ベースあるいは当期純利益ベースであるとき、または、EBITやNOPATなどを基礎としているときには、上記のうちどの項目が含まれているかを吟味した上で、含まれている項目について開示が必要となる。

また、企業が開示する報告セグメントの資産（セグメント会計基準19）に長期前払費用又は繰延資産が含まれている場合には、開示する「減価償却費（のれんを除く無形固定資産に係る償却費を含む。）」に、当該長期前払費用又は繰延資産の償却額を含めることができる（セグメント会計基準適用指針10）。なお、減価償却費（のれんを除く無形固定資産に係る償却費を含む。）に長期前払費用又は繰延資産の償却額を含めた場合には、その旨を記載することとされている。

[記載例]：減価償却費（のれんを除く無形固定資産に係る償却費を含む）に長期前払費用又は繰延資産の償却額を含めた場合

(注) 減価償却費は、長期前払費用及び繰延資産の償却額を含んでいる。

③　資産関連項目の額

　次の資産関連項目については、企業が開示する報告セグメントの資産の額の算定に含まれている場合、又は、最高経営意思決定機関に対して定期的に提供され使用されている場合には、各報告セグメントの金額を開示しなければならない（セグメント会計基準22）。

・持分法適用会社への投資額（当年度末残高）
・有形固定資産及び無形固定資産の増加額（当年度の投資額）

　「持分法適用会社への投資額（当年度末残高）」は、持分法により評価している非連結子会社株式又は関連会社株式（連結財務諸表上は、通常「投資有価証券」として表示されている）について、報告セグメントの資産の額に含まれている額又は最高経営意思決定機関に対して報告されている額を開示することになる。

　「有形固定資産及び無形固定資産の増加額（当年度の投資額）」は、関連

する有形固定資産及び無形固定資産が報告セグメントの資産の額に含まれている場合、または、各報告セグメントにおける有形固定資産及び無形固定資産への投資額が最高経営意思決定機関に対して報告されている場合に開示することになる。

また、企業が開示する報告セグメントの資産（セグメント会計基準19）に長期前払費用又は繰延資産が含まれている場合には、セグメント情報に開示する有形固定資産及び無形固定資産の増加額の範囲に、長期前払費用又は繰延資産の増加額を含めることができる（セグメント会計基準適用指針）。なお、有形固定資産及び無形固定資産の増加額の範囲に、長期前払費用又は繰延資産の増加額を含めた場合には、その旨を記載することとされている。

［記載例］：有形固定資産及び無形固定資産の増加額の範囲に、長期前払費用又は繰延資産の増加額を含めた場合

> （注）有形固定資産及び無形固定資産の増加額は、長期前払費用及び繰延資産の増加額を含んでいる。

7.3.4 財務諸表との差異調整に関する事項

1）差異調整に関する事項

マネジメント・アプローチに基づくセグメント情報の各開示項目は、最高経営意思決定機関に報告される額を基礎にして開示されるため、報告セグメントの合計額は必ずしも財務諸表で表示されている金額とは一致しない。そこで、セグメント会計基準では、両者の関係が明らかになるように、次の項目について、差異調整に関する事項の開示を求めている（セグメント会計基準25）。

- 報告セグメントの売上高の合計額と（＊6）、損益計算書の売上高計上額
- 報告セグメントの利益（又は損失）の合計額と、損益計算書の利益（又は損失）計上額
- 報告セグメントの資産の合計額と、貸借対照表の資産計上額
- 報告セグメントの負債の合計額と、貸借対照表の負債計上額
- その他の開示される各項目について、報告セグメントの合計額と、その対応する科目の財務諸表計上額

（＊6）報告セグメントの合計額と財務諸表計上額のみを開示すれば足りるというものではないことに留意が必要である。セグメント会計基準適用指針の［開示例1］にあるとおり、報告セグメントの合計額を開示することは必ずしも求められておらず、ここではむしろ、両者の差異の金額及びその内容を明らかにすることが必要であると考えられる。

なお、これらのなかに重要な調整事項がある場合、当該事項は個別に記載しなければならないこととされている。したがって、例えば、報告セグメントの利益（又は損失）を算定するにあたって採用した会計処理の方法が財務諸表の作成上採用した方法と異なっている場合、その重要な差異は、すべて個別に記載しなければならない。

［記載例］：差異調整の内容を文章形式で記載する場合

（注）上表における報告セグメントの合計額と財務諸表計上額との差異調整の内容は、次のとおりである。
1. セグメント売上高の調整額○○○百万円の主な内容は、セグメント間取引の消去○○○百万円である。
2. セグメント利益の調整額○○○百万円の主な内容は、セグメント間取引の消去○○百万円、各報告セグメントに配分していない全社費用○○百万円及び退職給付費用について採用した会計処理の相違による調整額○○百万円である。なお、全社費用は、主に報告セグメントに帰属しない本社の管理部門における一般管理費である。
3. セグメント資産の調整額○○○百万円の主な内容は、各報告セグメントに配分していない全社資産○○○である。

4．有形固定資産及び無形固定資産の増加額の調整額○○○百万円の主な内容は、本社建物の設備投資額である。

[記載例]：差異調整の内容を表形式で記載する場合

(注) 上表における報告セグメントの合計額と財務諸表計上額との差異調整の内容は、次のとおりである。

1．売上高

報告セグメントの売上高の合計額	○○,○○○百万円
セグメント間取引の消去	○○○百万円
その他	○○百万円
連結財務諸表の売上高	○○,○○○百万円

2．利益

報告セグメントの利益の合計額	○,○○○百万円
セグメント間取引の消去	○○百万円
各報告セグメントに配分していない全社費用（＊1）	○○百万円
退職給付費用について採用した会計処理の相違による調整額	○○百万円
その他	○○百万円
連結財務諸表の営業利益	○○,○○○百万円

（＊1）全社費用は、主に報告セグメントに帰属しない本社の管理部門における一般管理費である。

3．資産

報告セグメントの資産の合計額	○○,○○○百万円
各報告セグメントに配分していない全社資産（＊2）	○○○百万円
その他	○○百万円
連結財務諸表の資産合計	○○,○○○百万円

（＊2）全社資産は、主に報告セグメントに帰属しない本社建物である。

4．有形固定資産及び無形固定資産の増加額

報告セグメントの有形固定資産及び無形固定資産の増加額	○,○○○百万円
本社建物の設備投資額	○○○百万円
その他	○○百万円
連結財務諸表の有形固定資産及び無形固定資産の増加額	○,○○○百万円

2）損益計算書の利益（又は損失）の科目開示

　報告セグメントの利益（又は損失）の合計額と損益計算書の利益（又は損失）計上額との差異の内容を開示する際に使用する「損益計算書の利益（又は損失）」は、営業利益（又は営業損失）、経常利益（又は経常損失）、税金等調整前当期純利益（又は税金等調整前当期純損失）（個別財務諸表に係る注記の場合は、税引前当期純利益（又は税引前当期純損失））、又は当期純利益（又は当期純損失）のうち、いずれか適当と判断される科目とする（セグメント会計基準26）。なお、当該科目は開示しなければならないこととされている。

［記載例］：損益計算書の利益計上額として、営業利益を採用している場合

（注）セグメント利益は、連結財務諸表の営業利益と調整を行っている。

7.4　関連情報の開示

　企業は、セグメント情報の中で同様の情報が開示されている場合を除き、次の事項をセグメント情報の関連情報として開示しなければならない（セグメント会計基準29、**図表7-4**）。

- 製品及びサービスに関する情報
- 地域に関する情報
- 主要な顧客に関する情報

　この関連情報に開示される金額は、セグメント情報のように最高経営意思決定機関に報告される金額を開示するのではなく、企業が財務諸表を作成するために採用した会計処理に基づく数値によるものとされているため、留意が必要である。

　また、報告すべきセグメントが1つしかなく、セグメント情報を開示しない企業であっても、当該関連情報を開示しなければならない。

図表7-4　開示が求められる関連情報

区　分	項　目	会計基準	適用指針
製品及びサービスに関する情報	外部顧客への売上高	第30項	第15項
地域に関する情報	売上高		
	①　国内の外部顧客への売上高に分類した額と、海外（主要な国がある場合には区分する）の外部顧客への売上高に分類した額	第31項（1）	第16項～第17項
	②　各区分に売上高を分類した基準	第31項（1）	第16項～第17項
	有形固定資産の額		
	国内に所在している有形固定資産の額と、海外（主要な国がある場合には区分する）に所在している有形固定資産の額	第31項（2）	第16項～第17項
主要な顧客に関する情報	①　主要な顧客がある旨	第32項	第18項
	②　主要な顧客の名称又は氏名	第32項	第18項
	③　主要な顧客への売上高	第32項	第18項
	④　主要な顧客との取引に関連する主なセグメントの名称	第32項	第18項

7.4.1 製品及びサービスに関する情報

1) 開示内容

　企業は、主要な製品・サービス区分ごとに、外部顧客への売上高を開示しなければならない（セグメント会計基準30）。ここに「主要な製品・サービス区分」とは、主要な個々の製品又はサービスあるいはこれらの種類や性質、製造方法、販売市場等の類似性に基づく同種・同系列のグループをいう。なお、当該事項を開示することが実務上困難な場合には、当該事項の開示に代えて、その旨及びその理由を開示しなければならない。

　一般に、事業セグメントを識別するにあたり、主要な製品・サービス単位を基礎として行う企業が多いのではないかと考えられる。そのような企業であれば、セグメント情報の中で同様の情報が開示されていることが通常であると考えられることから、この関連情報としての開示は必要ない。すなわち、この開示は、事業セグメントの識別を地域その他の単位を基礎として行っている場合に必要となる。

　なお、この情報は、企業が財務諸表を作成するために採用した会計処理に基づく数値によるものとされている。したがって、あらかじめシステム上の対応などが必要になると考えられるため、留意が必要である。

[記載例]：セグメント情報の中で同様の情報が開示されていない場合

○．製品及びサービスに関する情報

（単位：百万円）

	冷凍食品事業	ペットフード事業	その他	合計
外部顧客への売上高	XX,XXX	X,XXX	XXX	XXX,XXX

2）重要性の判断基準
　①　開示基準
　　　外部顧客への売上高が、損益計算書（連結財務諸表を作成している場合には「連結損益計算書」、また、連結財務諸表を作成していない場合には「個別損益計算書」をいう。以下同じ）の売上高の10％以上である製品・サービス区分については、製品及びサービスに関する情報を区分して開示しなければならない（セグメント会計基準適用指針15）。
　②　省略基準
　　　単一の製品・サービス区分の外部顧客への売上高が、損益計算書の売上高の90％超である場合には、製品及びサービスに関する情報の開示を省略することができる。ただし、省略した場合には、その旨を開示しなければならない（セグメント会計基準適用指針15）。

[記載例]：製品及びサービスに関する情報の開示を省略する場合

> ○．製品及びサービスに関する情報
> 　　単一の製品・サービス区分の外部顧客への売上高が連結損益計算書の売上高の90％超であるため、製品及びサービスに関する情報の開示を省略している。

7.4.2　地域に関する情報

1）開示内容
　　企業は、地域に関する情報として、次の2つを開示しなければならない（セグメント会計基準31）。

> ・国内の外部顧客への売上高に分類した額と海外の外部顧客への売上高に分類した額（主要な国がある場合には区分する）
> ・国内に所在している有形固定資産の額と海外に所在している有形固定資産の額

（主要な国がある場合には区分する）

　なお、これらの事項を開示することが実務上困難な場合には、当該事項の開示に代えて、その旨及びその理由を開示しなければならない。

　一般に、事業セグメントを識別するにあたり、主要な製品・サービス単位を基礎として行う企業が多いのではないかと考えられる。したがって、そのような企業の場合、セグメント情報とは別に、主要な国別の海外売上高と、主要な国別に所在している有形固定資産の額を把握する必要がある。なお、これらの情報は、企業が財務諸表を作成するために採用した会計処理に基づく数値によるものとされており、あらかじめシステム上の対応などが必要になると考えられるため、留意が必要である。

① 国内の外部顧客への売上高に分類した額と海外の外部顧客への売上高に分類した額

　国内の外部顧客への売上高に分類した額と海外の外部顧客への売上高に分類した額を記載するにあたり、海外の外部顧客への売上高に分類した額のうち主要な国がある場合には、これを区分して開示する（セグメント会計基準31（1））。また、各区分に売上高を分類した基準も、あわせて記載しなければならない。

　なお、複数の国を括った地域（例えば、「欧州」、「北米」など）に係る額についても開示することができる。ただし、「2）重要性の判断基準」にあるとおり、単一の国の外部顧客への売上高に分類した額が損益計算書の売上高の10％以上である場合には、これを主要な国として区分して開示しなければならないため、例えば、米国の顧客への売上高が10％以上である場合には、「北米」といった地域での開示を行うことはできず、当該国は区分して開示することになる。

[記載例]

○．地域に関する情報
　(1) 売上高

（単位：百万円）

日本	中国	米国	欧州（＊7）	その他	合計
XX,XXX	XX,XXX	XX,XXX	XX,XXX	X,XXX	XXX,XXX

（注）売上高は顧客の所在地を基礎として、それぞれの国又は地域に分類している。

（＊7）主要な国の区分に加えて、複数の国を括った地域に関する額を開示している。

② 国内に所在している有形固定資産の額と海外に所在している有形固定資産の額

　国内に所在している有形固定資産の額と海外に所在している有形固定資産の額を記載するにあたり、海外に所在している有形固定資産の額のうち主要な国がある場合には、これを区分して開示する（セグメント会計基準31（2））。

　なお、複数の国を括った地域（例えば、「北米」、「欧州」など）に係る額についても開示することができる。ただし、「2）重要性の判断基準」にあるとおり、単一の国に所在する有形固定資産の額が、連結貸借対照表又は個別貸借対照表（以下「貸借対照表」という）の有形固定資産の額の10％以上である場合には、これを区分して開示しなければならないため、例えば、米国に所在する有形固定資産の額が10％以上である場合には、「北米」といった地域での開示を行うことはできない。

[記載例]

○．地域に関する情報
　(2) 有形固定資産の額

(単位：百万円)

日本	フランス	米国	合計
XXX,XXX	XX,XXX	XX,XXX	XXX,XXX

2）重要性の判断基準
　①　開示基準
　　　開示する海外の外部顧客への売上高に分類した額のうち、単一の国の外部顧客への売上高に分類した額が、損益計算書の売上高の10％以上である場合には、当該国を主要な国として区分して開示する。また、海外に所在している有形固定資産の額のうち、単一の国に所在する有形固定資産の額が、貸借対照表（連結財務諸表を作成している場合には「連結貸借対照表」、また、連結財務諸表を作成していない場合には「個別貸借対照表」をいう。以下同じ）の有形固定資産の額の10％以上である場合には、当該国を区分して開示する（セグメント会計基準適用指針16）。
　　　なお、これらの判断はそれぞれ別個に行うため、地域に関する情報における売上高と有形固定資産の額は、必ずしも同じ国が開示されることにはならない。
　②　省略基準
　　　国内の外部顧客への売上高に分類した額が、損益計算書の売上高の90％超である場合には、地域に関する情報のうち売上高に係る開示を省略することができる。また、国内に所在している有形固定資産の額が、貸借対照表の有形固定資産の額の90％超である場合には、地域に関する情報のうち有形固定資産の額に係る開示を省略することができる。ただし、開示を省略した場合には、いずれであってもその旨を開示しなければならない（セグメント会計基準適用指針17）。

［記載例］：地域に関する情報の開示をいずれも省略する場合

> ○．地域に関する情報
> 　　国内の外部顧客への売上高に分類した額が損益計算書の売上高の90％超であり、また、国内に所在している有形固定資産の額が貸借対照表の有形固定資産の額の90％超であるため、地域に関する情報の開示を省略している。

7.4.3　主要な顧客に関する情報

１）開示内容

　　主要な顧客がある場合には、その旨、当該顧客の名称又は氏名、当該顧客への売上高及び当該顧客との取引に関連する主な報告セグメントの名称を開示する（セグメント会計基準32）。

［記載例］

> ○．主要な顧客に関する情報
>
> （単位：百万円）
>
> | 相手先 | 売上高 | 関連する主な報告セグメントの名称 |
> | --- | --- | --- |
> | ○○株式会社 | XX,XXX | 冷凍食品事業 |

２）重要性の判断基準

　　主要な顧客に関する情報は、単一の外部顧客への売上高（同一の企業集団に属する顧客への売上高を集約している場合には、その売上高）が、損益計算書の売上高の10％以上である場合に、当該顧客に関する情報を開示することとされている（セグメント会計基準適用指針18）。

7.5 固定資産の減損損失に関する開示

損益計算書に固定資産の減損損失を計上している場合には、当該企業が財務諸表を作成するために採用した会計処理に基づく数値によって、その報告セグメント別の内訳を開示しなければならない。また、報告セグメントに配分されていない減損損失がある場合には、その額及びその内容を記載しなければならない（セグメント会計基準33）。

ただし、セグメント情報の中で同様の情報が開示されている場合には、当該情報の開示を要しないこととされている。

[記載例]

○. 固定資産の減損損失に関する報告セグメント別の内訳

（単位：百万円）

	冷凍食品事業	ペットフード事業	全社	合計
減損損失	XXX	XXX	XXX	X,XXX

（注）全社は、本社の土地建物に係るものである。

7.6 のれんに関する開示

損益計算書にのれんの償却額又は負ののれんの償却額を計上している場合には、当該企業が財務諸表を作成するために採用した会計処理に基づく数値によって、その償却額及び未償却残高に関する報告セグメント別の内訳をそれぞれ開示しなければならない（セグメント会計基準34）。なお、報告セグメントに配分されていないのれん又は負ののれんがある場合には、その償却額及び未償却残高並びにその内容を記載しなければならない。ただし、セグメント情報の

中で同様の情報が開示されている場合には、当該情報の開示を要しないこととされている。

また、損益計算書に重要な負ののれんを認識した場合には、当該負ののれんを認識した事象について、その報告セグメント別の概要を開示しなければならない（セグメント会計基準34-2）。これは、平成20年12月に改正された企業結合会計基準により負ののれんが生じた場合には、当該負ののれんが生じた事業年度の利益（原則として特別利益）として処理されることと併せて、当該負ののれんに係る報告セグメント別の概要を開示させることとしたものである。

[記載例]

○．のれん及び負ののれんに関する報告セグメント別の内訳
(1) のれんの償却額及び未償却残高

(単位：百万円)

	冷凍食品事業	ペットフード事業	全社	合計
当期償却額	－	XX	－	XX
当期末残高	－	XXX	－	XXX

(2) 負ののれんの償却額及び未償却残高

(単位：百万円)

	冷凍食品事業	ペットフード事業	全社	合計
当期償却額	－	XX	－	XX
当期末残高	－	XXX	－	XXX

(3) 負ののれんを認識した事象の概要
　　当連結会計年度において、冷凍食品事業に関連した負ののれんをX,XXX百万円計上した。この負ののれんを認識した事象の概要については、「企業結合に関する注記」に記載している。

7.7 適用時期等

7.7.1 適用時期

　セグメント会計基準は、平成22年4月1日以後開始する連結会計年度及び事業年度から適用することとされている（セグメント会計基準35）。
　なお、早期適用は認められていない。

7.7.2 適用初年度の取扱い

1）開示が必要となる比較セグメント情報
　　適用初年度においては、当年度のセグメント情報とともに、原則として、前年度に関する次の2つのセグメント情報を開示する必要がある（セグメント会計基準36前段）。
　　・前年度において従来までの取扱いにより開示したセグメント情報
　　・セグメント会計基準に準拠して作り直した前年度のセグメント情報

2）実務上困難な場合
　①　前年度のセグメント情報を作り直すことができない場合
　　　セグメント会計基準に準拠して作り直した前年度のセグメント情報を開示することが実務上困難な場合には、当年度のセグメント情報を前年度のセグメント情報の取扱いに基づき作成した情報を開示することも認められている（セグメント会計基準36後段）。
　②　当年度のセグメント情報を前期と同様の方法で作ることもできない場合
　　　セグメント会計基準に準拠して作り直した前年度のセグメント情報又は当年度のセグメント情報を前年度のセグメント情報の取扱いに基づき作成した情報のいずれの開示も実務上困難である場合には、これらの開示を行

うことが実務上困難な旨及びその理由を記載しなければならない（セグメント会計基準37）。
③ 一部の項目について記載することが実務上困難な場合
　セグメント会計基準に準拠して作り直した前年度のセグメント情報又は当年度のセグメント情報を前年度のセグメント情報の取扱いに基づき作成した情報は、原則として、開示が求められているすべての項目について記載する。ただし、一部の項目について記載することが実務上困難な場合は、その旨及びその理由を記載しなければならない（セグメント会計基準37また書）。

7.8　四半期決算の取扱い

7.8.1　開示項目

　四半期決算におけるセグメント情報は、四半期財務諸表（四半期連結財務諸表を作成している場合には「四半期連結財務諸表」、また、四半期連結財務諸表を作成していない場合には「四半期個別財務諸表」をいう。以下同じ）に求められる適時性や国際的な会計基準における取扱いとの整合性から、一定の簡略化が図られている。
　具体的には、次の項目について開示が求められている（四半期会計基準19(7)、25(5-2)）。ただし、(b)、(d)、(f)の3項目は、適用初年度における四半期財務諸表では開示を要しないこととされている。
(a) 報告セグメントの利益（又は損失）及び売上高
(b) 企業結合や事業分離などによりセグメント情報に係る報告セグメントの資産の金額に著しい変動があった場合には、その概要
(c) 報告セグメントの利益（又は損失）の合計額と四半期損益計算書（四半期連結損益計算書を作成している場合には「四半期連結損益計算書」、また、

四半期連結損益計算書を作成していない場合には「四半期個別損益計算書」をいう）の利益（又は損失）計上額の差異調整に関する主な事項の概要
(d) 報告セグメントの変更又は事業セグメントの利益（又は損失）の測定方法に重要な変更があった場合には、変更を行った四半期会計期間以後において、その内容
(e) 当年度の第2四半期以降に(d)の変更があった場合には、第2四半期以降に変更した理由
(f) 前年度において(d)の変更を行っており、かつ、前年度の四半期と当年度の四半期の(a)の報告セグメントの区分方法又は利益（又は損失）の測定方法との間に相違が見られる場合には、その旨、変更後の方法に基づく前年度の(a)及び(c)の事項

なお、当該事項のすべて又はその一部について、記載すべき金額を正確に算定することができない場合には概算額を記載することができる。また、記載すべき金額を算定することが実務上困難な場合には、その旨及びその理由を記載する。
(g) 固定資産について重要な減損損失を認識した場合には、その報告セグメント別の概要
(h) のれんの金額に重要な影響を及ぼす事象（重要な負ののれんを認識する事象を含む）が生じた場合には、その報告セグメント別の概要

したがって、年度のセグメント情報で求められる「セグメント情報の関連情報」（製品及びサービスに関する情報、地域に関する情報、主要な顧客に関する情報）については、四半期決算では開示する必要はない。

7.8.2 適用時期等

1) 適用時期

四半期連結財規及び四半期財規で求められるセグメント情報については、平成22年4月1日以後開始する連結会計年度及び事業年度の第1四半期会計期

間から適用することとされている（四半期会計基準28-2）。

2）適用初年度の取扱い
① 前年度の比較セグメント情報等
　　適用初年度の四半期財務諸表においては、セグメント情報等に関する事項の前年度の対応する四半期会計期間及び期首からの累計期間に関する開示を要しないこととされている（四半期会計基準28-3）。
　　また、次の3つの項目についても記載することを要しない（四半期会計基準28-3また書き）。
・企業結合や事業分離などによりセグメント情報に係る報告セグメントの資産の金額に著しい変動があった場合の注記
・報告セグメントの変更又は事業セグメントの利益（又は損失）の測定方法に重要な変更があった場合の注記
・前年度において報告セグメントの変更又は事業セグメントの利益（又は損失）の測定方法に重要な変更の変更を行っており、かつ、前年度の四半期と当年度の四半期の報告セグメントの区分方法又は利益（又は損失）の測定方法との間に相違が見られる場合の注記
② 適用初年度の第1四半期会計期間に求められる注記
　　適用初年度の第1四半期会計期間においては、セグメント情報等に関する事項について、次の2つの事項を記載しなければならないこととされている（四半期会計基準28-4）。
・報告セグメントの決定方法
・各報告セグメントに属する製品及びサービスの種類

8 注記情報

　有価証券報告書における連結財務諸表に係る注記には、様々な情報を記載する必要がある。記載が求められる事項は、主に連結財規及び連結財規ガイドラインにおいて定められている。

　有価証券報告書で求められる連結財務諸表に係る標準的な注記事項には、**図表8-1**に記載したような項目がある。注記事項の内容は、その性質から、会計方針に関する情報、財務諸表に計上されている事項に関する補足情報（オンバランス補足情報）及び財務諸表に計上されていない事項に関する補足情報（オフバランス補足情報）の3つに大別することができる。

図表8-1　連結財務諸表に係る主な注記事項

区　分	項　目	会計方針	オンバランス補足情報	オフバランス補足情報
①継続企業の前提に重要な疑義を生じさせる事象又は状況	a．当該事象又は状況が存在する旨及びその内容		○	○
	b．当該事象又は状況を解消し、又は改善するための対応策		○	○
	c．当該重要な不確実性が認められる旨及びその理由			○
	d．当該重要な不確実性の影響を財務諸表に反映しているか否かの別		○	
②連結財務諸表作成のための基本となる重要な事項	a．連結の範囲に関する事項	○		
	b．持分法の適用に関する事項	○		
	c．連結子会社の事業年度等に関する事項	○		
	d．会計処理基準に関する事項 　イ．重要な資産の評価基準及び評価方法 　ロ．重要な減価償却資産の減価償却の方法 　ハ．重要な引当金の計上基準 　ニ．重要な外貨建の資産又は負債の本	○		

		邦通貨への換算の基準 ホ．重要なヘッジ会計の方法 ヘ．のれんの償却に関する事項（＊1） ト．連結キャッシュ・フロー計算書における資金の範囲 チ．その他連結財務諸表作成のための重要な事項			
③連結財務諸表作成のための基本となる重要な事項の変更	a．連結の範囲又は持分法適用の範囲の変更	○		
	b．会計処理の原則及び手続の変更	○		
	c．表示方法の変更	○		
	d．連結キャッシュ・フロー計算書における資金の範囲の変更	○		
④追加情報	期末日満期手形、訴訟ほか		○	○
⑤連結貸借対照表関係	a．非連結子会社及び関連会社の株式及び社債等		○	
	b．担保資産		○	
	c．手形割引高及び裏書譲渡高			○
	d．偶発債務			○
	e．その他		○	○
⑥連結損益計算書関係	a．販売費及び一般管理費の主要な費目		○	
	b．研究開発費の総額		○	
	c．減損損失に関する注記		○	
	d．その他		○	
⑦連結株主資本等変動計算書関係	a．発行済株式及び自己株式に関する事項		○	
	b．新株予約権及び自己新株予約権に関する事項		○	
	c．配当に関する事項		○	
⑧連結キャッシュ・フロー計算書関係	a．現金及び現金同等物と連結貸借対照表に掲記されている科目との関係内容		○	
	b．新たに連結子会社となった重要な子会社株式支出額の内容		○	
	c．連結子会社でなくなった重要な子会社株式売却額の内容		○	
	d．現金及び現金同等物を対価とする重要な事業の譲受け・譲渡・合併等の内容		○	
	e．重要な非資金取引の内容		○	

⑨リース取引関係	a．ファイナンス・リース取引に関する事項			○	○
	b．オペレーティング・リース取引に関する事項			○	○
⑩金融商品関係（＊2）	a．金融商品の状況に関する事項			○	
	b．金融商品の時価等に関する事項			○	
⑪有価証券関係	a．保有目的区分ごとの計上額、評価差額等			○	
	b．売却した有価証券の内容			○	
	c．保有目的の変更内容			○	
	d．減損処理額			○	
⑫デリバティブ取引関係	a．ヘッジ会計が適用されていないデリバティブ取引について、契約額、時価、評価損益等			○	
	b．ヘッジ会計が適用されているデリバティブ取引について、契約額、時価等			○	
⑬退職給付関係	a．退職給付制度の概要			○	
	b．退職給付債務に関する事項			○	○（＊3）
	c．退職給付費用に関する事項			○	
	d．計算基礎に関する事項（割引率、処理年数等）	○		○	
⑭ストック・オプション等関係	a．ストック・オプションの費用計上額、科目名			○	
	b．ストック・オプションの内容、規模及びその変動状況			○	
	c．ストック・オプションの公正な評価単価の見積方法			○	
	d．ストック・オプションの権利確定数の見積方法			○	
⑮税効果会計関係	a．繰延税金資産・負債の主な内訳			○	
	b．法定実効税率と負担率の差異内容			○	
	c．当期中又は決算日以降の税率変更による影響			○	○（＊4）
⑯企業結合等関係	a．取得・逆取得による企業結合に関する注記			○	
	b．共通支配下の取引等の注記			○	
	c．共同支配企業の形成の注記			○	
	d．事業分離の注記			○	

⑰資産除去債務関係(＊5)	a．連結貸借対照表に計上しているものについて、資産除去債務の概要、金額、増減等			○	
	b．連結貸借対照表に計上していないものについて、連結貸借対照表に計上していない旨、理由、概要等			○	
⑱賃貸等不動産関係(＊2)	a．賃貸等不動産の概要			○	
	b．連結貸借対照表計上額及び当連結会計年度における主な変動			○	
	c．時価及び時価の算定方法			○	
	d．賃貸等不動産に関する損益			○	
⑲セグメント情報等(＊6)	a．報告セグメントの概要	○(＊7)		○	
	b．報告セグメントごとの売上高、利益又は損失、資産、負債その他の項目の金額及びこれらの金額の算定方法	○		○	
	c．b．の合計額と対応する科目ごとの連結貸借対照表計上額又は連結損益計算書との差額及び差額の主な内容			○	
	d．報告セグメントに関連する情報（製品及びサービスごとの情報、地域ごとの情報、主要な顧客ごとの情報）			○	
	e．重要な減損損失、のれん償却額及び未償却残高、負ののれん発生益			○	
	f．セグメント方針の変更等	○			
⑳関連当事者情報	a．連結財務諸表提出会社と関連当事者との取引 イ．親会社及び法人主要株主等 ロ．非連結子会社及び関連会社等 ハ．兄弟会社等 ニ．役員及び主要株主（個人）			○	○(＊8)
	b．連結子会社と関連当事者との取引 イ．親会社及び法人主要株主等 ロ．非連結子会社及び関連会社等 ハ．兄弟会社等 ニ．役員及び主要株主（個人）			○	○(＊8)
	c．親会社及び重要な関連会社に関する注記				○

㉑開示対象特別目的会社関係	開示対象特別目的会社の概要、取引の概要及び取引金額その他重要な事項	○	○
㉒1株当たり情報	a．1株当たり純資産額	○	
	b．1株当たり当期純利益（算定上の基礎を含む）	○	
	c．潜在株式調整後1株当たり当期純利益（算定上の基礎を含む）	○	
	d．当期中に行われた株式併合・株式分割に関する事項	○	
㉓重要な後発事象（＊9）	a．火災、出水等による重大な損害の発生		○
	b．多額の増資又は減資及び多額の社債の発行又は繰上償還		○
	c．会社の合併、重要な事業の譲渡又は譲受		○
	d．重要な係争事件の発生又は解決		○
	e．主要な取引先の倒産		○
	f．株式併合及び株式分割		○

(＊1) 平成22年4月1日以後開始する連結会計年度から、負ののれんは発生した期の利益として処理することとされているため（早期適用可）、それに伴い負ののれんの償却に関する記載は不要となる。
(＊2) 平成22年3月31日以後終了する連結会計年度の年度末から適用する（早期適用可）。
(＊3) 会計基準変更時差異、数理計算上の差異、過去勤務債務の未処理額が該当する。
(＊4) 財務諸表に反映されない決算日以降の税率変更の影響額の注記が該当する。
(＊5) 平成22年4月1日以後開始する連結会計年度から適用する（早期適用可）。
(＊6) 平成22年4月1日以後開始する連結会計年度から適用する。
(＊7) セグメント方針（セグメンテーションの方法等）の注記が該当する。
(＊8) 例えば、債務保証取引関係の注記が該当する。
(＊9) 連結会社のほか持分法適用会社が含まれる。

以下では、第Ⅰ部において作成した連結財務諸表の数値モデル（以下「第Ⅰ部数値モデル」という）をもとに、対応する注記例を挙げ、有価証券報告書における連結財務諸表に係る注記について説明する。一部には、第Ⅰ部数値モデルでは設定されていない事象に対応する注記もあるが、該当する事象がある場合にどのような注記が必要かについて説明している。なお、注記例は、第Ⅰ部

数値モデルをもとに主な注記例を記載したものであり、必要な注記を網羅しているものではない。実際に注記を作成する場合は、最新の会計基準を確認の上、各社の実態に合った開示を行うことが必要である。

なお、「セグメント情報」については「7　セグメント開示」で、「関連当事者情報」については「8.4　関連当事者注記」で別途説明しているため、そちらを参照していただきたい。

8.1　継続企業の前提に関する注記

　企業の財務諸表は、企業が将来にわたって継続していくことを前提に作成されている。そのため、決算日において、その大前提に疑義が生じている場合には、投資家への注意喚起として必要な開示をすることが求められている。これが、いわゆる「継続企業の前提に関する注記」と呼ばれるものである。

　連結決算日において、企業が将来にわたって事業活動を継続するとの前提（以下「継続企業の前提」という）に重要な疑義を生じさせるような事象又は状況が存在する場合であって、当該事象又は状況を解消し、又は改善するための対応をしてもなお継続企業の前提に関する重要な不確実性が認められるときは、次に掲げる事項を注記しなければならないとされている（連結財規15の22、財規8の27）。

・当該事象又は状況が存在する旨及びその内容
・当該事象又は状況を解消し、又は改善するための対応策
・当該重要な不確実性が認められる旨及びその理由
・当該重要な不確実性の影響を財務諸表に反映しているか否かの別

　ただし、貸借対照表日後において、当該重要な不確実性が認められなくなった場合は、注記することを要しない。

　継続企業の前提に重要な疑義を生じさせるような事象又は状況の具体例につ

いては、監査・保証実務委員会報告第74号「継続企業の前提に関する開示について」が参考になる。同委員会報告では、以下の例が挙げられている。

＜財務指標関係＞
　・売上高の著しい減少
　・継続的な営業損失の発生又は営業キャッシュ・フローのマイナス
　・重要な営業損失、経常損失又は当期純損失の計上
　・重要なマイナスの営業キャッシュ・フローの計上
　・債務超過

＜財務活動関係＞
　・営業債務の返済の困難性
　・借入金の返済条項の不履行又は履行の困難性
　・社債等の償還の困難性
　・新たな資金調達の困難性
　・債務免除の要請
　・売却を予定している重要な資産の処分の困難性
　・配当優先株式に対する配当の遅延又は中止

＜営業活動関係＞
　・主要な仕入先からの与信又は取引継続の拒絶
　・重要な市場又は得意先の喪失
　・事業活動に不可欠な重要な権利の失効
　・事業活動に不可欠な人材の流出
　・事業活動に不可欠な重要な資産の毀損、喪失又は処分
　・法令に基づく重要な事業の制約

＜その他＞
　・巨額な損害賠償金の負担の可能性
　・ブランド・イメージの著しい悪化

　ただし、同委員会報告に記載された項目はあくまで例示であり、金額的重要

性や質的重要性、業種等を勘案して各企業で判断する必要がある。また、これらの項目には、単独で継続企業の前提に重要な疑義を生じさせるような事象又は状況に該当するものもあれば、複合して発生するものもあるため、総合的に判断する必要がある。

なお、「継続企業の前提に関する重要な不確実性」が認められず、財務諸表の注記として「継続企業の前提に関する注記」を行わない場合であっても、有価証券報告書の「事業等のリスク」や「財政状態、経営成績及びキャッシュ・フローの状況の分析」等において一定の開示が必要となる場合があることに留意が必要である。

8.2 連結財務諸表作成のための基本となる重要な事項

[注記例]：連結範囲等に関する事項

	前連結会計年度 (自　平成×4年4月1日 　至　平成×5年3月31日)	当連結会計年度 (自　平成×5年4月1日 　至　平成×6年3月31日)
1．連結の範囲に関する事項	(イ)　連結子会社の数　　1社 (ロ)　主要な連結子会社の名称 　　　葛飾健康食品株式会社	(イ)　連結子会社の数　　4社 (ロ)　主要な連結子会社の名称 　　　葛飾健康食品株式会社、大阪食品販売株式会社、Antibes SAS、Boston Corporation 　　　上記のうち、大阪食品販売株式会社、Antibes SAS、Boston Corporationについては、当連結会計年度において新たに株式を取得したため、連結の範囲に含めている。
2．持分法の適用に関する事項	──────	(イ)　持分法適用の関連会社数　　1社 　　　主要な会社名 　　　横浜貿易株式会社 　　　なお、横浜貿易株式会社につ

	───	いては、当連結会計年度において新たに株式を取得したため、持分法適用の関連会社に含めている。 (ロ) 持分法適用会社のうち、決算日が連結決算日と異なる会社については、各社の事業年度に係る財務諸表を使用している。
3．連結子会社の事業年度に関する事項	───	連結子会社のうち、Boston Corporation株式会社の決算日は12月31日である。 　連結財務諸表の作成にあたっては、同決算日現在の財務諸表を使用している。ただし、1月1日から連結決算日までの期間に発生した重要な取引については、連結上必要な調整を行っている。

　連結範囲等に関する事項として開示が求められているのは、主に以下の事項についてである（連結財規13）。
・連結の範囲に関する事項
・持分法の適用に関する事項
・連結子会社の事業年度等に関する事項

8.2.1　連結の範囲に関する事項

　連結の範囲に関する事項として開示が求められているのは、子会社や関連会社等のうち、連結財務諸表に取り込まれている会社等に関する次の事項についてである。
① 連結子会社の数及び主要な連結子会社の名称
② 非連結子会社がある場合には、主要な非連結子会社の名称及び連結の範

囲から除いた理由
③　他の会社等の議決権の過半数を自己の計算において所有しているにもかかわらず当該他の会社等を子会社としなかった場合には、当該他の会社等の名称及び子会社としなかった理由
④　開示対象特別目的会社がある場合には、開示対象特別目的会社の概要、開示対象特別目的会社との取引の概要及び取引金額その他の重要な事項

なお、①の事項については、有価証券報告書等の連結財務諸表以外の箇所に当該事項が記載されている場合には、その旨を記載することにより記載を省略することができる。

連結の範囲の決定方法等については、第Ⅰ部「2.2　連結の範囲」で説明しているため、そちらを参照していただきたい。

また、ここで開示対象特別目的会社とは、「出資者等の子会社に該当しないものと推定された特別目的会社」のことをいうとされており、連結財務諸表上必要な注記の内容等については企業会計基準適用指針第15号「一定の特別目的会社に係る開示に関する適用指針」が参考になる。開示対象特別目的会社に関する注記は、後述する「開示対象特別目的会社関係」の注記の箇所に内容を記載している場合は、「連結の範囲に関する事項」の箇所にはその旨を記載することで足りる。

【第Ⅰ部数値モデルに対応する注記例について】
　　第Ⅰ部数値モデルでは、当連結会計年度において大阪社、A社及びB社について株式を取得した結果、新たに連結子会社になったとされているため、従来から連結子会社であった葛飾社にこれらの新規連結子会社3社を加えた計4社が連結子会社である旨を記載している。
　　第Ⅰ部数値モデルでは、すべての子会社を連結している設定にしているため、②の連結から除いた非連結子会社や、③の議決権の過半数を自己の計算において所有しているにもかかわらず子会社としなかった会社、④の開示対象特別目的会社については該当事項がないため、記載していない。

8.2.2　持分法の適用に関する事項

　持分法の適用に関連する事項で開示が求められているのは、主に次の事項についてである。

① 持分法を適用した非連結子会社又は関連会社の数及びこれらのうち主要な会社等の名称
② 持分法を適用しない非連結子会社又は関連会社がある場合には、これらのうち主要な会社等の名称
③ 持分法を適用しない非連結子会社又は関連会社がある場合には、持分法を適用しない理由
④ 他の会社等の議決権の100分の20以上、100分の50以下を自己の計算において所有しているにもかかわらず当該他の会社等を関連会社としなかった場合には、当該他の会社等の名称及び関連会社としなかった理由
⑤ 持分法の適用の手続について特に記載する必要があると認められる事項がある場合には、その内容

　持分法の範囲の決定方法等については、**第Ⅰ部「2　連結財務諸表の構成」**で説明しているため、そちらを参照していただきたい。

　また、持分法適用に伴い、のれんの償却が発生する場合があるが、連結財務諸表上重要性が高い場合は⑤の事項として注記することが考えられる。

　【第Ⅰ部数値モデルに対応する注記例について】
　　第Ⅰ部数値モデルによると、当連結会計年度において、横浜社の議決権の40％に当たる株式を取得したことにより、新規で持分法適用関連会社となっていることから、横浜社について①の持分法を適用した関連会社の数及び主要な会社の名称を記載する必要がある。②、③、④に該当する事項はない。また、持分法を適用している横浜社は8月31日決算であり、連結決算日（3月31日）とは決算日が異なるが、直近の決算数値を利用しているため、その旨を注記している。

8.2.3　連結子会社の事業年度等に関する事項

　連結子会社の事業年度のうち、事業年度の末日が連結決算日と異なる連結子会社がある場合は、その内容及び当該連結子会社について連結財務諸表の作成の基礎となる財務諸表を作成するための決算が行われたかどうかについて記載する必要がある。

　子会社の決算日と連結決算日の差異が3か月を超えない場合は、子会社の正規の決算を基礎として連結決算を行うことができる(連結財務諸表会計基準(注4))。この場合には、子会社の決算日と連結決算日が異なることから生じる連結会社間の取引に係る会計記録の重要な不一致について、必要な整理を行う必要がある。

> 【第Ⅰ部数値モデルに対応する注記例について】
> 　　第Ⅰ部数値モデルの連結決算日は3月31日であるのに対し、当連結会計年度に株式を新規取得して連結子会社となったB社の決算日は12月31日である。連結財務諸表作成にあたってB社の決算数値を取り込むにあたり、連結決算日である3月31日に仮決算を行っているのか、決算日の差異が3か月以内であるため12月31日の決算数値モデルをそのまま取り込んでいるかについて、説明する必要がある。
> 　　第Ⅰ部数値モデルは後者の方法で連結子会社の決算数値を取り込んでおり、B社の決算日後（1月1日）から連結決算日（3月31日）までの間に発生した重要な取引については、連結上必要な調整を行っている。

8.2.4 会計処理基準に関する事項

[**注記例**]：会計処理基準に関する事項

	前連結会計年度 (自　平成×4年4月1日) (至　平成×5年3月31日)	当連結会計年度 (自　平成×5年4月1日) (至　平成×6年3月31日)
4．会計処理基準に関する事項	(イ) 重要な資産の評価基準及び評価方法 　① 有価証券 　　満期保有目的の債券 　　　…償却原価法（定額法） 　　その他有価証券 　　　時価のあるもの 　　　　…決算日の市場価格等に基づく時価法（評価差額は全部純資産直入法により処理し、売却原価は移動平均法により算定している） 　　　時価のないもの 　　　　…移動平均法による原価法	(イ) 重要な資産の評価基準及び評価方法 　① 有価証券 　　満期保有目的の債券 　　　同左 　　その他有価証券 　　　時価のあるもの 　　　　同左 　　　時価のないもの 　　　　同左
	② デリバティブ 　　…時価法	② デリバティブ 　　同左
	③ たな卸資産 　主として総平均法による原価法（貸借対照表価額は収益性の低下に基づく簿価切下げの方法により算定）	③ たな卸資産 　同左
	(ロ) 重要な減価償却資産の減価償却の方法 　① 有形固定資産（リース資産を除く） 　定率法（ただし、平成10年4月1日以降に取得した建物（附属設備を除く）は定額法）を採用している。	(ロ) 重要な減価償却資産の減価償却の方法 　① 有形固定資産（リース資産を除く） 　当社及び国内連結子会社は定率法（ただし、平成10年4月1日以降に取得した建物（附属設備を除く）は定額法）を

なお、主な耐用年数は以下のとおりである。 建物及び構築物　10年～50年 機械装置及び運搬具　2年～10年	採用している。また、在外連結子会社は定額法を採用している。 　なお、主な耐用年数は以下のとおりである。 建物及び構築物　7年～50年 機械装置及び運搬具　2年～10年
②　　　　────	②　無形固定資産（リース資産を除く） 　定額法を採用している。 　自社利用のソフトウェアについては、社内における利用可能期間（5年）に基づいている。
③　リース資産 　所有権移転外ファイナンス・リース取引に係るリース 　リース期間を耐用年数とし、残存価額を零とする定額法を採用している。 　なお、所有権移転外ファイナンス・リース取引のうち、リース取引開始日が平成20年3月31日以前のリース取引については、通常の賃貸借契約に係る方法に準じた会計処理によっている。	③　リース資産 　　同左
(ハ)　重要な引当金の計上基準 ①　貸倒引当金 　売上債権、貸付金等の貸倒損失に備えるため、一般債権については貸倒実績率により、貸倒懸念債権等特定の債権については個別に回収可能性を検討し、回収不能見込額を計上している。	(ハ)　重要な引当金の計上基準 ①　貸倒引当金 　　同左

② 賞与引当金 　従業員に対して支給する賞与の支出に充てるため、支給見込額に基づき計上している。	② 賞与引当金 　同左
③ 退職給付引当金 　従業員の退職給付に備えるため、当連結会計年度における退職給付債務及び年金資産の見込額に基づき計上している。 　過去勤務債務は、その発生時の従業員の平均残存勤務期間以内の一定の年数（10年）による定額法により費用処理している。 　数理計算上の差異は、各連結会計年度の発生時における従業員の平均残存勤務期間以内の一定の年数（10年）による定額法により按分した額をそれぞれ発生の翌連結会計年度から費用処理することとしている。	③ 退職給付引当金 　同左
(ニ) 重要な外貨建の資産又は負債の本邦通貨への換算の基準 　外貨建金銭債権債務は、連結決算日の直物為替相場により円貨に換算し、換算差額は損益として処理している。	(ニ) 重要な外貨建の資産又は負債の本邦通貨への換算の基準 　外貨建金銭債権債務は、連結決算日の直物為替相場により円貨に換算し、換算差額は損益として処理している。なお、在外子会社の資産及び負債は、連結決算日の直物為替相場により円貨に換算し、収益及び費用は期中平均相場により円貨に換算し、換算差額は純資産の部における為替換算調整勘定及び少数株主持分に含めて計上している。

(ホ) 重要なヘッジ会計の方法 　① ヘッジ会計の方法 　　繰延ヘッジ処理によっている。なお、特例処理の要件を満たしている金利スワップについては特例処理によっている。 　② ヘッジ手段とヘッジ対象 　　当連結会計年度にヘッジ会計を適用したヘッジ手段とヘッジ対象は以下のとおりである。 　　　ヘッジ手段…金利スワップ 　　　ヘッジ対象…借入金 　③ ヘッジ方針 　　デリバティブ取引に関する権限規定及び取引限度額等を定めた内部規定に基づき、ヘッジ対象に係る金利変動リスクを一定の範囲内でヘッジしている。 　④ ヘッジ有効性評価の方法 　　金利スワップ取引については、元本・利率・契約期間等の条件が同一で特例処理の要件を充たしているため、有効性の評価を省略している。	(ホ) 重要なヘッジ会計の方法 　① ヘッジ会計の方法 　　同左 　② ヘッジ手段とヘッジ対象 　　同左 　③ ヘッジ方針 　　同左 　④ ヘッジ有効性評価の方法 　　同左
(ヘ) のれんの償却に関する事項 　10年の定額法により償却を行っている。	(ヘ) のれんの償却に関する事項 　同左
(ト) 連結キャッシュ・フロー計算書における資金の範囲 　手許現金、随時引き出し可能な預金及び容易に換金可能であり、かつ、価値の変動について僅少なリスクしか負わない取得日から3か月以内に償還期限の到来する短期投資	(ト) 連結キャッシュ・フロー計算書における資金の範囲 　同左

からなる。 (チ) その他連結財務諸表作成のための重要な事項 　消費税等の会計処理 　　消費税及び地方消費税の会計処理は税抜方式によっております。	(チ) その他連結財務諸表作成のための重要な事項 　同左

　会計処理基準に関する事項として開示が求められているのは、主に以下の事項についてである（連結財規13⑤）。
・重要な資産の評価基準及び評価方法
・重要な減価償却資産の減価償却の方法
・重要な引当金の計上基準
・重要な収益及び費用の計上基準
・連結財務諸表の作成の基礎となった連結会社の財務諸表の作成にあたって採用した重要な外貨建の資産又は負債の本邦通貨への換算の基準
・重要なヘッジ会計の方法
・のれんの償却方法及び償却期間
・連結キャッシュ・フロー計算書における資金の範囲
・その他連結財務諸表作成のための重要な事項

　なお、連結子会社が採用する会計処理基準のうちに連結財務諸表提出会社が採用する会計処理基準と異なるものがある場合には、重要性が乏しい場合を除き、その差異の概要を会計処理基準の記載と合わせて記載する必要があることに、留意が必要である（連結財規ガイドライン13-1-4）。ここでいう「差異の概要」には、在外子会社の所在地国における会計処理の基準と、我が国の会計処理基準とが異なることによるものが含まれており、該当事項がある場合はその旨を記載する必要がある。

1）重要な資産の評価基準及び評価方法

　重要な資産の評価基準及び評価方法として記載が求められるのは、主に有価証券の評価基準及び評価方法とたな卸資産の評価基準及び評価方法についてである。

① 有価証券の評価基準及び評価方法

　有価証券については、金融商品会計基準において、保有目的によって以下のように区分されており、該当するものそれぞれについて評価基準及び評価方法を記載する。

【評価基準】

　　a　売買目的有価証券

　　　時価の変動により利益を得ることを目的とする有価証券であり、時価をもって貸借対照表価額とし、評価差額は当期の損益として処理する。

　　b　満期保有目的の債券

　　　債券の取得時に満期まで所有する意図をもって保有する社債その他の債券であり、取得原価をもって貸借対照表価額とする。ただし、債券を債券金額より低い価額又は高い価額で取得した場合において、取得価額と債券金額との差額の性格が金利の調整と認められるときは、償却原価法に基づいて算定された価額をもって貸借対照表価額としなければならない。

　　　償却原価法は、有価証券利息をその利息期間（受渡日から償還日まで）にわたって期間配分する方法であり、利息法と定額法の2つの方法がある（金融商品会計実務指針70）。

　　　イ）利息法とは、債券のクーポン受取総額と金利調整差額の合計額を債券の帳簿価額に対し一定率（実効利子率）となるように、複利をもって各期の損益に配分する方法をいう。

　　　ロ）定額法とは、債券の金利調整差額を取得日（又は受渡日）から償還日までの期間で除して各期の損益に配分する方法をいう。

なお、債券を満期保有債券に分類するためには、企業が償還期限まで所有するという積極的な意思と能力に基づいて保有することが必要となることに留意が必要である。
c　子会社株式及び関連会社株式
　子会社株式及び関連会社株式については、取得原価をもって貸借対照表価額とする。
d　その他有価証券
　売買目的有価証券、満期保有目的債券、子会社株式及び関連会社株式以外の有価証券のことをいい、時価をもって貸借対照表価額とする。時価評価に伴う評価差額は、次のいずれかの方法により処理することとされている。
・評価差額の合計額を純資産の部に計上する方法（全部純資産直入法）
・時価が取得原価を上回る銘柄に係る評価差額は純資産の部に計上し、時価が取得原価を下回る銘柄に係る評価差額は当期の損失として処理する方法（部分純資産直入法）
　なお、上記の有価証券の保有目的の変更は、以下のような正当な理由がある場合を除き、認められない（金融商品会計実務指針80、280）。
・資金運用方針の変更又は特定の状況の発生に伴う場合
・金融商品会計実務指針により、保有目的の変更があったとみなされる場合
・株式の追加取得又は売却による持分比率の変動により、子会社株式等から他の保有目的区分への振替又はその逆の振替が行われる場合
・法令又は基準等の改正又は適用により、保有目的区分の変更をする場合

> **コラム**

有価証券の減損処理について

・時価のある有価証券（金融商品会計実務指針91）

　売買目的有価証券以外の有価証券のうち、時価があるものについて、時価が著しく下落した場合には、回復すると認められる場合を除き、当該時価をもって貸借対照表価額とし、評価差額を当期の損失（減損損失）として処理しなければならない。

　時価のある有価証券の時価が「著しく下落した」ときとは、必ずしも数値化できるものではないが、個々の銘柄の有価証券の時価が取得価額に比べて50％程度以上下落した場合には「著しく下落した」ときに該当し、合理的な反証がない限り、時価が取得原価まで回復するとは認められないため、減損処理を行わなければならない。下落率がこれより下回る場合の取扱いについては、個々の企業において時価が「著しく下落した」と判断するための合理的な基準を設け、当該基準に基づき回復可能性の判定対象とするかどうかを判断する。なお、個々の銘柄の有価証券の時価の下落率がおおむね30％未満の場合には、一般的には「著しく下落した」ときには該当しないものとされる。

（著しい下落の判定の目安）

下落率	判定の目安
50％程度以上	合理的な反証がない限り、著しい下落に該当する。
30％程度以上50％程度未満	個々の企業で合理的な判定基準を設け、著しい下落に該当するか判定する。
30％未満	一般的に著しい下落には該当しない。

・時価を把握することが極めて困難と認められる株式（金融商品会計実務指針92）

　取得原価をもって貸借対照表価額とするとされているが、当該株式の発行会社の財政状態の悪化により実質価額が著しく低下したときは、相当の減額を行い、評価差額は当期の損失として処理しなければならない。著しい下落とは、実質価額が取得原価に比べて50％程度以上低下しているか否かで判断する。株式の実質価額とは一般に、資産等の時価評価に基づく評価差額等を加味して

算定した1株当たりの純資産額に、所有株式数を乗じた金額をいう。

・時価を把握することが極めて困難と認められる債券（金融商品会計実務指針93）
　償却原価法を適用後、債券の貸倒見積高の算定方法に準じて信用リスクに応じた償還不能見積高を算定して会計処理を行う。償還不能見積高の算定は、原則として、個別の債券ごとに行う。

【評価方法】
　有価証券の評価方法とは、取得原価を算定するために採用した方法であり、例えば移動平均法、総平均法等がある。また、その他有価証券の時価評価を行うに際しての時価の算定方法としては、期末日の市場価格に基づいて算定された価額による方法や、期末日前1か月の市場価格の平均に基づいて算定された価額による方法がある（財規ガイドライン8の2-1）。

【第Ⅰ部数値モデルに対応する注記例について】
　第Ⅰ部数値モデルでは、満期保有目的の債券とその他有価証券を保有していることを想定している。満期保有目的の債券については償却原価法（定額法）によっている旨、その他有価証券については時価のあるものと、時価のないものに区分してそれぞれ評価基準及び評価方法について記載している。

② 棚卸資産の評価基準及び評価方法

【評価基準】
　平成20年4月1日以後開始する事業年度から、企業会計基準第9号「棚卸資産の評価に関する会計基準」（以下「棚卸資産会計基準」という）が適用されている。従来の評価基準としては、原価法、低価法があり、選択適用が認められていたが、棚卸資産会計基準の公表に伴い、通常の販売目的で保有する棚卸資産については、原価法（収益性の低下による簿価切下げの方法）を適用することとなった。
　棚卸資産会計基準では、棚卸資産を通常の販売目的で保有する棚卸

資産と、トレーディング目的で保有する棚卸資産の2区分に大別して定められている。

通常の販売目的（販売するための製造目的を含む）で保有する棚卸資産については、取得原価によって貸借対照表価額とし、期末における正味売却価額が取得原価よりも下落している場合には、当該価額まで帳簿価額を切り下げる方法によって評価する。この場合、取得原価と正味売却価額との差額は当期の費用として処理する。この処理は、投資額の回収が見込めなくなった場合に、品質低下や陳腐化といった場合に限らず、帳簿価額を切り下げて過大な帳簿価額を減額し、将来に損失を繰り延べないようにするものである。なお、収益性の低下の有無に係る判断又は簿価切下げは、原則として個別品目ごとに行う。また、売価還元法を採用している場合においても、期末における正味売却価額が帳簿価額よりも下落している場合には、当該正味売却価額をもって貸借対照表価額とする。

一方、トレーディング目的で保有する棚卸資産については、市場価格に基づく価額をもって貸借対照表価額とし、帳簿価額との差額は当期の損益として処理する。

【評価方法】

棚卸資産の評価方法とは、売上原価及び期末棚卸高を算定するために採用した基準であり、例えば、個別法、先入先出法等がある（財規ガイドライン8の2-2）。なお、平成20年9月26日に棚卸資産会計基準が改正され、棚卸資産の評価方法のうち後入先出法が廃止された（平成22年4月1日以後開始する事業年度から適用。平成22年3月31日以前に開始する事業年度から早期適用可）。

【第Ⅰ部数値モデルに対応する注記例について】

第Ⅰ部数値モデルにおけるグループ各社については、主に卸売業であり、主として原価法（貸借対照表価額は収益性の低下に基づく簿価切下げの方法）を適用している。

2）重要な減価償却資産の減価償却の方法

　減価償却方法とは、固定資産の取得価額の各期への費用配分方法のことであり、一般的には定額法又は定率法が採用されている。減価償却方法は、減価償却資産の使用実態等に合わせて選択可能であり、定額法、定率法以外にも生産高比例法やそれ以外の方法も合理性があれば認められるものである。

　重要な減価償却資産としては、主に有形固定資産、無形固定資産、リース資産が挙げられる。

① 税制改正との関連

　減価償却方法については、本来であれば各企業が独自の状況を考慮して自主的に耐用年数や残存価額などを決定すべきものである。しかし、実務上は多くの企業が法人税法の規定に従った方法によっており、法人税法に規定する普通償却限度額を正規の減価償却費として処理する場合においては、企業の実状に照らし、耐用年数又は残存価額に不合理と認められる事情のない限り、当面、監査上妥当なものとして取り扱うことができるとされている。会計上の減価償却と、税制改正による償却方法の選択の考え方については、監査・保証実務委員会報告第81号「減価償却に関する当面の監査上の取扱い」において整理されている。

② ソフトウェア

　ソフトウェアの会計処理については、会計制度委員会報告第12号「研究開発費及びソフトウェアの会計処理に関する実務指針」にしたがって処理することとなる。同実務指針によると、ソフトウェアは市場販売目的のものと、自社利用目的のものに大別される。

A　市場販売目的のソフトウェアの償却方法

　市場販売目的のソフトウェアとは、制作したソフトウェアをパッケージ化して、不特定多数の対象に販売することを目的としたソフトウェアのことをいう。

　合理的な償却方法としては、見込販売数量に基づく方法のほか、見込販売収益に基づく償却方法も認められている。

　　　　ただし、毎期の減価償却費は、残存有効期間に基づく均等配分額を下回ってはならないとされており、毎期の減価償却額は、見込販売数量（又は見込販売収益）に基づく償却額と残存有効期間に基づく均等配分額とを比較し、いずれか大きい額を計上することとなる。なお、当初に見積る販売可能な有効期間は原則として3年以内の年数とし、3年を超える年数とするときには、合理的な根拠が必要である。見込販売数量又は見込販売収益は毎期見直す必要があり、必要に応じ償却費の額を補正することとなる。

　B　自社利用目的のソフトウェアの償却方法

　　　　自社利用目的のソフトウェアについては、利用実態に応じて最も合理的と考えられる償却方法を採用すべきであるが、一般的には利用可能期間を見積った上で、利用可能期間にわたって定額法により償却を行うのが合理的である。利用可能期間は原則として5年以内の年数とし、5年を超える年数とする場合には合理的な根拠に基づくことが必要である。なお、利用可能期間については、毎期見直しを行うこととし、必要に応じ償却費の額を補正することとなる。

③　リース資産

　　平成20年4月1日以後開始する事業年度から、企業会計基準第13号「リース取引に関する会計基準」（以下「リース会計基準」という）及び企業会計基準適用指針第16号「リース取引に関する会計基準の適用指針」（以下「リース適用指針」という）が適用されており、ファイナンス・リース取引に係るリース資産については、原則として固定資産として計上することとなった。

図表8-2　リース取引の分類

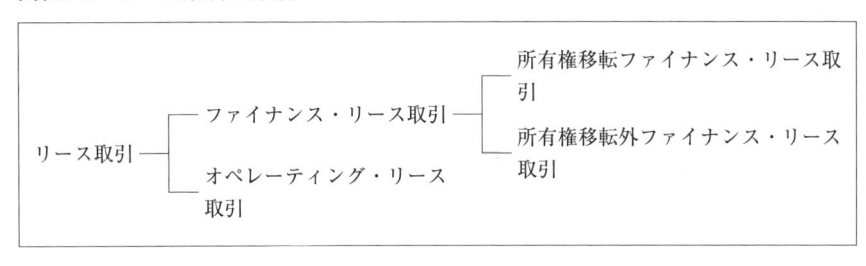

```
リース取引 ─┬─ ファイナンス・リース取引 ─┬─ 所有権移転ファイナンス・リース取引
           │                              └─ 所有権移転外ファイナンス・リース取引
           └─ オペレーティング・リース取引
```

　　改正前の基準では、所有権移転外ファイナンス・リース取引について、通常の売買取引に係る方法に準じた会計処理が原則とされていたものの、通常の賃貸借取引に係る方法に準じて会計処理を行うことが認められていたが、改正後の基準では、従来の通常の賃貸借取引に係る方法に準じた会計処理が廃止され、通常の売買取引に係る方法に準じて会計処理を行うこととなった。なお、リース会計基準の適用初年度開始前の所有権移転外ファイナンス・リース取引については、原則として過去の会計処理を修正することとなるが、実務上の配慮から以下の2つの簡便法が認められている。

・既存分のリース取引についても貸借対照表に計上するものの、会計基準変更時の期首で損益への影響額が生じない方法（リース適用指針78）
・既存分のリース取引について引き続き賃貸借取引に係る方法に準じた会計処理を適用して、その旨の注記をするとともに改正前のリース会計基準で必要とされていた事項などを注記する方法（リース適用指針79）

　　リース資産の減価償却の方法に関しては、所有権移転ファイナンス・リース取引に係るリース資産と、所有権移転外ファイナンス・リース取引に係るリース資産で異なり、それぞれについて減価償却の方法を記載する必要がある。

・所有権移転ファイナンス・リース取引
　　自己所有の固定資産に適用する減価償却の方法と同一の方法
・所有権移転外ファイナンス・リース取引

リース期間を耐用年数、残存価額を零として、定額法、級数法、生産高比例法等の中から企業の実態に応じたものを選択適用。

【第Ⅰ部数値モデルに対応する注記例について】
　　重要な減価償却資産の減価償却の方法として、以下に区分して記載している。
・有形固定資産（リース資産を除く）
　　親会社及び国内連結子会社では、法人税法の規定に準じた減価償却方法、耐用年数、残存価額を採用している。当連結会計年度において、海外の会社を子会社化しており、在外子会社については別の減価償却方法を採用していることを前提としているため、その旨を記載している。
・無形固定資産（リース資産を除く）
　　当連結会計年度において、親会社にて自社利用目的のソフトウェアを取得しており、利用可能期間に基づく5年で定額法により償却しているため、その旨を注記している。
・リース資産
　　「リース取引に関する会計基準」が適用された平成20年4月1日以後に取引開始した所有権移転外ファイナンス・リースについては、固定資産として計上しているが、平成20年3月31日以前に取引開始した所有権移転外ファイナンス・リース取引については、従来どおり通常の賃貸借取引に係る方法に準じた会計処理によっている旨を記載している。

3）重要な引当金の計上基準
　① 引当金の計上要件
　　　引当金は、以下の4要件を満たす場合に計上することが必要となる（企原注解（注18））。
　　・将来の特定の費用又は損失であること
　　・その発生が当期以前の事象に起因していること
　　・費用又は損失の発生の可能性が高いこと
　　・金額を合理的に見積ることができること
　② 引当金の種類と計上基準

引当金の計上基準については、各引当金の計上の理由、計算の基礎その他の設定の根拠を記載するものとされている（財規ガイドライン8の2-6）。以下で一般的な引当金の計上基準について説明する。

A　貸倒引当金

貸倒引当金は、債権について回収が見込まれない額を見積って計上するものである。金融商品会計基準では、債務者の財政状態及び経営成績に応じて、債権を以下のように区分し（金融商品会計基準28）、それぞれについて貸倒見積高を算定することとされている。

a　一般債権

経営状態に重大な問題が生じていない債務者に対する債権をいう。

一般債権については、債権全体又は同種・同類の債権ごとに債権の状況に応じて求めた過去の貸倒実績率等合理的な基準により貸倒見積高を算定する。同種とは売掛金、受取手形、貸付金等の別を意味し、同類とは営業債権と営業外債権の別や、短期と長期の区分を意味している。

債権の状況に応じて求めた過去の貸倒実績率とは、社内において信用リスクのランク付け（内部格付）が行われている場合における、当該信用リスクのランクごとに区分して過去の実績から算出した貸倒実績率をいう（金融商品会計実務指針110）。

貸倒実績率は、以下のように算定される。

$$貸倒実績率 = \frac{分母の期末日以降の特定した算定期間の貸倒損失額}{過去の特定期末の債権残高}$$

例えば、当期末債権残高に乗じる貸倒実績率は、当期を最終年度とする算定期間を含むそれ以前の2〜3算定期間に係る貸倒実績率の平均値によることとされている。

b　貸倒懸念債権

経営破綻の状態には至っていないが、債務の弁済に重大な問題が生

じているか又は生じる可能性の高い債務者に対する債権をいう。貸倒懸念債権の貸倒見積高の算定方法には、財務内容評価法とキャッシュ・フロー見積法があり、債権の状況に応じていずれかの方法を適用する。

財務内容評価法とは、債権額から担保の処分見込額及び保証による回収見込額を減額し、その残額について債務者の財政状態及び経営成績を考慮して貸倒見積額を算定する方法である。

キャッシュ・フロー見積法とは、債権の元本の回収及び利息の受取に係るキャッシュ・フローを合理的に見積ることができる債権については、債権の元本及び利息について、元本の回収及び利息の受取が見込まれるときから当期末までの期間にわたり、債権の発生又は取得当初の割引率で割り引いた現在価値の総額と債権の帳簿価額との差額を貸倒見積額とする方法である。

c 破産更生債権等

経営破綻又は実質的に経営破綻に陥っている債務者に対する債権をいう。

破産更生債権等の貸倒見積額の算定には、財務内容評価法を適用する。清算配当等により回収可能と認められる金額については、債権額から減額することができる。担保及び保証の取扱いについては、貸倒懸念債権における当該取扱いに準じる。

【第Ⅰ部数値モデルに対応する注記例について】
親会社及び連結子会社では、一般債権については過去の貸倒実績率を用いて貸倒見積高を算定しており、貸倒懸念債権などの特定の債権については、財務内容評価法により回収不能見込額を個別に見積って貸倒引当金を計上している。当連結会計年度において新たに連結子会社となった在外子会社についても、同様の方針として注記している。

B 賞与引当金

賞与引当金とは、会社と従業員との雇用関係に基づき、毎月の給与の

ほかに賞与を支給している場合における、期末の従業員賞与の見積額をいう。決算期末に支給期日又は支給対象期間の末日が未到来であっても、決算期後に支給される賞与のうち当期に帰属する金額について、未払費用又は賞与引当金として計上しなければならない。未払いの従業員賞与の表示科目については、リサーチ・センター審理情報No.15「未払従業員賞与の財務諸表における表示科目について」が参考となる。

法人税法上は、平成10年度の税制改正に伴い廃止されたが、会計上は引当金の設定要件に該当する限り、会社の支給対象期間に対応する支給見込額を計上することが必要となる。

【第Ⅰ部数値モデルに対応する注記例について】
　第Ⅰ部数値モデルでは、従業員に対する賞与の支給対象期間の末日が決算期末とずれていることを想定し、前回の賞与支給日後、期末までに経過した支給対象期間に対応する賞与支給見込額を賞与引当金として計上している。引当金の計上方針としては、賞与の支給に備え支給見込額を計上している旨を注記している。

C　退職給付引当金

退職給付引当金は、「退職給付に係る会計基準」(以下「退職給付会計基準」という)において定められている退職給付債務から企業年金制度の年金資産を控除することにより算定される。

退職給付会計基準において定められている基本的な用語の定義は以下のとおりである(退職給付会計基準一)。

(基本的な用語の定義)

用　語	定　義
退職給付債務	一定の期間にわたり労働を提供したこと等の事由に基づいて、退職以後に従業員に支給される給付(以下「退職給付」という)のうち認識時点までに発生していると認められるものをいい、割引計算により測定される。
年金資産	企業年金制度に基づき退職給付に充てるために積み立てられている資産をいう。

勤務費用	一期間の労働の対価として発生したと認められる退職給付をいい、割引計算により測定される。
利息費用	割引計算により算定された期首時点における退職給付債務について、期末までの時の経過により発生する計算上の利息をいう。
過去勤務債務	退職給付水準の改訂等に起因して発生した退職給付債務の増加又は減少部分をいう。なお、このうち費用処理（費用の減額処理又は費用を超過して減額した場合の利益処理を含む。以下同じ）されていないものを未認識過去勤務債務という。
数理計算上の差異	年金資産の期待運用収益と実際の運用成果との差異、退職給付債務の数理計算に用いた見積数値と実績との差異及び見積数値の変更等により発生した差異をいう。なお、このうち損益処理されていないものを未認識数理計算上の差異という。

　退職給付引当金は、上記の複数の要素により算定されるものであり、引当金の計上方針としてそれぞれの計算要素について注記する必要がある。具体的な退職給付引当金の計算過程については、退職給付会計基準など関連する会計基準や実務指針などを参考にしていただきたい。

【第Ⅰ部数値モデルに対応する注記例について】
　引当金の計上基準としては、退職給付に関する注記として記載が求められる事項のうち、計上方針（金額に関する項目以外）に関する事項について簡潔に記載する。
　第Ⅰ部数値モデルでは、退職給付引当金の基本的な考え方に加え、過去勤務債務、数理計算上の差異の処理年数及び費用処理方法について記載している。

　　D　役員退職慰労引当金
　　役員退職慰労引当金とは、会社の役員（取締役・監査役・執行役等）の将来における退職慰労金の支払いに備えて設定される引当金をいう。役員退職慰労金の支給にあたっては、株主総会の承認決議を要するとされている（会社法361、387）。

役員退職慰労引当金の計上に関しては、従来は引当金を計上する方法と、支出時に費用処理する実務が並存してきたが、平成19年4月13日に監査・保証実務委員会報告第42号「租税特別措置法上の準備金及び特別法上の引当金又は準備金並びに役員退職慰労引当金等に関する監査上の取扱い」が改正され、以下の事項が明記された。
・役員退職慰労引当金の定義と性質
・役員退職慰労引当金の計上
・役員退職慰労金制度廃止の場合の会計処理
・執行役員に対する退職慰労引当金

4) 重要な収益及び費用の計上基準

原則として、収益は実現主義に基づき、費用は発生主義に基づいて計上することとされている。連結財規13条第5項第4号では、重要な収益及び費用の計上基準について注記することを求めているが、実務上は、収益及び費用の計上基準について、原則とされている方法以外の会計方針を採用している場合にのみ記載している事例が多い。例えば、長期請負工事に係る収益認識基準や割賦基準のほか、特定の業種で特有な計上基準を適用している場合などが挙げられる。

収益の認識基準については、会計制度委員会研究報告第13号「我が国の収益認識に関する研究報告（中間報告）－IAS第18号「収益」に照らした考察－」（平成21年12月8日改正）が公表されており、これを参考にすることができる。本研究報告は、実現主義の要件である「財貨の移転又は役務の提供の完了」と「対価の成立」という2要件について、より厳格に解釈した場合の考え方を示したものである。

5) 連結財務諸表の作成の基礎となった連結会社の財務諸表の作成にあたって採用した重要な外貨建ての資産又は負債の本邦通貨への換算の基準

外貨建ての資産又は負債の本邦通貨への換算の具体的な方法については、

「外貨建取引等会計処理基準」に定められている。重要な会計方針として記載が求められているのは、以下の場合である（財規ガイドライン8の2-5）。

・外貨建取引等会計処理基準に定めのない事項に関する換算基準を採用した場合

・外貨建取引等会計処理基準を適用することが適当でないと認められる場合において、他の合理的な換算基準を採用した場合

　実務上は、外貨建取引等会計処理基準で認められている方法を適用している場合であっても、重要な外貨建資産又は負債があれば、重要な会計方針として記載している事例がある。

　連結財務諸表においては、親会社及び国内連結子会社における外貨建取引の換算基準だけでなく、在外子会社等における外国通貨で表示されている財務諸表項目の換算基準についても注記することが考えられる。在外子会社の財務諸表のうち資産及び負債については決算時の為替相場による円換算額を付し、収益及び費用については原則として期中平均相場による円換算額を付する。

【第Ⅰ部数値モデルに対応する注記例について】
　第Ⅰ部数値モデルでは、親会社及び国内連結子会社における外貨建債権債務の換算基準に加え、当連結会計年度から新たに在外子会社が連結対象となっているため、外国通貨で表示されている在外子会社の財務諸表項目の本邦通貨への換算基準についても併せて記載している。

6）重要なヘッジ会計の方法

　ヘッジ会計とは、金融商品会計基準におけるヘッジ取引のうち一定の要件を満たすものについて、ヘッジ対象に係る損益とヘッジ手段に係る損益を同一の会計期間に認識し、ヘッジの効果を会計に反映させる会計処理のことをいう（金融商品会計基準29）。ヘッジ会計を適用することにより、ヘッジ手段としてのデリバティブ取引に係る時価評価による損益について、ヘッジ対象に係る損益が認識されるまで、資産又は負債として繰り延べることができ

る。

　ヘッジ取引にヘッジ会計が適用されるのは、次の要件がすべて満たされた場合である（金融商品会計基準31）。

a　ヘッジ取引時において、ヘッジ取引が企業のリスク管理方針に従ったものであることが、次のいずれかによって客観的に認められること
・当該取引が企業のリスク管理方針に従ったものであることが、文書により確認できること
・企業のリスク管理方針に関して明確な内部規定及び内部統制組織が存在し、当該取引がこれに従って処理されることが期待されること

b　ヘッジ取引時以降において、ヘッジ対象とヘッジ手段の損益が高い程度で相殺される状態又はヘッジ対象のキャッシュ・フローが固定されその変動が回避される状態が引き続き認められることによって、ヘッジ手段の効果が定期的に確認されていること

　ヘッジ会計の要件を満たしているかどうかについては、ヘッジ取引の開始時だけでなく、ヘッジ取引時以降も継続してヘッジ指定期間中、高い有効性が保たれていることを確かめなければならない。ただし、資産又は負債に係る金利の受払条件を変換することを目的として利用されている金利スワップが金利変換の対象となる資産又は負債とヘッジ会計の要件を充たしており、かつ、その想定元本、利息の受払条件（利率、利息の受払日等）及び契約期間が当該資産又は負債とほぼ同一である場合には、金利スワップを時価評価せず、その金銭の受払の純額等を当該資産又は負債に係る利息に加減して処理することができるとされている（金融商品会計実務指針177）。いわゆる金利スワップの特例処理である。金利スワップの特例処理が認められるためには、以下の条件をすべて満たしている必要がある（金融商品会計実務指針178）。

(a)　金利スワップの想定元本と貸借対照表上の対象資産又は負債の元本金額がほぼ一致していること（金利スワップの想定元本と対象となる資産又は負債の元本については、いずれかの5％以内の差異であれば、ほぼ同一で

あると考えて、この特例処理を適用することができる）

(b) 金利スワップとヘッジ対象資産又は負債の契約期間及び満期がほぼ一致していること
(c) 対象となる資産又は負債の金利が変動金利である場合には、その基礎となっているインデックスが金利スワップで受払される変動金利の基礎となっているインデックスとほぼ一致していること
(d) 金利スワップの金利改定のインターバル及び金利改定日がヘッジ対象の資産又は負債とほぼ一致していること
(e) 金利スワップの受払条件がスワップ期間を通して一定であること（同一の固定金利及び変動金利のインデックスがスワップ期間を通して使用されていること）
(f) 金利スワップに期限前解約オプション、支払金利のフロアー又は受取金利のキャップが存在する場合には、ヘッジ対象の資産又は負債に含まれた同等の条件を相殺するためのものであること

なお、金利スワップについては、特例処理の要件に該当すると判定される場合、その判定をもって有効性の判定に代えることができる。

ヘッジ会計の要件を満たさなくなった場合及びヘッジ会計が終了したときの会計処理など、具体的な会計処理については金融商品会計基準及び金融商品会計実務指針において定められている。

重要な会計方針としては、繰延ヘッジの方法にあわせて、ヘッジ手段とヘッジ対象、ヘッジ方針、ヘッジ有効性評価の方法等リスク管理方針のうちヘッジ会計に係るものについて、概括的に記載することとされている（財規ガイドライン8の2-8）。

【第Ⅰ部数値モデルに対応する注記例について】
　第Ⅰ部数値モデルでは、親会社において長期借入金の変動金利の利息について利率を固定化する目的で金利スワップを設定していることを仮定しており、さらに金利スワップの特例処理の要件を満たすことを前提としている。
　ⓐ　ヘッジ会計の方法

方針としては繰延ヘッジ処理を適用しており、特例処理の要件を満たしている金利スワップについては、特例処理によっている旨を記載している。
　ⓑ　ヘッジ手段とヘッジ対象
　　　ヘッジ手段……金利スワップ
　　　ヘッジ対象……借入金
　ⓒ　ヘッジ方針
　　　（省略）
　ⓓ　ヘッジ有効性評価の方法
　　　金利スワップについて特例処理の要件を満たしているため、取引開始時以降のヘッジ有効性評価を省略している旨を記載している。

7）のれんの償却方法及び償却期間

　のれん（又は負ののれん）とは、親会社の子会社に対する投資とこれに対応する子会社の資本との相殺消去にあたって生じた差額のことをいう。連結財務諸表会計基準第24項によると、のれん（又は負ののれん）は、企業結合会計基準第32項（又は第33項）に従って会計処理しなければならないとされている。新しい連結財務諸表会計基準は、平成22年4月1日以後開始する連結会計年度から適用され、平成21年4月1日以後開始する連結会計年度から早期適用が認められている。

　従来、連結上の投資消去差額は連結調整勘定とされていたが、会計基準の改正に伴い「のれん」という表示科目に統一された。我が国の会計基準を国際的な会計基準に近づけるコンバージェンスの一環として、連結も企業結合のひとつとして会計基準が見直され、新たに連結財務諸表会計基準が公表された。この改正により、従来の連結調整勘定は「のれん」として企業結合会計基準に沿って処理されることとなったものである。

　のれんの会計処理は、企業結合会計基準において以下のように定められている。
　①　のれんの会計処理（企業結合会計基準32）
　　　のれんは、資産に計上し、20年以内のその効果の及ぶ期間にわたって、

定額法その他の合理的な方法により規則的に償却する。ただし、のれんの金額に重要性が乏しい場合には、当該のれんが生じた事業年度の費用として処理することができる。

② 負ののれんの会計処理（企業結合会計基準33）

　負ののれんが生じると見込まれる場合には、次の処理を行う。ただし、負ののれんが生じると見込まれたときにおける取得原価が、受け入れた資産及び引き受けた負債に配分された純額を下回る額に重要性が乏しい場合には、次の処理を行わずに、当該下回る額を当期の利益として処理することができる。

　a　取得企業は、すべての識別可能資産及び負債（第30項の負債を含む）が把握されているか、また、それらに対する取得原価の配分が適切に行われているかどうかを見直す。

　b　aの見直しを行っても、なお取得原価が受け入れた資産及び引き受けた負債に配分された純額を下回り、負ののれんが生じる場合には、当該負ののれんが生じた事業年度の利益として処理する。

　つまり、（正の）のれんが発生した場合には、原則として資産計上して、規則的に償却することとなるが、適切な取得原価の配分を行った結果負ののれんが発生した場合には、当該負ののれんが発生した事業年度の利益として一度に処理することとなるため、負ののれんの償却方法や償却年数に関する会計処理方針の選択の余地は生じないことになる。そのため、重要な会計方針として記載が求められているのれんの償却に関する事項は、（正の）のれんに関する事項のみとなる。連結子会社によってそれぞれ償却年数が異なる場合は、それぞれについて記載することが必要となる。

【第Ⅰ部数値モデルに対応する注記例について】
　第Ⅰ部数値モデルでは、子会社株式を新規に取得することによって連結子会社が増加しており、当連結会計年度では連結子会社であるA社、B社及び持分法適用関連会社である横浜社においてのれんが発生しており、10年の定額法により償却を行っているため、その旨を注記している。

8) 連結キャッシュ・フロー計算書における資金の範囲

　キャッシュ・フローとは資金の増加又は減少のことであり、キャッシュ・フロー計算書は一会計期間におけるキャッシュ・フローの状況について活動区分別に表したものである。連結キャッシュ・フロー計算書は、企業集団の一会計期間におけるキャッシュ・フローの状況を報告するために作成するものである（CF作成基準　第一）。連結キャッシュ・フロー計算書の具体的な作成方法については、**第Ⅰ部「6　連結キャッシュ・フロー計算書」**において説明している。

　キャッシュ・フロー計算書を作成するにあたり、会社にとってキャッシュつまり資金の範囲を明確にしておく必要がある。連結キャッシュ・フロー計算書等の作成基準によると、資金の範囲は、「現金及び現金同等物」とされている。

① 現金

　現金とは、手許現金及び要求払預金をいう。要求払預金には、例えば当座預金、普通預金、通知預金が含まれる（CF実務指針2(1)）。

② 現金同等物

　現金同等物とは、容易に換金可能であり、かつ、価値の変動について僅少なリスクしか負わない短期投資をいう。現金同等物は、この容易な換金可能性と僅少な価値変動リスクの要件をいずれも満たす必要がある。現金同等物としては、例えば、取得日から満期日又は償還日までの期間が3か月以内の短期投資である定期預金、譲渡性預金、コマーシャル・ペーパー、売戻し条件付現先及び公社債投資信託などが含まれる（CF実務指針2(2)）。

【第Ⅰ部数値モデルに対応する注記例について】

　第Ⅰ部数値モデルでは、現金の範囲としては、手許現金及び随時引き出し可能な預金とし、現金同等物の範囲としては、容易に換金可能かつ価値の変動について僅少なリスクしか負わない取得日から3か月以内に償還期限が到来する短期投資としている。

9) その他連結財務諸表作成のための重要な事項

　1) から 8) までの事項以外に、連結財務諸表作成のための重要な事項がある場合には、この項目に記載する。一般的な記載事項としては、消費税等の会計処理や、連結納税制度の適用についての記載が挙げられる。

① 消費税等の会計処理

　消費税及び地方消費税（以下「消費税等」という）の会計処理は、税抜方式と税込方式があり、選択適用が認められている。どちらの会計処理を採用するかによって、財務諸表に与える影響が異なるため、重要な会計方針として記載することが必要とされている。

　消費税等の会計処理については、日本公認会計士協会から「消費税の会計処理について（中間報告）」が公表されている。税抜方式は、仕入等に係る消費税等を仮払消費税等の勘定により、売上等に係る消費税等を仮受消費税等の勘定科目で処理し、課税期間に係る売上等に係る消費税等と仕入等に係る消費税等とを相殺し、その差額を納付又は還付を受ける方式であり、損益計算に影響を及ぼさない方式である。税込方式は、仕入等に係る消費税等を資産の取得原価又は費用に含め、売上等に係る消費税等を収益に含める方式であり、損益計算に消費税の影響を及ぼす方式である。

【第Ⅰ部数値モデルに対応する注記例について】
　第Ⅰ部数値モデルでは、税抜方式を採用していることを想定しているため、その旨の注記をしている。

② 連結納税制度の適用

　連結納税制度は、親会社が直接、間接に100％の株式を所有するすべての子会社（外国法人を除く）を対象とする制度であり、連結納税適用対象会社を全体でひとつの納税主体（連結納税主体）と考えて、連結納税親会社が法人税の申告・納税を行うものである。連結納税制度の適用は任意であり、強制されるものではない。

　連結納税制度については、**第Ⅲ部　「連結納税関係」**において、詳しく

説明している。

8.2.5　連結財務諸表作成のための基本となる重要な事項の変更

　連結財務諸表作成に関する重要な会計方針を変更した場合には、その旨、変更の理由及びその変更が連結財務諸表に与えている影響などを注記することが必要である（連結財規14）。ここで、連結財務諸表作成のための基本となる重要な事項には、連結財務諸表作成の基礎となっている各連結会社の財務諸表の作成に係る会計処理の原則及び手続を含むとされているため、親会社だけでなく、連結子会社等の会計方針の変更についても注意を払う必要がある（連結財規ガイドライン14①）。

　連結財務諸表作成のための基本となる重要な事項を変更した場合に記載が求められるのは、下記の事項である。
・連結の範囲又は持分法適用の範囲を変更した場合には、その旨及び変更の理由
・会計処理の原則及び手続を変更した場合には、その旨、変更の理由及び当該変更が連結財務諸表に与えている影響の内容
・表示方法を変更した場合には、その内容
・連結キャッシュ・フロー計算書における資金の範囲を変更した場合には、その旨、変更の理由及び当該変更が連結キャッシュ・フロー計算書に与えている影響の内容

1）連結の範囲又は持分法適用の範囲を変更した場合
　連結の範囲の変更については「**8.2.1　連結の範囲に関する事項**」に含めて記載している。
　　また、持分法適用の範囲の変更については「**8.2.2　持分法の適用に関する事項**」に含めて記載している。

2）会計処理の原則及び手続を変更した場合

　企業会計上、会社が選択した会計方針については、継続的に適用することが求められている。1つの会計事実について、複数の会計処理の原則又は手続の選択適用が認められている場合に、選択した会計処理の原則又は手続を毎期継続して適用していないと、同じ会計事実について異なる会計処理結果が出ることになってしまう。その結果、財務諸表の比較可能性が損なわれ、財務諸表利用者の判断も誤らしめることになりかねない。そのため、いったん採用した会計処理の原則又は手続は、正当な理由により変更する場合を除き、毎期継続して適用しなければならない。

　会計方針の変更とは、従来採用していた会計処理又は表示方法から他の会計処理又は表示方法に変更することをいう。監査委員会報告第78号「正当な理由による会計方針の変更」によると、会計方針の変更について以下のような類型ごとに取扱いが定められている。

① 複数の会計処理が認められている場合の会計処理の変更

　企業会計上、1つの会計事象や取引について、一般に公正妥当と認められる複数の会計処理が認められており、その中から1つの会計処理を選択適用する場合において、従来から採用している認められた会計処理から他の認められた会計処理への変更は、正当な理由により変更するものである限り、会計方針の変更となる。

　また、セグメント情報におけるセグメンテーションの方法の変更のように、財務諸表上の勘定科目の金額に直接影響を及ぼさない場合においても、開示される財務情報に重要な影響を及ぼすものについては、会計方針の変更として取り扱われることに留意が必要である。

② 表示方法の変更と会計方針の変更

　表示方法の変更には大別して2つの類型があり、貸借対照表の流動資産あるいは固定資産の区分や損益計算書の営業損益等の同一区分内での勘定科目の区分掲記、統合あるいは勘定科目名の変更等を行うものと、当該区分を超えて表示方法を変更するものがある。

金額的重要性が高まったことにより、例えば、流動資産の「その他の流動資産」に含まれている「短期貸付金」を区分掲記する場合や、営業外収益の「雑益」に含まれている「受取賃貸料」を区分掲記する場合などは、上記の前者に該当する変更であり、合理的根拠又は理由に基づくもので単なる表示形式上の変更にすぎないものは、会計方針の変更として取り扱わない。

一方、流動資産から固定資産に区分を変更する、あるいは営業外損益区分から営業損益区分に変更するなど、区分を超えることにより財務情報に重要な影響を与える表示方法の変更は、会計方針の変更として取り扱う。

③ 会計基準等の改正に伴う会計方針の採用又は変更

会計基準等の改正によって特定の会計処理又は表示方法の採用が強制され、他の会計処理又は表示方法を任意に選択する余地がない場合、これに伴った会計処理の原則及び手続を採用又は変更する場合も、当該変更の事実を明確にするために、正当な理由による会計方針の変更として取り扱う。

なお、この会計基準等の改正には、既存の会計基準の変更だけでなく、新たな基準の設定、実務指針等の公表・改廃及び法令の改正等が含まれることに留意が必要である。

④ 会計方針の変更における正当な理由

会計方針の変更が「正当な理由」によるものであると判断されるには、以下の点に留意が必要である。

・会計方針の変更は企業の事業内容及び企業内外の経営環境の変化に対応して行われるものであること
・変更後の会計方針が一般に公正妥当と認められる企業会計の基準に照らして妥当であること
・会計方針の変更は会計事象等を財務諸表により適切に反映するために行われるものであること
・会計方針の変更が利益操作等を目的としていないこと

⑤ 変更による影響額の記載

会計方針の変更を行った場合、当該変更が連結財務諸表に与えている影響額について記載することが必要である。連結財務諸表に影響を与えているとは、当該会計処理について前連結会計年度と同一の基準を適用した場合において計上されるべき営業損益、経常損益、税金等調整前当期純損益、当期純損益又はその他の重要な項目の金額に、当該変更が差異を与える結果となったことをいう（連結財規ガイドライン14-2）。影響の内容の記載は、影響を受けた重要な項目及びその差異の金額を明らかにするものとする。影響額の記載は、損益項目に限らず、利益剰余金その他損益以外の項目について重要な影響を与えている場合には、その旨の記載をすることが考えられる。

　ただし、影響額を正確に算定することが困難である場合には、適当な方法による概算額を記載することができる。

3）表示方法を変更した場合

　表示方法の変更を行った場合は、前連結会計年度の連結財務諸表との比較を行うために必要な事項を記載する（連結財規ガイドライン14-3）。

　ただし、たとえば2つの項目を単純に合算して1つの項目にした場合など、その内容が連結財務諸表から明確に判断し得る場合には、あえて表示方法の変更に関する注記を行わないことができる。

4）連結キャッシュ・フロー計算書における資金の範囲を変更した場合

　連結キャッシュ・フロー計算書における資金の範囲については、「8.2.4　8）連結キャッシュ・フロー計算書における資金の範囲」で説明したとおりである。この資金の範囲を変更した場合には、その旨、変更の理由及び当該変更が連結キャッシュ・フロー計算書に与えている影響の内容について注記する必要がある。

8.2.6 追加情報

追加情報については、監査委員会報告第77号「追加情報の注記について」において規定されている。同委員会報告によると、追加情報とは、会計方針あるいは貸借対照表又は損益計算書等に注記すべきものとして規則等で具体的に規定しているもの以外の注記による情報をいい、利害関係人が企業集団又は会社の財政及び経営の状況に関して適正な判断を行う上で必要と認められる情報である。

追加情報は、以下の4つの類型に大別される。
・会計方針の記載に併せて注記すべき事項
・財務諸表等の特定の科目との関連を明らかにして注記すべき事項
・連結財務諸表固有の事項
・その他

1) 会計方針の記載に併せて注記すべき事項

会計方針の記載に併せて注記すべき追加情報は、会計方針と密接な関連を持つ注記事項であり、会計方針の記載に併せて注記する。

a 会計上の見積りの変更

過去に特定の会計事象等の数値・金額が会計処理を行う時点では確定できないため、見積りを基礎として会計処理していた場合において、損益への影響が発生する見積りの見直し。

b 会計処理の対象となる会計事象等の重要性が増したことに伴う本来の会計処理への変更

従来、会計処理の対象となる会計事象等の重要性が乏しかったため、本来の会計処理によらず、簡便な会計処理を採用していたが、当該会計事象等の重要性が増したことにより、本来の会計処理へ変更する場合。

c 会計処理の対象となる新たな事実の発生に伴う新たな会計処理の採用

新たな事実の発生に伴い新たな会計処理を採用する場合、その会計処理

が妥当なものである限り、会計方針の変更には該当しない。当該会計処理が財務諸表に重要な影響を及ぼし、開示を必要と認めた場合は、追加情報として注記することになる。

2）財務諸表等の特定の科目との関連を明らかにして注記すべき事項

　財務諸表等の特定の科目との関連を明らかにして注記すべき追加情報は、特定の科目の状況についての説明的注記であるため、財務諸表上の当該科目に記号を付記するなどの方法によって、当該注記との関連を明らかにする必要がある。

　a　資産の使用・運用状況等の説明

　　資産の使用・運用状況等について通常の使用方法によらず、特殊な方法によっている場合や、使用目的が変更された場合に、追加情報として注記するもの。

　b　特殊な勘定科目の説明

　　財務諸表等の表示に、一般的には使用頻度の少ない特殊な勘定科目を使用している場合など、勘定科目名の記載だけではその内容が明確ではない場合に、追加情報として注記することにより当該内容を説明するもの。

　c　会計基準の適用に係る実務指針等で注記を求めている事項（規則等で規定しているものを除く）

　　規則等で定めている注記事項以外で、企業会計基準委員会や日本公認会計士協会の各種委員会が公表した実務指針や報告等に基づいて追加情報として注記する事項。

3）連結財務諸表固有の事項

　連結財務諸表規則等に特に定められている注記のほか、利害関係人が企業集団の財政状態、経営成績及びキャッシュ・フローの状況に関する適正な判断を行うために必要と認められる事項について、追加情報として注記することが求められている（連結財規15）。

4）その他

その他としては、期間比較上説明を要する事項や、後発事象に該当しないが説明を要する事項などがある。

8.3 その他の注記事項

8.3.1 連結貸借対照表関係

［注記例］

（連結貸借対照表関係）	
前連結会計年度 （平成×5年3月31日）	当連結会計年度 （平成×6年3月31日）
※1　担保資産及び担保付債務 　担保に供している資産は次のとおりである。 　建物及び構築物　　4,540百万円 　土地　　　　　　　3,100 　　　計　　　　　　7,640 　担保付債務は次のとおりである。 　長期借入金　　　　7,000百万円	※1　担保資産及び担保付債務 　担保に供している資産は次のとおりである。 　建物及び構築物　　6,210百万円 　土地　　　　　　　5,500 　　　計　　　　　 11,710 　担保付債務は次のとおりである。 　長期借入金　　　 10,500百万円
────────	※2　関連会社に対するものは次のとおりである。 　投資有価証券（株式）　4,021百万円
※3　有形固定資産の減価償却累計額 　　　　　　　　　　10,024百万円	※3　有形固定資産の減価償却累計額 　　　　　　　　　　21,895百万円
────────	4　保証債務 　連結会社以外の会社の金融機関等からの借入に対し、債務保証を行っている。 　横浜貿易株式会社　　500百万円

（注）※は、**1**の**図表1-2**の連結貸借対照表に対応している。

　連結貸借対照表関係の注記として記載が求められているのは、主に以下の項

目についてである。以下、それぞれについて説明する。
　・引当金を資産（流動資産、投資その他の資産）から直接控除した場合の表示
　・有形固定資産に対する減価償却累計額の表示
　・減損損失累計額の表示
　・非連結子会社及び関連会社の株式及び社債等
　・事業用土地の再評価に関する注記
　・担保資産の注記
　・偶発債務の注記
　・手形割引高及び裏書譲渡高の注記
　・棚卸資産及び工事損失引当金の注記
　・企業結合に係る特定勘定の注記
　・契約による積立金の注記
　・特別法上の準備金等に関する注記
　・当座貸越契約及び貸出コミットメント

1）引当金を資産から直接控除した場合の表示
　　流動資産又は投資その他の資産に属する資産に係る引当金については、当該各資産科目に対する控除科目として、当該各資産科目別に貸倒引当金その他当該引当金の設定目的を示す名称を付した科目をもって掲記しなければならないとされている（連結財規24、31、財規20）。
　　ただし、次のいずれかの方法によることも認められており、Ｂの方法を適用した場合は、各資産科目別に又は一括して引当金の金額について注記しなければならない。
　Ａ　当該引当金を、当該各資産科目に対する控除科目として一括して掲記する方法
　Ｂ　当該引当金を当該各資産の金額から直接控除し、その控除残高を当該各資産の金額として表示する方法

2）有形固定資産に対する減価償却累計額の表示

　建物、構築物、機械及び装置、船舶、車両及びその他の陸上運搬具、工具、器具及び備品、リース資産又はその他の有形固定資産に対する減価償却累計額については、次の2つの表示方法が認められており、Bの方法を適用した場合には、減価償却累計額について注記をする必要がある（連結財規27、財規25、26）。

　A　各資産科目に対する控除科目として、減価償却累計額の科目をもって掲記する。ただし、各資産科目に対する控除科目として一括して掲記することもできる。

　B　各資産の金額から直接控除し、その控除残高を当該各資産の金額として表示することができる。この場合、当該減価償却累計額は、当該各資産の資産科目別に、又は一括して注記しなければならない。

3）減損損失累計額の表示

　有形固定資産に対する減損損失累計額の表示には、次の3つの方法がある（連結財規27の2、財規26の2、財規ガイドライン26の2-3）。

　A　各資産の金額（有形固定資産に対する減価償却累計額を、当該資産の金額から直接控除しているときは、その控除後の金額）から直接控除し、その控除残高を当該各資産の金額として表示する方法。

　B　減価償却を行う有形固定資産に対する減損損失累計額については、当該各資産科目に対する控除科目として、減損損失累計額の科目をもって掲記することができる。ただし、各固定資産に対する控除科目として一括して掲記することもできる。

　C　減価償却累計額及び減損損失累計額を控除科目として連結貸借対照表において掲記する場合には、減損損失累計額を減価償却累計額に合算して、減価償却累計額の科目をもって掲記することができる。この場合、減価償却累計額に減損損失累計額が含まれている旨を注記しなければならない

が、連結貸借対照表において「減価償却累計額及び減損損失累計額」の科目で掲記した場合には、その旨の注記は不要である。

4）非連結子会社及び関連会社の株式及び社債等

　投資その他の資産の中に、非連結子会社及び関連会社の株式及び社債、非連結子会社及び関連会社の発行するその他の有価証券（有価証券のうち、株式及び社債以外のものをいう）並びに非連結子会社及び関連会社に対する出資金の額が含まれている場合は、それぞれについて注記しなければならない（連結財規30②）。ただし、その金額が極めて僅少な場合は、一括して注記することができる（連結財規ガイドライン30-2）。

　また、関連会社の株式等の内に共同支配企業に対する投資がある場合は、その金額を注記しなければならない（連結財規30③）。

5）事業用土地の再評価に関する注記

　土地の再評価に関する法律（平成10年法律第34号。以下「土地再評価法」という）の規定により事業用土地の再評価を行った場合には、その旨、同法第3条第3項に規定する再評価の方法、当該再評価を行った年月日、当該事業用土地の再評価前及び再評価後の帳簿価額を注記しなければならない（連結財規34の2、財規42の2）。また、土地再評価法の規定により再評価されている事業用土地がある場合には、その旨、同法第3条第3項に規定する再評価の方法、当該再評価年月日及び同法第10条に規定する差額を注記しなければならない。

　また、土地再評価法第10条に規定する差額を注記する場合であって、賃貸等不動産として注記するもののうち土地に係る再評価差額がある場合には、重要性が乏しい場合を除き、これらの関係が明確となるように記載する必要があることに留意が必要である（財規ガイドライン42の2-2）。

6）担保資産の注記

資産が担保に供されているときは、その旨を注記しなければならない（連結財規34の3、財規43）。担保資産に関する注記は、当該資産の全部又は一部が、担保に供されている旨並びに当該担保資産が担保に供されている債務を示す科目の名称及びその金額（当該債務の一部に担保が付されている場合には、その部分の金額）を記載するものとされている（財規ガイドライン43）。なお、当該資産の一部が担保に供されている場合には、当該部分の金額を明らかにする。

資産が財団抵当に供されている場合には、その旨、資産の種類、金額の合計、当該債務を示す科目の名称及び金額を注記することが必要である。

7）偶発債務の注記

偶発債務とは、債務の保証（債務の保証と同様の効果を有するものを含む）、係争事件に係る賠償義務その他現実に発生していない債務で、将来において事業の負担となる可能性のあるものをいう。連結会社に係る偶発債務がある場合には、その内容及び金額を注記しなければならない（連結財規39の2）。偶発債務のうち債務の保証については、その種類及び保証先等、係争事件に係る賠償義務については、当該事件の概要及び相手方等について記載する（財規ガイドライン58）。ただし、重要性の乏しいものについては、注記を省略することができる。

連結貸借対照表の注記が必要となるのは、相手が連結グループ外部に対する偶発債務である。例えば、親会社が連結子会社の銀行借入に対して債務保証をしている場合は、連結することにより連結子会社の借入金は連結貸借対照表に計上されることになるため、連結上は偶発債務の注記は不要となる。

保証債務に関する注記を行うにあたっては、保証予約等の保証類似行為を含めるか否かなど、注記すべき債務保証の範囲が問題になるが、これについては監査委員会報告第61号「債務保証及び保証類似行為の会計処理及び表示に関する監査上の取扱い」において取扱いが定められている。

> コラム

保証債務に係る引当金の計上と注記との関係

　債務保証については、偶発債務として注記の対象となると述べた。しかし、例えば、債務者の財政状態の悪化等により債務不履行となる可能性があり、その結果、保証人が保証債務を履行しその履行に伴う求償債権が回収不能となる可能性が高く、これによって生ずる損失額を合理的に見積ることができる場合には、保証人は当期の負担に属する金額を債務保証損失引当金に計上する必要がある。

　一方、損失の発生可能性が高いが金額の見積りが不可能な場合や、損失の発生の可能性がある程度予想される場合には、その旨、主たる債務者の財政状態（大幅な債務超過等）、主たる債務者と保証人との関係内容（出資関係、役員の派遣、資金援助、営業上の取引等）、主たる債務者の債務履行についての今後の見通し等、その状況を適切に説明するために必要な事項を追加情報として注記する必要がある。

　これらの保証債務の履行に伴う損失の発生可能性の程度と債務保証損失引当金及び追加情報との関係をまとめると、以下のようになる。

損失の発生の可能性の程度	損失金額の見積りが可能な場合	損失金額の見積りが不可能な場合
高い場合	・債務保証損失引当金を計上する。	・債務保証の金額を注記する。 ・損失の発生の可能性が高いが損失金額の見積りが不可能である旨、その理由及び主たる債務者の財政状態等を追加情報として注記する。（注）
ある程度予想される場合	・債務保証の金額を注記する。 ・損失発生の可能性がある程度予想される旨及び主たる債務者の財政状態等を追加情報として注記する。	・債務保証の金額を注記する。 ・損失発生の可能性がある程度予想される旨及び主たる債務者の財政状態等を追加情報として注記する。
低い場合	・債務保証の金額を注記する。	・債務保証の金額を注記する。

　（注）損失の発生の可能性が高く、かつ、その損失金額の見積りが不可能な場合は、通常極めて限られたケースと考えられる。
　　　したがって、主たる債務者が経営破綻又は実質的な経営破綻に陥っている場合には、必要額を債務保証損失引当金に計上することになる。

(出典) 監査委員会報告第61号「債務保証及び保証類似行為の会計処理及び表示に関する監査上の取扱い」

8) 手形割引高及び裏書譲渡高の注記

　受取手形を割引に付した金額、又は債務の弁済のために裏書譲渡した金額は、受取手形割引高又は受取手形裏書譲渡高の名称を付して注記しなければならない（連結財規39の3、財規58の2）。割引に付した又は債務の弁済のために裏書譲渡した受取手形以外の手形についても同様の注記が必要である。ただし、この場合における割引高又は裏書譲渡高の注記は、当該手形債権の発生原因を示す名称を付して記載しなければならない。

　手形割引高及び裏書譲渡高の注記にあたっては、次の事項に留意が必要である（財規ガイドライン58の2）。

A　受取手形及びその他の手形の割引高又は裏書譲渡高は、割引に付し又は裏書譲渡した当該手形の額面金額を記載するものとする。

B　譲渡記録により電子記録債権を譲渡する際（金融資産の消滅を認識する場合に限る）に、保証記録も行っている場合にはAに準じて注記を行うものとする。

9) 棚卸資産及び工事損失引当金の注記

　同一の工事契約に係る棚卸資産及び工事損失引当金がある場合には、両者を相殺した差額を棚卸資産又は工事損失引当金として流動資産又は流動負債に表示することができ、重要性の乏しい場合を除き、次の事項を注記しなければならない（連結財規40、財規54の4）。

A　同一の工事契約に係る棚卸資産及び工事損失引当金を相殺しないで表示している場合は、その旨及び当該工事損失引当金に対応する当該棚卸資産の金額

B　同一の工事契約に係る棚卸資産及び工事損失引当金を相殺した差額を表示している場合は、相殺している旨及び相殺表示した棚卸資産の金額

ここでいう工事損失引当金とは、企業会計基準第15号「工事契約に関する会計基準」(以下「工事契約会計基準」という)において規定されている工事損失引当金のことをいう(財規ガイドライン54の4)。平成21年4月1日以後開始する事業年度より、工事契約会計基準及び企業会計基準適用指針第18号「工事契約に関する会計基準の適用指針」(以下「工事契約適用指針」という)が適用されている(早期適用可)。この中で、工事契約から損失が見込まれる場合の取扱いが定められており、工事契約について工事原価総額等が工事収益総額を超過する可能性が高く、かつ、その金額を合理的に見積ることができる場合には、その超過すると見込まれる額のうち、当該工事契約に関して既に計上された損益の額を控除した残額を、工事損失が見込まれた期の損失として処理し、工事損失引当金を計上するとされている(工事契約会計基準19)。この取扱いは、工事契約に係る認識基準が工事進行基準であるか工事完成基準であるかにかかわらず適用される(工事契約会計基準20)。

　工事損失引当金の繰入額は売上原価に含めて計上し、その金額は連結損益計算書関係の注記として記載しなければならない(連結財規52の2、財規76の2)。

10) 企業結合に係る特定勘定の注記

　企業結合における特定勘定とは、取得後に発生することが予測される費用又は損失であって、その発生の可能性が取得の対価の算定に反映されているものをいう(企業結合に係る特定勘定の取崩益が生じた場合も同じ)。取得と判定された企業結合において、企業結合に係る特定勘定が負債に計上されている場合には、その主な内容及び金額を注記しなければならない(連結財規41、財規56)。ここでいう企業結合に係る特定勘定には、例えば人員の配置転換や再教育費用、割増(一時)退職金、訴訟案件等に係る偶発債務、工場用地の公害対策や環境整備費用、資産の処分に係る費用など特定の事象に対応した費用又は損失が含まれることに留意する(財規ガイドライン56)。

11) 契約による積立金の注記

　利益剰余金の金額のうちに、減債積立金その他債権者との契約等により特定目的のために積み立てられたものがある場合には、その内容及び金額を注記しなければならない（連結財規44）。

12) 特別法上の準備金等に関する注記

　法令の規定により準備金又は引当金の名称をもって計上しなければならない準備金又は引当金で、資産の部又は負債の部に計上することが適当でないもの（以下「準備金等」という）は、連結財規第20条及び連結財規第35条などの流動固定分類に関する規定にかかわらず、固定負債の次に別の区分を設けて記載しなければならない（連結財規45の2）。準備金等については、当該準備金等の設定目的を示す名称を付した科目をもって掲記し、その計上を規定した法令の条項を注記しなければならない。また、準備金等については、1年内に使用されると認められるものであるかどうかの区別をすることが困難なものを除き、その区別を注記する必要がある。

13) 当座貸越契約及び貸出コミットメント

　当座貸越契約及び貸出コミットメントについて、貸手側については、その旨及び極度額又は貸出コミットメントの額から借手の実行残高を差し引いた額を注記することとされている（金融商品会計実務指針139）。

　一方、借手側の場合は、将来の借入余力を示すキャッシュ・フロー情報として有用であるところから、その旨及び借入枠から実行残高を差し引いた額を注記することが望ましいとされている（金融商品会計実務指針311-2）。

【第Ⅰ部数値モデルに対応する注記例について】
　第Ⅰ部数値モデルのうち、連結貸借対照表関係の注記として該当事項があるのは、以下の項目についてである。
・担保資産及び担保付債務
　金融機関からの長期借入金に対して、不動産担保を差し入れていること

を想定しているため、担保に供している資産の勘定科目別の簿価及び、対応する債務の勘定科目と金額を記載している。
・関連会社の株式
　投資有価証券勘定に、関連会社株式が含まれて表示されているため、その金額を記載している。
・減価償却累計額
　有形固定資産については、連結貸借対照表上、減価償却累計額を控除した純額で表示されているため、減価償却累計額を一括して記載している。
・偶発債務
　関連会社（横浜社）で行っている金融機関からの借入に対し、親会社が債務保証を行っているため、保証債務の内容と、相手先、金額を記載している。

8.3.2　連結損益計算書関係

［注記例］

（連結損益計算書関係）

前連結会計年度 （自　平成×4年4月 1 日 　至　平成×5年3月31日）	当連結会計年度 （自　平成×5年4月 1 日 　至　平成×6年3月31日）
※1　販売費及び一般管理費のうち主要な費目及び金額は次のとおりである。 　　運送費　　　　　　　1,879 百万円 　　販売促進費　　　　　2,189 　　従業員給与手当　　　1,844 　　賞与引当金繰入額　　　309 　　退職給付費用　　　　　179	※1　販売費及び一般管理費のうち主要な費目及び金額は次のとおりである。 　　運送費　　　　　　　5,126 百万円 　　販売促進費　　　　　5,969 　　従業員給与手当　　　5,029 　　賞与引当金繰入額　　　459 　　退職給付費用　　　　　488
※2　一般管理費に含まれる研究開発費 　　　　　　　　　　　　288 百万円	※2　一般管理費に含まれる研究開発費 　　　　　　　　　　　　786 百万円
――――――	※3　減損損失 　　当連結会計年度において、当社グループは以下の資産グループについて減損損失を計上した。

場所	用途	種類
東京都〇〇区	遊休資産	土地

（グルーピングの方法）
　事業用資産については事業部を基準としてグルーピングを行っており、遊休資産については個別資産ごとにグルーピングを行っている。
（減損に至った経緯）
　事業の用に供していない遊休資産について、時価が著しく下落したことから、減損損失を認識している。
（減損損失の金額）
　土地　　　　　　　　　80百万円
（回収可能価額の算定方法）
　回収可能価額は正味売却可能価格により測定しており、土地については不動産鑑定評価額により評価している。

（注）※は、**1**の**図表1-2**の連結損益計算書と対応している。

　連結損益計算書関係の注記として記載が求められているのは、主に以下の項目についてである。以下、それぞれについて説明する。

・棚卸資産の帳簿価額の切下げに関する記載

・販売費及び一般管理費の表示方法

・研究開発費の注記

・固定資産売却損益の記載

・減損損失に関する注記

・企業結合に係る特定勘定の取崩益の注記

・工事損失引当金繰入額の注記

・引当金繰入額を区分表示しない場合の注記

1）棚卸資産の帳簿価額の切下げに関する記載

通常の販売の目的をもって所有する棚卸資産について、収益性の低下により帳簿価額を切り下げた場合には、当該切下げ額（前連結会計年度末に計上した切下げ額を当連結会計年度に戻し入れる場合には、当該戻入額と当連結会計年度末に計上した当該切下げ額を相殺した後の金額）は、連結損益計算書上、売上原価その他の項目の内訳項目として、その内容を示す名称を付した科目をもって区分掲記しなければならない（連結財規53）。ただし、当該棚卸資産の期末棚卸高を帳簿価額の切下げ後の金額によって計上し、その旨及び当該切下げ額を注記することもできる。当該切下げ額に重要性が乏しい場合には、区分掲記又は注記を省略することができる。

棚卸資産の評価方法については、**8.2.4**「1）② 棚卸資産の評価基準及び評価方法」を参照していただきたい。

2）販売費及び一般管理費の表示方法

連結損益計算書において、販売費及び一般管理費は、適当と認められる費目に分類し、当該費用を示す名称を付した科目をもって掲記しなければならない（連結財規55）。ただし、販売費の科目若しくは一般管理費の科目又は販売費及び一般管理費の科目に一括して掲記し、その主要な費目及びその金額を注記することもできる。ここでいう主要な費目とは、引当金繰入額（その金額が少額であるものを除く）及びこれ以外の費目でその金額が販売費及び一般管理費の合計額の100分の10を超える費用をいう。

販売費及び一般管理費には、のれん償却額も含まれることに留意が必要である（連結財規ガイドライン55）。

3）研究開発費の注記

一般管理費及び当期製造費用に研究開発費が含まれている場合は、その総額を注記しなければならない（連結財規55の2）。

連結損益計算書関係の注記として研究開発費の金額を記載する場合には、有価証券報告書の「第2　事業の状況　6. 研究開発活動」に記載した研究開

発費の総額との整合性に留意する必要がある。「第2　事業の状況　6. 研究開発活動」でグループ以外からの受託研究等も含めて記載している場合など、連結損益計算書関係の注記に記載した研究開発費の総額と金額が異なる場合もあるが、その場合はその旨（内容、金額）を明らかにすることが適当である。

4）固定資産売却損益等の記載

　　連結損益計算書上、固定資産売却損益の記載については当該固定資産の種類又は内容を、その他の項目の記載については当該項目の発生原因又は性格を示す名称を付した科目によって掲記する（連結財規ガイドライン62、財規ガイドライン95の2③）。ただし、当該事項を科目によって表示することが困難な場合には、注記することができるものとする。

5）減損損失に関する注記

　　減損損失を認識した資産又は資産グループ（複数の資産が一体となってキャッシュ・フローを生み出す場合における当該資産の集まりをいう）がある場合には、重要性が乏しい場合を除き、当該資産又は資産グループごとに、以下の事項を注記しなければならない（連結財規63の2、財規95の3の2）。

　A　当該資産又は資産グループについて、次に掲げる事項の概要
　　a　用途
　　b　種類
　　c　場所
　　d　その他当該資産又は資産グループの内容を理解するために必要と認められる事項がある場合には、その内容
　B　減損損失を認識するに至った経緯
　C　減損損失の金額及び主な固定資産の種類ごとの当該金額の内訳
　D　資産グループがある場合には、当該資産グループに係る資産をグループ化した方法

E　回収可能価額が正味売却価額の場合にはその旨及び時価の算定方法、回収可能価額が使用価値の場合にはその旨及び割引率

連結損益計算書において減損損失を掲記した場合は、重要性が乏しい場合を除き上記の注記をする必要があり、注記した減損損失の総額との整合性に留意する必要がある。なお、上記の減損損失に関する注記事項は、多数の資産グループにおいて重要な減損損失が発生している場合には、資産の用途や場所等に基づいて、まとめて記載することができる。

注記の中に出てくる資産又は資産グループ、回収可能価額等の用語は、「固定資産の減損に係る会計基準」（以下「減損会計基準」という）において定義されている資産又は資産グループ、回収可能価額等をいう（財規ガイドライン95の3の2）。固定資産の減損会計に関する考え方、会計処理方法等については、減損会計基準及び企業会計基準適用指針第6号「固定資産の減損に係る会計基準の適用指針」（以下「減損会計適用指針」という）において定められている。

固定資産の減損とは、資産の収益性の低下により投資額の回収が見込めなくなった状態であり、減損処理とはそのような場合に、一定の条件の下で回収可能性を反映させるように帳簿価額を減額する会計処理である（固定資産の減損に係る会計基準の設定に関する意見書　三3）。固定資産の減損処理は、以下のプロセスによって行われる。

プロセス	主な内容
①　対象資産の識別とグルーピング	・減損の対象となる資産を識別する。 ・複数の資産が一体となって独立したキャッシュ・フローを生み出す場合には、合理的な範囲で資産のグルーピングを行う。
②　減損の兆候の識別	・資産又は資産グループに減損が生じている可能性があるかどうか識別する。
③　減損損失の認識の判定	・資産又は資産グループの帳簿価額と当該資産又は資産グループから得られる割引前将来キャッシュ・フローの総額とを比較し、割引前将来キャッシュ・フローの総額が帳簿価額を下回る場合には、減損損失を認識すべきと判定する。

④ 減損損失の測定	・帳簿価額から回収可能価額を控除した金額について、減損損失を計上する。

図表8-3　減損処理のイメージ

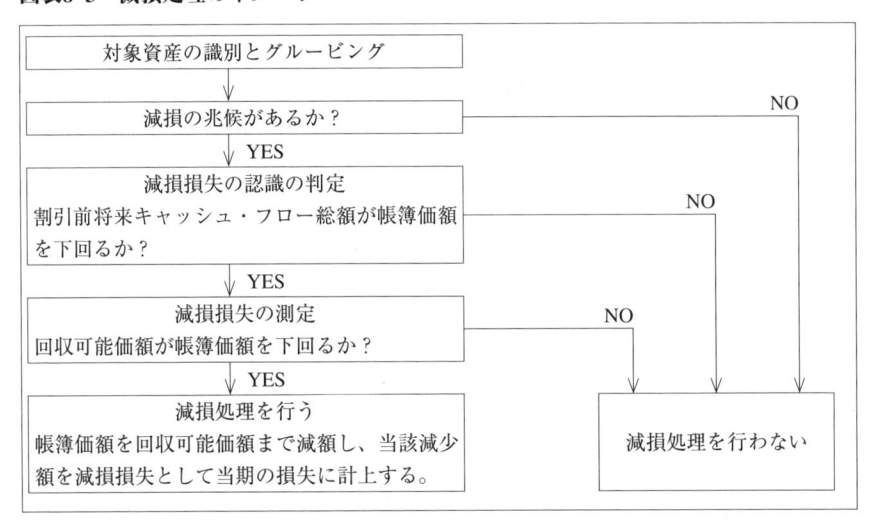

```
┌─────────────────────────────┐
│    対象資産の識別とグルーピング         │
└──────────────┬──────────────┘
               ↓
┌─────────────────────────────┐         NO
│      減損の兆候があるか？        ├──────────────┐
└──────────────┬──────────────┘              │
               ↓ YES                          │
┌─────────────────────────────┐              │
│      減損損失の認識の判定        │    NO        │
│ 割引前将来キャッシュ・フロー総額が帳簿価額 ├──────┐   │
│ を下回るか？                  │          │   │
└──────────────┬──────────────┘          │   │
               ↓ YES                      │   │
┌─────────────────────────────┐          │   │
│      減損損失の測定            │  NO     │   │
│ 回収可能価額が帳簿価額を下回るか？      ├───┐  │   │
└──────────────┬──────────────┘    │  │   │
               ↓ YES                │  │   │
┌─────────────────────────────┐    ┌─┴──┴───┴─┐
│      減損処理を行う            │    │ 減損処理を │
│ 帳簿価額を回収可能価額まで減額し、当該減少│    │ 行わない   │
│ 額を減損損失として当期の損失に計上する。  │    └──────────┘
└─────────────────────────────┘
```

┌─ コラム ─────────────────────────────────────┐
│   │
│   **連結財務諸表における資産のグルーピング**   │
│   │
│ 減損会計は、まずは個別財務諸表に適用するが、連結財務諸表においては、連結 │
│ の観点から、個別財務諸表において用いられた資産のグルーピングの単位が見直 │
│ される場合があることに留意が必要である（減損会計適用指針10）。   │
│   │
└──┘

6）企業結合に係る特定勘定の取崩益の注記

　　企業結合に係る特定勘定の取崩益が生じた場合には、重要性が乏しい場合を除き、内容及び金額を注記しなければならない（連結財規63の3、財規95の3の3）。

7）工事損失引当金繰入額の注記

　売上原価に含まれている工事損失引当金繰入額については、その金額を注記しなければならない（連結財規52の2、財規76の2）。

　工事損失引当金については、「9）棚卸資産及び工事損失引当金の注記」を参照していただきたい。

8）引当金繰入額を区分表示しない場合の注記

　引当金繰入額は、その設定目的及び引当金繰入額であることを示す名称を付した科目をもって別に掲記しなければならない（連結財規66）。ただし、連結損益計算書上区分掲記する代わりに、その内容及びその金額を注記することもできる。

　また、その金額が少額なもので、他の科目と一括して表示することが適当であると認められるものについては、適当な名称を付した科目をもって一括して掲記することができる。

【第Ⅰ部数値モデルに対応する注記例について】
　　第Ⅰ部数値モデルのうち、連結損益計算書関係の注記として該当事項があるのは、以下の項目についてである。
　・販売費及び一般管理費のうち主要な費目及び金額
　　　連結損益計算書では販売費及び一般管理費は一括して表示されているため、その主要な費目及び金額を注記する必要がある。
　・一般管理費に含まれる研究開発費
　　　連結損益計算書の販売費及び一般管理費の中に、研究開発費が含まれているため、その総額を注記する。
　・固定資産の減損損失に関する注記
　　　第Ⅰ部数値モデルでは、当連結会計年度において大阪社で減損損失が発生している。

8.3.3 連結株主資本等変動計算書関係

[注記例]

(連結株主資本等変動計算書関係)
前連結会計年度(自 平成×4年4月1日 至 平成×5年3月31日)
1．発行済株式の種類及び総数並びに自己株式の種類及び株式数に関する事項

	前連結会計年度末株式数(千株)	当連結会計年度増加株式数(千株)	当連結会計年度減少株式数(千株)	当連結会計年度末株式数(千株)
発行済株式				
普通株式	50,000	—	—	50,000
合計	50,000	—	—	50,000

2．配当に関する事項
(1) 配当金支払額

(決議)	株式の種類	配当金の総額(百万円)	1株当たり配当額(円)	基準日	効力発生日
平成×4年6月28日 定時株主総会	普通株式	250	5	平成×4年3月31日	平成×4年6月29日
平成×4年11月14日 取締役会	普通株式	250	5	平成×4年9月30日	平成×4年12月1日

(2) 基準日が当連結会計年度に属する配当のうち、配当の効力発生日が翌連結会計年度となるもの

(決議)	株式の種類	配当金の総額(百万円)	配当の原資	1株当たり配当額(円)	基準日	効力発生日
平成×5年6月27日 定時株主総会	普通株式	250	利益剰余金	5	平成×5年3月31日	平成×5年6月28日

当連結会計年度（自　平成×5年4月1日　至　平成×6年3月31日）
1．発行済株式の種類及び総数並びに自己株式の種類及び株式数に関する事項

	前連結会計年度末株式数（千株）	当連結会計年度増加株式数（千株）	当連結会計年度減少株式数（千株）	当連結会計年度末株式数（千株）
発行済株式				
普通株式	50,000	―	―	50,000
合計	50,000	―	―	50,000
自己株式				
普通株式（注）	―	245	―	245
合計	―	245	―	245

（注）普通株式の自己株式の株式数の増加245千株は、新規連結子会社が保有していた自己株式（当社株式）の当社帰属分である。

2．配当に関する事項
　(1) 配当金支払額

（決議）	株式の種類	配当金の総額（百万円）	1株当たり配当額（円）	基準日	効力発生日
平成×5年6月27日定時株主総会	普通株式	250	5	平成×5年3月31日	平成×5年6月28日
平成×5年11月13日取締役会	普通株式	250	5	平成×5年9月30日	平成×5年12月1日

　(2) 基準日が当連結会計年度に属する配当のうち、配当の効力発生日が翌連結会計年度となるもの

（決議）	株式の種類	配当金の総額（百万円）	配当の原資	1株当たり配当額（円）	基準日	効力発生日
平成×6年6月29日定時株主総会	普通株式	250	利益剰余金	5	平成×6年3月31日	平成×6年6月30日

　連結株主資本等変動計算書関係の注記として記載が求められているのは、主に以下の項目についてである。以下、それぞれについて説明する。

・発行済株式に関する注記
・自己株式に関する注記
・新株予約権等に関する注記
・配当に関する注記

1）発行済株式に関する注記

　発行済株式の種類及び総数については、以下の事項を注記しなければならない（連結財規77、財規106①）。

　A　発行済株式の種類ごとに、前連結会計年度末及び当連結会計年度末の発行済株式総数並びに当連結会計年度に増加又は減少した発行済株式数

　B　発行済株式の種類ごとの変動事由の概要

2）自己株式に関する注記

　自己株式の種類及び株式数については、以下の事項を注記しなければならない（連結財規78、財規107）。

　A　自己株式の種類ごとに、前連結会計年度末及び当連結会計年度末の自己株式数並びに当連結会計年度に増加又は減少した自己株式数

　B　自己株式の種類ごとの変動事由の概要

　ここでいう自己株式には、連結財務諸表提出会社（親会社）が保有する自己株式だけでなく、連結子会社並びに持分法を適用する非連結子会社及び関連会社が保有する連結財務諸表提出会社の株式のうち当該連結財務諸表提出会社の持分相当も含まれるため、留意が必要である。

3）新株予約権等に関する注記

　新株予約権については、以下の事項を注記しなければならない（連結財規79）。

　A　新株予約権の目的となる株式の種類
　B　新株予約権の目的となる株式の数

C　新株予約権の連結会計年度末残高

　上記のA、Bの事項については、新株予約権がストック・オプション又は自社株式オプションとして付与されている場合には、記載する必要はない。また、A、Bの注記は、親会社が発行する新株予約権を対象とすることに留意が必要である（連結財規ガイドライン79-1）。

　Bの新株予約権の目的となる株式の数については、新株予約権の目的となる株式の種類ごとに、新株予約権の目的となる株式の前連結会計年度末及び当連結会計年度末の数、当連結会計年度に増加及び減少する株式の数並びに変動事由の概要を記載しなければならない。また、Bの記載に関しては、会社法第236条第1項第4号に規定する権利行使期間の初日が到来していない新株予約権については、そのことが明らかになるように記載することが必要である（連結財規ガイドライン79-1-2、財規ガイドライン108-1-2）。ただし、新株予約権が権利行使されたものと仮定した場合の増加株式数の、連結会計年度末の発行済株式総数（自己株式を保有しているときには、当該自己株式の株式数を控除した株式数）に対する割合に重要性が乏しい場合には、注記を省略することができる。

　Cの連結会計年度末残高は、連結財務諸表提出会社の新株予約権と連結子会社の新株予約権に区分して記載する。

　自己新株予約権については、新株予約権との対応が明らかになるように、次の事項を注記しなければならない。

D　連結財務諸表提出会社が保有する連結財務諸表提出会社が発行した新株予約権については、上記AからCの事項

E　連結子会社が保有する当該連結子会社が発行した新株予約権については、上記Cの事項

> **コラム**
>
> ### 新株予約権及びストック・オプションに関する会計処理
>
> 新株予約権及びストック・オプションに関する会計処理については、主に以下の基準等により定められている。取引によって、適用する会計基準等が異なるため、実際に処理をする場合は具体的にどの会計処理を適用すべきか慎重に判断する必要がある。
>
> | 会計基準等 | 対象となる取引 |
> |---|---|
> | 実務対応報告第1号「旧商法による新株予約権及び新株予約権付社債の会計処理に関する実務上の取扱い」 | ・旧商法のもとで発行された新株予約権及び新株予約権付社債 |
> | 企業会計基準適用指針第17号「払込資本を増加させる可能性のある部分を含む複合金融商品に関する会計処理」 | ・現金を対価として受取り、付与されるものに限る。 |
> | 企業会計基準第8号「ストック・オプション等に関する会計基準」
企業会計基準適用指針第11号「ストック・オプション等に関する会計基準の適用指針」 | ・自社の役員又は従業員に対してストック・オプションを付与する取引
・財貨又はサービスの取得において、対価として自社株式オプションを付与する取引
・財貨又はサービスの取得において、自社の株式（新株又は自己株式）を交付する取引 |

4）配当に関する注記

配当については、以下の事項を注記しなければならない（連結財規80、財規109①）。

A 配当財産が金銭の場合には、株式の種類ごとの配当金の総額、1株当たり配当額、基準日及び効力発生日

B 配当財産が金銭以外の場合には、株式の種類ごとの配当財産の種類及び帳簿価額（剰余金の配当をした日においてその時の時価を付した場合にあっては、当該時価を付した後の帳簿価額）、1株当たり配当額、基準日並びに効力発生日

C　基準日が当連結会計年度に属する配当のうち、配当の効力発生日が翌連結会計年度となるものについては、配当の原資及びBに準ずる事項

　記載の形式については、表形式と文章形式のどちらでもよく、わかりやすく記載すればよいとされている。

　また、金商法の監査報告書日付が株主総会前となる場合には、決議日に関する記載を「決議予定」などとし、監査報告書日時点では配当に関する注記内容が確定していないことを明確にすることが適当である。

【第Ⅰ部数値モデルに対応する注記例について】
　　第Ⅰ部数値モデルのうち、連結株主資本等変動計算書関係の注記として該当事項があるのは、以下の項目についてである。
・発行済株式の種類及び総数に関する事項
　　発行済株式は、普通株式のみで当連結会計年度中に増減はない。
・自己株式の種類及び株式数に関する事項
　　自己株式については、当連結会計年度において新規で連結子会社となった大阪社が親会社株式を保有していたため、そのうち親会社持分について自己株式の増加として注記し、その増加理由を脚注に記載している。
・配当に関する事項
　　当連結会計年度における配当金の支払いは、平成×5年6月27日の定時株主総会決議によるものと、平成×5年11月13日の取締役会決議によるものの2回であったため、それぞれの配当金支払いについて注記している。
　　また、配当の基準日が当連結会計年度に属する配当のうち、配当の効力発生日が翌連結会計年度となるものとして、平成×6年6月29日の株主総会決議による配当が該当するため、その内容について注記している。

8.3.4 連結キャッシュ・フロー計算書関係

[注記例]

（連結キャッシュ・フロー計算書関係）	
前連結会計年度 （自　平成×4年4月1日 　至　平成×5年3月31日）	当連結会計年度 （自　平成×5年4月1日 　至　平成×6年3月31日）
※1　現金及び現金同等物の期末残高と連結貸借対照表に掲記されている科目の金額との関係 　　　　　　（×5年3月31日現在） 現金及び預金勘定　　　　11,292 百万円 取得日から3か月以内に償還期限の到来する短期投資（有価証券）　　　　　　　　83,800 現金及び現金同等物　　　95,092	※1　現金及び現金同等物の期末残高と連結貸借対照表に掲記されている科目の金額との関係 　　　　　　（×6年3月31日現在） 現金及び預金勘定　　　　22,958 百万円 取得日から3か月以内に償還期限の到来する短期投資（有価証券）　　　　　　　　88,000 現金及び現金同等物　　　110,958
―――――	※2　株式の取得により新たに連結子会社となった会社の資産及び負債の主な内訳 　　株式の取得により新たに連結したことに伴う連結開始時の資産及び負債の内訳並びに株式の取得価額と取得による支出（純額）との関係は次のとおりである。 ①　大阪食品販売株式会社 流動資産　　　　　6,157 百万円 固定資産　　　　　7,343 のれん　　　　　　△8 流動負債　　　　　△4,111 固定負債　　　　　△2,092 少数株主持分　　　△2,189 大阪食品販売株式会社株式取得価額　　　5,100 大阪食品販売株式会社現金及び現金同等物　△1,120

　　　　　　　　　　差引：大阪食品販売
　　　　　　　　　　　　　株式会社株式
　　　　　　　　　　　　　取得のための
　　　　　　　　　　　　　支出　　　　3,979
　　　　　② Antibes SAS
　　　　　　流動資産　　　11,067　百万円
　　　　　　固定資産　　　　　961
　　　　　　のれん　　　　　　600
　　　　　　流動負債　　　△3,684
　　　　　　固定負債　　　　△844
　　　　　　Antibes SAS株式取
　　　　　　得価額　　　　　8,100
　　　　　　現金及び現金同等物　△5,792
　　　　　　差引：Antibes SAS
　　　　　　　　　　株式取得のた
　　　　　　　　　　めの支出　　2,307

　　　　　③ Boston Corporation
　　　　　　流動資産　　　　8,229　百万円
　　　　　　固定資産　　　　2,756
　　　　　　のれん　　　　　　106
　　　　　　流動負債　　　△3,380
　　　　　　固定負債　　　△1,066
　　　　　　少数株主持分　△2,615
　　　　　　Boston Corporation株
　　　　　　式取得価額　　　4,030
　　　　　　Boston Corporation現
　　　　　　金及び現金同等物　△3,101
　　　　　　差引：Boston
　　　　　　　　　　Corporation株
　　　　　　　　　　式取得のため
　　　　　　　　　　の支出　　　928

　　　3　重要な非資金取引
　　　　　当連結会計年度に新たに計上したファ
　　　　イナンス・リース取引に係る資産及び債
　　　　務の額は、それぞれ30百万円である。

（注）※は、**1**の**図表1-2**の連結キャッシュ・フロー計算書と対応している。

連結キャッシュ・フロー計算書関係の注記として記載が求められているのは、主に以下の項目についてである（連結財規90）。
・現金及び現金同等物の期末残高と連結貸借対照表に掲記されている科目の金額との関係
・株式の取得により新たに連結子会社となった会社の資産及び負債の主な内訳
・株式の売却により連結子会社でなくなった会社の資産及び負債の主な内訳
・現金及び現金同等物を対価とする事業の譲受け若しくは譲渡又は合併等により増加又は減少した資産及び負債の主な内訳
・重要な非資金取引の内容

1）現金及び現金同等物の期末残高と連結貸借対照表に掲記されている科目の金額との関係

　キャッシュ・フロー計算書を作成するにあたっては、資金の範囲を決定する必要がある。資金の範囲は現金及び現金同等物とされており、それは必ずしも貸借対照表上の現金預金等と一致するものではなく、資金の範囲をどのように決定しているのか分かりにくい。そのため、連結貸借対照表に区分掲記されている勘定科目と、連結キャッシュ・フロー計算書における資金の範囲との関係について、注記する必要がある。

2）株式の取得により新たに連結子会社となった会社の資産及び負債の主な内訳

　新たに他の会社の株式等を取得して、当該会社を連結子会社とした場合は、取得に伴い支出した現金及び現金同等物の額から、連結開始時に当該子会社が保有していた現金及び現金同等物の額を控除した額をもって「投資活動によるキャッシュ・フロー」の区分に記載することとされている（CF実務指針46）。

　そのため、株式取得による新規連結子会社について、連結開始時の資産及

び負債の内訳と、当該子会社株式取得のための支出との関係を注記する必要がある。

3）株式の売却により連結子会社でなくなった会社の資産及び負債の主な内訳

　連結子会社の持分の譲渡により連結から除外した場合は、譲渡により取得した現金及び現金同等物の額から、連結除外時点の当該子会社の現金及び現金同等物の残高を控除した額をもって「投資活動によるキャッシュ・フロー」の区分に記載するとされている（CF実務指針46）。

　そのため、株式売却により連結子会社でなくなった会社について、連結除外時の資産及び負債の内容と、当該子会社株式売却による収入との関係を注記する必要がある。

4）現金及び現金同等物を対価とする事業の譲受若しくは譲渡又は合併等により増加又は減少した資産及び負債の主な内訳

　対価の一部に現金が含まれる合併や事業譲受（譲渡）のように部分的にキャッシュ・フローを伴う取引については、キャッシュ・フローを伴う部分のみをキャッシュ・フロー計算書に含め、それ以外の部分はキャッシュ・フロー計算書には記載しない（CF実務指針49）。

　例えば、事業譲受に伴う支出（事業譲受により取得する現金及び現金同等物を控除した額）は「投資活動によるキャッシュ・フロー」として記載するが、事業譲受に伴う資産（現金及び現金同等物を除く）の増加及び負債の増加による影響はキャッシュ・フロー計算書に含めない。このように部分的にキャッシュ・フローを伴う取引についても、キャッシュ・フロー計算書又は財務諸表の他の箇所において、取引の全容とキャッシュ・フローとの関連を明らかにするための注記をしなければならない。

　なお、合併により受け入れた消滅会社の現金及び現金同等物の残高は、非連結子会社を新たに連結した場合の処理に準じて独立表示する。

5）重要な非資金取引の内容

　　注記が求められている重要な非資金取引とは、キャッシュ・フロー計算書の目的から企業の財政状態には重要な影響を与えるがキャッシュ・フローを伴わない取引のうち、翌会計期間以降のキャッシュ・フローに重要な影響を与える取引をいう（CF実務指針24）。

　　非資金取引の例としては、主に以下のような取引が挙げられる。
・社債の償還と引換による新株予約権付社債に付された新株予約権の行使
・貸借対照表に計上されたリース資産の取得
・株式の発行等による資産（現金及び現金同等物を除く）の取得及び合併
・現物出資による株式の取得又は資産の交換
・重要な資産除去債務

【第Ⅰ部数値モデルに対応する注記例について】
　　第Ⅰ部数値モデルのうち、連結キャッシュ・フロー計算書関係の注記として該当事項があるのは、以下の項目についてである。
・現金及び現金同等物の期末残高と連結貸借対照表に掲記されている科目の金額との関係
　　第Ⅰ部数値モデルでは、資金の範囲として連結貸借対照表における現金及び預金のほかに、取得日から3か月以内に償還期限の到来する短期投資として譲渡性預金を含めているため、その旨を記載している。
・株式取得により新たに連結子会社となった会社の資産及び負債の主な内訳
　　当連結会計年度には、株式取得により新たに大阪社、A社及びB社が連結子会社となったため、各社の資産及び負債の主な内訳並びに株式の取得価額と取得による支出との関係を記載している。
・重要な非資金取引
　　当連結会計年度に新たに連結貸借対照表に計上したファイナンス・リース取引があるため、その資産及び負債の金額を注記している。

8.3.5 リース取引関係

[注記例]

（リース取引関係）	
前連結会計年度 （自　平成×4年4月１日 　至　平成×5年3月31日）	当連結会計年度 （自　平成×5年4月１日 　至　平成×6年3月31日）
１．ファイナンス・リース取引（借主側） 所有権移転外ファイナンス・リース取引 ① リース資産の内容 　（ア）有形固定資産 　　　冷凍食品事業における食品冷凍関連設備である。 ② リース資産の減価償却の方法 　「連結財務諸表作成のための基本となる重要な事項　４．会計処理基準に関する事項　（ロ）重要な減価償却資産の減価償却の方法」に記載のとおりである。 　なお、所有権移転外ファイナンス・リース取引開始日が平成20年3月31日以前のリース取引については、通常の賃貸借取引に係る方法に準じた会計処理によっており、その内容は次のとおりである。 (1)　リース物件の取得価額相当額、減価償却累計額相当額及び期末残高相当額	１．ファイナンス・リース取引（借主側） 所有権移転外ファイナンス・リース取引 ① リース資産の内容 　（ア）有形固定資産 　　　冷凍食品事業における食品冷凍関連設備である。 ② リース資産の減価償却の方法 　「連結財務諸表作成のための基本となる重要な事項　４．会計処理基準に関する事項　（ロ）重要な減価償却資産の減価償却の方法」に記載のとおりである。 　なお、所有権移転外ファイナンス・リース取引開始日が平成20年3月31日以前のリース取引については、通常の賃貸借取引に係る方法に準じた会計処理によっており、その内容は次のとおりである。 (1)　リース物件の取得価額相当額、減価償却累計額相当額及び期末残高相当額

	取得価額相当額（百万円）	減価償却累計額相当額（百万円）	期末残高相当額（百万円）		取得価額相当額（百万円）	減価償却累計額相当額（百万円）	期末残高相当額（百万円）
機械装置及び運搬具	525	305	220	機械装置及び運搬具	612	345	267
工具、器具及び備品	1,034	684	350	工具、器具及び備品	1,523	725	798

| 合計 | 1,559 | 989 | 570 | 合計 | 2,135 | 1,070 | 1,065 |

　(注)　取得価額相当額は、未経過リース料期末残高が有形固定資産の期末残高等に占める割合が低いため、支払利子込み法により算定している。

(2) 未経過リース料期末残高相当額等
　未経過リース料期末残高相当額
　　1年内　　　　　223百万円
　　1年超　　　　　347
　　合計　　　　　　570
　(注)　未経過リース料期末残高相当額は、未経過リース料期末残高が有形固定資産の期末残高等に占める割合が低いため、支払利子込み法により算定している。

(3) 支払リース料、減価償却費相当額
　　支払リース料　　425百万円
　　減価償却費相当額　425百万円

(4) 減価償却費相当額の算定方法
　　リース期間を耐用年数とし、残存価額を零とする定額法によっている。

2．オペレーティング・リース取引
　オペレーティング・リース取引のうち解約不能のものに係る未経過リース料
　　1年内　　　　　　5百万円
　　1年超　　　　　　12
　　合計　　　　　　17

　(注)　取得価額相当額は、未経過リース料期末残高が有形固定資産の期末残高等に占める割合が低いため、支払利子込み法により算定している。

(2) 未経過リース料期末残高相当額等
　未経過リース料期末残高相当額
　　1年内　　　　　423百万円
　　1年超　　　　　642
　　合計　　　　　1,065
　(注)　未経過リース料期末残高相当額は、未経過リース料期末残高が有形固定資産の期末残高等に占める割合が低いため、支払利子込み法により算定している。

(3) 支払リース料、減価償却費相当額
　　支払リース料　　597百万円
　　減価償却費相当額　597百万円

(4) 減価償却費相当額の算定方法
　　リース期間を耐用年数とし、残存価額を零とする定額法によっている。

2．オペレーティング・リース取引
　オペレーティング・リース取引のうち解約不能のものに係る未経過リース料
　　1年内　　　　　　4百万円
　　1年超　　　　　　8
　　合計　　　　　　12

　リース取引に関する注記として記載が求められているのは、以下の事項についてである（連結財規15の3、財規8の6）。なお、下記1）から3）で記載している注記は、リース会計基準が適用される場合の注記であり、リース資産、リ

ース債権、リース投資資産及びリース債務等の用語については、リース会計基準において定められている用語のことをいう（財規ガイドライン8の6）。

1）ファイナンス・リース取引

　ファイナンス・リース取引とは、リース契約に基づくリース期間の中途において当該リース契約を解除することができないリース取引又はこれに準ずるリース取引（解約不能のリース取引）で、当該リース物件の借主が、当該リース物件からもたらされる経済的利益を実質的に享受することができ、かつ、当該リース物件の使用に伴って生じる費用等を実質的に負担することとなるもの（フルペイアウト）のことをいう。

　このような要件を満たすファイナンス・リース取引については、重要性の乏しいものを除き、借主又は貸主の区分に応じ、以下の事項を注記しなければならない。

A　連結会社がリース物件の借主である場合
　a　当連結会計年度末におけるリース資産の内容（主な資産の種類等）
　b　リース資産の減価償却の方法
B　連結会社がリース物件の貸主である場合
　（リース料債権部分の金額及び見積残存価額部分の金額については、利息相当額を控除する前の金額を記載する）
　a　当連結会計年度末におけるリース投資資産に係るリース料債権（将来のリース料を収受する権利をいう）部分の金額及び見積残存価額（リース期間終了時に見積られる残存価額で借主又は第三者による保証のない額をいう）部分の金額並びに受取利息相当額
　b　当連結会計年度末におけるリース債権及びリース投資資産に係るリース料債権部分の金額について、貸借対照表日後5年内における1年ごとの回収予定額及び貸借対照表日後5年超の回収予定額

　なお、リース会計基準適用初年度開始前の所有権移転外ファイナンス・リースについては、既存分のリース取引について引き続き賃貸借取引に係る方

法に準じた会計処理を適用している場合がある。この場合は、改正前のリース会計基準で必要とされていた事項を注記する必要がある。賃貸借取引に係る方法に準じた会計処理を適用している所有権移転外ファイナンス・リース取引が残っている場合には、上記A及びBの注記に加え、以下の注記を記載する必要があることに留意する（リース適用指針79、82）。

【借手】
1．適用指針第79項に定める改正前会計基準で必要とされていた注記事項とは、次の事項をいう。(注1)
(1) リース物件の取得価額相当額、減価償却累計額相当額、減損損失累計額相当額及び期末残高相当額
① リース物件の取得価額相当額は、リース取引開始時に合意されたリース料総額から、これに含まれている利息相当額の合理的な見積額を控除した額に基づいて算定する。(注2)
② リース物件の減価償却累計額相当額は、通常の減価償却の方法に準じて算定する。(注3)
③ リース物件の期末残高相当額は、当該リース物件の取得価額相当額から減価償却累計額相当額及び減損損失累計額相当額を控除することによって算定する。
④ リース物件の取得価額相当額、減価償却累計額相当額、減損損失累計額相当額及び期末残高相当額は、リース物件の種類別に記載する。リース物件の種類は、貸借対照表記載の固定資産の科目に準じて分類する。
(2) 未経過リース料期末残高相当額等
① 未経過リース料期末残高相当額は、期末現在における未経過リース料（貸借対照表日後のリース期間に係るリース料をいう。以下同じ。）から、これに含まれている利息相当額の合理的な見積額を控除することによって算定する。(注2)
② 未経過リース料期末残高相当額は、貸借対照表日後1年以内のリース期間に係るリース料の額と1年を超えるリース期間に係るリース料の額とに分けて記載する。
③ リース資産減損勘定（リース資産に配分された減損損失に対応する負債

をいう。以下同じ。）
(3) 当期の支払リース料、リース資産減損勘定の取崩額、減価償却費相当額、支払利息相当額及び減損損失（注2）
(4) 減価償却費相当額及び利息相当額の算定方法
　　利息相当額の算定方法には、利息相当額の合理的な見積額の算定方法及び当該利息相当額の各期への配分方法を記載する。

【貸手】
2．適用指針第82項に定める改正前会計基準で必要とされていた注記事項とは、次の事項をいう。
(1) リース物件の取得価額、減価償却累計額、減損損失累計額及び期末残高
　　貸借対照表記載の固定資産に含まれているリース物件の取得価額、減価償却累計額、減損損失累計額及び期末残高をリース物件の種類別に記載する。リース物件の種類は、貸借対照表記載の固定資産の科目に準じて分類する。
　　期末残高を算定するにあたっては、減損損失累計額を控除する。
(2) 未経過リース料期末残高相当額
　① 未経過リース料期末残高相当額は、期末現在における未経過リース料及び見積残存価額の合計額から、これに含まれている利息相当額を控除することによって算定する。（注4）（注5）
　② 未経過リース料期末残高相当額は、貸借対照表日後1年以内のリース期間に係るリース料の額と1年を超えるリース期間に係るリース料の額とに分けて記載する。
(3) 当期の受取リース料、減価償却費及び受取利息相当額（注5）
(4) 利息相当額の算定方法
　　利息相当額の算定方法には、利息相当額の各期への配分方法を記載する。

(注1)　リース期間が1年未満のリース取引及び企業の事業内容に照らして重要性の乏しいリース取引でリース契約1件当たりの金額が少額なリース取引（リース契約1件当たりのリース料総額（維持管理費用相当額のリース料総額に占める割合が重要な場合には、その合理的見積額を除くことができる。）が300万円以下のものとする。ただし、1つのリース契約に科目の異なる有形固定資産（有形固定資産以外の資産をファイナンス・リース取引の対象とする場合は、当該資産を含む。）が含まれている場合は、異なる科目ごとに、その合計金額によることができる。）については、注記を省

略することができる。
(注2) 未経過リース料の期末残高（通常の売買取引に係る方法に準じて会計処理されている部分を除く。）が当該期末残高及び有形固定資産の期末残高の合計額（有形固定資産以外の資産をファイナンス・リース取引の対象とする場合には、当該資産の属する科目の期末残高を含む。以下同じ。）に占める割合に重要性が乏しい場合には、リース物件の取得価額相当額及び未経過リース料期末残高相当額の算定に当たり、リース取引開始時に合意されたリース料総額及び期末現在における未経過リース料から、これらに含まれている利息相当額の合理的な見積額を控除しない方法（以下「支払利子込み法」という。）によることができる。上記算式により算出した割合に重要性が乏しい場合とは、当該割合が10パーセント未満の場合とする。

ただし、前段落の規定にかかわらず、ファイナンス・リース取引の対象となる資産の属する科目が当該会社の事業内容に照らして重要性が乏しい場合において、当該期末における当該科目に属するリース物件に係る未経過リース料の期末残高が当該未経過リース料の期末残高及び有形固定資産の期末残高の合計額に占める割合に重要性が乏しい場合には、当該科目に属するリース物件に係る取得価額相当額及び未経過リース料残高相当額を支払利子込み法により算定することができる。上記算式により算出した割合に重要性が乏しい場合とは、当該割合が5パーセント未満の場合とする。

上記の未経過リース料の期末残高には、次のようなリース取引に係るものは含まれないものとする。
① 売買処理が行われているリース取引
② リース期間が1年未満のリース取引
③ （注1）により重要性が乏しいものとして注記をしないものとしたリース取引
④ 利息相当額の合理的な見積額を控除する方法によっているリース取引

(注3) リース契約上の諸条件に照らしてリース物件の所有権が借手に移転すると認められるもの以外のファイナンス・リース取引に係るリース物件の減価償却費相当額は、リース期間を耐用年数とし、残存価額をゼロとして算定する。

(注4) 利息相当額の総額は、リース開始時に合意されたリース料総額及び見積残存価額の合計額から、これに対応するリース物件の取得価額を控除する

> (注5) 未経過リース料及び見積残存価額の合計額の期末残高が当該期末残高及び営業債権の期末残高の合計額に占める割合に重要性が乏しい場合には、リース物件に係る未経過リース料期末残高相当額の算定に当たり、期末現在における未経過リース料及び見積残存価額の合計額から、これに含まれている利息相当額を控除しない方法によることができる。上記の算式により算出した割合に重要性が乏しい場合とは、当該割合が10パーセント未満の場合とする。
> なお、上記の未経過リース料及び見積残存価額の合計額には、次のようなリース取引に係るものは含まれないものとする。
> ① 売買処理が行われているリース取引
> ② 利息相当額の合理的な見積額を控除する方法によっているリース取引

(出典) リース適用指針（付録）

2）オペレーティング・リース取引

　当連結会計年度末におけるオペレーティング・リース取引（リース取引のうち、ファイナンス・リース取引以外のもの）のうち解約不能のリース取引については、重要性の乏しいものを除き、当該解約不能のリース取引に係る未経過リース料の金額を1年内のリース期間に係る金額及びそれ以外の金額に区分して注記しなければならない。

　解約不能のリース取引に係る未経過リース料の金額には、リース契約に基づくリース期間の一部分の期間についてリース契約を解除することができないリース取引における当該リース期間の一部分の期間に係る未経過リース料の金額を含めて記載することに留意する（財規ガイドライン8の6-2）。

3）転リース取引

　転リース取引（リース物件の所有者から物件のリースを受け、さらに当該物件をほぼ同一の条件で第三者にリースする取引をいう）であって、借主としてのリース取引及び貸主としてのリース取引がともにファイナンス・リー

ス取引に該当する場合において、連結会社が転リース取引に係るリース債権若しくはリース投資資産又はリース債務について利息相当額を控除する前の金額で連結貸借対照表に計上しているときには、重要性の乏しいものを除き、当該リース債権もしくはリース投資資産又はリース債務の金額を注記しなければならない。

【第Ⅰ部数値モデルに対応する注記例について】
　第Ⅰ部数値モデルのうち、リース取引関係の注記として該当事項があるのは、以下の項目についてである。
・ファイナンス・リース取引（借主側）に関する事項
　冷凍食品事業において食品冷凍関連設備の所有権移転外ファイナンス・リース取引（借主側）があるため、連結会計年度末におけるリース資産の内容及びリース資産の減価償却方法について記載している。
　また、所有権移転外ファイナンス・リース取引のうち、取引開始日が新しいリース会計基準適用開始日前（第Ⅰ部数値モデルにおいては平成20年3月31日以前）のリース取引について、賃貸借取引に係る方法に準じた会計処理によっているものがあるため、その旨及び必要な注記を記載している。
・オペレーティング・リース取引に関する事項
　オペレーティング・リース取引のうち、解約不能なものがあるため、未経過リース料に関する注記をしている。

8.3.6　金融商品関係

［注記例］

（金融商品関係）
前連結会計年度（自　平成×4年4月1日　至　平成×5年3月31日）
　（略）

当連結会計年度（自　平成×5年4月1日　至　平成×6年3月31日）
1．金融商品の状況に関する事項
　(1) 金融商品に対する取組方針

　　　　当社グループは資金運用について短期的な預金等に限定し、また、資金調達については銀行借入による方針である。デリバティブは、借入金の金利変動リスクを回避するために利用し、投機的な取引は行わない。

(2) 金融商品の内容及びそのリスク並びにリスク管理体制
　　　　営業債権である受取手形及び売掛金は、顧客の信用リスクに晒されている。当該リスクに関しては、当社グループの与信管理規程に従い、取引先ごとの期日管理及び残高管理を行うとともに、主な取引先の信用状況を半期ごとに把握する体制としている。
　　　　有価証券及び投資有価証券は、主に満期保有目的の債券及び業務上の関係を有する企業の株式であり、市場価額の変動リスクに晒されている。
　　　　営業債務である支払手形及び買掛金は、1年以内の支払期日である。
　　　　借入金のうち、短期借入金は主に営業取引に係る資金調達であり、長期借入金（原則として5年以内）は、主に設備投資に係る資金調達である。変動金利の借入金は、金利の変動リスクに晒されているが、このうち長期のものの一部については、支払金利の変動リスクを回避し支払利息の固定化を図るために、個別契約ごとにデリバティブ取引（金利スワップ取引）をヘッジ手段として利用している。ヘッジの有効性の評価方法については、金利スワップの特例処理の要件を満たしているため、その判定をもって有効性の評価を省略している。
　　　　デリバティブ取引の執行・管理については、取引権限を定めた社内規程に従って行っており、また、デリバティブの利用にあたっては、信用リスクを軽減するために、格付の高い金融機関とのみ取引を行っている。
　　　　営業債務や借入金は、流動性リスクに晒されているが、当社グループでは、各社が月次に資金繰計画を作成するなどの方法により管理している。

(3) 金融商品の時価等に関する事項についての補足説明
　　　　「2. 金融商品の時価等に関する事項」におけるデリバティブ取引に関する契約額等については、その金額自体がデリバティブ取引に係る市場リスクを示すものではない。

2．金融商品の時価等に関する事項
　　平成×6年3月31日における連結貸借対照表計上額、時価及びこれらの差額については、次のとおりである。なお、時価を把握することが困難と認められるものは、次表には含まれていない（(注2) 参照）。

	連結貸借対照表計上額（百万円）	時価（百万円）	差額（百万円）
(1)現金及び預金	22,958	22,958	―

(2) 受取手形及び売掛金	10,461	10,461	—
(3) 有価証券及び投資有価証券	88,481	88,484	3
資産計	121,900	121,903	3
(1) 支払手形及び買掛金	6,870	6,870	—
(2) 短期借入金	6,880	6,880	—
(3) 長期借入金	17,730	16,844	△887
負債計	31,480	30,594	△887
デリバティブ取引	—	—	—

(注1) 金融商品の時価の算定方法並びに有価証券及びデリバティブ取引に関する事項

資産

(1) 現金及び預金、並びに(2) 受取手形及び売掛金

　　これらは短期間で決済されるため、時価は帳簿価額にほぼ等しいことから、当該帳簿価額によっている。

(3) 有価証券及び投資有価証券

　　これらの時価について、株式は取引所の価格によっており、債券は取引所の価格又は取引金融機関等から提示された価格によっている。

　　また、保有目的ごとの有価証券に関する事項については、「有価証券関係」注記参照。

負債

(1) 支払手形及び買掛金、並びに(2) 短期借入金

　　これらは短期間で決済されるため、時価は帳簿価額にほぼ等しいことから、当該帳簿価額によっている。

(3) 長期借入金

　　長期借入金の時価については、元利金の合計額を同様の新規借入を行った場合に想定される利率で割り引いて算定する方法によっている。変動金利による長期借入金は金利スワップの特例処理の対象とされており（「デリバティブ取引関係」注記参照）、当該金利スワップと一体として処理された元利金の合計額を、同様の借入を行った場合に適用される合理的に見積られる利率で割り引いて算定する方法によっている。

デリバティブ

　　「デリバティブ取引関係」注記参照。

(注2) 非上場株式（連結貸借対照表計上額　4,021百万円）は、市場価額がなく、かつ将来キャッシュ・フローを見積ることなどができず、時価を把握することが極めて困難と認められているため、「(3)　有価証券及び投資有価証券　その他有価証券」には含めていない。

(注3) 金銭債権及び満期のある有価証券の連結決算日後の償還予定額

	1年以内 （百万円）	1年超 5年以内 （百万円）	5年超 10年以内 （百万円）	10年超 （百万円）
現金及び預金	22,958	―	―	―
受取手形及び売掛金	10,461	―	―	―
有価証券及び投資有価証券				
満期保有目的の債券				
(1)国債・地方債	―	―	―	―
(2)社債	―	200	―	―
その他有価証券のうち満期があるもの				
(1)債券	―	―	―	―
(2)その他	88,000	―	―	―
合計	121,419	200	―	―

（注4）長期借入金及びその他の有利子負債の返済予定額
　　　　連結附属明細表　借入金等明細表　参照。

　連結財規及び財規において開示が求められている「金融商品」とは、金融商品会計基準にいう金融商品のことをいい、金融資産（金銭債権、有価証券及びデリバティブ取引により生じる債権（これらに準ずるものを含む））及び金融負債（金銭債務及びデリバティブ取引により生じる債務（これらに準ずるものを含む））と定義されている（連結財規2㉞、財規8㊶）。

　金融商品に関する注記は、企業会計基準適用指針第19号「金融商品の時価等の開示に関する適用指針」の公表に伴い連結財規、財規においても開示が求められることとなったもので、平成22年3月31日以後終了する事業年度の年度末に係る財務諸表から適用される。ただし、改正規定の施行日（平成20年8月7日）以後に提出される連結財務諸表から早期適用することができる。

　金融商品関係の注記として記載が求められているのは、主に以下の事項についてである（連結財規15の5の2）。

① 金融商品の状況に関する以下の事項
　A 金融商品に対する取組方針

B　金融商品の内容及び当該金融商品に係るリスク
　　C　金融商品に係るリスク管理体制
　②　金融商品の時価に関する以下の事項
　　A　連結決算日における連結貸借対照表の科目ごとの連結貸借対照表計上額
　　B　連結決算日における連結貸借対照表の科目ごとの時価
　　C　連結決算日における連結貸借対照表の科目ごとの連結貸借対照表計上額と連結決算日における連結貸借対照表の科目ごとの時価との差額
　　D　連結貸借対照表の科目ごとの時価の算定方法
　　E　BからDまでに掲げる事項に関する説明
　　　なお、上記②のBからEの事項については、時価の把握が困難な場合には、注記することを要しないが、この場合には、その旨及びその理由を注記しなければならない。
　③　金銭債権（時価の変動により利益を得ることを目的として保有するものを除く）及び有価証券（売買目的有価証券を除く）のうち満期のあるものについては、償還予定額の合計額を一定の期間に区分した金額
　④　社債、長期借入金、リース債務及びその他の負債であって、金利の負担を伴うものについては、返済予定額の合計額を一定の期間に区分した金額を注記しなければならない。ただし、当該金額が社債明細表又は借入金等明細表に記載されている場合には、その旨の注記をもって代えることができる。

1)「①　金融商品の状況に関する事項」に関する留意事項
　A　金融商品に対する取組方針
　　　金融商品に対する取組方針は、場合に応じてそれぞれに定める事項について説明をすることが必要である（連結財規ガイドライン15の5の2、財規ガイドライン8の6の2-1-1①）。
　　a　金融資産の場合……資金運用方針等

b　金融負債の場合……資金調達方針及びその手段並びに償還期間の状況等
　　　c　金融資産と金融負債との間又は金融商品と非金融商品との間に重要な関連が認められる場合……当該重要な関連の概要
　　　d　金融商品の取扱いが主たる業務である場合……当該業務の概要
　B　金融商品の内容及び当該金融商品に係るリスク
　　金融商品の内容及び当該金融商品に係るリスクには、以下の事項について記載することが必要である。
　　a　金融商品の内容
　　　取り扱っている主な金融商品の種類（例えば、有価証券の場合には、株式及び債券等、デリバティブ取引の場合には、先物取引、オプション取引、先渡取引及びスワップ取引等）及び主な金融商品についての説明。
　　b　金融商品に係るリスク
　　　市場リスク、信用リスク及び資金調達に係る流動性リスクについて記載することが必要である。
　　　市場リスクについては、金利及び為替等の市場リスクの種類ごとに記載する。また、金融商品に係る信用リスクが、特定の企業集団、業種又は地域等に著しく集中している場合には、その概要（貸借対照表計上額及び契約額に対する当該信用リスクを有する取引相手先の金額の割合を含む）を記載するものとする。

市場リスク	金利、通貨の価格、金融商品市場における相場その他の指標の数値の変動によるリスク
信用リスク	取引相手先の契約不履行に係るリスク
資金調達に係る流動性リスク	支払期日に支払いを実行できなくなるリスク

　　c　現物の金融資産又は金融負債のうちでリスクが高いもの及びデリバティブ取引の対象物の価格変動に対する当該取引の時価の変動率が大きい特殊なものについて、その概要を記載する。具体的には、貸借対照表の科目及び計上額並びに商品性（金利、償還期限等）に係る説明等につい

て記載する必要がある。
- d　デリバティブ取引の利用目的

　デリバティブ取引については、その利用目的について記載し、ヘッジ会計を行っている場合には、ヘッジ手段とヘッジ対象、ヘッジ方針及びヘッジの有効性の評価方法等についての説明も記載する必要がある。

C　金融商品に係るリスク管理体制

　金融商品に係るリスク管理体制には、リスク管理方針、リスク管理規程、リスク管理部署の状況及びリスクの減殺方法又は測定手続等についても記載することが必要である。

2)「② 金融商品の時価」に関する留意事項

　金融商品の時価に関する事項の記載にあたっては、以下の事項に留意が必要である（連結財規ガイドライン15の5の2、財規ガイドライン8の6の2−1−2）。

ⓐ　有価証券及びデリバティブ取引

　当該有価証券又はデリバティブ取引により生じる正味の債権又は債務等の内容を示す名称を付した科目をもって貸借対照表に計上していない場合であっても、当該有価証券又はデリバティブ取引により生じる正味の債権又は債務等の内容を示す名称を付して注記する。

ⓑ　有価証券

　流動資産項目と固定資産項目とを合算して注記することができる。また、デリバティブ取引については、資産項目と負債項目とを合算して注記することができる。

ⓒ　金融商品会計基準により金利スワップの特例処理を行っているデリバティブ取引及び外貨建取引等会計処理基準により外貨建金銭債権債務等に振り当てたデリバティブ取引（予定取引をヘッジ対象としている場合を除く）については、ヘッジ対象と一体として取扱い、当該デリバティブ取引の時価をヘッジ対象の時価に含めて記載することができる。

ⓓ　金融商品の時価は、金融商品会計基準に従って算定する。
　ⓔ　金融商品の時価には、委託手数料等取引に付随して発生する費用は含めないものとする。
　なお、貸借対照表の科目ごとの時価の算定方法を記載する場合において、金融資産の市場価格がないとき（市場価格を時価とみなせないときを含む）は、次の点に留意する。
　a　一般に広く普及している理論値モデル又はプライシング・モデルにより合理的に算定された価額を時価とした場合には、当該モデルの概要を記載することが必要である。
　b　取引所又は店頭における実際の売買事例が極めて少ない金融資産や売手と買手の希望する価格差が著しく大きい金融資産について、市場価格に代えてaに定める価額を時価とした場合には、モデルの概要に加え、価格決定変数及び対象となる金融資産の内訳についても記載することが必要である。
　なお、②のBからDの注記事項に関する説明には、金融商品の時価に関する重要な前提条件が含まれている。

3）「③　金銭債権及び有価証券のうち、満期のあるもの」について
　金銭債権（時価の変動により利益を得ることを目的として保有するものを除く）及び有価証券（売買目的有価証券を除く）のうち、満期があるものについては、償還予定額の合計額を一定の期間に区分した金額を注記することが必要であり、以下の事項に留意が必要である（連結財規ガイドライン15の5の2、財規ガイドライン8の6の2-5）。
　a　一定期間とは、例えば1年以内、1年超5年以内、5年超10年以内、10年超をいう。
　b　有価証券のうち満期があるものについては、その他有価証券及び満期保有目的の債券の別に、それぞれ有価証券の種類（株式及び債券等をいい、債券である場合には債券の種類をいう）ごとに注記する。

4)「④　社債、長期借入金、リース債務及びその他の負債」について

　社債、長期借入金、リース債務及びその他の負債のうち、金利の負担を伴うものについては、返済予定額の合計額を一定の期間に区分した金額を注記する必要があるが、ここでいう一定の期間とは、例えば、貸借対照表日後5年以内における1年ごとの期間及び5年超をいう（連結財規ガイドライン15の5の2、財規ガイドライン8の6の2－6）。

5）金融資産及び金融負債の双方が資産総額及び負債総額の大部分を占めている連結会社について

　金融資産及び金融負債の双方が、それぞれ資産の総額及び負債の総額の大部分を占めており、かつ、当該金融資産及び金融負債の双方が事業目的に照らして重要である連結会社については、当該金融資産及び金融負債の主要な市場リスクの要因となる当該指標の数値の変動に対する当該金融資産及び金融負債の価値の変動率に重要性がある場合には、以下の金融商品の区分に応じ、それぞれの事項を注記しなければならない（連結財規15の5の2③）。

a　そのリスク管理において、市場リスクに関する定量的分析を利用している金融商品

　当該分析に基づく定量的情報及びこれに関連する情報

b　そのリスク管理において、市場リスクに関する定量的分析を利用していない金融商品

　イ）そのリスク管理において、市場リスクに関する定量的分析を利用していない旨

　ロ）市場リスクの要因となる金利、通貨の価格、金融商品市場における相場その他の指標の数値の変動を合理的な範囲で仮定して算定した時価の増減額及びこれに関連する情報

【第Ⅰ部数値モデルに対応する注記例について】
　第Ⅰ部数値モデルのうち、金融商品関係の注記の該当事項があるのは、以下の項目についてである。

(金融商品の状況に関する事項)
・金融商品に対する取組方針
　　当社グループにおける金融商品に対する取組方針について、資金運用及び資金調達についての方針を簡潔に記載している。
・金融商品の内容及びそのリスク並びにリスク管理体制
　　当社グループが保有している金融商品について、それぞれ説明している。
・金融商品の時価等に関する事項についての補足説明
　　補足説明が必要と判断した事項について記載している。
(金融商品の時価等に関する事項)
　　基本的に、連結貸借対照表に計上された金融商品に関する科目(注記例では、主なものを記載)ごとに、該当する事項を記載している。

8.3.7　有価証券関係

[注記例]

(有価証券関係)
前連結会計年度(自　平成×4年4月1日　至　平成×5年3月31日)
　　(略)

当連結会計年度(自　平成×5年4月1日　至　平成×6年3月31日)

1．満期保有目的の債券(平成×6年3月31日)

	種類	連結貸借対照表計上額(百万円)	時価(百万円)	差額(百万円)
時価が連結貸借対照表計上額を超えるもの	(1)国債・地方債等	—	—	—
	(2)社債	196	199	3
	(3)その他	—	—	—
	小計	196	199	3
時価が連結貸借対照表計上額を超えないもの	(1)国債・地方債等	—	—	—
	(2)社債	—	—	—
	(3)その他	—	—	—

	小計	—	—	—
	合計	196	199	3

2．その他有価証券（平成×6年3月31日）

	種類	連結貸借対照表計上額（百万円）	取得原価（百万円）	差額（百万円）
連結貸借対照表計上額が取得原価を超えるもの	(1)株式	201	135	66
	(2)債券			
	①国債・地方債	—	—	—
	②社債	—	—	—
	③その他	—	—	—
	(3)その他	—	—	—
	小計	201	135	66
連結貸借対照表計上額が取得原価を超えないもの	(1)株式	84	101	(17)
	(2)債券			
	①国債・地方債	—	—	—
	②社債	—	—	—
	③その他	—	—	—
	(3)その他	88,000	88,000	—
	小計	88,084	88,101	(17)
合計		88,258	88,236	49

3．当連結会計年度中に売却したその他有価証券（自　平成X5年4月1日　至　平成X6年3月31日）

	売却額（百万円）	売却益の合計額（百万円）	売却損の合計額（百万円）
(1)株式	15	—	—
(2)債券			
①国債・地方債等	—	—	—
②社債	—	—	—
③その他	—	—	—
(3)その他	—	—	—
合計	15	—	—

有価証券については、「**8.3.6　金融商品関係**」に関する注記のほかに、以下の有価証券の各区分に応じて必要な事項について注記しなくてはならない（連結財規15の6）。ただし、重要性の乏しいものについては、注記を省略することができる。

① 売買目的有価証券

　　当連結会計年度の損益に含まれた評価差額

② 満期保有目的の債券

　　当該債券を連結決算日における時価が連結決算日における連結貸借対照表計上額を超えるもの及び当該時価が当該連結貸借対照表計上額を超えないものに区分し、その区分ごとの次に掲げる事項。

　A　連結決算日における連結貸借対照表計上額

　B　連結決算日における時価

　C　連結決算日における連結貸借対照表計上額と連結決算日における時価との差額

　　なお、上記の記載にあたっては、債券の種類ごとに区分して記載することができる（連結財規ガイドライン15の6、財規ガイドライン8の7-1①）。

③ その他有価証券

　　有価証券（株式、債券及びその他の有価証券）の種類ごとに当該有価証券を連結決算日における連結貸借対照表計上額が取得原価を超えるもの及び当該連結貸借対照表計上額が取得原価を超えないものに区分し、その区分ごとの次の事項

　A　連結決算日における連結貸借対照表計上額

　B　取得原価

　C　連結決算日における連結貸借対照表計上額と取得原価との差額

　　なお、上記のうち債券に関する記載については、債券の種類ごとに区分して記載することができる（連結財規ガイドライン15の6、財規ガイドライン8の7-1③）。また、取得価額のうちには、償却原価法に基づいて算定された価額を含む（連結財規ガイドライン15の6、財規ガイドライン8の

7-1④）。
④　当連結会計年度中に売却した満期保有目的の債券
　　債券の種類ごとの売却原価、売却額、売却損益及び売却の理由
⑤　当連結会計年度中に売却したその他有価証券
　　有価証券の種類ごとの売却額、売却益の合計額及び売却損の合計額

【保有目的の変更について】

　　有価証券の保有目的の変更は、正当な理由がある場合を除き、認められない（金融商品会計実務指針80、280）。限定的に認められている正当な理由によって保有目的を変更した場合には、以下のような注記が必要となる。

ⓐ　当連結会計年度中に売買目的有価証券、満期保有目的の債券、子会社株式及び関連会社株式並びにその他有価証券の保有目的を変更した場合には、その旨、変更の理由（満期保有目的の債券の保有目的を変更した場合に限る。）及び当該変更が連結財務諸表に与えている影響の内容を注記しなければならない。ただし、重要性の乏しいものについては、注記を省略することができる。

ⓑ　流動性が乏しいことその他の事由により金融商品市場において時価で有価証券を売却することが相当期間困難である場合であって、当連結会計年度中に売買目的有価証券を満期保有目的の債券若しくはその他有価証券へ変更したとき又はその他有価証券を満期保有目的の債券へ変更したときは、ⓐの規定にかかわらず、以下の区分に応じ、各事項を注記しなければならない。ただし、重要性の乏しいものについては、注記を省略することができる。

　　a　売買目的有価証券から満期保有目的の債券へ変更した場合
　　　　保有目的を変更した有価証券に係る次に掲げる事項
　　　イ　その概要
　　　　　「その概要」には、保有目的を変更した有価証券の内容や保有目的を変更したときの時価が含まれる（連結財規ガイドライン15

の6、財規ガイドライン8の7-3①)。
 ロ 保有目的を変更した日及び変更の理由
  「保有目的を変更した日及び変更の理由」には、当該有価証券の保有目的を変更する前提となった稀な場合に該当すると判断するに至った概況が含まれる(連結財規ガイドライン15の6、財規ガイドライン8の7-3②)。
 ハ 当連結会計年度における損益
 ニ 連結決算日における時価及び連結貸借対照表計上額
 ホ 保有目的の変更が連結財務諸表に及ぼす影響額
  「保有目的の変更が連結財務諸表に及ぼす影響額」については、保有目的を変更した有価証券について、その保有目的を変更しなかったとした場合の当期の損益及び評価・換算差額等への影響額を記載する(連結財規ガイドライン15の6、財規ガイドライン8の7-3③)。

b 売買目的有価証券からその他有価証券へ変更した場合
 保有目的を変更した有価証券に係る次に掲げる事項
 イ aイからハまでの事項
 ロ 連結決算日における連結貸借対照表計上額
 ハ 保有目的の変更が連結財務諸表に及ぼす影響額
  上記aホと同様。

c その他有価証券から満期保有目的の債券へ変更した場合
 保有目的を変更した有価証券に係る次の事項
 イ aイ及びロに掲げる事項
 ロ 連結決算日における時価及び連結貸借対照表計上額
 ハ 連結決算日における連結貸借対照表に計上されたその他有価証券評価差額金の額

ⓒ 当連結会計年度前に保有目的を変更した有価証券については、当連結会計年度において、以下の区分に応じ、各事項を注記しなければな

らない。ただし、重要性が乏しいものについては、記載を省略することができる。

　　a　売買目的有価証券から満期保有目的の債券へ変更した場合
　　　　上記ⓑaニ及びホに掲げる事項
　　b　売買目的有価証券からその他有価証券へ変更した場合
　　　　上記ⓑbロ及びハに掲げる事項
　　c　その他有価証券から満期保有目的の債券へ変更した場合
　　　　上記ⓑcロ及びハに掲げる事項

【減損処理を行った場合】
　当連結会計年度中に有価証券の減損処理を行った場合には、その旨及び減損処理額を注記しなければならない。ただし、重要性の乏しいものについては、注記を省略することができる。

> 【第Ⅰ部数値モデルに対応する注記例について】
> 　第Ⅰ部数値モデルによると、当社グループが保有している有価証券のうち、有価証券関係の注記として時価等を記載する必要があるものは、満期保有目的の債券及びその他有価証券である。
> 　また、当連結会計年度中にその他有価証券を売却しているため、売却額、売却損益について記載している。

8.3.8　デリバティブ取引関係

［注記例］

```
（デリバティブ取引関係）
前連結会計年度（自　平成×4年4月1日　至　平成×5年3月31日）
　　（略）

当連結会計年度（自　平成×5年4月1日　至　平成×6年3月31日）
```

1．ヘッジ会計が適用されているデリバティブ取引
(1) 金利関連

ヘッジ会計の方法	デリバティブ取引の種類等	主なヘッジ対象	契約額等（百万円）	うち1年超（百万円）	時価（百万円）
金利スワップの特例処理	金利スワップ取引 支払固定・受取変動	長期借入金	10,000	8,000	（＊）

（＊）金利スワップの特例処理によるものは、ヘッジ対象とされている長期借入金と一体として処理されているため、その時価は、当該長期借入金の時価に含めて記載している。

デリバティブ取引については、「8.3.6　金融商品関係」に関する注記のほかに、以下の各区分に応じて必要な事項について注記しなくてはならない（連結財規15の7）。ただし、重要性の乏しいものについては、注記を省略することができる。

① ヘッジ会計が適用されていないデリバティブ取引

取引の対象物（通貨、金利、株式、債券、商品及びその他の取引の対象物）の種類ごとの次に掲げる事項。

A　連結決算日における契約額又は契約において定められた元本相当額
B　連結決算日における時価及び評価損益
C　時価の算定方法

上記の記載にあたっては、取引の種類、市場取引又は市場取引以外の取引、買付約定に係るもの又は売付約定に係るもの、連結決算日から取引の決済日又は契約の終了時までの期間及びその他の項目に区分して記載しなければならない（連結財規15の7②）。取引の種類とは、先物取引、オプション取引、先渡取引、スワップ取引その他のデリバティブ取引等のことをいう。

② ヘッジ会計が適用されているデリバティブ取引

8　注記情報　433

取引の対象物の種類ごとの次に掲げる事項。
A　連結決算日における契約額又は契約において定められた元本相当額
B　連結決算日における時価
C　時価の算定方法

上記の記載にあたっては、ヘッジ会計の方法、取引の種類、ヘッジ対象及びその他の項目に区分して記載しなければならない(連結財規15の7③)。

また、連結決算日における時価の記載にあたっては、金融商品会計基準による金利スワップの特例処理を行っているデリバティブ取引及び外貨建取引等会計処理基準により外貨建金銭債権債務等に振り当てたデリバティブ取引(予定取引をヘッジ対象としている場合を除く)については、時価の記載を行わないことができる(連結財規ガイドライン15の7、財規ガイドライン8の8)。

【第Ⅰ部数値モデルに対応する注記例について】
　第Ⅰ部数値モデルによると、当社グループにおいて行っているデリバティブ取引は、長期借入金の変動金利の利息を固定化する目的で行っている金利スワップのみであり、金融商品会計基準における金利スワップの特例処理の要件を満たすものである。そのため、時価についてはヘッジ対象である長期借入金と一体として処理されており、その時価は当該長期借入金の時価に含めて金融商品関係の注記の中で記載している旨説明している。

8.3.9　退職給付関係

[注記例]

(退職給付関係)
1．採用している退職給付制度の概要
　当社及び連結子会社は、確定給付型の制度として、退職一時金制度及び厚生年金基金制度を設けている。

2．退職給付債務に関する事項

	前連結会計年度 （平成×5年3月31日） （百万円）	当連結会計年度 （平成×6年3月31日） （百万円）
イ．退職給付債務	△20,432	△32,534
ロ．年金資産	17,359	25,394
ハ．未積立退職給付債務（イ＋ロ）	△3,073	△7,140
ニ．未認識数理計算上の差異	2,318	4,804
ホ．未認識過去勤務債務（債務の減額）	△1,655	△1,327
ヘ．退職給付引当金（ハ＋ニ＋ホ）	△2,410	△3,663

3．退職給付費用に関する事項

	前連結会計年度 (自　平成×4年4月1日 至　平成×5年3月31日)	当連結会計年度 (自　平成×5年4月1日 至　平成×6年3月31日)
イ．勤務費用	856	1,819
ロ．利息費用	409	651
ハ．期待運用収益	△434	△762
ニ．数理計算上の差異の費用処理額	△562	△434
ホ．過去勤務債務の費用処理額	328	354
ヘ．退職給付費用 （イ＋ロ＋ハ＋ニ＋ホ）	597	1,628

4．退職給付債務等の計算の基礎に関する事項

	前連結会計年度 (自　平成×4年4月1日 至　平成×5年3月31日)	当連結会計年度 (自　平成×5年4月1日 至　平成×6年3月31日)
イ．退職給付見込額の期間配分方法	期間定額基準	同左
ロ．割引率	2.0％	2.0％
ハ．期待運用収益率	2.5％	2.0％～3.5％
ニ．過去勤務債務の額の処理年数（発生時の平均残存勤務期間以内の一定の年数による定額法による）	10年	10年
ホ．数理計算上の差異の処理年数（発生時の平均残存勤務期間以	10年	10年

| | 内の一定の年数による定額法による) | | |

　退職給付に関する注記として記載が求められている事項は、以下の項目についてである（連結財規15の8、財規8の13）。
　・採用している退職給付制度の概要
　・退職給付債務に関する事項
　　　　退職給付債務の額
　　　　年金資産の額
　　　　退職給付引当金の額及びその他の退職給付債務に関する事項
　・退職給付費用に関する事項
　　　　退職給付費用の額
　　　　勤務費用の額
　　　　利息費用の額
　　　　その他の退職給付費用に関する事項
　・退職給付債務等の計算の基礎に関する事項
　　　　割引率
　　　　期待運用収益率
　　　　退職給付見込額の期間配分方法
　　　　過去勤務債務の額の処理年数
　　　　その他の退職給付債務等の計算の基礎に関する事項
　上記の退職給付、退職給付債務等の用語については、退職給付会計基準において定められている概念であるため、詳細は退職給付会計基準によることとなる。

1）採用している退職給付制度の概要
　まずは、連結グループで採用している退職給付制度の概要を記載する必要

があるが、これには例えば次のようなものがあり、制度変更などがあった場合には、必要に応じ補足説明をする。
- 退職一時金制度
- 厚生年金基金制度
- 適格退職年金制度
- 確定給付企業年金制度
- 確定拠出年金制度
- 退職給付信託

2）退職給付債務に関する事項

　退職給付会計基準によると、退職給付引当金の計算はこのような仕組みで算定されている。

図表8-3　退職給付引当金の計算イメージ

年金資産	退職給付債務
未認識過去勤務債務	
未認識数理計算上の差異	
会計基準変更時差異	
退職給付引当金	

　「退職給付債務に関する事項」として記載が求められているのは、退職給付引当金の金額がどのような要素から構成されているかを説明するものである。

3）退職給付費用に関する事項

　ここで記載が求められているのは、退職給付費用の内訳であり、以下のような項目が含まれている。
- 勤務費用

一期間の労働の対価として発生したと認められる退職給付のことであり、割引計算により測定されるものである。退職給付見込額のうち当期に発生したと認められる額を一定の割引率及び残存勤務期間に基づき割り引いて計算する。
・利息費用

期首の退職給付債務について、期末までに発生する計算上の利息であり、このように計算する。

利息費用＝期首の退職給付債務×割引率

・期待運用収益

期首の年金資産額（時価）について、当期に期待される計算上の運用収益であり、このように計算する。

期待運用収益＝期首の年金資産×期待運用収益率

・会計基準変更時差異の費用処理額

退職給付会計を導入した時点における、旧退職給付会計で処理していた額との差額である。
・数理計算上の差異の費用処理額

数理計算上の差異は、退職給付債務及び年金資産の見積数値と実績との差異のことであり、毎期発生する誤差である。費用処理していない数理計算上の差異は未認識数理計算上の差異といい、これを平均残存勤務期間以内の一定年数で費用処理する。
・過去勤務債務の費用処理額

退職給付規程の改訂により退職給付水準が変更された際に生じる、退職給付債務の増減額のことである。費用処理されていない過去勤務債務は未認識過去勤務債務といい、平均残存勤務期間以内の一定年数で費用処理す

る。

4）退職給付債務等の計算の基礎に関する事項

　これらは、退職給付引当金の各構成要素を計算するために必要な前提条件や基礎率などである。

・割引率

　　将来の退職時における退職給付見込額のうち、現在までに発生したと認められる額を、退職時から現在までの期間で現在価値に割り引く際に用いる率である。毎年の利息費用の計算にも用いる。

・期待運用収益率

　　外部に拠出している年金資産について、1年間でどれくらい運用収益が期待できるかを見積った率である。毎年の期待運用収益の計算に用いる。

・退職給付見込額の期間配分方法

　　期末における退職給付債務を計算するにあたり、予想退職時期ごとの退職給付見込額のうち、期末までに発生していると認められる額を計算する必要がある。期末までに発生していると認められる額を見積る方法としては、期間定額基準（退職給付見込額を全勤務期間で除した額を各期の発生額とする方法）が原則である（退職給付実務指針2（2））。

・過去勤務債務の額の処理年数

　　上記3）参照。

5）複数事業主制度（「退職給付に係る会計基準」の一部改正（その2）について）

　複数事業主制度には、連合設立型厚生年金基金、総合設立型厚生年金基金、共同委託契約及び結合契約の適格退職年金制度、共同で設立された確定給付企業年金制度などがある。このうち、複数の事業主により設立された企業年金制度を採用している場合において、自社の拠出に対応する年金資産の額を合理的に計算することができないときには、当該年金制度への要拠出額を退

職給付費用として処理する（退職給付会計基準注解（注12））。

この場合、重要性が乏しい場合を除き、当該年金制度全体の直近の積立状況（年金資産の額、年金財政計算上の給付債務の額及びその差引額）及び制度全体の掛金等に占める自社の割合並びにこれらに関する補足説明を記載するものとされている。

> 【第Ⅰ部数値モデルに対応する注記例について】
> 　退職給付制度としては、親会社及び国内連結子会社については確定給付型の制度として、退職一時金制度及び厚生年金基金を設けており、連結上の退職給付引当金計算の基礎となるそれぞれの注記事項を記載している。

8.3.10　ストック・オプション等関係

企業会計基準第8号「ストック・オプション等に関する会計基準」によると、ストック・オプションとは、自社株式オプションのうち、特に企業がその従業員等に、報酬として付与するものをいう。ここで、自己株式オプションとは、自社の株式（財務諸表を報告する企業の株式）を原資産とするコール・オプション（一定の金額の支払により、原資産である自社の株式を取得する権利）をいう。新株予約権はこれに該当する。

ストック・オプション等関係の注記として記載が求められているのは、主に以下の事項についてである（連結財規15の9から11）。

① ストック・オプション、自社株式オプション又は自社の株式の付与又は交付に関する注記（財規8の14）。

　A　役務の提供を受けた場合には、当該連結会計年度における費用計上額及び科目名

　B　財貨を取得した場合には、その取引における当初の資産計上額又は費用計上額及び科目名

　C　権利不行使による失効が生じた場合には、利益として計上した金額

② ストック・オプションに関する注記（財規8の15）
　A　付与対象者の役員、従業員などの区分ごとの人数
　B　株式の種類別のストック・オプションの数
　　a　付与数
　　b　当事業年度における権利不確定による失効数
　　c　当事業年度における権利確定数
　　d　前事業年度末及び当事業年度末における権利未確定残数
　　e　当事業年度における権利行使数
　　f　当事業年度における権利不行使による失効数
　　g　前事業年度末及び当事業年度末における権利確定後の未行使残数
　C　付与日
　D　権利確定条件（権利確定条件が付されていない場合にはその旨）
　E　対象勤務期間（対象勤務期間の定めがない場合にはその旨）
　F　権利行使期間
　G　権利行使価格
　H　付与日における公正な評価単価
　I　当事業年度において権利行使されたストック・オプションの権利行使時の株価の平均値

　上記の注記は、次のいずれかの方法で記載しなければならない。
・契約単位で記載する方法
・複数契約を集約して記載する方法

　また、以下のようなストック・オプションについては、複数契約を集約して記載してはならない。
(a) 付与対象者の区分、権利確定条件の内容、対象勤務期間及び権利行使期間が概ね類似しているとはいえないストック・オプション
(b) 株式の公開前に付与したストック・オプションと公開後に付与したストック・オプション
(c) 権利行使価格の設定方法が著しく異なるストック・オプション

当連結会計年度に付与されたストック・オプション及び当事業年度の条件変更により公正な評価単価が変更されたストック・オプションについては、公正な評価単価の見積方法として使用した算定技法並びに使用した主な基礎数値及びその見積方法を記載しなければならない。ただし、使用した算定技法及び使用した主な基礎数値の見積方法の内容が同一のものについては集約して記載することができる。

　また、ストック・オプションの権利確定数の見積方法として、勤務条件や業績条件の不達成による失効数の見積方法を記載しなければならない。

　なお、未公開企業においてストック・オプションを付与している場合には、公正な評価単価の見積方法として、その価値を算定する基礎となる自社の株式の評価方法について記載しなければならない。ストック・オプションの単位当たりの本源的価値による算定を行った場合には、連結会計年度末における本源的価値の合計額及び当該事業年度において権利行使されたストック・オプションの権利行使日における本源的価値の合計額を注記する。

　ストック・オプションの条件変更を行った結果、ストック・オプションの内容として注記した事項に変更が生じた場合は、その変更内容について注記する必要がある。条件変更日におけるストック・オプションの公正な評価単価が付与日の公正な評価単価以下となったため、公正な評価単価の見直しを行わなかつた場合には、その旨を注記しなければならない。

③　自社株式オプション及び自社の株式を対価とする取引の注記（連結財規15の11、財規8の16）

　役務の受領又は財貨の取得の対価として自社株式オプションを付与又は自社の株式を交付している場合には、上記①に準じて該当する事項を記載しなければならない。この場合、提供を受けた役務又は取得した財貨の内容及び役務の対価又は財貨の取得価額の算定を当該役務又は財貨の公正な評価額によったときには、その旨を注記する必要がある。

　自社株式オプションの付与又は自社の株式の交付に対価性がない場合に

は、その旨及び対価性がないと判断した根拠を記載しなければならない。

ストック・オプション等に関する会計処理は、企業会計基準第8号「ストック・オプション等に関する会計基準」及び企業会計基準適用指針第11号「ストック・オプション等に関する会計基準の適用指針」において定められている。「ストック・オプション等に関する会計基準」によると、ストック・オプション等に関する会計処理のイメージと、注記で用いられている主な用語は、以下のように整理できる。

図表8-4　ストック・オプションの会計処理のイメージ

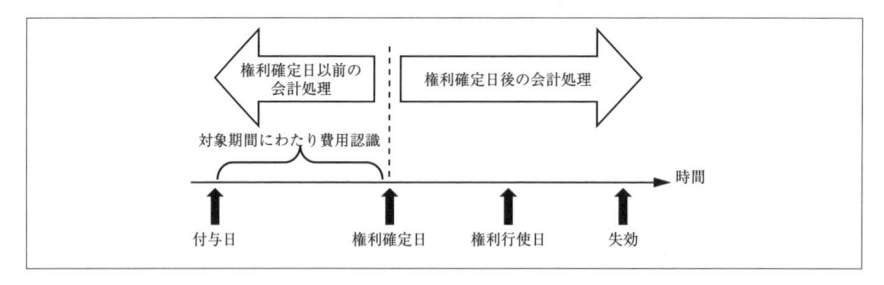

【主な用語】

用　語	定　義
付与日	ストック・オプションが付与された日。会社法にいう、募集新株予約権の割当日がこれに当たる。
権利確定日	権利の確定した日。権利確定日が明らかではない場合には、原則として、ストック・オプションを付与された従業員等がその権利を行使できる期間の開始日の前日を権利確定日とみなす。
権利行使日	ストック・オプションを付与された者がその権利を行使したことにより、行使価格に基づく金額が払い込まれた日
対象勤務期間	ストック・オプションと報酬関係にあるサービスの提供期間であり、付与日から権利確定日までの期間
失効	ストック・オプションが付与されたものの、権利行使されないことが確定すること。失効には、「権利不確定による失効」と「権利不行使による失効」とがある。
行使価格	ストック・オプションの権利行使にあたり、払い込むべきものとして定められたストック・オプションの単位当たりの金額

条件変更	付与したストック・オプションに係る条件を事後的に変更し、ストック・オプションの公正な評価単価、ストック・オプション数又は合理的な費用の計上期間のいずれか1つ以上を意図して変動させること。

8.3.11 税効果会計関係

[注記例]

（税効果会計関係）

前連結会計年度 （平成×5年3月31日）	当連結会計年度 （平成×6年3月31日）
1．繰延税金資産及び繰延税金負債の発生の主な原因別内訳	1．繰延税金資産及び繰延税金負債の発生の主な原因別内訳
（百万円）	（百万円）
繰延税金資産（流動）	繰延税金資産（流動）
未払事業税　　　　　　　　525	未払事業税　　　　　　　　801
賞与引当金　　　　　　　　411	賞与引当金　　　　　　　　553
その他　　　　　　　　　　570	連結会社間内部利益消去　　 79
計　　　　　　　　　　1,507	その他　　　　　　　　　　 50
	計　　　　　　　　　　1,484
繰延税金資産（固定）	繰延税金負債（流動）
減価償却超過額　　　　　　500	未実現損益消去　　　　　　△40
退職給付引当金　　　　　　974	その他　　　　　　　　　　△16
投資有価証券評価損　　　　808	計　　　　　　　　　　 △57
その他　　　　　　　　　　537	繰延税金資産（純額）　　　1,427
計　　　　　　　　　　2,820	
繰延税金負債（固定）	繰延税金資産（固定）
その他有価証券評価差額金　△14	減価償却超過額　　　　　　687
計　　　　　　　　　　 △14	減損損失　　　　　　　　　 32
繰延税金資産（純額）　　　2,805	退職給付引当金　　　　　1,322
	投資有価証券評価損　　　　808
	その他　　　　　　　　　　525
	繰延税金資産（固定）小計　3,375
	評価性引当額　　　　　　　△32
	計　　　　　　　　　　3,343
	繰延税金負債（固定）
	その他有価証券評価差額金　△20

	土地評価差額	△226
	計	△246
	繰延税金資産（純額）	3,097
	（注）繰延税金資産の純額は、連結貸借対照表の以下の項目に含まれている。	
		（百万円）
	流動資産―繰延税金資産	1,427
	固定資産―繰延税金資産	3,259
	固定負債―繰延税金負債	162
2．法定実効税率と税効果会計適用後の法人税等の負担率との差異の原因となった主な項目別の内訳 　法定実効税率と税効果会計適用後の法人税等の負担率との間の差異が法定実効税率の100分の5以下であるため、注記を省略している。	2．法定実効税率と税効果会計適用後の法人税等の負担率との差異の原因となった主な項目別の内訳	
		（％）
	法定実効税率	40.4
	（調整）	
	交際費等永久に損金に算入されない項目	0.8
	受取配当金等永久に益金に算入されない項目	△0.2
	住民税均等割	1.5
	評価性引当額	0.3
	海外子会社税率差異	△1.3
	その他	1.5
	税効果会計適用後の法人税等の負担率	43.0

　税効果会計とは、企業会計上の資産又は負債の額と課税所得計算上の資産又は負債の額に相違がある場合において、法人税その他利益に関連する金額を課税標準とする税金（法人税等）の額を適切に期間配分することにより、法人税等を控除する前の当期純利益と法人税等を合理的に対応させることを目的とする手続である（税効果会計基準　第一）。

　税効果会計関係の注記で記載が求められているのは、以下の事項についてである（連結財規15の5）。

　・繰延税金資産及び繰延税金負債の発生の主な原因別の内訳

・法定実効税率と税効果会計適用後の法人税等の負担率との間に差異があるときは、当該差異の原因となった主な項目別の内訳
・法人税等の税率変更により繰延税金資産及び繰延税金負債の金額が修正されたときは、その旨及び修正額
・連結決算日後に法人税等の税率の変更があった場合には、その内容及び影響

1）繰延税金資産及び繰延税金負債の発生の主な原因別の内訳

　税効果会計を適用した結果、貸借対照表には「繰延税金資産」や「繰延税金負債」といった勘定科目が計上される。しかし、これらの勘定科目には、課税所得計算の過程で生じた各種の一時差異や、連結特有の税効果など、複数の原因によって発生した金額が含まれているため、その主な内訳を注記により明らかにすることとされている。また、繰延税金資産の算定にあたり、繰延税金資産から控除された金額（評価性引当額）がある場合には、当該金額についても合わせて注記する必要がある（連結財規15の5②）。

2）法定実効税率と税効果会計適用後の法人税等の負担率の差異に関する注記

　法定実効税率とは、繰延税金資産及び繰延税金負債の計算に使われる税率のことをいい、以下の計算式によって計算する。なお、事業税の課税標準には、所得のほか外形基準により付加価値割と資本割によるものも含まれるが、これらの外形基準による税率は利益に関連する金額を課税標準とする税金ではないため、以下の算式の「事業税率」には所得割のみを含める（個別税効果実務指針17）。

$$法定実効税率 = \frac{法人税率 \times (1 + 住民税率) + 事業税率}{1 + 事業税率}$$

一方、税効果会計適用後の法人税等の負担率とは、損益計算書上の税金等を控除する前の当期純利益に対する法人税等（法人税等調整額を含む）の比率のことをいう。

　法定実効税率と税効果会計適用後の法人税等の負担率の差異に関する注記（税率差異の注記）については、その差異が法定実効税率の100分の5以下である場合には、注記を省略することができる（連結財規15の5③）。

　各連結会社の税引前当期純利益と課税所得との差異がすべて一時差異であり、当該一時差異についてすべて繰延税金資産又は繰延税金負債が計上され法人税等調整額で調整が行われている場合には、法定実効税率と法人税等の負担率が一致していると考えられる。しかし、実際には、税効果会計の対象とならない永久差異があったり、回収可能性のない繰延税金資産に対する評価性引当額があったりして、法人税等の負担率は法定実効税率と一致しないことが多い。特に連結財務諸表においては、在外子会社について法定実効税率が日本と異なっていたり、連結仕訳における税効果会計の適用などの影響によっても、法定実効税率と差異が生じる。

　税率差異が生じる主な原因としては、以下のような項目が挙げられる。

（法定実効税率と比べ、法人税等の負担率が大きくなる原因の例）
・交際費等永久に損金に算入されない項目
・住民税等均等割
・評価性引当額の増加

（法定実効税率と比べ、法人税等の負担率が小さくなる原因の例）
・受取配当金等永久に益金に算入されない項目
・評価性引当額の減少

　なお、税金等調整前当期純損失の場合であっても、税引前損益と税引後損益の関係に関する情報提供として、税率差異の注記をすることは有用であると考えられる。

3）法人税等の税率変更に関する注記

税効果会計上、繰延税金資産及び繰延税金負債の算定には、法定実効税率を用いているため、税率が変更されると、一時差異の金額に増減がないとしても、繰延税金資産及び繰延税金負債の計上額が増減することになる。そのため、税率変更により、繰延税金資産及び繰延税金負債の金額が修正された場合には、その旨及び修正額を注記することが求められている。

4）連結決算日後の税率変更に関する注記

連結決算日後に税率変更が行われた場合には、翌連結会計年度以降の財政状態及び経営成績に重要な影響を及ぼすことが考えられる。そのため、連結決算日後に法人税等の税率変更があった場合には、その内容及び影響を注記することが求められている。

【第Ⅰ部数値モデルに対応する注記例について】

第Ⅰ部数値モデルにおいては、前連結会計年度及び当連結会計年度ともに税率変更がない前提であるため、税率変更に関する上記3）、4）の注記は不要である。

1） 繰延税金資産及び繰延税金負債の発生の主な原因別の内訳

繰延税金資産及び繰延税金負債の計上額について、総額で主な内訳を記載する。連結貸借対照表においては、同一納税主体にかかる繰延税金資産と繰延税金負債は流動・固定区分ごとに相殺表示されているが、注記では相殺前の総額ベースの金額を記載する。また、繰延税金資産の額から控除した評価性引当額がある場合も、その金額を記載することが求められている。

2） 法定実効税率と税効果会計適用後の法人税等の負担率の差異に関する注記

前連結会計年度については、法定実効税率40.4％に対し、税効果会計適用後の法人税等の負担率が40.3％であり、両者の差異（0.1％）は法定実効税率の100分の5(2.0％)を下回っているため、注記を省略することができる。

当連結会計年度については、法定実効税率は同じく40.4％であるのに対し、税効果会計適用後の法人税等の負担率は43.0％となり、両者の差異（2.6％）は法定実効税率の100分の5（2.0％）を上回っているため、税率差異に関する注記をしなければならない。

8.3.12　企業結合等関係

［注記例］

（企業結合等関係）
Ⅰ　前連結会計年度（自　平成×4年4月1日　至　平成×5年3月31日）
　該当事項はない。

Ⅱ　当連結会計年度（自　平成×5年4月1日　至　平成×6年3月31日）
　1．取得による企業結合
　　(1) 被取得企業の名称及び事業の内容、企業結合を行った理由、企業結合日、企業結合の法的形式、取得した議決権比率及び取得企業を決定するに至った主な根拠
　　　① 被取得企業の名称及びその事業の内容
　　　　　被取得企業の名称　　大阪食品販売株式会社
　　　　　事業の内容　　冷凍食品事業
　　　② 企業結合を行った主な理由
　　　　　冷凍食品事業の規模及び国内販路拡大のため。
　　　③ 企業結合日
　　　　　平成×5年4月1日
　　　④ 企業結合の法的形式　　株式取得
　　　⑤ 取得した議決権比率
　　　　　100％
　　　⑥ 取得企業を決定するに至った主な根拠
　　　　　（略）

　　(2) 連結財務諸表に含まれている被取得企業の業績の期間
　　　　平成×5年4月1日から平成×6年3月31日まで

　　(3) 被取得企業の取得原価及びその内訳
　　　　取得原価　　大阪食品販売株式会社の普通株式　　5,100百万円

　　(4) 発生したのれんの金額、発生原因、償却方法及び償却期間
　　　　① 発生したのれんの金額
　　　　　△8百万円（負ののれん）
　　　　② 発生原因
　　　　　（略）

　　(5) 企業結合日に受け入れた資産及び引き受けた負債の額並びにその主な内訳

```
流動資産     6,157百万円
固定資産     7,343百万円
資産合計    13,501百万円
流動負債     4,111百万円
固定負債     2,092百万円
負債合計     6,203百万円
```

＊A社、B社についても新規連結子会社であるため、同様の開示が必要となる。

　組織再編には、大別して企業結合と事業分離等があり、これらに関する注記を総称して企業結合等関係の注記と呼ばれている。企業結合とは、ある企業又はある企業を構成する事業と他の企業又は他の企業を構成する事業とが1つの報告単位に統合されることをいう（企業結合会計基準5）。また、事業分離とは、ある企業を構成する事業を他の企業（新設される企業を含む）に移転することをいう（事業分離等会計基準4）。

　組織再編に関する会計基準としては、主に以下のものがある。

会計基準	適用範囲
企業会計基準第21号「企業結合に関する会計基準」	企業結合会計基準の適用範囲となるのは、企業結合に該当する取引であり、共同支配企業の形成及び共通支配下の取引も含め本会計基準を適用する（企業結合会計基準3）。
企業会計基準第7号「事業分離等に関する会計基準」	事業分離等会計基準の適用範囲となるのは、以下の取引である。 ① 事業分離における分離元企業の会計処理 ② 資産を移転し移転先の企業の株式を受け取る場合（事業分離に該当する場合を除く）の移転元の企業の会計処理 ③ 共同支配企業の形成及び共通支配下の取引以外の企業結合における結合当事企業の株主（被結合企業又は結合企業の株主）に係る会計処理
企業会計基準適用指針第10号「企業結合会計基準及び事業分離等会計基準に関する適用指針」	企業結合会計基準及び事業分離等会計基準の2つの会計基準を実務において適用する際の指針を定めたものである。

なお、上記に記載した企業結合等に関する会計基準及び適用指針については、平成20年12月26日付で改正されており、平成22年4月1日以後に行われる企業結合等については、改正後の規則に基づいた会計処理及び開示が必要となるため、留意が必要である。
　企業結合等関係注記で記載が求められているのは、以下の事項についてである。

- 取得による企業結合が行われた場合の注記（連結財規15の12）
- 共通支配下の取引等の注記（連結財規15の14）
- 共同支配企業の形成の注記（連結財規15の15）
- 事業分離における分離元企業の注記（連結財規15の16）
- 事業分離における分離先企業の注記（連結財規15の17）
- 子会社の企業結合の注記（連結財規15の18）
- 企業結合等に関する重要な後発事象等の注記（連結財規15の19、20、21）

1）取得による企業結合が行われた場合の注記（連結財規15の12）
　　企業結合会計基準において、「取得」とは、ある企業が他の企業又は企業を構成する事業に対する支配を獲得することをいう（企業結合会計基準9）。共同支配企業の形成及び共通支配下の取引以外の企業結合は取得となり、取得の会計処理はパーチェス法という。パーチェス法では、被取得企業から受け入れる資産及び負債の取得原価を、原則として対価として交付する現金及び株式等の時価とする。そのため、取得原価と、被取得企業から受け入れた資産及び負債に配分した取得原価との差額が発生し、それは「のれん（又は負ののれん）」として20年以内の効果の及ぶ期間にわたり、合理的な方法で規則的に償却する（負ののれんについては発生した期の利益として処理）。
　　取得による企業結合が行われた場合には、以下の注記が求められている（連結財規15の12）。
　A　企業結合の概要
　B　連結財務諸表に含まれている被取得企業又は取得した事業の業績の期間

C　被取得企業又は取得した事業の取得原価及びその内訳
D　取得の対価として株式を交付した場合には、株式の種類別の交換比率及びその算定方法並びに交付又は交付予定の株式数
E　取得が複数の取引によって行われた場合には、被取得企業の取得原価と取得するに至った取引ごとの取得原価の合計額との差額
F　発生したのれんの金額、発生原因、償却方法及び償却期間又は負ののれん発生益の金額及び発生原因
G　企業結合日に受け入れた資産及び引き受けた負債の額並びにその主な内訳
H　企業結合契約に規定される条件付取得対価（企業結合契約において定められる企業結合契約締結後の将来の事象又は取引の結果に依存して追加的に交付又は引き渡される取得対価をいう）の内容及び当連結会計年度以降の会計処理方針
I　取得原価の大部分がのれん以外の無形固定資産に配分された場合には、のれん以外の無形固定資産に配分された金額及びその主要な種類別の内訳並びに全体及び主要な種類別の加重平均償却期間
J　取得原価の配分が完了していない場合には、その旨及びその理由並びに企業結合が行われた連結会計年度の翌連結会計年度以降において取得原価の当初配分額に重要な修正がなされた場合には、その修正の内容及び金額
　　なお、影響の概算額は、次のいずれかによるものとし、当該注記が監査証明を受けていない場合には、その旨を記載しなければならない。
　　a　企業結合が連結会計年度開始の日に完了したと仮定して算定された売上高及び損益情報と取得企業の連結損益計算書における売上高及び損益情報との差額
　　b　企業結合が連結会計年度開始の日に完了したと仮定して算定された売上高及び損益情報
K　企業結合が連結会計年度開始の日に完了したと仮定した場合の当連結会計年度の連結損益計算書に及ぼす影響の概算額及びその算定方法（当該影

響の概算額に重要性が乏しい場合を除く）

　なお、企業結合に係る取引に重要性が乏しい場合には、注記を省略することができる。ただし、当連結会計年度における個々の企業結合に係る取引に重要性は乏しいが、当連結会計年度における複数の企業結合に係る取引全体に重要性がある場合には、上記A及びCからIまでに掲げる事項を当該企業結合に係る取引全体について注記しなければならない。

2）共通支配下の取引等の注記（連結財規15の14）

　企業結合会計基準において、「共通支配下の取引」とは、結合当事企業（又は事業）のすべてが、企業結合の前後で同一の株主により最終的に支配され、かつ、その支配が一時的ではない場合の企業結合をいう（企業結合会計基準16）。例えば、親会社と子会社との合併や、親会社の支配下にある子会社同士の合併などがある。共通支配下の取引については、企業結合会計基準及び企業結合会計適用指針において組織再編の形式ごとの会計処理が定められている。

　共通支配下の取引等が行われた場合は、以下の注記をすることが求められる（連結財規15の14、財規8の20）。

A　取引の概要
B　実施した会計処理の概要
C　子会社株式を追加取得した場合には、「取得」の注記CからF及びH、Iの事項に準ずる事項

　なお、共通支配下の取引等に重要性が乏しい場合には、注記を省略することができる。ただし、当該事業年度における個々の共通支配下の取引等に重要性は乏しいが、当該事業年度における複数の共通支配下の取引等全体に重要性がある場合には、上記の事項を当該取引等全体について記載しなければならない。

3）共同支配企業の形成の注記（連結財規15の15）

「共同支配企業」とは、複数の独立した企業により共同で支配される企業をいい、「共同支配企業の形成」とは、複数の独立した企業が契約等に基づき、当該共同支配企業を形成する企業結合をいう（企業結合会計基準11）。

企業結合のうち、共同支配企業の形成と判定されるものは、次の要件をすべて満たすものである（企業結合会計基準適用指針175、巻末［付録］フローチャート参照）。

(1) 共同支配投資企業となる企業は、複数の独立した企業から構成されていること（独立企業要件）（企業結合会計基準適用指針177参照）
(2) 共同支配投資企業となる企業が共同支配となる契約等を締結していること（契約要件）（企業結合会計基準適用指針178及び179参照）
(3) 企業結合に際して支払われた対価のすべてが、原則として、議決権のある株式であること（対価要件」）（企業結合会計基準適用指針180参照）
(4) 上記(1)から(3)以外に支配関係を示す一定の事実が存在しないこと（その他の支配要件）（企業結合会計基準適用指針181参照）

共同支配企業の形成を行った場合は、以下の注記が求められている（連結財規15の15、財規8の22）。

A　取引の概要
B　実施した会計処理の概要

共同支配企業の形成に係る取引に重要性が乏しい場合には、注記を省略することができる。ただし、当該連結会計年度における個々の共同支配企業の形成に係る取引に重要性は乏しいが、当該連結会計年度における複数の共同支配企業の形成に係る取引全体に重要性がある場合には、上記の事項を当該企業結合に係る取引全体について注記しなければならない。

4）事業分離における分離元企業の注記（連結財規15の16）

事業分離会計基準において「事業分離」とは、ある企業を構成する事業を他の企業（新設される企業を含む）に移転することをいう（事業分離会計基準4）。また事業分離における「分離元企業」とは、事業分離において、当該

企業を構成する事業を移転する企業をいう（事業分離会計基準5）。
　当連結会計年度において重要な事業分離が行われ、当該事業分離が共通支配下の取引等及び共同支配企業の形成に該当しない場合には、分離元企業は、事業分離が行われた連結会計年度において、以下の事項を注記しなければならない（連結財規15の16）。

A　事業分離の概要
B　実施した会計処理の概要
C　分離した事業が含まれていた報告セグメントの名称
D　当連結会計年度の連結損益計算書に計上されている分離した事業に係る損益の概算額
E　移転損益を認識した事業分離において、分離先企業の株式を子会社株式又は関連会社株式として保有する以外に、継続的関与がある場合には、当該継続的関与の概要（当該継続的関与が軽微な場合には、注記を省略することができる）

　当連結会計年度における個々の事業分離に係る取引に重要性が乏しいが、当連結会計年度における複数の事業分離に係る取引全体に重要性がある場合には、上記A及びBに掲げる事項を当該事業分離に係る取引全体について注記しなければならない。

5）事業分離における分離先企業の注記（連結財規15の17）

　事業分離会計基準における「分離先企業」とは、事業分離において分離元企業からその事業を受け入れる企業（新設される企業を含む）をいう（事業分離会計基準6）。

　分離先企業は、事業分離が企業結合に該当しない場合は、以下の事項を注記しなければならない（連結財規15の17、財規8の24）。

A　取引の概要
B　実施した会計処理の概要
C　分離元企業から引き継いだ資産、負債及び純資産の内訳

6）子会社の企業結合の注記（連結財規15の18）

　連結財務諸表提出会社は、子会社が企業結合を行ったことにより子会社に該当しなくなる場合には、当該企業結合が行われた連結会計年度において、次に掲げる事項を注記しなければならない。

A　子会社が行った企業結合の概要
B　実施した会計処理の概要
C　当該子会社が含まれていた報告セグメントの名称
D　当該連結会計年度の連結損益計算書に計上されている当該子会社に係る損益の概算額
E　親会社が交換損益を認識した子会社の企業結合において、当該子会社の株式を関連会社株式として保有する以外に継続的関与がある場合には、当該継続的関与の概要（当該継続的関与が軽微な場合には、注記を省略することができる）

　企業結合に係る取引に重要性が乏しい場合には、注記を省略することができる。ただし、当連結会計年度における個々の企業結合に係る取引に重要性は乏しいが、当連結会計年度における複数の企業結合に係る取引全体に重要性がある場合には、A及びBの事項を注記しなければならない。

7）企業結合等に関する重要な後発事象等の注記（連結財規15の19、20、21）

　企業結合等に関し、重要な後発事象等に該当する事項がある場合は、以下のそれぞれの事項を注記する必要がある。

A　企業結合に関する重要な後発事象等がある場合は、取得による企業結合の注記、共通支配下の取引等の注記、共同支配企業の形成に関する注記に準じて注記しなければならない（連結財規15の19）
　a　連結決算日後に完了した企業結合又は貸借対照表日後に主要な条件について合意をした企業結合が重要な後発事象に該当する場合。ただし、未確定の事項については、記載することを要しない。
　b　連結決算日までに主要な条件について合意をした企業結合が同日まで

に完了していない場合
- B　事業分離に関する重要な後発事象等（連結財規15の20）

　分離元企業は、次の事項に該当する場合には、重要な事業分離の関する注記に準じて、注記しなければならない。
  - a　連結決算日後に完了した事業分離が重要な後発事象に該当する場合
  - b　連結決算日後に主要な条件について合意をした事業分離が重要な後発事象に該当する場合
  - c　連結決算日までに主要な条件について合意をした事業分離が同日までに完了していない場合
- C　子会社の企業結合に関する後発事象等（連結財規15の21）

　子会社の企業結合（当該企業結合により子会社に該当しなくなる場合に限る）が以下に該当する場合には、企業結合により子会社に該当しなくなる場合の注記に準じて、必要な事項を注記しなければならない。
  - a　連結決算日後に完了した子会社の企業結合が重要な後発事象に該当する場合
  - b　連結決算日後に主要な条件について合意をした子会社の企業結合が重要な後発事象に該当する場合
  - c　連結決算日前に主要な条件について合意をした子会社の企業結合が同日までに完了していない場合

【第Ⅰ部数値モデルに対応する注記例について】

　当連結会計年度において、株式取得により大阪社、A社、B社が新しく連結子会社となっている。ここで、平成22年4月1日以後開始する連結会計年度から適用される連結財務諸表会計基準では、連結財務諸表の作成及び開示に関し、連結財務諸表会計基準に定めのない事項については、企業結合会計基準及び事業分離等会計基準の定めに従うこととされている（連結財務諸表会計基準19、（注15））。そのため、新規連結子会社についても、企業結合及び事業分離等に関する注記事項が適用されることとなる。

8.3.13 資産除去債務関係

　資産除去債務とは、有形固定資産の取得、建設、開発又は通常の使用によって生じ、当該有形固定資産の除去に関して法令又は契約で要求される法律上の義務及びそれに準ずるものをいう（「資産除去債務に関する会計基準」（以下「資産除去債務会計基準」という）3)。この場合の法律上の義務及びそれに準ずるものには、有形固定資産を除去する義務のほか、有形固定資産の除去そのものは義務でなくとも、有形固定資産を除去する際に当該有形固定資産に使用されている有害物質等を法律等の要求による特別の方法で除去するという義務も含まれる。自主的なリニューアルや撤去などに係る費用等は、資産除去債務の対象とはならない。

　資産除去債務は、有形固定資産の取得、建設、開発又は通常の使用によって発生した時に負債として計上する（資産除去債務会計基準4)。資産除去債務はそれが発生したときに、有形固定資産の除去に要する割引前の将来キャッシュ・フローを見積り、割引後の金額（割引価値）で算定する（資産除去債務会計基準6)。割引前の将来キャッシュ・フローは、合理的で説明可能な仮定及び予測に基づく自己の支出見積りにより、割引率は、貨幣の時間価値を反映した無リスクの税引前の利率とする。

　一方、資産除去債務に対応する除去費用は、資産除去債務を負債として計上した時に、当該負債の計上額と同額を、関連する有形固定資産の帳簿価額に加える（資産除去債務会計基準7)。資産計上された資産除去債務に対応する除去費用は、減価償却を通じて、当該有形固定資産の残存耐用年数にわたり、各期に費用配分することとなる。

[仕訳例]：資産除去債務の会計処理

1．前提条件
　　Z社は、20X1年4月1日に設備Aを取得し、使用を開始した。当該設備の取得原価は5,000、耐用年数は5年であり、Z社には当該設備を使用後に除去する法

的義務がある。Z社が当該設備を除去するときの支出は1,000と見積られている。
　20X6年3月31日に設備Aが除去された。当該設備の除去に係る支出は1,050であった。
　資産除去債務は取得時にのみ発生するものとし、Z社は当該設備について残存価額0で定額法により減価償却を行っている。割引率は2.0％とする。Z社の決算日は3月31日であるものとする。

2. 会計処理
　(1) 20X1年4月1日

　　　設備Aの取得と関連する資産除去債務の計上

(借) 有形固定資産（設備A） 5,906	(貸) 現金預金　　　　　　　　 5,000
	資産除去債務（＊1）　　　906

　　（＊1）将来キャッシュ・フロー見積額1,000/$(1.02)^5$＝906

　(2) 20X2年3月31日

　　　時の経過による資産除去債務の増加

(借) 費用（利息費用）　　　　 18	(貸) 資産除去債務（＊2）　　　　18

　　（＊2）20X1年4月1日における資産除去債務906×2.0％＝18

　　　設備Aと資産計上した除去費用の減価償却

(借) 費用（減価償却費）（＊3）1,181	(貸) 減価償却累計額　　　　　 1,181

　　（＊3）設備Aの減価償却費5,000/5年＋除去費用資産計上額906/5年＝1,181

　(3) 20X3年3月31日

　　　時の経過による資産除去債務の増加

(借) 費用（利息費用）　　　　 18	(貸) 資産除去債務（＊4）　　　　18

　　（＊4）20X2年3月31日における資産除去債務（906＋18）×2.0％＝18

　　　設備Aと資産計上した除去費用の減価償却

(借) 費用（減価償却費）（＊5）1,181	(貸) 減価償却累計額　　　　　 1,181

　　（＊5）設備Aの減価償却費5,000/5年＋除去費用資産計上額906/5年＝1,181

　(4) 20X4年3月31日

時の経過による資産除去債務の増加

| （借）費用（利息費用） | 19 | （貸）資産除去債務（＊6） | 19 |

（＊6） 20X3年3月31日における資産除去債務（906＋18＋18）×2.0％＝19

設備Aと資産計上した除去費用の減価償却

| （借）費用（減価償却費）（＊7）1,181 | （貸）減価償却累計額 | 1,181 |

（＊7） 設備Aの減価償却費5,000/5年＋除去費用資産計上額906/5年＝1,181

(5) 20X5年3月31日

時の経過による資産除去債務の増加

| （借）費用（利息費用） | 19 | （貸）資産除去債務（＊8） | 19 |

（＊8） 20X4年3月31日における資産除去債務（906＋18＋18＋19）×2.0％＝19

設備Aと資産計上した除去費用の減価償却

| （借）費用（減価償却費）（＊9）1,181 | （貸）減価償却累計額 | 1,181 |

（＊9） 設備Aの減価償却費5,000/5年＋除去費用資産計上額906/5年＝1,181

(6) 20X6年3月31日

時の経過による資産除去債務の増加

| （借）費用（利息費用） | 20 | （貸）資産除去債務（＊10） | 20 |

（＊10） 20X5年3月31日における資産除去債務（906＋18＋18＋19＋19）×2.0％＝20

設備Aと資産計上した除去費用の減価償却

| （借）費用（減価償却費）（＊11）1,182 | （貸）減価償却累計額 | 1,182 |

（＊11） 設備Aの減価償却費5,000/5年＋除去費用資産計上額906−181×4＝1,182

設備Aの除去及び資産除去債務の履行

　　設備Aを使用終了に伴い除去することとする。除去に係る支出が当初の見積りを上回ったため、差額を費用計上する。

（借）減価償却累計額	5,906	（貸）有形固定資産（設備A）	5,906
資産除去債務（＊12）	1,000	現金預金	1,050
費用（履行差額）	50		

（＊12） 20X6年3月31日における資産除去債務906＋18＋18＋19＋19＋20＝1,000

(出典)「資産除去債務に関する会計基準の適用指針」［設例１］を一部加工

　資産除去債務会計基準は、平成22年4月1日以後開始する事業年度から適用する（資産除去債務会計基準17）。ただし、平成22年3月31日以前に開始する事業年度から適用することができる。また、適用初年度の期首における既存資産に関連する資産除去債務及び当該資産の帳簿価額に含まれる除去費用を算定し、両者の差額を原則として適用初年度の特別損失に計上するとされている（資産除去債務会計基準18）。

　資産除去債務に関する注記として記載が求められているのは、以下の項目についてである（連結財規15の23、財規8の28）。ただし、重要性の乏しいものについては、注記を省略することができる。
　①　資産除去債務のうち貸借対照表に計上しているもの
　　A　当該資産除去債務の概要
　　　　資産除去債務の発生原因となっている法的規制又は契約等の概要（法令等の条項及び契約条件等）を簡潔に記載する。
　　B　当該資産除去債務の金額の算定方法
　　　　支出発生までの見込期間及び適用した割引率その他の前提条件を記載する。
　　C　当該事業年度における当該資産除去債務の総額の増減
　　D　当該資産除去債務の金額の見積りを変更したときは、その旨、変更の内容及び影響額
　②　①の資産除去債務以外の資産除去債務
　　A　当該資産除去債務の金額を貸借対照表に計上していない旨
　　B　当該資産除去債務の金額を貸借対照表に計上していない理由
　　　　当該資産除去債務の金額を合理的に見積ることができない理由を含めて記載する。
　　C　当該資産除去債務の概要

8.3.14　賃貸等不動産関係

　賃貸等不動産とは、棚卸資産に分類されている不動産以外のものであって、賃貸収益又はキャピタル・ゲインの獲得を目的として保有されている不動産(ファイナンス・リース取引の貸手における不動産を除く)をいう(賃貸等不動産の時価等の開示に関する会計基準(以下「賃貸等不動産会計基準」という)4)。自社で物品の製造や販売、サービスの提供、経営管理に使用している場合は、賃貸等不動産には含まれない。

　賃貸等不動産には、次の不動産が含まれる。
・貸借対照表において投資不動産(投資の目的で所有する土地、建物その他の不動産)として区分されている不動産
・将来の使用が見込まれていない遊休不動産
・上記以外で賃貸されている不動産

　また、賃貸等不動産は、貸借対照表上、通常、次の科目に含まれている。
・「有形固定資産」に計上されている土地、建物(建物附属設備を含む。以下同じ)、構築物及び建設仮勘定
・「無形固定資産」に計上されている借地権
・「投資その他の資産」に計上されている投資不動産

　賃貸等不動産に関する注記は、平成22年3月31日以後終了する事業年度の年度末に係る財務諸表から必要となる(賃貸等不動産会計基準9)。ただし、当該事業年度以前の事業年度の期首から適用することもできる。

　賃貸等不動産がある場合には、次の事項を注記しなければならない(連結財規15の24)。ただし、賃貸等不動産の総額に重要性が乏しい場合には、注記を省略することができる。

・賃貸等不動産の概要
・賃貸等不動産の連結貸借対照表計上額及び当連結会計年度における主な変動
・賃貸等不動産の連結決算日における時価及び当該時価の算定方法

・賃貸等不動産に関する損益

　注記の記載にあたっては、管理状況等に応じて、注記事項を用途別、地域別等に区分して開示することが認められる（連結財規ガイドライン15の24、財規ガイドライン8の30）。

1）賃貸等不動産の概要（賃貸等不動産適用指針9）

　　賃貸用不動産の概要には、主な賃貸等不動産に関する以下の事項が含まれる（連結財規ガイドライン15の24、財規ガイドライン8の30-1-1）。

　A　内容
　B　種類
　C　場所

2）賃貸等不動産の連結貸借対照表計上額及び期中における主な変動（賃貸等不動産適用指針10）

　A　賃貸等不動産の連結貸借対照表計上額

　　　原則として、取得原価から減価償却累計額及び減損損失累計額を控除した金額によって注記することとされる（財規ガイドライン8の30-1-2①）。ただし、当期末における減価償却累計額及び減損損失累計額を別途記載する場合には、取得原価をもって記載することができる。この場合には、当期末における取得原価から減価償却累計額及び減損損失累計額を控除した金額についても記載するものとする。

　B　期中における主な変動

　　　連結貸借対照表計上額に関する期中の変動に重要性がある場合には、その事由及び金額を記載することが必要である（財規ガイドライン8の30-1-2②）。

3）賃貸等不動産の連結決算日における時価及び当該時価の算定方法（賃貸等不動産適用指針11～15）

A　時価

　　時価とは、通常、観察可能な市場価格に基づく価額をいい、市場価格が観察できない場合には合理的に算定された価額をいう（賃貸等不動産会計基準4（1））。賃貸等不動産に関する合理的に算定された価額は、「不動産鑑定評価基準」（国土交通省）による方法又は類似の方法に基づいて算定する。

　　なお、契約により取り決められた一定の売却予定価額がある場合は、合理的に算定された価額として当該売却予定価額を用いることとする。

B　一定の評価額や適切に市場価格を反映していると考えられる指標に重要な変動が生じていない場合

　　第三者からの取得時（連結財務諸表上、連結子会社の保有する賃貸等不動産については当該連結子会社の支配獲得時を含む）又は直近の原則的な時価算定を行った時から、一定の評価額や適切に市場価格を反映していると考えられる指標に重要な変動が生じていない場合には、当該評価額や指標を用いて調整した金額をもって当期末における時価とみなすことができる。さらに、その変動が軽微であるときには、取得時の価額又は直近の原則的な時価算定による価額をもって当期末の時価とみなすことができる。

C　重要性が乏しい場合

　　開示対象となる賃貸等不動産のうち重要性が乏しいものについては、一定の評価額や適切に市場価格を反映していると考えられる指標に基づく価額等を時価とみなすことができる。

D　時価を把握することが極めて困難な場合

　　賃貸等不動産の時価を把握することが極めて困難な場合は、時価を注記せず、重要性が乏しいものを除き、その事由、当該賃貸等不動産の概要及び貸借対照表計上額を他の賃貸等不動産とは別に記載する。

4）賃貸等不動産に関する損益（賃貸等不動産適用指針16）

　　賃貸等不動産に関する損益を注記するにあたっては、次の事項に留意が必

要である（財規ガイドライン8の30-1-4）。

A　財務諸表において賃貸等不動産の損益の注記を行う場合、損益計算書における金額に基づくこととなる。この際、損益計算書において、賃貸等不動産に関して直接把握している損益のほか、管理会計上の数値に基づいて適切に算定した額その他の合理的な方法に基づく金額によって開示することができる。

B　重要性が乏しい場合を除き、賃貸等不動産に関する賃貸収益とこれに係る費用（賃貸費用）による損益、売却損益、減損損失及びその他の損益等を適切に区分して記載する。

C　Bの損益については、収益と費用を総額で記載することができる。また、賃貸費用は、主な費目に区分して記載することができる。

8.3.15　セグメント情報

「7　セグメント開示」参照。

8.3.16　関連当事者情報

「8.4　関連当事者注記」参照。

8.3.17　開示対象特別目的会社関係

1）概要

注記の対象となる開示対象特別目的会社とは、出資者等の子会社に該当しないものと推定された特別目的会社のことをいう(**図表8-5**を参照)。これは、「連結財務諸表制度における子会社及び関連会社の範囲の見直しに係る具体的な取扱い」によって子会社等の範囲が見直され、一定の要件を満たす特別目的会社については、当該特別目的会社に対する出資者等の子会社に該当し

ないものと推定するとされたことによる(「一定の特別目的会社に係る開示に関する適用指針」7)。

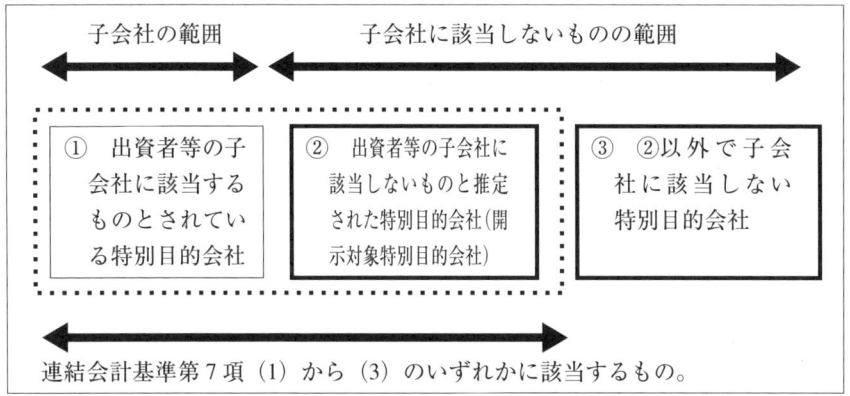

図表8-5　特別目的会社と子会社の範囲の関係

```
   子会社の範囲          子会社に該当しないものの範囲
 ←──────→  ←──────────────────────→

 ┌─────────┐ ┌─────────┐ ┌─────────┐
 │① 出資者等の子│ │② 出資者等の子会│ │③ ②以外で子│
 │  会社に該当する│ │  社に該当しない│ │  会社に該当しない│
 │  ものとされてい│ │  ものと推定さ│ │  特別目的会社│
 │  る特別目的会社│ │  れた特別目的会│ │           │
 │           │ │  社(開示対象特│ │           │
 │           │ │  別目的会社)  │ │           │
 └─────────┘ └─────────┘ └─────────┘
 ←─────────────────────→
   連結会計基準第7項(1)から(3)のいずれかに該当するもの。
```

（出典）ASBJ「一定の特別目的会社に係る開示に関する適用指針」11

2）注記事項

　開示対象特別目的会社がある場合には、開示対象特別目的会社の概要、開示対象特別目的会社との取引の概要及び取引金額その他重要な事項を記載することが求められている（連結財規13 Ⅱ ④、連結財規ガイドライン13の2-4、財規ガイドライン8の9-2）。ただし、重要性が乏しいものは注記を省略することができる。

A　開示対象特別目的会社の概要

　開示対象特別目的会社の概要には、次の事項を含むものとされている。

　a　開示対象特別目的会社の数

　b　主な法形態

　c　会社との関係（開示対象特別目的会社の議決権に対する会社の所有割合、会社の役員の開示対象特別目的会社の代表取締役、取締役又はこれらに準ずる役職への就任状況等）

B　開示対象特別目的会社との取引の概要

開示対象特別目的会社との取引の概要には、次の事項を含むものとされている。

　a　取引の状況（主な対象資産等の種類、主な取引形態、開示対象特別目的会社への継続的な関与がある場合にはその概要、将来における損失負担の可能性等）

　b　取引の目的についての記載

C　取引金額及びその他の重要な事項

取引金額及びその他の重要な事項としては、次の事項を記載することとされている。

　a　当連結会計年度における会社と開示対象特別目的会社との間の主な取引（開示対象特別目的会社相互間の取引を含む）の金額又は当連結会計年度末残高

　b　当連結会計年度における主な損益計上額

　c　開示対象特別目的会社の直近の決算日における財政状態（主な資産及び負債の金額並びに資産総額及び負債総額をいう）

　d　上記に係る補足説明

これらの事項については、類似の取引又は対象資産その他の区分ごとに概括的に記載するものとし、当該区分ごとに、重要性の乏しいものについては、記載を省略することができる。また、開示対象特別目的会社の直近の決算日における財政状態については、単純合算して記載することができるものとする。

8.3.18　1株当たり情報

[注記例]

（1株当たり情報）

前連結会計年度 （自　平成×4年4月 1 日 　至　平成×5年3月31日）	当連結会計年度 （自　平成×5年4月 1 日 　至　平成×6年3月31日）
1株当たり純資産額　　　　2,404.77円	1株当たり純資産額　　　　2,520.96円
1株当たり当期純利益金額　　87.51円	1株当たり当期純利益金額　　133.67円
なお、潜在株式調整後1株当たり当期純利益金額については、潜在株式が存在しないため記載していない。	なお、潜在株式調整後1株当たり当期純利益金額については、潜在株式が存在しないため記載していない。

（注）1株当たり当期純利益金額の算定上の基礎は、以下のとおりである。

	前連結会計年度 （自　平成×4年4月 1 日 　至　平成×5年3月31日）	当連結会計年度 （自　平成×5年4月 1 日 　至　平成×6年3月31日）
当期純利益（百万円）	4,375	6,650
普通株主に帰属しない金額（百万円）	―	―
普通株式に係る当期純利益（百万円）	4,375	6,650
期中平均株式数（千株）	50,000	49,755

2．1株当たり純資産額の算定上の基礎は、以下のとおりである。

	前連結会計年度末 （平成×5年3月31日）	当連結会計年度末 （平成×6年3月31日）
純資産の部の合計額（百万円）	120,316	130,537
純資産の部の合計額から控除する金額（百万円）	78	5,107
（うち少数株主持分）	(78)	(5,107)
普通株式に係る期末の純資産額（百万円）	120,238	125,430

1株当たり純資産額の算定に用いられた期末の普通株式の数（千株）	50,000	49,755

　1株当たり情報には、大別して1株当たり純資産額及び1株当たり当期純利益（損失）の注記があり、その計算方法等については次の会計基準等において説明されている。

　　・企業会計基準第2号「1株当たり当期純利益に関する会計基準」
　　・企業会計基準適用指針第4号「1株当たり当期純利益に関する会計基準の適用指針」
　　・実務対応報告第9号「1株当たり当期純利益に関する実務上の取扱い」

１）1株当たり純資産額
　①　1株当たり純資産額の算定
　　　1株当たり純資産額の算定方法は、「1株当たり当期純利益に関する会計基準の適用指針」において定められており、以下の算定式により算定する。

$$1株当たり純資産額 = \frac{普通株式に係る期末の純資産額}{期末の普通株式の発行済株式数 - 期末の普通株式の自己株式数}$$

　　a　普通株式に係る期末の純資産額
　　　　普通株式に係る純資産額は、連結貸借対照表の純資産の部の合計から以下の金額を控除して算定する。
　　　・新株式申込証拠金
　　　・自己株式申込証拠金
　　　・普通株式よりも配当請求権又は残余財産分配請求権が優先的な株式の払込金額（当該優先的な株式に係る資本金及び資本剰余金の合計額）
　　　・当該会計期間に係る剰余金の配当であって普通株主に関連しない金額

・新株予約権
・少数株主持分
　b　期末の普通株式の自己株式数
　　1株当たり純資産額を算定する際に控除する自己株式数には、親会社が保有する自己株式だけでなく、子会社及び関連会社が保有する親会社等（子会社においては親会社、関連会社においては当該会社に対して持分法を適用する投資会社）の発行する普通株式数のうち、親会社等の持分に相当する株式数を含めることが必要である。
② 1株当たり純資産額の注記
　1株当たり情報として、1株当たり純資産額を注記することが求められている（連結財規44の2）。
　また、1株当たり純資産の算定上の基礎として、次の事項を記載することが望ましい。
　a　連結貸借対照表の純資産の部の合計額と1株当たり純資産額の算定に用いられた普通株式に係る連結会計年度末の純資産額との差額の主な内訳
　b　1株当たり純資産額の算定に用いられた連結会計年度末の普通株式の数の種類別の内訳
　　当連結会計年度において株式併合又は株式分割が行われた場合には、その旨及び前連結会計年度の開始の日に当該株式併合又は株式分割が行われたと仮定した場合における前連結会計年度の1株当たり純資産額を注記することが望ましい。また、連結貸借対照表日後に株式併合又は株式分割が行われた場合には、重要な後発事象として、その旨及び前連結会計年度の開始の日に当該株式併合又は株式分割が行われたと仮定した場合における前連結会計年度及び当連結会計年度の1株当たり純資産額を注記することを妨げないとされている。

2）1株当たり当期純利益（損失）

① 1株当たり当期純利益又は1株当たり当期純損失の算定方法

1株当たり当期純利益又は1株当たり当期純損失の算定方法は、「1株当たり当期純利益に関する会計基準」において次のように定められている。

$$1株当たり当期純利益 = \frac{普通株式に係る当期純利益（*1）}{普通株式の期中平均株式数（*2）}$$

（*1）普通株式に係る当期純利益＝連結損益計算書の当期純利益－普通株主に帰属しない金額

（*2）普通株式の期中平均株式数＝普通株式の期中平均発行済株式数－普通株式の期中平均自己株式数

また、連結損益計算書上、当期純損失の場合にも、当期純利益の場合と同様に、1株当たり当期純損失を算定することとなる。

a 普通株式に係る当期純利益

普通株式に係る当期純利益は、連結損益計算書の当期純利益から、剰余金の配当に関連する項目で普通株主に帰属しない金額を控除して算定する。

b 普通株式の期中平均株式数

普通株式の期中平均株式数は、普通株式の期中平均株式数から期中平均自己株式数を控除して算定する。連結財務諸表において1株当たり当期純利益を算定する際の「自己株式数」は、1株当たり純資産の算定と同様に、子会社及び関連会社が保有する親会社等の発行する普通株式数のうち、親会社等の持分に相当する株式数を含める。

② 1株当たり当期純利益の注記

1株当たり情報として、1株当たり当期純利益金額及び当期純損失金額に加え、当該金額の算定上の基礎を注記することが求められている（連結財規65の2）。

金額の算定上の基礎としては、次の事項を記載する必要がある（連結財

規ガイドライン65の2、財規ガイドライン95の5の2-1)。
- a　連結損益計算書上の当期純利益金額又は当期純損失金額、1株当たり当期純利益金額又は当期純損失金額の算定に用いられた普通株式に係る当期純利益金額又は当期純損失金額及びこれらの差額（普通株主に帰属しない金額）の主な内訳
- b　1株当たり当期純利益金額又は当期純損失金額の算定に用いられた普通株式及び普通株式と同等の株式の期中平均株式数の種類別の内訳

なお、当連結会計年度において株式併合又は株式分割が行われた場合には、次の事項を記載しなければならない（連結財規65の2、財規95の5の2）。

・株式併合又は株式分割が行われた旨
・前連結会計年度の開始の日に当該株式併合又は株式分割が行われたと仮定した場合における前連結会計年度に係る1株当たり当期純利益金額又は当期純損失金額及び潜在株式調整後1株当たり当期純利益金額

また、連結貸借対照表日後に株式併合又は株式分割が行われた場合には、重要な後発事象として次の事項を注記しなければならない。

・株式併合又は株式分割が行われた旨
・前連結会計年度の開始の日に当該株式併合又は株式分割が行われたと仮定した場合における前連結会計年度に係る1株当たり当期純利益金額又は当期純損失金額及び潜在株式調整後1株当たり当期純利益金額
・当連結会計年度の開始の日に当該株式併合又は株式分割が行われたと仮定した場合における当連結会計年度に係る1株当たり当期純利益金額又は当期純損失金額及び潜在株式調整後1株当たり当期純利益金額

ただし、当連結会計年度において、潜在株式が存在しない場合、潜在株式調整後1株当たり当期純利益金額が1株当たり当期純利益金額を下回らない場合及び1株当たり当期純損失金額の場合には、その旨を記載し、当連結会計年度に係る潜在株式調整後1株当たり当期純利益金額の記載は要しないものとする。

3）潜在株式調整後1株当たり当期純利益

　潜在株式に係る権利の行使を仮定することにより算定した1株当たり当期純利益のことを、潜在株式調整後1株当たり当期純利益という。ここで、潜在株式とは、その保有者が普通株式を取得することができる権利若しくは普通株式への転換請求権又はそれに準じる権利が付された証券又は契約をいい、例えばワラントや転換証券が含まれる。

　潜在株式調整後1株当たり当期純利益が、1株当たり当期純利益を下回る場合に、当該潜在株式は希薄化効果を有するものとなる。

① 潜在株式調整後1株当たり当期純利益の算定

　潜在株式調整後1株当たり当期純利益は、次の計算式で算定する。

$$\text{潜在株式調整後1株当たり当期純利益} = \frac{\text{普通株式に係る当期純利益} + \text{当期純利益調整額}(\ast 1)}{\text{普通株式の期中平均株式数} + \text{普通株式増加数}(\ast 2)}$$

（＊1）普通株式に係る当期純利益に希薄化効果を有する各々の潜在株式に係る当期純利益調整額
（＊2）希薄化効果を有する各々の潜在株式に係る権利の行使を仮定したことによる普通株式の増加数

② 潜在株式調整後1株当たり当期純利益の注記

　潜在株式調整後1株当たり当期純利益の額及び当該金額の算定上の基礎は、1株当たり当期純利益金額又は当期純損失額の次に記載しなければならない。

　金額の算定上の基礎としては、次の事項を記載する必要がある（連結財規ガイドライン65の2、財規ガイドライン95の5の2－2）。

　a　潜在株式調整後1株当たり当期純利益金額の算定に用いられた当期純利益調整額の主な内訳
　b　潜在株式調整後1株当たり当期純利益金額の算定に用いられた普通株式増加数の主な内訳

c 希薄化効果を有しないため、潜在株式調整後1株当たり当期純利益金額の算定に含まれなかった潜在株式については、その旨、潜在株式の種類及び潜在株式の数

なお、次の場合は、その旨を開示し、潜在株式調整後1株当たり当期純利益の開示は行わない。
・潜在株式が存在しない場合
・潜在株式が存在しても希薄化効果を有しない場合
・1株当たり当期純損失の場合

8.3.19　重要な後発事象

後発事象とは、決算日後に発生した会社の財政状態、経営成績及びキャッシュ・フローの状況に影響を及ぼす会計事象をいい、監査対象となる後発事象は、監査報告書日までに発生した後発事象のことをいう。後発事象の取扱いについては、監査・保証実務委員会報告第76号「後発事象に関する監査上の取扱い」が参考となる。後発事象は、修正後発事象と開示後発事象の2つの類型に分類される。

1）修正後発事象

修正後発事象とは、発生した事象の実質的な原因が決算日現在において既に存在しているため、財務諸表の修正を行う必要がある事象をいう。このような事象は、決算日現在の状況に関連する会計上の判断ないし見積りをする上で、追加的ないしより客観的な証拠を提供するものであって、これによって当該事象が発生する以前の段階における判断又は見積りを修正する必要が生ずる場合がある。例えば、決算日後に生じた販売先の倒産により、決算日においてすでに売掛債権に損失が存在していたことが裏付けられた場合には、貸倒引当金を追加計上する必要がある。

2）開示後発事象

開示後発事象とは、発生した事象が翌連結会計年度以降の財務諸表に影響を及ぼすため、財務諸表に注記を行う必要がある事象をいう。開示すべき後発事象を判断するに当たっては、次の3つの要素に留意する必要がある。

A　翌事業年度以降の財政状態、経営成績及びキャッシュ・フローの状況に影響を及ぼす事象であること

「財政状態、経営成績及びキャッシュ・フローの状況に影響を及ぼす事象」であることから、対象となるのは会計事象となる。また、翌連結会計年度以降の財務諸表に直接影響を及ぼす既発生事象のほか、影響を及ぼすことが確実に予想される事象を含む。なお、連結財務諸表によって開示される財務情報には、財政状態、経営成績及びキャッシュ・フローの状況を補足して説明するための注記事項も含まれる。

B　財政状態、経営成績及びキャッシュ・フローの状況に重要な影響を及ぼす事象であること

「重要な影響を及ぼす事象」とは、経営活動の中で臨時的、非経常的に生ずる事象であって、その影響が質的・金額的に重要性があるものである。

C　決算日後に発生した事象であること

「発生」の時点は、次のように考えることができる。

事象の例	発生の時点
新株の発行等のように会社の意思決定により進めることができる事象	当該意思決定があったとき
合併のように会社が他の会社等との合意等に基づいて進めることができる事象	当該合意等の成立又は事実の公表があったとき
災害事故等のように会社の意思に関係のない事象	当該事象の発生日又は当該事象を知ったとき

3）継続企業の前提に重要な疑義を生じさせるような事象又は状況を後発事象として開示する場合の取扱い

決算日後に継続企業の前提に重要な疑義を生じさせる事象又は状況が発生

した場合であって、当該事象又は状況を解消し、又は改善するための対応をしてもなお継続企業の前提に関する重要な不確実性が認められ、翌連結会計年度以降の財政状態、経営成績及びキャッシュ・フローの状況に重要な影響を及ぼす場合には、当該事象又は状況を後発事象として取り扱い、次の事項を注記する。

A　当該事象又は状況が発生した旨及びその内容
B　当該事象又は状況を解消し、又は改善するための対応策
C　継続企業の前提に関する重要な不確実性が認められる旨及びその理由

　重要な後発事象に該当する事象のうち、決算日において既に存在していた状態で、その後その状態が一層明白になったものについては、継続企業の前提に関する注記の要否を検討する必要がある。

　連結決算日後、連結会社並びに持分法が適用される非連結子会社及び関連会社の翌連結会計年度以降の財政状態、経営成績及びキャッシュ・フローの状況に重要な影響を及ぼす事象（重要な後発事象）が発生したときは、当該事象を注記する必要がある（連結財規14の2）。ただし、その事業年度の末日が連結決算日と異なる子会社及び関連会社については、当該子会社及び関連会社の貸借対照表日後に発生した当該事象を注記しなければならないことに留意する。

4）注記の対象となる開示後発事象

　「後発事象に関する監査上の取扱い」［付表2］において、開示後発事象の開示内容の例示が示されている。ただし、これらがすべて注記対象となるわけではなく、上述した要件を満たすものであるかなど、実態に応じて判断する必要がある。また、一方で以下に示されている事象はすべての開示後発事象を網羅しているものではないため、下表に掲げられている例示以外の事象であっても、翌連結会計年度以降の財政状態、経営成績及びキャッシュ・フローの状況に重要な影響を及ぼす後発事象については、開示する必要があることに留意が必要である。

図表8-6　開示後発事象の開示内容の例示

事象	事象発生の時期	開示する事項
1. 会社が営む事業に関する事象		
① 重要な事業の譲受	合意成立又は事実の公表のとき	1. その旨及び目的 2. 譲り受ける相手会社の名称 3. 譲り受ける事業の内容 4. 譲り受ける資産・負債の額 5. 譲受の時期 6. その他重要な特約等がある場合にはその内容
② 重要な事業の譲渡	合意成立又は事実の公表のとき	1. その旨及び理由 2. 譲渡する相手会社の名称 3. 譲渡する事業の内容、規模(直近期の売上高、生産高等) 4. 譲渡する資産・負債の額 5. 譲渡の時期 6. 譲渡価額 7. その他重要な特約等がある場合にはその内容
③ 重要な合併	合意成立又は事実の公表のとき	1. その旨及び目的 2. 合併する相手会社の名称 3. 合併の方法、合併後の会社の名称 4. 合併比率、合併交付金の額、合併により発行する株式の種類及び数、増加すべき資本・準備金・その他利益剰余金等の額、引き継ぐ資産・負債の額 5. 相手会社の主な事業の内容、規模(直近期の売上高、当期純利益、資産・負債及び純資産の額、従業員数等) 6. 合併の時期 7. 配当起算日 8. その他重要な特約等がある場合にはその内容

④重要な会社分割	取締役会等の決議があったとき	1. その旨及び理由 2. 会社分割する事業内容、規模（直近期の売上高、生産高等） 3. 会社分割の形態 4. 会社分割に係る分割会社又は承継会社の名称、当該会社の資産・負債及び純資産の額、従業員数等 5. 会社分割の時期 6. その他重要な事項がある場合にはその内容
⑤現物出資等による重要な部門の分離	取締役会等の決議があったとき	1. その旨及び理由 2. 部門分離の形態 3. 現物出資する資産等の内容 4. 現物出資等により設立する会社の名称、事業内容、資産・負債及び純資産の額、従業員数等 5. 現物出資等の時期 6. その他重要な事項がある場合にはその内容
⑥重要な事業からの撤退	取締役会等の決議があったとき	1. その旨及び理由 2. 撤退する事業の内容、規模（直近期の売上高、生産高等） 3. 撤退の時期 4. 撤退が営業活動等へ及ぼす重要な影響 5. その他重要な事項がある場合にはその内容
⑦重要な事業部門の操業停止	取締役会等の決議があったとき	1. その旨及び理由 2. 操業停止する部門の事業の内容、規模（直近期の売上高、生産高等） 3. 操業停止の時期、期間 4. 操業停止が営業活動等へ及ぼす重要な影響 5. その他重要な事項がある場合にはその内容

⑧ 重要な資産の譲渡	合意成立又は事実の公表のとき	1. その旨及び理由 2. 譲渡する相手会社の名称 3. 譲渡資産の種類、譲渡前の使途 4. 譲渡の時期 5. 譲渡価額 6. その他重要な特約等がある場合にはその内容
⑨ 重要な契約の締結又は解除	取締役会等の決議があったとき	1. その旨及び目的又は理由 2. 契約の相手会社の名称 3. 締結又は解除の時期 4. 契約の内容 5. 契約の締結又は解除が営業活動等へ及ぼす重要な影響 6. その他重要な事項があればその内容
⑩ 大量の希望退職者の募集	取締役会等の決議があったとき	1. その旨及び理由 2. 希望退職募集の対象者、募集人員 3. 募集期間 4. 希望退職による損失の見込額 5. その他重要な特約等がある場合にはその内容
⑪ 主要な取引先の倒産	倒産の事実を認知したとき	1. その旨及び倒産の原因 2. 当該取引先の名称、当該取引先との取引内容 3. 当該取引先の状況、負債総額 4. 当該取引先に対する債権の額 5. 当該取引先に対する保証債務の額 6. 当該倒産が営業活動等へ及ぼす重要な影響 7. その他重要な事項がある場合にはその内容
⑫ 主要な取引先に対する債権放棄	取締役会等の決議があったとき	1. その旨及び債権放棄に至った経緯 2. 当該取引先の名称、当該取引先との取引内容 3. 当該取引先の状況 4. 債権放棄の時期 5. 当該取引先に対する債権放棄の額

		6. 当該債権放棄が営業活動等へ及ぼす重要な影響 7. その他重要な事項がある場合にはその内容
⑬ 重要な設備投資	取締役会等の決議があったとき	1. その旨及び目的 2. 設備投資の内容 3. 設備の導入時期（着工、完成時期等） 4. 当該設備が営業・生産活動に及ぼす重要な影響 5. その他重要な事項がある場合にはその内容
⑭ 新規事業に係る重要な事象（出資、会社設立、部門設置等）	取締役会等の決議があったとき	1. その旨 2. 新規事業の内容 3. 新規事業開始の時期 4. 当該新規事業が営業活動に及ぼす重要な影響 5. その他重要な事項がある場合にはその内容
2. 資本の増減等に関する事象		
① 重要な新株の発行（新株予約権等の行使・発行を含む）	取締役会等の決議があったとき	1. その旨 2. 募集等の方法 3. 発行する株式の種類及び数、発行価額、発行総額、発行価額のうち資本へ組み入れる額 4. 発行のスケジュール 5. 新株の配当起算日 6. 資金の使途 7. その他重要な事項がある場合にはその内容
② 重要な資本金又は準備金の減少	取締役会等の決議があったとき	1. その旨及び目的 2. 資本金又は準備金の減少の方法 3. 減少する資本金又は準備金の額、減少する発行済株式数 4. 減資等のスケジュール

		5. その他重要な事項がある場合にはその内容
③ 重要な株式交換、株式移転	取締役会等の決議があったとき	1. その旨及び目的 2. 株式交換又は株式移転の方法及び内容 3. 株式交換又は株式移転の時期 4. その他重要な事項がある場合にはその内容
④ 重要な自己株式の取得	取締役会等の決議があったとき	1. その旨及び理由 2. 取得の方法、取得する株式の数、取得価額 3. 取得の時期 4. その他重要な事項がある場合にはその内容
⑤ 重要な自己株式の処分（ストック・オプション等を含む）	取締役会等の決議があったとき	1. その旨及び理由 2. 処分の方法、処分する株式の数、処分価額 3. 処分の時期、期間 4. その他重要な事項がある場合にはその内容
⑥ 重要な自己株式の消却	取締役会等の決議があったとき	1. その旨及び理由 2. 消却の方法、消却する株式の数 3. 消却の時期 4. その他重要な事項がある場合にはその内容
⑦ 重要な株式併合又は株式分割	取締役会等の決議があったとき	1. その旨及び目的 2. 株式併合又は株式分割の割合 3. 株式併合又は株式分割の時期 4. 一株当たり情報に及ぼす影響 5. その他重要な事項がある場合にはその内容
3. 資金の調達又は返済等に関する事象		
① 多額な社債の発行	取締役会等の決議があったとき	1. その旨 2. 発行する社債の種類及び数、発行価

		額、発行総額、利率、償還方法、償還期間 3. 新株予約権付社債の新株予約権の内容 4. 発行の時期 5. 担保の内容 6. 資金の使途 7. その他重要な特約等がある場合にはその内容
② 多額な社債の買入償還又は繰上償還（デット・アサンプションを含む）	取締役会等の決議があったとき	1. その旨及び目的 2. 償還する社債の種類、銘柄、償還額 3. 償還の方法、償還の時期 4. 償還のための資金調達の方法 5. 社債の減少による支払利息の減少見込額 6. その他重要な特約等がある場合にはその内容
③ 借換え又は借入条件の変更による多額な負担の増減	合意成立又は事実の公表のとき	1. その旨及び目的 2. 借入先の名称 3. 借換え又は条件変更の内容（金利、期間等） 4. 借換え又は条件変更の実施時期又は期間 5. 借換え又は条件変更による影響（借入利息の増減見込額等） 6. その他重要な特約等がある場合にはその内容
④ 多額な資金の借入	合意成立又は事実の公表のとき	1. その旨及び使途 2. 借入先の名称 3. 借入金額、借入条件（利率、返済条件等） 4. 借入の実施時期、返済期限 5. 担保提供資産又は保証の内容 6. その他重要な特約等がある場合にはその内容

4. 子会社等に関する事象		
① 子会社等援助のための多額な負担の発生	取締役会等の決議があったとき	1. その旨及び理由 2. 援助する相手会社の名称 3. 援助の内容（債権放棄、金利たな上げ、増資払込み、債務肩代り等）、金額、及び実施時期 4. その他重要な事項がある場合にはその内容
② 重要な子会社等の株式の売却	合意成立又は事実の公表のとき	1. その旨及び理由 2. 売却する相手会社の名称 3. 売却の時期 4. 当該子会社等の名称、事業内容及び会社との取引内容 5. 売却する株式の数、売却価額、売却損益及び売却後の持分比率 6. その他重要な特約等がある場合にはその内容
③ 重要な子会社等の設立	取締役会等の決議があったとき	1. その旨及び目的 2. 設立する会社の名称、事業内容、規模 3. 設立の時期 4. 取得する株式の数、取得価額及び取得後の持分比率等 5. その他重要な事項がある場合にはその内容
④ 株式取得による会社等の買収	合意成立又は事実の公表のとき	1. その旨及び目的 2. 株式取得の相手会社の名称 3. 買収する会社の名称、事業内容、規模 4. 株式取得の時期 5. 取得する株式の数、取得価額及び取得後の持分比率 6. 取得価値額が多額な場合には、支払資金の調達及び支払方法 7. その他重要な特約等がある場合にはその内容

⑤ 重要な子会社等の解散・倒産	取締役会等の決議があったとき又は解散・倒産の事実を認知したとき	1. その旨及び理由 2. 当該子会社等の名称、事業内容、持分比率等 3. 解散・倒産時期 4. 子会社等の状況、負債総額 5. 当該解散・倒産による会社の損失見込額 6. 当該解散・倒産が営業活動等へ及ぼす重要な影響
5. 会社の意思にかかわりなく蒙ることとなった損失に関する事象		
① 火災、震災、出水等による重大な損害の発生	火災、震災、出水等による損害の発生を認知したとき	1. その旨 2. 被害の状況 3. 損害額 4. 復旧の見通し 5. 当該災害が営業活動等に及ぼす重要な影響 6. その他重要な事項がある場合にはその内容
② 外国における戦争の勃発等による重大な損害の発生	戦争の勃発等による損害の発生を認知したとき	1. その旨及び戦争の状況 2. 被害の状況 3. 損害額 4. 当該戦争が営業活動等に及ぼす重要な影響 5. その他重要な事項がある場合にはその内容
③ 不祥事等を起因とする信用失墜に伴う重大な損失の発生	不祥事等を起因とする信用失墜に伴う損失が生ずる可能性を認知したとき	1. その旨 2. 信用失墜の状況 3. 損失の程度 4. 営業活動等に及ぼす重要な影響 5. その他重要な事項がある場合にはその内容
6. その他		
① 重要な経営改善策又は計画の決定（デッ	取締役会等の決議があったとき	1. その旨 2. 計画の内容

ト・エクイティ・スワップを含む）		3. 計画の実施時期 4. 当該計画が営業活動等に及ぼす重要な影響 5. その他重要な事項がある場合にはその内容
② 重要な係争事件の発生又は解決	訴えが提起されたとき又は解決したとき	1. その旨 2. 事件の内容、相手の名 3. 損害賠償請求額、その他の要求の内容 4. 事件に対する会社の意見 5. 裁判又は交渉の進展状況 6. 判決、和解、示談の成立等があった場合にはその内容 7. その他重要な事項がある場合にはその内容
③ 重要な資産の担保提供	合意成立又は事実の公表のとき	1. その旨及び理由 2. 担保提供の目的、提供期間 3. 担保提供資産の種類及び簿価 4. その他重要な特約等がある場合にはその内容
④ 投資に係る重要な事象（取得、売却等）	取締役会等の決議があったとき又は発生原因となる事実を認知したとき	1. その旨 2. その内容 3. 損益に及ぼす重要な影響 4. その他重要な事項がある場合にはその内容
連結財務諸表固有の後発事象		
① 重要な連結範囲の変更	連結範囲の変更に係る意思決定を行ったとき	1. その旨 2. 変更による影響 3. その他重要な事項がある場合にはその内容
② セグメント情報に関する重要な変更	セグメント情報に関する変更に係る意思決定を行ったとき	1. その旨 2. 変更による影響 3. その他重要な事項がある場合にはその内容

| ③ 重要な未実現損益の実現 | 未実現損益の実現をもたらす事象が発生したとき | 1. その旨
2. 実現する額
3. その他重要な事項がある場合にはその内容 |

（出典）監査・保証実務委員会報告第76号「後発事象に関する監査上の取扱い」

8.4　関連当事者注記

　平成20年4月1日以後開始する連結会計年度から、企業会計基準第11号「関連当事者の開示に関する会計基準」（以下「関連当事者会計基準」という）及び企業会計基準適用指針第13号「関連当事者の開示に関する会計基準の適用指針」（以下「関連当事者適用指針」という）が適用されている。

　関連当事者注記は、まず「関連当事者」の範囲を理解し、関連当事者取引の開示が必要とされる意義を知ることが重要である。そのうえで、有価証券報告書における関連当事者注記の開示対象となる取引を選定し、投資家に有用な情報を開示する。

8.4.1　「関連当事者」の範囲

1) 関連当事者とは

　「関連当事者」とは、ある当事者が他の当事者を支配しているか、又は、他の当事者の財務上及び業務上の意思決定に対して重要な影響力を有している場合の当事者等をいう（関連当事者会計基準5（3））。関連当事者とされるのは、**図表8-7**に掲げる者である。なお、連結財務諸表上は、連結子会社を除く。

　関連当事者は会社などの法人だけでなく、以下に示したように役員の近親者など個人的な関係者まで含まれているため、関連当事者の存在を網羅的に把握することが困難である。実務上は、親会社及び子会社の役員に必要事項

を記入してもらうアンケートを実施するなどして、情報収集することが考えられる。

　また、関連当事者の範囲は、形式的に判定するのではなく、実質的に判定する必要があることに留意する（関連当事者会計基準17）。

図表8-7　関連当事者

①　親会社
②　子会社
③　財務諸表作成会社と同一の親会社をもつ会社
④　財務諸表作成会社が他の会社の関連会社である場合における当該他の会社（その他の関係会社）並びに当該その他の関係会社の親会社及び子会社
⑤　関連会社及び当該関連会社の子会社
⑥　財務諸表作成会社の主要株主及びその近親者
⑦　財務諸表作成会社の役員及びその近親者
⑧　親会社の役員及びその近親者
⑨　重要な子会社の役員及びその近親者
⑩　⑥から⑨に掲げる者が議決権の過半数を自己の計算において所有している会社及びその子会社
⑪　従業員のための企業年金（企業年金と会社の間で掛金の拠出以外の重要な取引を行う場合に限る）

　関連当事者の範囲の説明の中に出てくる用語のうち、ポイントとなる用語の意味は以下のとおりである。

用　語	意　味
主要株主	自己又は他人の名義をもって総株主の議決権の10％以上を保有している株主。 　信託業を営む者が信託財産として株式を保有している場合、証券業を営む者が引受け又は売出しを行う業務により株式を保有している場合及び証券金融会社がその業務として株式を保有し

	ている場合については、その保有態様から、これらの者は主要株主には該当しない。
役員	取締役、会計参与、監査役、執行役又はこれらに準ずる者。 「これらに準ずる者」とは、例えば相談役、顧問、執行役員その他これに類する者であって、その会社内における地位や職務等からみて実質的に会社に強い影響を及ぼしていると認められる者をいい、実質的に判定する。
近親者	二親等以内の親族 　　（配偶者、父母、兄弟、姉妹、祖父母、子、孫及び配偶者の父母、兄弟、姉妹、祖父母並びに兄弟、姉妹、子、孫の配偶者）

　また、近親者とは二親等以内の親族とされているが、参考までに**図表8-8**において二親等以内の親族の範囲を示しておく。

図表8-8　二親等以内の親族

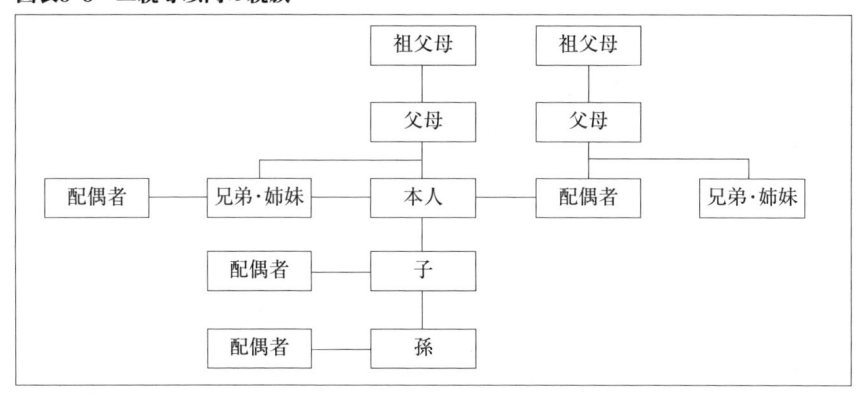

```
                  ┌─────┐  ┌─────┐
                  │ 祖父母 │  │ 祖父母 │
                  └───┬───┘  └───┬───┘
                      │          │
                  ┌───┴───┐  ┌───┴───┐
                  │  父母  │  │  父母  │
                  └───┬───┘  └───┬───┘
                      │          │
┌─────┐  ┌───────┐  ┌─┴───┐  ┌───┴───┐  ┌───────┐
│配偶者│─│兄弟・姉妹│─│ 本人 │─│ 配偶者 │  │兄弟・姉妹│
└─────┘  └───────┘  └─┬───┘  └───────┘  └───────┘
                      │
         ┌───────┐  ┌─┴───┐
         │ 配偶者 │─│  子  │
         └───────┘  └─┬───┘
                      │
         ┌───────┐  ┌─┴───┐
         │ 配偶者 │─│  孫  │
         └───────┘  └─────┘
```

・重要な子会社の役員

　子会社の役員と連結会社との取引が、連結財務諸表に重要な影響を及ぼす場合もあることから、重要な子会社の役員も関連当事者の範囲に含まれている。

　一律に子会社の役員を関連当事者の範囲に含めると、会社グループ全体

の経営には必ずしも重要な影響を及ぼしていない者が含まれるだけでなく、役員の人数が非常に多くなり、過度な情報収集の負担を財務諸表作成者に強いることになりかねないなどといった弊害がある。そのため、関連当事者の開示の趣旨を踏まえ、会社グループの事業運営に強い影響力を持つ者が子会社の役員にいる場合には、当該役員も関連当事者とすることとなった。

・従業員のための企業年金

　我が国における従業員のための企業年金には、確定拠出年金制度、確定給付企業年金制度（規約型及び基金型）、適格退職年金制度、厚生年金基金制度などがあるが、いずれの場合でも、掛金の拠出を除き、会社と直接取引を行わないのが通常である。また、従業員のための企業年金に対する会社からの掛金の拠出（退職給付信託の設定を含む）は、関連当事者取引として開示を要請されるような取引ではないと考えられる。

　ただし、厚生年金基金及び基金型の確定給付企業年金が個別指図による運用を行い、会社と直接取引を行う場合や、厚生労働大臣の承認を受けた場合の借入を基金が会社から行う場合など、これらの取引に重要性がある場合には開示対象となることも考えられる。

　従業員のための企業年金との取引については、我が国においては関連当事者の開示対象となる取引が発生することは限定的と考えられるが、開示対象には海外子会社等も含まれるため、それぞれの国の企業年金制度に応じて、開示対象となる取引が存在するか否かを検討する必要があるとされている。

・共同支配投資企業及び共同支配企業

　平成20年12月に改正された「企業結合に関する会計基準」において、新たに共同支配投資企業と共同支配企業が定められたことを踏まえ、関連当事者に該当することが関連当事者会計基準上において明記された。共同支配投資企業はその他の関係会社、共同支配企業は関連会社に含まれることが明示されている。

2）関連当事者との取引

「関連当事者との取引」とは、会社と関連当事者との取引をいい、対価の有無にかかわらず、資源もしくは債務の移転、又は役務の提供をいう（関連当事者会計基準5（1））。関連当事者との取引には、関連当事者が第三者のために会社との間で行う取引や、会社と第三者との間の取引で関連当事者が当該取引に関して会社に重要な影響を及ぼしているものも含む。

関連当事者は、上記で説明したように会社と密接な関係にある者であり、場合によっては会社が異議を申し立てにくい相手である。そのため、会社と関連当事者との取引は対等な立場で行われているとは限らず、会社の財政状態や経営成績に影響を及ぼすことがある。また、直接の取引がない場合であっても、関連当事者の存在自体が会社の財政状態や経営成績に影響を及ぼすことがある。そこで、会社と関連当事者との取引や、関連当事者の存在が財務諸表に与えている影響を財務諸表利用者が把握できるように、適切な情報を提供するために、関連当事者との取引に関する情報開示が必要とされるのである。

3）開示対象となる関連当事者取引の範囲

一定の開示すべき関連当事者取引の範囲は、下記の**図表8-9**のイメージのとおりである。

図表8-9　開示すべき取引の範囲

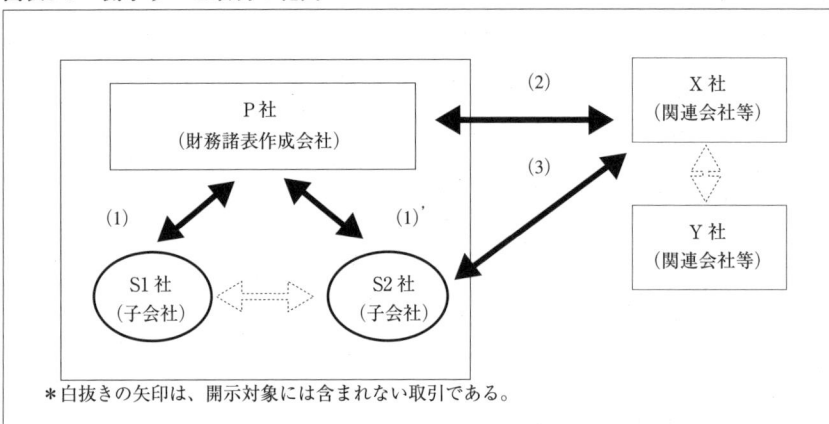

```
                                    (2)
          ┌──────────────────┐ ←――――――→  ┌──────────┐
          │      P社         │            │   X社    │
          │ (財務諸表作成会社) │            │(関連会社等)│
          │   ↑     ↑        │    (3)     └──────────┘
          │ (1)↓   ↓(1)'     │ ←――――――→       ⇅
          │  ┌──┐  ┌──┐      │            ┌──────────┐
          │  │S1社│ │S2社│   │            │   Y社    │
          │  │子会社│ │子会社│ │            │(関連会社等)│
          │  └──┘⇔└──┘      │            └──────────┘
          └──────────────────┘
```

＊白抜きの矢印は、開示対象には含まれない取引である。

(注) 関連当事者の範囲と開示対象取引
　① 関連当事者の範囲
　　　P社の個別財務諸表上：S1社、S2社、X社、Y社
　　　P社の連結財務諸表上：X社、Y社
　② 開示対象となる関連当事者との取引の範囲
　　ア．連結財務諸表作成会社の場合：現行の証券取引法関係規則では (2) のみ
　　　⇒ 本会計基準等では、(2)及び(3)
　　　◎ 連結財務諸表上は、P社、S1社、S2社が連結会社であり、これらと関連
　　　　当事者との取引が開示対象
　　イ．非連結財務諸表作成会社の場合：現行の証券取引法関係規則では (1)、(1)'、
　　　　(2)
　　　⇒ 本会計基準等でも同じ。(1)、(1)'及び(2)

(出典)「企業会計基準第11号「関連当事者の開示に関する会計基準」及び企業会計基準適
　　　用指針第13号「関連当事者の開示に関する会計基準の適用指針」の公表にあたって」

　開示対象となるのは、会社と関連当事者との取引のうち、重要な取引についてである（関連当事者会計基準6）。連結財務諸表においては、会社と関連当事者との取引だけでなく、**図表8-9**に記載したように連結会社と関連当事者との取引についても開示対象となることに留意が必要である。なお、資本取引や無償取引などについては、次のように考えられる。

・資本取引

資本取引については、開示対象の取引に含まれる。会社と関連当事者との間での増資の引受けや自己株式の取得などは開示対象の取引となるが、公募増資は取引条件が一般の取引と同様であることが明確な取引（4）参照）に該当するため、開示対象外の取引と考えられる。
・無償取引及び低廉な価格での取引
　関連当事者との無償取引（無利子貸付や寄付など）や、有償取引における低利貸付など取引金額が時価に比して著しく低い場合には、財務諸表に重要な影響を及ぼし、投資判断情報として重要な場合がある。重要性の判断を行う場合には、無償取引及び低廉な価格での取引については、実際の取引金額ではなく、第三者間取引であったと仮定した場合の金額を見積った上で重要性の判断を行うこととされている。

4）開示の対象外となる取引
　関連当事者との取引のうち、開示対象外となるのは、次のようなものである（関連当事者会計基準9、34）。
・一般競争入札による取引並びに預金利息及び配当の受取りその他取引の性質からみて取引条件が一般の取引と同様であることが明白な取引
・役員に対する報酬、賞与及び退職慰労金の支払い
・連結財務諸表を作成するにあたって相殺消去した取引
・連結会社が直接かかわらない関連当事者同士の取引

5）開示対象期間
　連結会計年度の途中において関連当事者に該当することとなった場合、又は関連当事者に該当しなくなった場合には、関連当事者であった期間中の取引が開示対象となる（関連当事者適用指針6）。
　また、例えば、期末に子会社を取得（みなし取得を含む）し、貸借対照表のみを連結している場合で、取得前の期間において関連当事者に該当する場合には、当該会社との取引は連結財務諸表上相殺消去されていないため、関

連当事者との取引の開示対象となることに留意が必要である。

8.4.2　関連当事者の注記内容

1）関連当事者との取引に関する開示

　　開示対象となる関連当事者との取引がある場合、原則として個々の関連当事者ごとに、以下の項目を開示する（関連当事者会計基準10）。

---
① 関連当事者の概要
② 会社と関連当事者との関係
③ 取引の内容。なお、形式的・名目的には第三者との取引である場合は、形式上の取引先名を記載した上で、実質的には関連当事者との取引である旨を記載する。
④ 取引の種類ごとの取引金額
⑤ 取引条件及び取引条件の決定方針
⑥ 取引により発生した債権債務に係る主な科目別の期末残高
⑦ 取引条件の変更があった場合は、その旨、変更内容及び当該変更が財務諸表に与えている影響の内容
⑧ 関連当事者に対する貸倒懸念債権及び破産更生債権等に係る情報（貸倒引当金繰入額、貸倒損失等）。なお、関連当事者の種類ごとに合算して記載することができる。

　　連結財規により開示が求められている関連当事者との取引に関する注記は、具体的には以下の項目についてである（連結財規15の4の2）。
　A　当該関連当事者が会社等の場合
　　・その名称
　　・所在地
　　・資本金又は出資金
　　・事業の内容
　　・当該関連当事者の議決権に対する当該連結財務諸表提出会社の所有割合

又は当該連結財務諸表提出会社の議決権に対する当該関連当事者の所有
　　　割合
　B　当該関連当事者が個人の場合
　　・その氏名
　　・職業
　　・当該連結財務諸表提出会社の議決権に対する当該関連当事者の所有割合
　C　当該連結財務諸表提出会社と当該関連当事者との関係
　D　取引の内容
　E　取引の種類別の取引金額
　F　取引条件及び取引条件の決定方針
　G　取引により発生した債権債務に係る主な科目別の期末残高
　H　取引条件の変更があった場合には、その旨、変更の内容及び当該変更が
　　　連結財務諸表に与えている影響の内容
　I　関連当事者に対する債権が貸倒懸念債権又は破産更生債権等に区分され
　　　ている場合には、次に掲げる事項
　　　a　当連結会計年度末の貸倒引当金残高
　　　b　当連結会計年度に計上した貸倒引当金繰入額等
　　　c　当連結会計年度に計上した貸倒損失等（一般債権に区分されていた場
　　　　合において生じた貸倒損失を含む）
　J　関連当事者との取引に関して、貸倒引当金以外の引当金が設定されてい
　　　る場合において、注記することが適当と認められるものについては、Iに
　　　準ずる事項

2）関連当事者の存在に関する開示
　　親会社又は重要な関連会社が存在する場合には、次の事項を開示する（関
　連当事者会計基準11）。

> ① 親会社が存在する場合には、親会社の名称等
> ② 重要な関連会社が存在する場合には、その名称及び関連会社の要約財務情報。なお、要約財務情報は、合算して記載することができる。

　A　親会社の名称等

　　親会社の存在の有無は、投資家が投資の意思決定をするにあたって有用な情報であると考えられるため、親会社の名称等の開示が求められている。

　B　重要な関連会社の財務情報

　　重要な関連会社への投資については、持分法で開示されているが、重要な関連会社の業績が悪化した場合には、その企業集団の財政状態や経営成績に多大な影響を及ぼす可能性があるため、関連会社の財務情報の開示が有用である。

　連結財規により開示が求められている親会社及び重要な関連会社に関する注記は、具体的には以下の項目についてである（連結財規15の4の3）。

(a) 親会社
　・当該親会社の名称
　・その発行する有価証券を金融商品取引所に上場している場合にあってはその旨及び当該金融商品取引所の名称
　・その発行する有価証券を金融商品取引所に上場していない場合にあってはその旨

(b) 重要な関連会社
　・当該関連会社の名称
　・持分法による投資利益又は持分法による投資損失の金額の算定対象となった当該関連会社の貸借対照表及び損益計算書における次に掲げる項目の金額
　　　a　貸借対照表項目（流動資産合計、固定資産合計、流動負債合計、固定負債合計、純資産合計その他の重要な項目をいう）

b　損益計算書項目（売上高、税引前当期純利益金額又は税引前当期純損失金額、当期純利益金額又は当期純損失金額その他の重要な項目をいう）

　上記a、bの金額については、次の方法により記載することができるが、その場合にはその旨を記載しなければならない。
・重要な関連会社について合算して記載する方法
・持分法による投資利益又は持分法による投資損失の金額の算定対象となった関連会社について合算して記載する方法

3 ）重要性の判定

　会社と関連当事者との取引のうち、開示対象となるのは重要な取引についてである。重要性の判定は、以下の判断基準に基づいて行う。

　A　関連当事者の重要性の判断に係るグループ区分

　　関連当事者は以下の4つのグループに区分し、開示に際しては各グループに適用される重要性の判断基準に従って開示の要否を判定する（関連当事者適用指針13）。その結果開示を要する事項について、当該各グループ順に並べて開示する。

　　また、重要性の判断は、原則として各関連当事者との取引（類似・反復取引についてはその合計）ごとに行う必要がある（関連当事者適用指針14）。

グループ	開示事項
(1)　親会社及び法人主要株主等（財務諸表作成会社の上位に位置する法人のグループ）	①　親会社 ②　財務諸表作成会社が他の会社の関連会社である場合における当該他の会社（その他の関係会社）及び当該その他の関係会社の親会社 ③　財務諸表作成会社の主要株主（法人）
(2)　関連会社等（財務諸表作成会社の下位に位	①　子会社 ②　関連会社及び当該関連会社の子会社

置する法人のグループ)	③	従業員のための企業年金（企業年金と会社の間で掛金の拠出以外の重要な取引を行う場合に限る）
(3) 兄弟会社等（財務諸表作成会社の上位に位置する法人の子会社のグループ）	① ② ③	財務諸表作成会社と同一の親会社をもつ会社 その他の関係会社の子会社 財務諸表作成会社の主要株主（法人）が議決権の過半数を自己の計算において所有している会社及びその子会社
(4) 役員及び個人主要株主等（財務諸表作成会社の役員・個人主要株主等のグループ）	① ② ③ ④ ⑤	財務諸表作成会社の主要株主（個人）及びその近親者 財務諸表作成会社の役員及びその近親者 親会社の役員及びその近親者 重要な子会社の役員及びその近親者 ①から④に掲げる者が議決権の過半数を自己の計算において所有している会社及びその子会社

B　関連当事者が法人の場合

関連当事者が法人グループ（Aの(1)から(3)）である場合、以下の関連当事者との取引を開示対象とする（関連当事者適用指針15）。

取引種類	重要性の判断
連結損益計算書項目に属する科目に係る関連当事者との取引	① 売上高、売上原価、販売費及び一般管理費 　売上高又は売上原価と販売費及び一般管理費の合計額の10％を超える取引 ② 営業外収益、営業外費用 　営業外収益又は営業外費用の合計額の10％を超える損益に係る取引（その取引総額を開示し、取引総額と損益が相違する場合には損益を併せて開示する） ③ 特別利益、特別損失 　1,000万円を超える損益に係る取引（その取引総額を開示し、取引総額と損益が相違する場合には損益を併せて開示する） 　ただし、②及び③の各項目に係る関連当事者との取引については、上記判断基準により開示対象となる場合であっても、その取引総額が、税金等調整前当期純損益又は最近5年間の平均の税金等調整前当期純損益（当該期間中に税金等調整前当期純利益と税金等調整前当期純損失がある

	場合には、原則として税金等調整前当期純利益が発生した年度の平均とする）の10％以下となる場合には、開示を要しないものとする。
連結貸借対照表項目に属する科目の残高及びその注記事項に係る関連当事者との取引並びに債務保証等及び担保提供又は受入れ	① その金額が総資産の1％を超える取引 ② 資金貸借取引、有形固定資産や有価証券の購入・売却取引等については、それぞれの残高が総資産の1％以下であっても、取引の発生総額（資金貸付額等）が総資産の1％を超える取引（ただし、取引が反復的に行われている場合や、その発生総額の把握が困難である場合には、期中の平均残高が総資産の1％を超える取引を開示することもできる） ③ 事業の譲受又は譲渡の場合には、譲受又は譲渡の対象となる資産や負債が個々に取引されるのではなく、一体として取引されると考えられることから、対象となる資産又は負債の総額のいずれか大きい額が、総資産の1％を超える取引

C 関連当事者が個人の場合

　関連当事者が個人グループ（Aの(4)）である場合、関連当事者との取引が、連結損益計算書項目及び連結貸借対照表項目等のいずれに係る取引についても、1,000万円を超える取引については、すべて開示対象とする必要がある（関連当事者適用指針16）。

　ただし、会社の役員（親会社及び重要な子会社の役員を含む）若しくはその近親者が、他の法人の代表者を兼務しており（当該役員等が当該法人又は当該法人の親会社の議決権の過半数を自己の計算において所有している場合を除く）、当該役員等がその法人の代表者として会社と取引を行うような場合には、法人間における商取引に該当すると考えられるため、関連当事者が個人グループの場合の取引としては扱わず、法人グループの場合の取引に属するものとして扱うことに留意が必要である。

D 取引種類ごとの重要性

取引種類	重要性の判断
資金貸借取引	資金貸借取引の期末残高に重要性が乏しい場合であっても、その取引に係る利息に関して関連当事者適用指針第15項(1)②に基づく重要性の判断を行うとともに、その取引の発生総額に関しても関連当事者適用指針第15項(2)②に基づく重要性の判断を行う。
債務保証等	債務保証等の重要性の判断は、期末における保証債務等（被保証債務等）の金額で行う。
担保提供又は受入れ	担保資産の重要性の判断は、期末における対応する債務の残高をもって行う。
外注先等への有償支給取引の取扱い	外注先等への有償支給取引については、所定の加工後、支給品のすべて又は一部が買戻しされる場合等、種々の取引形態が考えられるが、関連当事者との取引の開示のための重要性の判断は、当該有償支給取引に係る一連の取引が連結財務諸表上相殺消去されている場合には、消去された後のそれぞれの取引金額について行う。

E　重要な関連会社

関連会社は、以下のいずれかに該当した場合に、要約財務情報の開示を必要とする重要な関連会社となる（関連当事者適用指針19）。

a　各関連会社の総資産（持分相当額）が、総資産の10%を超える場合

b　各関連会社の税引前当期純損益（持分相当額）が、税金等調整前当期純損益の10%を超える場合

bについては上記の基準を満たす場合であっても、会社の最近5年間の平均の税金等調整前当期純損益（当該期間中に税金等調整前当期純利益と税金等調整前当期純損失がある場合には、原則として税金等調整前当期純利益が発生した年度の平均とする）の10%を超えない場合には、開示を要しない。

F　開示の継続性

関連当事者の開示における重要性の判断基準の適用にあたり、これまで

開示対象となっていた取引等について、ある連結会計年度に数値基準を下回っても、それが一時的であると判断されるような場合には、ただちに開示対象から除外するなどの画一的な取扱いをせず、開示の継続性が保たれるよう留意する必要がある（関連当事者適用指針20）。

4）記載例
【記載内容の構成】

```
1. 関連当事者との取引
  (1) 連結財務諸表提出会社と関連当事者との取引
    (ア) 連結財務諸表提出会社の親会社及び主要株主（会社等の場合に限る）等
    (イ) 連結財務諸表提出会社の非連結子会社及び関連会社等
    (ウ) 連結財務諸表提出会社と同一の親会社をもつ会社等及び連結財務諸表提
        出会社のその他の関係会社の子会社等
    (エ) 連結財務諸表提出会社の役員及び主要株主（個人の場合に限る）等
  (2) 連結財務諸表提出会社の連結子会社と関連当事者との取引
    (ア) 連結財務諸表提出会社の親会社及び主要株主（会社等の場合に限る）等
    (イ) 連結財務諸表提出会社の非連結子会社及び関連会社等
    (ウ) 連結財務諸表提出会社と同一の親会社をもつ会社等及び連結財務諸表提
        出会社のその他の関係会社の子会社等
    (エ) 連結財務諸表提出会社の役員及び主要株主（個人の場合に限る）等

2. 親会社又は重要な関連会社に関する注記
  (1) 親会社情報
  (2) 重要な関連会社の要約財務情報
```

［例］

```
【関連当事者情報】
 I 当連結会計年度（自　平成×5年4月1日　至　平成×6年3月31日）
   1．関連当事者との取引
     (1) 連結財務諸表提出会社と関連当事者との取引
```

(ア) 連結財務諸表提出会社の親会社及び主要株主（会社等の場合に限る。）等

種類	会社等の名称又は氏名	所在地	資本金又は出資金（百万円）	事業の内容又は職業	議決権等の所有（被所有）割合（％）	関連当事者との関係	取引の内容	取引金額（百万円）	科目	期末残高（百万円）
主要株主	××	××	××	××	××	××	××	××	××	××

(イ) 連結財務諸表提出会社の非連結子会社及び関連会社等

種類	会社等の名称又は氏名	所在地	資本金又は出資金（百万円）	事業の内容又は職業	議決権等の所有（被所有）割合（％）	関連当事者との関係	取引の内容	取引金額（百万円）	科目	期末残高（百万円）
関連会社	××	××	××	××	××	××	××	××	××	××

(ウ) 連結財務諸表提出会社と同一の親会社をもつ会社等及び連結財務諸表提出会社のその他の関係会社の子会社等

種類	会社等の名称又は氏名	所在地	資本金又は出資金（百万円）	事業の内容又は職業	議決権等の所有（被所有）割合（％）	関連当事者との関係	取引の内容	取引金額（百万円）	科目	期末残高（百万円）
その他の関係会社の子会社	××	××	××	××	××	××	××	××	××	××

(エ) 連結財務諸表提出会社の役員及び主要株主（個人の場合に限る。）等

種類	会社等の名称又は氏名	所在地	資本金又は出資金（百万円）	事業の内容又は職業	議決権等の所有（被所有）割合（％）	関連当事者との関係	取引の内容	取引金額（百万円）	科目	期末残高（百万円）
役員	××	―	―	××	××	××	××	××	××	××

（注）1. 上記(ア)～(エ)の金額のうち、取引金額には消費税等が含まれておらず、期末

残高には消費税等が含まれている。
2. 取引条件及び取引条件の決定方針等
(1) 製品の購入・販売については、一般の取引条件と同様に決定している。
(2) 資金の貸付については、・・・

(2) 連結財務諸表提出会社の連結子会社と関連当事者との取引
㋐ 連結財務諸表提出会社の親会社及び主要株主（会社等の場合に限る。）等

種類	会社等の名称又は氏名	所在地	資本金又は出資金（百万円）	事業の内容又は職業	議決権等の所有（被所有）割合（％）	関連当事者との関係	取引の内容	取引金額（百万円）	科目	期末残高（百万円）
主要株主	××	××	××	××	××	××	××	××	××	××

㋑ ・・・
㋒ ・・・
㋓ ・・・

2. 親会社又は重要な関連会社に関する注記
(1) 親会社情報

　　㈱Ｘ社（○○証券取引所に上場）

(2) 重要な関連会社の要約財務情報

　　当連結会計年度において、重要な関連会社はＫ社及びＬ社であり、その要約財務情報は以下のとおりである。

	Ｋ社	Ｌ社
流動資産合計	○○,○○○	○○,○○○
固定資産合計	○○,○○○	○○,○○○
流動負債合計	○○,○○○	○○,○○○
固定負債合計	○○,○○○	○○,○○○
純資産合計	○,○○○	○,○○○
売上高	○○,○○○	○○,○○○
税引前当期純利益金額	○,○○○	○,○○○
当期純利益金額	○,○○○	○,○○○

9　四半期における開示

9.1　四半期報告制度の概要

　四半期報告制度は、金融商品取引法に基づき平成20年4月1日以後開始する事業年度から導入された制度である。これにより、上場会社等は、事業年度を3カ月ごとに区切った期間ごとに四半期報告書を提出することが義務付けられた。四半期報告書は、原則として連結ベースのみの開示が求められており、連結財務諸表を作成している場合は個別ベースでの開示は不要である。

9.2　四半期連結財務諸表の種類

　四半期連結財務諸表の種類は、次の3種類である。
・四半期連結貸借対照表
・四半期連結損益計算書
・四半期連結キャッシュ・フロー計算書

　四半期報告制度は迅速な開示が求められることから、連結株主資本等変動計算書の開示は求められておらず、前連結会計年度末と比して著しい変動があった場合に、主な変動事由を注記しなければならないとされている。
　また、四半期連結財務諸表はそれぞれ開示が求められている期間が異なるため、留意する必要がある。各四半期連結財務諸表の開示対象期間は、以下のとおりである。

財務諸表の種類	当期の開示対象期間	前期の開示対象期間
四半期連結貸借対照表	当四半期末	前期末（要約）
四半期連結損益計算書	3か月情報、累計情報	前年同期3か月情報、前年同期累計情報
四半期連結キャッシュ・フロー計算書	累計情報	前年同期累計情報

9.3　四半期報告制度における会計処理等の特徴

　四半期連結財務諸表作成のために採用する会計処理の原則及び手続は、四半期特有の会計処理を除き、原則として年度の連結財務諸表の作成と同じ会計処理を採用することとされている（四半期会計基準9）。

　ただし、財務諸表利用者の判断を誤らせない限り、簡便的な会計処理によることができる。

9.3.1　簡便な会計処理

　簡便的な会計処理としては、例えば、以下のようなものが挙げられる（四半期財規ガイドライン6）。

項　目	簡便的な会計処理
一般債権の貸倒見積額の算定方法	貸倒実績率が前期末に算定したものと著しい変化がないと認められる場合に、前期末において算定した貸倒実績率等の合理的な基準を使用して一般債権の貸倒見積高を算定する方法
棚卸資産の評価方法	（実地棚卸の省略） 　四半期会計期間末における棚卸高の算出に関して、実地棚卸を省略し前事業年度に係る実地棚卸高を基礎として合理的な方法により算定する方法 （収益性の低下による簿価切下げの方法） ・棚卸資産の簿価切下げに関して収益性の低下が明

	らかなものについてのみ正味売却価額を見積り、簿価切下げを行う方法 ・営業循環過程から外れた滞留又は処分見込価額まで切り下げているものについては、前事業年度以降に著しい変化がないと認められる限り、前事業年度末における貸借対照表価額で計上する方法等
原価差異の配賦方法	予定価格等あるいは標準原価を適用しているために原価差異が生じた場合、当該原価差異の棚卸資産と売上原価への配賦と年度決算と比較して簡便的に実施する方法
減価償却費の算定方法	（予算に基づく方法） 　固定資産の年度中の取得、売却又は除却等の見積りを考慮した予算を策定している場合に、当該予算に基づく年間償却予定額を期間按分して算定する方法
	（定率法を採用している場合の期間按分方法） 　減価償却の方法として定率法を採用している場合に、事業年度に係る減価償却費の額を期間按分して算定する方法等
経過勘定項目の処理方法	合理的な算定方法による概算額で計上する方法等
税金費用の算定方法	（納付税額の算定） 　法人税等の納付税額の算定に関して、加味する加減算項目や税額控除項目を重要なものに限定する方法
	（繰延税金資産の回収可能性の判断） ・繰延税金資産の回収可能性の判断に関して、前事業年度末以降に経営環境等、かつ、一時差異等の発生状況に著しい変化がないと認められる場合に、前事業年度決算において使用した将来の業績予測やタックス・プランニングを利用する方法 ・繰延税金資産の回収可能性の判断に関して、前事業年度末以降に経営環境等、又は、一時差異等の発生状況に著しい変化が認められた場合に、前事業年度決算において使用した将来の業績予測やタックス・プランニングに当該著しい変化の影響を加味したものを利用する方法等
工事原価総額の見積方法	工事原価総額の見積りにあたって、当四半期会計期間末における工事原価総額が、前事業年度末又は直前の四半期会計期間末に見積った工事原価総額か

	ら著しく変動しているものと認められる工事契約を除き、前事業年度末又は直前の四半期会計期間末に見積った工事原価総額を、当四半期会計期間末における工事原価総額の見積額とする方法等

9.3.2 四半期特有の会計処理

四半期連結財務諸表作成のための特有の会計処理としては、以下のものがある（四半期会計基準11、12、14）。

項目	特有の会計処理
原価差異の繰延処理	標準原価計算等を採用している場合において、原価差異が操業度等の季節的な変動に起因して発生したものであり、かつ、原価計算期間末までにほぼ解消が見込まれるときには、継続適用を条件として、当該原価差異を流動資産又は流動負債として繰り延べることができる。
税金費用の計算	親会社及び連結子会社の法人税等については、四半期会計期間を含む年度の法人税等の計算に適用される税率に基づき、原則として年度決算と同様の方法により計算し、繰延税金資産及び繰延税金負債については、回収可能性等を検討した上で、四半期貸借対照表に計上する。 ただし、税金費用については、四半期会計期間を含む年度の税引前当期純利益に対する税効果会計適用後の実効税率を合理的に見積り、税引前四半期純利益に当該見積実効税率を乗じて計算することができる。

9.3.3 会計処理の原則及び手続の継続適用

前年度の連結財務諸表及び直前の四半期会計期間又は期首からの累計期間の四半期連結財務諸表を作成するために採用した会計処理の原則及び手続は、継続して適用し、みだりに変更してはならない（四半期会計基準10）。

しかし、正当な理由に基づいて会計処理の変更を行う場合には、必要な注記をする必要がある。

1) 四半期特有の会計処理を変更した場合
　　四半期特有の会計処理については、ある四半期特有の会計処理を選択することのできる条件を満たしている場合であっても、必ずしも採用しなければならないものではなく、年度決算と同様の方法と四半期特有の会計処理とのいずれかを選択適用できるものである。
　　したがって、四半期特有の会計処理として認められている方法はいずれも会計方針と考えられ、それを変更した場合は会計方針の変更に該当するとされる。

2) 簡便な会計処理を変更した場合
　　簡便的な会計処理は、もともと財務諸表利用者の判断を誤らせない限り認められるものであり、これを変更した場合であっても会計方針の変更には該当しないとされている。

3) 会計方針を変更した場合の注記
　① 期首に重要な会計方針の変更を行った場合の注記
　　変更を行った四半期会計期間以後において、以下の事項を注記する。
　　・その旨
　　・その理由
　　・期首からの累計期間への影響額
　② 当年度の第2四半期以降に自発的に重要な会計処理の原則及び手続について変更を行った場合
　　　①の記載に加え、以下の事項を注記する。
　　・第2四半期以降に変更した理由
　　・直前の四半期会計期間の末日までの期首からの累計期間への影響額

なお、影響額を算定することが実務上困難な場合には、影響額の記載に代えて、その旨及びその理由を注記する必要がある。

「四半期財務諸表に関する会計基準の適用指針」(企業会計基準適用指針第14号)の付録では、第2四半期以降で自発的に重要な会計処理の原則及び手続を変更した場合における影響額の記載について、次のように述べている。

<前提>
自発的に会計処理の原則及び手続を変更した時期が次のようなものであったとする。

	前期	Q1	Q2	Q3	Q4
ケース1	A	A	B	B	B
ケース2	A	A	A	B	B

(注) A、Bは会計処理方法を示す。
　　　Q1、Q2、Q3、Q4は、第1四半期、第2四半期、第3四半期、第4四半期を示す。

<影響額の記載>
ケース1:第2四半期に自発的に重要な会計処理の原則及び手続を変更(A→B)した場合

	会計基準	注記する影響額
当期 (Q2での開示)	第19項(2) 第25項(1)	累計情報(Q1+Q2)をAで行った場合の影響額
	第19項(3) 第25項(2)	Q1をBで行った場合の影響額
当期 (Q3での開示)	第19項(2) 第25項(1)	累計情報(Q1+Q2+Q3)をAで行った場合の影響額
翌期 (Q1での開示)	第19項(4) 第25項(3)	前期Q1をBで行った場合の影響額

ケース2：第3四半期に自発的に重要な会計処理の原則及び手続を変更（A→B）した場合

	会計基準	注記する影響額
当期 （Q3での開示）	第19項（2） 第25項（1）	累計情報（Q1＋Q2＋Q3）をAで行った場合の影響額
	第19項（3） 第25項（2）	累計情報（Q1＋Q2）をBで行った場合の影響額
翌期 （Q1での開示）	第19項（4） 第25項（3）	前期Q1をBで行った場合の影響額
翌期 （Q2での開示）	第19項（4） 第25項（3）	前期Q2をBで行った場合の影響額かつ、累計情報（前期Q1＋前期Q2）をBで行った場合の影響額

（注）影響額の記載については、適時に正確な金額を算定することができない場合には、資本連結をやり直さないなど、適当な方法による概算額を記載することができる。また、影響額を算定することが実務上困難な場合には、影響額の記載に代えて、その旨及びその理由を記載することができる（会計基準第19項（3）及び（4）、第25項（2）及び（3）、適用指針第33項から第35項参照）。

（出典）「四半期財務諸表に関する会計基準の適用指針」［付録］

③　前年度の連結財務諸表の作成にあたり自発的に重要な会計処理の原則及び手続について変更を行っており、かつ、前年度の四半期連結財務諸表と当年度の四半期連結財務諸表の作成にあたっての重要な会計処理の原則及び手続との間に相違が見られる場合
　・その旨
　・前年度の対応する四半期会計期間及び期首からの累計期間への影響額
　　なお、影響額を算定することが実務上困難な場合には、影響額の記載に代えて、その旨及びその理由を記載する必要がある。

9.4 四半期報告書における注記

【ポイント】
・有価証券報告書で要求されるすべての注記が求められているわけではなく、重要な変更がない限り記載を要しない注記がある。
・注記の対象となる会計期間には、3か月情報と累計情報の2種類があるため、どの期間の注記が要求されているか確認する必要がある。連結財務諸表の補足情報として開示される注記は、基本的に連結財務諸表の開示期間と同様の開示期間について注記が求められている。

　四半期連結財務諸表で必要とされる注記事項については、四半期連結財務諸表規則及び四半期財務諸表等規則において定められている。内容的には大きく、会計方針、オンバランス補足情報、オフバランス補足情報の3つに分けることができる。

　また、四半期報告書は、開示の迅速性を考慮し、有価証券報告書と比較して注記事項がかなり簡略化されている。例えば、前連結会計年度と比較して著しく変動がある場合にのみ注記をする事項などがある。したがって、企業の財政状態及び経営成績に係る全体像を把握しようとする場合は、四半期報告書だけを閲覧しても情報が不十分であり、前年度に係る有価証券報告書を合わせて閲覧する必要がある。

　さらに四半期報告書で開示対象となる四半期連結財務諸表は各四半期連結財務諸表によって3か月情報であったり累計期間であったりとそれぞれ異なるため、対応する注記も開示対象期間がそれぞれ異なる。

　四半期報告書における四半期連結財務諸表に係る注記についてその特徴を整理すると、以下のようになる。

9 四半期における開示 511

区分	項目	主な内容 会計方針に関する事項	主な内容 オンバランス補足情報	主な内容 オフバランス補足情報	変更又は著しい変動がある場合に記載	記載対象期間 3か月情報	記載対象期間 累計情報	記載対象期間 前期
① 継続企業の前提に関する事項	a．当該事象又は状況が存在する旨及びその内容		○	○		○		
	b．当該事象又は状況を解消し、又は改善するための対応策		○	○		○		
	c．当該重要な不確実性が認められる旨及びその理由			○		○		
	d．当該重要な不確実性の影響を四半期財務諸表に反映しているか否かの別		○			○		
② 四半期連結財務諸表作成のための基本となる重要な事項等の変更	a．連結の範囲に関する事項の変更	○			○		○	
	b．持分法の適用に関する事項の変更	○			○		○	
	c．連結子会社の事業年度等に関する事項の変更	○			○		○	
	d．開示対象特別目的会社に関する事項の変更	○			○		○	
	e．会計処理基準に関する事項の変更	○			○		○	

512　Ⅱ　連結財務諸表に関する開示

	f．四半期連結キャッシュ・フロー計算書における資金の範囲の変更	○			○		○	
③ 表示方法の変更	a．四半期連結貸借対照表関係	○			○	○ (*1)		
	b．四半期連結損益計算書関係	○			○	○	○	
	c．四半期連結キャッシュ・フロー計算書関係	○			○		○	
④ 簡便な会計処理	四半期連結財務諸表作成のために、簡便な会計処理を採用した場合	○					○	
⑤ 四半期連結財務諸表の作成にあたり適用した特有の会計処理	四半期連結財務諸表作成のために、簡便な会計処理を採用した場合	○					○	
⑥ 追加情報	耐用年数の変更、退職給付制度の移行ほか		○	○			○	
⑦ 四半期連結貸借対照表関係	a．有形固定資産の減価償却累計額		○			○ (*1)		○
	b．担保資産		○			○ (*1)		○
	c．手形割引高及び裏書譲渡高			○		○ (*1)		○
	d．偶発債務			○		○ (*1)		○
	e．その他		○	○		○ (*1)		○

9 四半期における開示 513

⑧ 四半期連結損益計算書関係	a．販売費及び一般管理費の主要な費目		○			○	○	○（＊2）
	b．売上高又は営業費用に著しい季節変動がある場合	○				○	○	○（＊2）
	c．その他		○			○	○	○（＊2）
⑨ 四半期連結キャッシュ・フロー計算書関係	四半期連結貸借対照表との関係内容	○					○	○
⑩ 株主資本等関係	a．発行済株式に関する注記		○			○（＊1）		
	b．自己株式に関する注記		○			○（＊1）		
	c．新株予約権等に関する注記		○			○（＊1）		
	d．配当に関する注記		○				○	
	e．株主資本の金額に著しい変動があった場合の注記		○		○		○	
⑪ セグメント情報（＊3）	a．報告セグメントごとの売上高及び利益又は損失の金額		○			○	○	○（＊2）
	b．a．の利益又は損失の合計額と四半期連結損益計算書計上額との差額及び差額の主な内容	○				○	○	○（＊2）

	c．報告セグメントごとの資産の金額が変動する要因となった事象の概要		○		○	○	○	○
	d．報告セグメントの変更等	○				○	○	○	○
	e．固定資産に係る重要な減損損失、のれんの金額に重要な変動が生じた場合、負ののれん発生益を認識した場合の注記		○		○	○	○	○ (*2)
⑫ リース取引関係	リース取引開始日が会計基準適用初年度開始前の所有権移転外ファイナンス・リース取引 (*4)		○		○	○		
⑬ 金融商品関係 (*5)	四半期連結貸借対照表の科目ごとの期末日における四半期連結貸借対照表計上額、時価、時価との差額等		○		○	○ (*1)		
⑭ 有価証券関係	a．有価証券の保有目的ごとの四半期連結貸借対照表計上額、時価、時価との差額等		○		○	○ (*1)		
	b．保有目的の変更内容		○		○	○		

⑮ デリバティブ取引関係	取引の種類ごとの四半期連結決算日における契約額又は契約において定められた元本相当額、時価、評価損益等		○		○	○ (＊1)		
⑯ ストック・オプション等関係	a．ストック・オプションに係る費用計上額及び科目名		○			○		
	b．当四半期連結会計期間に付与したストック・オプションの内容		○		○	○		
	c．当四半期連結会計期間におけるストック・オプションの条件変更		○		○	○		
⑰ 企業結合等関係	a．取得・逆取得による企業結合が行われた場合の注記		○			○		
	b．共通支配下の取引等の注記		○			○		
	c．共同支配企業の形成の注記		○			○		
	d．事業分離の注記		○			○		
⑱ 資産除去債務関係（＊6）	計上額の変動の内容、当四半期連結累計期間における総額の増減		○		○	○		

516　Ⅱ　連結財務諸表に関する開示

⑲ 賃貸等不動産関係(*5)	四半期貸借対照表日における賃貸等不動産の時価及び四半期連結貸借対照表計上額		○		○	○(*1)		
⑳ 1株当たり情報	a．1株当たり純資産額（算定上の基礎を含む）		○			○(*1)		○
	b．1株当たり四半期純利益（算定上の基礎を含む）		○			○	○	○(*2)
	c．潜在株式調整後1株当たり四半期純利益（算定上の基礎を含む）		○			○	○	○(*2)
	d．当期中に行われた株式併合・株式分割に関する事項		○			○	○	
㉑ 重要な後発事象(*7)	a．火災、出水等による重大な損害の発生			○		○		
	b．多額の増資又は減資及び多額の社債の発行又は繰上償還			○		○		
	c．会社の合併、重要な営業の譲渡又は譲受			○		○		
	d．重要な係争事件の発生又は解決			○		○		
	e．主要な取引先の倒産			○		○		
	f．株式併合及び株式分割			○		○		

(*1) 当四半期末における情報。

（＊2）前期の情報には、3か月情報と累計情報の両方を含む。
（＊3）「セグメント情報との開示に関する会計基準」による開示事項。平成22年4月1日以後開始する連結会計年度から適用。
（＊4）会計基準適用初年度開始前とは、リース会計基準を平成20年4月1日以後開始する連結会計年度から適用する場合、平成20年4月1日前に契約を締結したリース取引のことをいう。
（＊5）平成22年3月31日以後終了する連結会計年度の年度末に係る財務諸表から適用する。四半期連結財務諸表については、その翌連結会計年度から適用する。ただし、それ以前に開始する連結会計年度から早期適用可能。
（＊6）平成22年4月1日以後開始する連結会計年度から適用する。ただし、それ以前に開始する連結会計年度から早期適用可能。
（＊7）連結会社及び持分適用会社を含む。

コラム

表示方法の変更の比較対象期間

　表示方法の変更は、四半期報告制度2年目となる平成21年6月第1四半期から記載が求められている注記である。

　表示方法の変更は、前事業年度に係る四半期財務諸表との比較を行うために必要な事項を記載するものとされている（四半期連結財規ガイドライン10-1-4、四半期財規ガイドライン5-1-2）。四半期連結貸借対照表については、前年同四半期の連結貸借対照表は記載されないものの、前年同四半期との比較で表示方法の変更の記載を行うこととなる。

10 会社法における開示

【ポイント】

- 連結計算書類には、連結キャッシュ・フロー計算書は含まれない。
- 連結計算書類には、2連結会計期間に関する情報を開示する必要はなく、基本的に当連結会計年度のみの開示で足りる。
- 連結計算書類における連結財務諸表には、区分掲記に関する重要性の基準がないが、連結財務諸表規則の重要性基準を目安に作成することが考えられる。
- 連結注記表は有価証券報告書における注記事項と同様のものもあるが、有価証券報告書よりも簡略化されているものが多い。
- 連結注記表のうち規則で求められている事項について該当事項がない場合は、「該当事項なし」と特に記載する必要はなく、その項目自体の記載を要しない。

会社法における計算書類等の全体像は、以下のとおりである。

書　類	内　容
事業報告及びその附属明細書	会計以外に関する事項
計算書類	・貸借対照表 ・損益計算書 ・株主資本等変動計算書 ・個別注記表
計算書類に係る附属明細書	有形固定資産及び無形固定資産の明細ほか
連結計算書類	・連結貸借対照表 ・連結損益計算書 ・連結株主資本等変動計算書 ・連結注記表

「注記表」は、有価証券報告書で開示が求められている会計方針や注記事項等に相当するものである。「表」という名称がついているが、必ずしも表形式で記載することが求められているわけではない。「個別注記表」や「連結注記表」といった表題をつけて財務諸表と区分する必要はなく、財務諸表に続けて脚注

方式で記載することもできる。

以下では、連結計算書類について説明する。

10.1 連結計算書類

10.1.1 連結計算書類の概要

　会社法では、事業年度の末日において大会社であり、金融商品取引法の規定により有価証券報告書を提出しなければならない会社は、当該事業年度に係る連結計算書類を作成しなければならないとされている（会社法444③）。また、会計監査人設置会社については、連結計算書類を作成することができると規定されており（会社法444①）、有価証券報告書提出会社以外であっても任意に作成可能である。

10.1.2 連結の範囲

　会社法における子会社の定義は実質支配力基準であり（会社法2③）、財務諸表等規則で定められているものと同等といえる（財規8④）。また、関連会社の定義についても両者に差異はない（会社法2④、財規8⑤）。

　会社法上の連結の範囲については、会社法施行規則第3条において定められているが、これも連結財務諸表規則において定められているものと同様であり、連結の範囲に差異はないといえる。

10.1.3 連結計算書類の内容

　連結計算書類とは、親会社及び子会社からなる連結グループの財産及び経営成績等を表すもので、以下の書類をさす（会計規61）。具体的には、会社計算

規則に従って作成する。

- ・連結貸借対照表
- ・連結損益計算書
- ・連結株主資本等変動計算書
- ・連結注記表

1）連結貸借対照表
　① 表示
　　連結貸借対照表は、資産の部、負債の部、純資産の部に区分して表示しなければならない（会計規73）。資産の部、負債の部の各項目は、さらに細分して、当該項目を示す適当な名称を付して表示することとされており（会計規74、75）、実質的には連結財規において定められている連結貸借対照表の表示と同様である。連結貸借対照表に関する具体的な様式等については、会社計算規則第72条から第86条において規定されている。

　② 記載例
　　「会社法施行規則及び会社計算規則による株式会社の各種書類のひな型（改訂版）」（平成21年12月28日　社団法人　日本経済団体連合会　経済法規委員会企画部会。以下「経団連ひな型」という）による連結貸借対照表のひな型は、以下のとおりである。

経団連ひな型

［記載例］
連結貸借対照表
（平成○年○月○日現在）

(単位：百万円)

科　　目	金　額	科　　目	金　額
（資産の部）		（負債の部）	×××
流動資産	×××	流動負債	×××
現金及び預金	×××	支払手形及び買掛金	×××
受取手形及び売掛金	×××	短期借入金	×××
有価証券	×××	リース債務	×××
商品及び製品	×××	未払金	×××
仕掛品	×××	未払法人税等	×××
原材料及び貯蔵品	×××	繰延税金負債	×××
繰延税金資産	×××	○○引当金	×××
その他	×××	その他	×××
貸倒引当金	△×××	固定負債	
固定資産		社債	×××
有形固定資産	×××	長期借入金	×××
建物及び構築物	×××	リース債務	×××
機械装置及び運搬具	×××	○○引当金	×××
土地	×××	その他	×××
リース資産	×××	負債合計	×××
建設仮勘定	×××	（純資産の部）	
その他	×××	株主資本	
無形固定資産	×××	資本金	×××
ソフトウェア	×××	資本剰余金	×××
リース資産	×××	利益剰余金	×××
のれん	×××	自己株式	△×××
その他	×××	評価・換算差額等	
投資その他の資産	×××	その他有価証券評価差額金	×××
投資有価証券	×××	繰延ヘッジ損益	×××
繰延税金資産	×××	土地再評価差額金	×××
その他	×××	為替換算調整勘定	×××
貸倒引当金	△×××	新株予約権	×××
繰延資産	×××	少数株主持分	×××
社債発行費	×××	純資産合計	×××
資産合計	×××	負債・純資産合計	×××

（記載上の注意）
　(1)　新株式申込証拠金あるいは自己株式申込証拠金がある場合には、純資産の部の株主資本の内訳項目として区分掲記する。

(2) ファイナンス・リース取引の貸主側の場合には、リース債権、リース投資資産により表示する。
(3) 「棚卸資産」として一括表示し、その内訳を示す科目及び金額を注記することも考えられる。
(4) 資産除去債務については、1年内に履行されると認められるものは、流動負債において資産除去債務により表示し、それ以外のものは、固定負債において資産除去債務により表示する。
(5) 工事損失引当金の残高は、貸借対照表に流動負債として計上する。ただし、同一の工事契約に係る棚卸資産及び工事損失引当金がある場合には、両者を相殺した差額を棚卸資産または工事損失引当金として流動資産または流動負債に表示することができる。
(6) 資産除去債務に係る規定は、平成22年4月1日前に開始する事業年度に係る計算関係書類については適用されない。ただし、早期適用は可能である（「会社法施行規則、会社計算規則等の一部を改正する省令」（平成21年法務省令第7号）附則第8条第1項）。
(7) 工事契約及び工事損失引当金に係る規定は、平成21年4月1日前に開始する事業年度に係る計算関係書類については適用されない。ただし、早期適用は可能である（「会社法施行規則、会社計算規則等の一部を改正する省令」（平成21年法務省令第7号）附則第8条第2項）。

2）連結損益計算書

① 表示

連結損益計算書は、次の項目に区分して表示しなければならない（会計規88）。そして各項目について細分することが適当な場合には、適当な項目に細分することが認められている。

・売上高
・売上原価
・販売費及び一般管理費
・営業外収益
・営業外費用
・特別利益
・特別損失

連結損益計算書に関する具体的な様式等については、会社計算規則第87条から第95条に規定されている。

また、連結損益計算書には、包括利益に関する事項を表示することができるとされている（会計規95）。平成21年12月25日に、企業会計基準委員会（ASBJ）から企業会計基準公開草案第35号「包括利益の表示に関する会計基準（案）」が公表され、平成22年4月1日以後開始する事業年度の年度末に係る財務諸表から適用されることとされている（当該事業年度の期首から適用することも可能）。また、平成22年6月30日以後に終了する事業年度の年度末に係る財務諸表から適用することもできる。

② 記載例

「経団連ひな型」による連結損益計算書のひな型は、以下のとおりである。

経団連ひな型

[記載例]

連結損益計算書

（自平成○年○月○日　至平成○年○月○日）

（単位：百万円）

科　　目	金　　額	
売上高		×××
売上原価		×××
売上総利益		×××
販売費及び一般管理費		×××
営業利益		×××
営業外収益		
受取利息及び配当金	×××	
有価証券売却益	×××	
持分法による投資利益	×××	
その他	×××	×××
営業外費用		
支払利息	×××	
有価証券売却損	×××	
その他	×××	×××

経常利益		×××
特別利益		
前期損益修正益	×××	
固定資産売却益	×××	
その他	×××	×××
特別損失		
前期損益修正損	×××	
固定資産売却損	×××	
減損損失	×××	
その他	×××	×××
税金等調整前当期純利益		×××
法人税、住民税及び事業税	×××	
法人税等調整額	×××	×××
少数株主利益		×××
当期純利益		×××

（記載上の注意）

　少数株主損益調整前当期純利益または少数株主損益調整前当期純損失の表示に係る規定を早期適用し、連結損益計算書に表示する場合には、次のように記載する（「会社法施行規則、会社計算規則等の一部を改正する省令」（平成21年法務省令第7号）附則第8条第1項）。

［記載例］

連結損益計算書

（自平成○年○月○日　至平成○年○月○日）

（単位：百万円）

科目	金額	
………	×××	×××
税金等調整前当期純利益		×××
法人税、住民税及び事業税	×××	
法人税等調整額	×××	×××
少数株主損益調整前当期純利益		×××
少数株主利益		×××
当期純利益		×××

3）連結株主資本等変動計算書
　① 表示
　　連結株主資本等変動計算書については、次の各項目に区分しなければならない（会計規96）。

```
株主資本
    資本金
    新株式申込証拠金
    資本剰余金
        資本準備金
        その他資本剰余金
    利益剰余金
        利益準備金
        その他利益剰余金
    自己株式
    自己株式申込証拠金
評価・換算差額等
新株予約権
少数株主持分
```

　　資本金、剰余金、利益剰余金及び自己株式に係る項目については、それぞれ前期末残高、当期変動額（変動事由ごとに変動額及び変動事由を明らかにする）、当期末残高について明らかにする必要がある。

　　具体的な連結株主資本等変動計算書の表示方法は、企業会計基準第5号「貸借対照表の純資産の部の表示に関する会計基準」及び企業会計基準適用指針第9号「株主資本等変動計算書に関する会計基準の適用指針」に示されており、実務上はこれらの基準を参考にして作成する。

　② 記載例
　　「経団連ひな型」による連結株主資本等変動計算書のひな型は、以下のとおりである。

経団連ひな型

[記載例]

連結株主資本等変動計算書

（自平成○年○月○日　至平成○年○月○日）

（単位：百万円）

	株主資本				
	資本金	資本剰余金	利益剰余金	自己株式	株主資本合計
平成○年○月○日残高	×××	×××	×××	△×××	×××
連結会計年度中の変動額					
新株の発行	×××	×××			×××
剰余金の配当			△×××		△×××
当期純利益			×××		×××
○○○○○					×××
自己株式の処分				×××	×××
株主資本以外の項目の連結会計年度中の変動額（純額）					×××
連結会計年度中の変動額合計	×××	×××	×××	×××	×××
平成○年○月○日残高	×××	×××	×××	△×××	×××

	評価・換算差額等					新株予約権	少数株主持分	純資産合計
	その他有価証券評価差額金	繰延ヘッジ損益	土地再評価差額金	為替換算調整勘定	評価・換算差額等合計			
平成○年○月○日残高	×××	×××	×××	×××	×××	×××	×××	×××
連結会計年度中の変動額								
新株の発行								×××
剰余金の配当								△×××
当期純利益								×××
○○○○○								×××
自己株式の処分								×××
株主資本以外の項目の連結会計年度中の変動額（純額）	×××	×××	×××	×××	×××	△×××	×××	×××
連結会計年度中の変動額合計	×××	×××	×××	×××	×××	△×××	×××	×××
平成○年○月○日残高	×××	×××	×××	×××	×××	×××	×××	×××

(記載上の注意)
(1) 連結株主資本等変動計算書の表示区分は、連結貸借対照表の純資産の部における各項目との整合性に留意する。
(2) 記載例は連結財務諸表規則に定める様式に準じているが、記載例中の「平成○年○月○日残高」を「前期末残高」または「当期末残高」、「連結会計年度中の変動額」を「当期変動額」と記載することもできる。
(3) 会社法上、連結株主資本等変動計算書の様式は規定されていないが、XBRL導入後の有価証券報告書に含まれる連結株主資本等変動計算書の様式に準じて、縦並び形式で作成することも考えられる。

10.2 連結注記表

連結注記表に記載すべき項目は、以下のとおりである。

区　分	項　目
継続企業の前提に関する注記	① 当該事象又は状況が存在する旨及びその内容 ② 当該事象又は状況を解消し、又は改善するための対応策 ③ 当該重要な不確実性が認められる旨及びその理由 ④ 当該重要な不確実性の影響を連結計算書類に反映しているか否かの別
連結計算書類作成のための基本となる重要な事項に関する注記	① 連結の範囲に関する事項 ② 持分法適用に関する事項 ③ 会計処理基準に関する事項 　a．重要な資産の評価基準及び評価方法 　b．重要な減価償却資産の減価償却の方法 　c．重要な引当金の計上基準 　d．その他連結計算書類の作成のための重要な事項 ④ 連結子会社の資産及び負債の評価に関する事項（＊1）

	⑤　連結計算書類作成のための基本となる重要な事項の変更
連結貸借対照表に関する注記	①　担保資産及び担保に係る債務 ②　資産から直接控除した引当金 ③　資産に係る減価償却累計額 ④　資産に係る減損損失累計額 ⑤　保証債務 ⑥　その他
連結株主資本等変動計算書に関する注記	①　当該連結会計年度の末日における発行済株式の総数 ②　当該連結会計年度中に行った剰余金の配当に関する事項 ③　当該連結会計年度の末日における新株予約権の目的となる当該株式会社の株式の数
金融商品に関する注記（＊2）	①　金融商品の状況に関する事項 ②　金融商品の時価等に関する事項
賃貸等不動産に関する注記（＊2）	①　賃貸等不動産の状況に関する事項 ②　賃貸等不動産の時価等に関する事項
開示対象特別目的会社に関する注記	①　開示対象特別目的会社の概要 ②　開示対象特別目的会社との取引の概要 ③　取引金額その他の重要な事項
1株当たり情報に関する注記	①　1株当たり純資産額 ②　1株当たり当期純利益
重要な後発事象に関する注記	連結会社並びに持分法が適用される非連結子会社及び関連会社において発生した開示後発事象について記載
その他の注記	例えば有価証券報告書で開示する事項について、重要性を勘案して記載することが考えられる。 ・退職給付に関する注記 ・減損損失に関する注記 ・企業結合・事業分離に関する注記 ・資産除去債務に関する注記 ・その他追加情報の注記

(＊1)　「連結子会社の資産及び負債の評価に関する事項」は、会社計算規則から削除されているが、平成22年4月1日前に開始する事業年度に係る連結計算書類の作成にあたっては、当該注記が含まれることに留意する。

(＊2)　「金融商品に関する注記」及び「賃貸等不動産に関する注記」は、平成22年3月31

日前に終了する事業年度に係る計算書類においては適用されない。ただし、早期適用は可能である。

Ⅲ 連結納税関係

11 連結納税制度とは

11.1 連結納税制度の概要

　連結納税制度は、日本の法人税について、国内の100％資本関係の会社グループを1つの納税単位として捉えて申告・納税をする制度である。

　連結納税を適用するかどうかは選択制であり、親会社と、その100％国内子会社のすべてが連名で承認申請書を提出し、事前に国税庁長官の承認を得ることにより適用される。以下、連結納税を適用している親会社を「連結納税親会社」、子会社を「連結納税子会社」、納税単位である連結納税のグループを「連結納税主体」と呼ぶ。

11.2 連結納税における税額計算

11.2.1 税額計算方法の概要

　連結納税をしている場合の納税額の計算は、連結納税主体を一体として行う。所得の金額は連結所得と呼ばれ、連結納税主体の合算所得となる。ただし、地方税には連結納税が導入されていないこと、各会社の利害関係者が別にいることなどを考慮し、連結所得の内訳としての各会社の所得の計算方法も定められている。

　各調整項目の計算は、一部の項目は連結納税主体を一体として連結納税独特な計算を行うが、他の項目は単体納税と同様に各会社で計算しそれを合計することとされている。連結納税主体を一体として計算するのは、受取配当等の益金不算入、寄附金の損金不算入等となっており、全体の調整額を算出したうえ

で、それを各会社に按分計算する。各会社ごとに計算するのは、減価償却費の限度額計算、引当金の限度額計算等となっている。更に、連結納税独特の調整として、連結納税会社間で特定資産を譲渡した場合の譲渡損益の繰延べ、連結納税子会社への投資価額の修正等がある。

次に、算出された連結所得に法人税率をかけるが、この法人税率は、連結親会社の資本金の額を基準にして決定される。連結納税親会社が普通法人であり、資本金の額が1億円超であれば、法人税率は30％となる。

税額控除等の税額の調整については、外国税額控除、所得税額控除等は連結納税主体を一体として計算し、租税特別措置法による設備に関連する税額控除等は連結納税主体の税額を考慮しながら基本的には各会社ごとに計算する。

このようにして、連結所得に対する連結法人税額が算出され、その内訳として、各会社に帰属する金額（連結法人税個別帰属額）が算出される。

連結法人税額の納付は連結納税親会社が行うが、その内訳である各社の連結法人税個別帰属額については、連結納税会社間で資金の精算を行うこととされている。そのため、個別所得の会社は連結親法人に対して自身の連結法人税個別帰属額を支払い、個別欠損の会社は連結親法人から連結法人税個別帰属額を受領することになる。

このように、連結納税は全体で申告・納付を行うものの、各会社ごとの所得・税額を計算する仕組みとなっており、資金負担も各会社ごとにすることになる。そして、利益積立金の明細についても各会社ごとのものが把握可能であり、税効果会計の適用に不可欠な一時差異も各会社ごとの把握が可能である。

[例]：連結納税計算の事例

　P社（連結納税親会社で資本金は1億円超）・A社・B社の3社で連結納税を行っている場合の税額計算の例である。

	P社	A社	B社	連結合計	
当期利益	1,000	400	-300	1,100	
受取配当等の益金不算入	-100	-50		-150	(＊1)
減価償却限度超過額		30	10	40	(＊2)
譲渡損益の繰延べ	-20			-20	(＊3)
連結所得	880	380	-290	970	
×30%	264	114	-87	291	(＊4)
税額控除額	-10	-5		-15	
連結法人税額	254	109	-87	276	(＊5)

（＊1）受取配当等の益金不算入額は連結合計の調整数値を算出後、各会社の調整額を配分計算により求める。
（＊2）減価償却限度超過額の計算は各会社で行い、それを合計する。
（＊3）連結納税会社間で特定資産の譲渡損益が生じた場合には繰延べ処理を行う。
（＊4）連結納税親会社の資本金の額は1億円超であり、税率は30％となる。
（＊5）連結法人税額276はP社が納付する。A社は109をP社に支払い、B社は87をP社から受領する必要がある。

11.2.2　連結欠損金

　連結納税主体の合算所得がマイナスの場合には、その金額を連結欠損金として7年間の繰越控除を行う。連結欠損金は連結納税主体一体の概念であるが、やはり各会社ごとの内訳金額が分かるようになっている。連結欠損金発生額は、欠損の生じている会社に欠損の金額の比率で配分され、連結欠損金を使用する時には、発生年度ごとに各会社の連結欠損金額の比率で配分して比例的に使用していく。

[例]：連結欠損金発生の事例

	P社	A社	B社	連結合計	
当期利益	－1,000	900	－500	－600	
受取配当等の益金不算入	－100	－50		－150	
減価償却限度超過額		30	10	40	
譲渡損益の繰延べ	－20			－20	
連結所得	－1,120	880	－490	－730	
連結欠損金発生額の内訳	508		222	730	（＊1）
連結欠損金調整後	－612	880	－268	0	（＊2）
×30％	－184	264	－80	0	
連結法人税額	－184	264	－80	0	（＊3）

（＊1）連結欠損金発生額730は、個別欠損の発生している会社に個別欠損の比率（P社1,120、B社490）で配分する。
（＊2）連結欠損金発生額を足し戻した後の金額が連結所得個別帰属額となる。連結欠損金となった金額は繰り越されて将来の連結所得から控除されるのであり、連結法人税額を減額する効果をまだ発揮していないことから、当期の連結法人税個別帰属額の計算からは除くこととされているためである。
（＊3）連結納税主体としての納税は無いが、A社はP社に264支払い、B社はP社から80を受領する必要がある。

11.3 連結納税会社の住民税及び事業税

　地方税である住民税及び事業税には連結納税は導入されていないため、連結納税会社についての住民税及び事業税の申告についても単体申告となる。ただし、実務上の簡便性を考慮し、連結納税の計算において算出された連結法人税個別帰属額及び連結所得個別帰属額を課税標準の基礎として使用することとされている。

　まず、住民税法人税割の課税標準には連結法人税個別帰属額を使用する。この金額がマイナスである場合には、その金額を「控除対象個別帰属税額」として7年間繰越控除する。また、連結納税開始時・連結納税への加入時に法人税

の繰越欠損金の切捨ての適用を受けた連結納税子会社については、その切捨て額の30%を「控除対象個別帰属調整額」として繰越控除することとされている。

　事業税所得割の課税標準には連結所得個別帰属額を使用することになる。そして、この金額がマイナスである場合には、これを事業税の繰越欠損金として7年間繰越控除する。

[例]：地方税の課税標準の例

前に使用した連結納税の計算例の場合の地方税の課税標準は次のようになる。

	P社	A社	B社	連結合計
当期利益	1,000	400	-300	1,100
受取配当等の益金不算入	-100	-50		-150
減価償却限度超過額		30	10	40
譲渡損益の繰延べ	-20			-20
連結所得	880	380	-290	970

事業税の課税標準となる。マイナスの金額は事業税の繰越欠損金となる。

×30%	264	114	-87	291
税額控除額	-10	-5		-15
連結法人税額	254	109	-87	276

住民税の課税標準となる。マイナスの金額は住民税の控除対象個別帰属税額となる。

11.4　連結納税による連結財務諸表への影響（税効果を除く）

　連結納税を行っている際の連結財務諸表における税効果会計については、次で説明するが、それ以外の主な影響について先に説明する。

11.4.1　未払法人税等

　連結納税主体としての合計の連結法人税の未払金額に対しては、連結納税親会社の個別財務諸表において未払法人税等が計上され、連結財務諸表においても基本的に同額が認識される。連結法人税個別帰属額については連結納税会社間で精算をする必要があり、個別財務諸表においては連結納税親会社と連結納税子会社の間の未払金・未収入金を計上することとなるが、連結財務諸表においては債権債務の消去が行われる。

　地方税の未払金額に対しては、各会社の個別財務諸表において未払法人税等が計上され、連結財務諸表においてはそれを合算する。

11.4.2　連結の範囲

　一般に、連結納税における子会社は100％保有の国内子会社に限定されるのに対し、会計上は100％未満の保有の子会社や海外子会社についても連結対象に入るため、会計上の連結の範囲の方が広いことが多い。その場合は一般に連結財務諸表の中に連結納税主体が包含されることになる。

　逆に、会計の連結の範囲の方が狭い場合もある。これは、連結納税においては100％保有の国内子会社を全て対象に入れる必要があるのに対し、連結財務諸表においては重要性の乏しい子会社について連結の範囲に含めないことができることによるものである。この場合には、会計上はその子会社の資産、売上高、利益、利益剰余金のいずれもが重要性が低いために連結の範囲に含めないことができるのであり、税効果の処理についても同様である（連結納税1）。

11.4.3　決算日に差異がある場合

　会計上は、決算日の差異が3か月を超えない場合には、決算日が異なることから生ずる連結会社間取引に係る重要な不一致について必要な整理を行うこと

を条件に、子会社の正規の決算を基礎として連結決算を行うことができる。これに対し、連結納税においては、連結納税親会社の決算日に合わせてみなし事業年度を設けることとされており、異なる決算日のまま合算することは基本的に許されない。

このように連結納税子会社の会計期間が連結納税の事業年度と一致しない場合には、当該会計期間に係る連結法人税個別帰属額相当額を合理的に計算し、これを法人税額として計上することが必要になる。税効果についても、同様に、当該連結納税子会社の決算日における一時差異等を基礎として計上することになる（連結納税1 Q12）。

また、新たに会社の株式を取得し、会計上の連結子会社になる場合には、会計上、株式取得日ではなく当該日の前後いずれか近い決算日を支配獲得日として処理することができる。これに対し、連結納税においては、原則として、100％保有になった日の前日まででみなし事業年度を区切り、100％保有になった日からは連結納税子会社として処理する必要がある。この場合でも考え方は同様であり、連結損益計算書に含まれる当該子会社の損益に対応する法人税等を合理的に計算する必要がある（連結納税1 Q9）。

12　連結納税を適用する場合の連結財務諸表における税効果会計

　税効果会計を適用するためには、まず、その対象となる一時差異及び繰越欠損金等（以下「繰越欠損金等」という）の金額を把握する必要がある。そのため、連結納税主体においては、連結納税会社の財務諸表上の一時差異及び繰越欠損金等（連結欠損金個別帰属額・事業税の繰越欠損金又は住民税の控除対象個別帰属調整額及び控除対象個別帰属税額）を把握し、さらに、連結財務諸表固有の一時差異を把握し、これらに対する繰延税金資産・繰延税金負債を計算する。

　次に、繰延税金資産については回収可能性を検討し、回収が見込まれない金額については連結財務諸表における繰延税金資産から控除する必要がある。連結納税主体においては、法人税についてはグループ全体を一体として納税を行うため、その回収可能性もグループ全体の数値を考慮して判定することになる。

　以下において、それぞれの手順の詳細を説明する。

12.1　繰延税金資産及び繰延税金負債の把握

　連結納税主体の繰延税金資産及び繰延税金負債を把握するためには、まず、連結納税会社ごとの一時差異等に対する繰延税金資産及び繰延税金負債を把握し、その後連結納税主体としての連結財務諸表固有の金額を把握したり、連結財務諸表では消去される金額を把握したりすることになる。

12.1.1　連結納税会社ごとの一時差異等に対する繰延税金資産及び繰延税金負債の把握

1）財務諸表上の一時差異に対する繰延税金資産及び繰延税金負債

　　連結納税を行っている場合は連結納税主体で申告・納税を行うが、全体の

金額の内訳として、各連結納税会社ごとの連結所得個別帰属額及び連結法人税個別帰属額が把握できる仕組みとなっている。また、住民税及び事業税については、連結納税はないため連結納税会社ごとの計算となる。そのため、連結納税会社ごとの財務諸表上の一時差異の把握は、基本的に単体納税同様に行われる。なお、連結納税を行っている場合の各連結納税会社ごとの一時差異は、原則として別表5の2（1)付表1に記載されるため、これを用いることになる。

　繰延税金資産及び繰延税金負債の金額の算定も、単体納税の場合と同様に、法定実効税率を使用し以下のように計算する。

一時差異の金額×（法人税率×（1＋住民税率）＋事業税率)／（1＋事業税率）

　なお、回収可能性の判断にあたっては、法人税・住民税又は事業税の税目別に行う必要がある。税金の種類別に回収可能性が異なり、その影響が大きい場合には、これを考慮して実効税率を修正したうえで、税金の種類別に回収可能額を計算することになる（連結納税2　Q2、Q5、［参考］)（個別財務諸表における処理であるため、詳細は省略する)。

[例]：財務諸表上の一時差異の例

例えば、連結納税を行っているP社・A社・B社の別表5の2（1）付表1が以下のような内容であった場合について考える。

P社　別表5の2（1）付表1
連結個別利益積立金額に関する明細

	期首	減	増	期末
貸倒引当金限度超過額	90	90	100	100
有価証券評価損	60		80	140
賞与引当金	40	40	30	30
退職給付引当金	300		50	350
未払金	0		30	30
譲渡損益の繰延べ	0		−20	−20
繰越損益金	2,500	2,500	3,500	3,500

財務諸表上の一時差異
計　630
（将来減算一時差異650、将来加算一時差異20）

A社　別表5の2（1）付表1
連結個別利益積立金額に関する明細

	期首	減	増	期末
減価償却限度超過額	0		30	30
貸倒引当金限度超過額	40	40	50	50
有価証券評価損	10		0	10
賞与引当金	10	10	10	10
退職給付引当金	300		10	310
未払金	0		10	10
繰越損益金	500	500	900	900

財務諸表上の一時差異
計　420

B社　別表5の2（1）付表1
連結個別利益積立金額に関する明細

	期首	減	増	期末
減価償却限度超過額	0		10	10
賞与引当金	10	10	10	10
退職給付引当金	300		10	310
未払金	0		10	10
繰越損益金	−100	−100	−400	−400

財務諸表上の一時差異
計　340

上記のようなケースの場合、各会社ごとの繰延税金資産(回収可能性考慮前)・繰延税金負債の金額は次のように計算される。なお、法人税率30%、住民税率20%、事業税率10%とする。

$$実効税率 = \frac{30\% \times (1+20\%) + 10\%}{1+10\%} = 41.8\%$$

P社
　　繰延税金資産＝650×41.8％＝272
　　繰延税金負債＝20×41.8％＝8
A社
　　繰延税金資産＝420×41.8％＝176
B社
　　繰延税金資産＝340×41.8％＝142

したがって、連結納税主体の繰延税金資産(回収可能性考慮前)は272＋176＋142＝590、繰延税金負債は8となる。

2) 繰越欠損金等についての繰延税金資産

　繰越欠損金等については、単体納税の場合と概念が異なるため、注意を要する。連結納税を行っている場合の繰越欠損金概念は、法人税の連結欠損金個別帰属額、住民税の控除対象個別帰属調整額及び控除対象個別帰属税額、及び事業税の繰越欠損金となる。これらに対する繰延税金資産の算出にあたっては、税金の種類別の税率を適用して以下のように計算する。

・法人税　　連結欠損金個別帰属額×法人税率/(1＋事業税率)
・住民税　　連結欠損金個別帰属額×法人税率×住民税率/(1＋事業税率)＋(控除対象個別帰属調整額＋控除対象個別帰属税額)×住民税率/(1＋事業税率)
・事業税　　繰越欠損金額×事業税率/(1＋事業税率)

[例]：繰越欠損金等の繰延税金資産の例

以下のように欠損が発生している場合の、繰越欠損金等の繰延税金資産について検討する。なお、前年度までは欠損が発生しておらず、当年度に新規発生した繰越欠損金等しか存在しないものとする（したがって、住民税の控除対象個別帰属調整額もゼロとなる）。

	P社	A社	B社	連結合計
当期利益	-1,000	900	-500	-600
受取配当等の益金不算入	-100	-50		-150
減価償却限度超過額		30	10	40
譲渡損益の繰延べ	-20			-20
連結所得	-1,120	880	-490	-730
連結欠損金発生額の内訳	508		222	730
連結欠損金調整後	-612	880	-268	0
×30%	-184	264	-80	0
連結法人税額	-184	264	-80	0
連結欠損金	508		222	730
住民税の控除対象個別帰属税額	184		80	
事業税の繰越欠損金	1,120		490	

法人税率30%、住民税率20%、事業税率10%とすると、例えば、P社の繰越欠損金等についての繰延税金資産（回収可能性考慮前）の金額は次のようになる。

法人税：$508 \times 30\%/(1+10\%) = 139$
住民税：$508 \times 30\% \times 20\%/(1+10\%) + (0+184) \times 20\%/(1+10\%) = 61$
事業税：$1,120 \times 10\%/(1+10\%) = 102$
$139+61+102=302$

12.1.2 連結財務諸表固有の一時差異等の把握

次に、**12.1.1**の連結納税会社ごとの一時差異等を合計するとともに、資本連結手続その他の連結手続により生じた連結財務諸表固有の一時差異等を把握し、また、連結財務諸表では消去される一時差異等も把握して、連結納税主体

としての一時差異等を把握する必要がある。

例えば、未実現損益についての一時差異、連結納税子会社への投資についての一時差異（評価減や留保利益）等の処理を行う必要がある。以下でそれぞれの項目について説明する。

1）未実現損益
① 売却損益の繰延べと未実現損益

同じ連結納税主体内の連結納税会社間における特定の資産の売却損益については、連結納税における所得の計算において繰延処理を行い、売却時点の所得を構成しないこととされている。

この規定の適用を受け、売却損益の繰延べ処理が行われる場合には、売却した会社の個別財務諸表上は売却損益が計上されることから、各連結納税会社ごとの財務諸表上の一時差異に該当する。しかし、連結納税主体の連結財務諸表においては、これは未実現利益として消去されることから、連結納税主体における一時差異には該当せず、連結財務諸表においては繰延税金資産又は繰延税金負債は計上しない（連結納税1 Q5）。

② 売却損益の繰延べの適用を受けない未実現損益

連結納税において売却損益の繰延べ処理が行われるのは、特定資産の売却損益のみとなっている。特定資産とは、固定資産、土地等、有価証券、金銭債権及び繰延資産で、売却直前の簿価が1,000万円未満のものを除くこととされている。連結財務諸表における未実現利益の消去は、基本的に全ての取引の損益を消去することを目標とすることから、連結財務諸表における未実現利益の消去の方が広い概念といえる。内容的に未実現利益に該当するものであっても、連結納税における繰延処理の対象にならなければ（例えば、棚卸資産の売却損益、少額資産の売却損益、及び役務提供による利益等）、各連結納税会社ごとの財務諸表上の一時差異には該当せず、通常通り、連結財務諸表における未実現利益の消去を連結財務諸表固有の一時差異として扱い税効果を認識することになる（連結納税2 Q7）。具体

的には、当該売却により発生した税金の額を繰延税金資産に計上し、当該未実現利益の実現に対応させて取り崩すことになる。未実現損失の場合には、税金軽減額を繰延税金負債として計上し、当該未実現損失の実現に対応させて取り崩すことになる。なお、未実現利益の消去に係る将来減算一時差異の額は、連結納税主体の課税年度の連結所得の金額を超えてはならず、また、未実現損失の消去に係る将来加算一時差異の額は、連結納税主体の課税年度の連結所得の金額を超えてはならないこととされている（連結納税2 Q7）。

2）連結納税開始・加入時の資産の時価評価損益

連結納税を開始するとき、又は子会社が連結納税親会社の100％保有となって新たに連結納税に加入するときには、一定の例外に該当する場合を除き、連結納税子会社の保有する特定資産の時価評価をすることとされている。各連結納税会社の個別財務諸表においては、このような時価評価は行われないことから、この時価評価損益は個別財務諸表上の一時差異に該当する。そして、連結納税主体の連結財務諸表においては、資本連結手続により評価差額が生じ、これが連結納税開始・加入時の時価評価損益と異なる場合に、その差額が連結納税主体の一時差異等となる（連結納税1 Q7）。そのため、各会社において認識された繰延税金資産及び負債を修正する必要がある。

3）連結納税子会社への投資の評価減及び投資価額の修正
① 連結納税子会社への投資の評価減

子会社への投資の評価減については、単体納税の場合と同様に取り扱われる。すなわち、個別財務諸表において連結納税子会社への投資の評価減を行い、連結納税において損金算入されなかった場合には、当該金額は個別財務諸表上の一時差異に該当する。そして、連結財務諸表において資本連結手続により評価減の消去を行った場合、これにより生じた将来加算一時差異については、個別財務諸表で計上された繰延税金資産の額を限度と

して連結財務諸表において繰延税金負債を認識し、連結財務諸表においては税効果を認識していないのと同様の結果となる（連結納税1 Q8）。

② 留保利益に係る一時差異

子会社の留保利益については、連結財務諸表上の投資簿価（子会社資本の親会社持分額）に含まれるが、親会社の個別財務諸表上（税務上）の投資簿価には含まれないことから、将来加算一時差異に該当する。この将来加算一時差異は、配当送金又は投資の売却により解消する。

まず、配当送金による税金発生見込み額について繰延税金負債を計上するかどうか検討することになるが、連結納税子会社からの受取配当は、連結納税において、負債利子控除をせずその全額が益金不算入とされているため、連結納税子会社が配当をしたとしても追加の税金は生じない。そのため、連結納税子会社の留保利益のうち、将来配当送金されると見込まれる部分の金額に対して、連結財務諸表における繰延税金負債は計上されない（連結納税1 Q10）。

子会社の留保利益のうち、配当送金されると見込まれるもの以外の将来加算一時差異は、子会社への投資を売却することにより解消する。この場合に、連結納税においては、子会社への投資価額の修正を行ってから売却損益を計算することとされており、留保利益のある連結納税子会社の株式を売却する場合には、通常、連結納税子会社への投資価額の増額修正が行われる。そのため、売却利益として計上されることが見込まれる金額、すなわち将来加算一時差異は、以下の金額となる。

将来加算一時差異＝連結納税子会社の留保利益－将来配当されると見込まれる金額
　　　　　　　　　－帳簿価額の増額修正額

この将来加算一時差異については、親会社がその投資の売却を親会社自身で決めることができ、かつ、予測可能な将来の期間に、その売却を行う意思がない場合には、当該将来加算一時差異に対して税効果を認識しない

こととされている。親会社により投資を売却する意思決定がなされた場合には、当該将来加算一時差異についての繰延税金負債を計上する必要がある（連結納税1 Q10）。

③ 投資価額修正

　また、連結納税においては、連結子会社への投資価額の修正を行うことがある。これは連結子会社株式の売却を行う場合、また連結子会社株式の評価減を行う場合、又は連結子会社が連結納税から離脱する場合（100％保有でなくなった場合など）などに行うこととされている。連結納税において連結子会社への投資価額の修正を行った場合、個別財務諸表上において何も処理が行われなければ、その金額は個別財務諸表上の一時差異等に該当することになる。これに対する税効果は、予測可能な将来売却される可能性が高く、かつ、繰延税金資産については回収可能性があると判断される場合に限り、認識することとされている。親会社の個別財務諸表において子会社株式の投資価額修正に係る税効果を認識した場合には、連結財務諸表においては、いったんこの処理を取り消したうえで、改めて子会社への投資に係る税効果の認識（上記①＆②の処理）を行うことになる。

4）連結納税会社間の貸倒引当金

　連結納税会社間の債権について、債権者である会社の個別財務諸表において計上された貸倒引当金については、連結納税においては損金に算入されないため、個別財務諸表における一時差異等に該当する。

　しかし、連結財務諸表においては、債権債務の消去に伴い、貸倒引当金も減額修正されることから、会計と税務が一致する結果となり、一時差異には該当しない。

　したがって、各会社において認識された一時差異に係る繰延税金資産について、連結主体においては減額する必要がある。

12.2　回収可能性の判断

　12.1で把握された繰延税金資産のうち、法人税に係る部分については連結納税主体を一体として回収可能性を判断し、住民税又は事業税に係る部分については連結納税会社ごとに回収可能性を判断した上で各社分を合計する。回収が見込まれない税金の額については、連結財務諸表上、繰延税金資産から控除する。

　個別財務諸表においては、繰延税金資産の回収可能性の判断は各連結納税会社ごとに行う。仮に連結納税主体として十分な所得の発生見込みがなかったとしても、その連結納税会社に十分な所得の発生見込みがあれば、連結納税親会社に対して支払う自身の連結法人税個別帰属額を減額する効果が期待できるため、回収可能性があると判断される。しかし、連結納税主体の連結財務諸表においては連結納税主体を一体として回収可能性を判断するため、連結納税主体として十分な所得の発生が見込まれなければ、個別財務諸表で認識された繰延税金資産の一部又は全部を取り崩す連結修正処理を加える必要がある。

12 連結納税を適用する場合の連結財務諸表における税効果会計

[例]：連結所得が発生する見込みの例

次のように、将来減算一時差異400の減算見込みに対し、所得見込額1,200（一時差異減算前）の法人A社があったとする。同じ連結納税主体のB社は欠損の見込みであり、その金額は600であったとする。

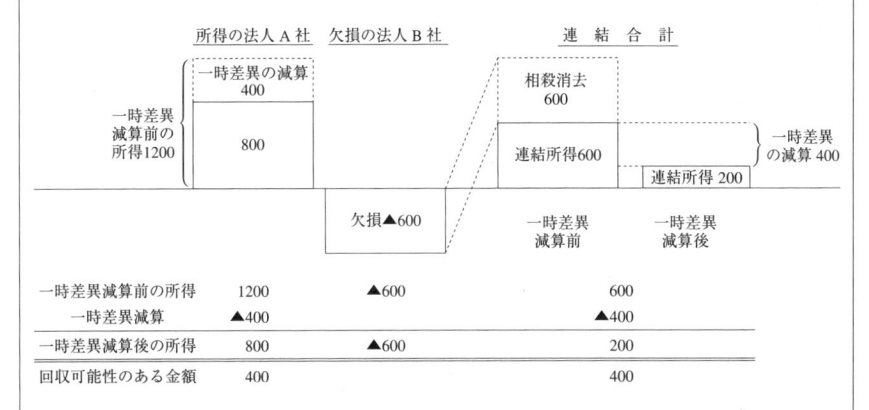

	所得の法人A社	欠損の法人B社	連結合計
一時差異減算前の所得	1200	▲600	600
一時差異減算	▲400		▲400
一時差異減算後の所得	800	▲600	200
回収可能性のある金額	400		400

まず、A社の個別財務諸表における将来減算一時差異400の回収見込みを検討する。A社は一時差異減算前で1,200の個別所得があるため、減算見込みの400の回収可能性はあると判断される。

次に、連結財務諸表における税効果を適用するにあたり、連結納税主体としての回収見込みを検討する。連結合計では一時差異減算前で600の所得があるため、減算見込みの400の回収可能性はあると判断される。

この例では、将来減算一時差異400の回収可能性は個別財務諸表と連結財務諸表で一致する。

[例]：連結欠損が発生する事例の場合

　次に、A社は将来減算一時差異400の減算見込みに対し、所得見込額1,200（一時差異減算前）となっており、同じ連結納税主体のB社は900の欠損見込みであり、連結欠損金が生ずる見込みであったとする。

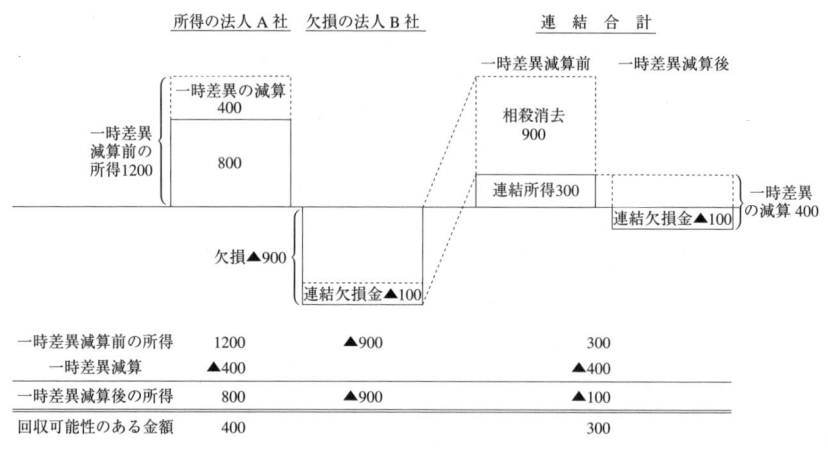

	所得の法人A社	欠損の法人B社	連結合計
一時差異減算前の所得	1200	▲900	300
一時差異減算	▲400		▲400
一時差異減算後の所得	800	▲900	▲100
回収可能性のある金額	400		300

　まず、A社の個別財務諸表における将来減算一時差異400の回収見込みを検討する。A社は、一時差異減算前で1,200の個別所得があるため、減算見込みの400の回収可能性はあると判断される。

　次に、連結納税主体としてみると、一時差異減算前の連結所得は300しかないため、減算見込みの400のうち、300のみが回収可能性ありと判断される。

　この例においては、個別財務諸表において計上された将来減算一時差異400に対する繰延税金資産のうち、100に対するものについては、連結財務諸表においては連結修正として減額処理を行う必要がある。

12.3　税効果会計の考慮時期

　連結納税はその適用を承認された100％親子会社のみに適用されるが、100％関係は変動することもあり、その対象は流動的であるといえる。そのため、連

結納税の開始、連結納税主体への加入、連結納税主体からの離脱の際の、会計上の税効果会計の処理について説明する。

12.3.1 連結納税開始の認識時期

　前に述べたように、連結納税を開始する場合には、連結納税親会社となる会社と連結納税子会社となる会社のすべてが事前に承認申請書を提出し、これに対する承認を受けることで開始される。適用を開始する事業年度よりも前に承認申請書を提出し、承認を受けることになるため、いつの連結財務諸表及び個別財務諸表から、連結納税を前提とした税効果会計を適用すべきかが問題となる。

　これについては、承認申請書を提出しても承認されるかどうかが分からないことから、原則として、連結納税主体・連結納税会社のいずれにおいても、承認日の属する会計期間から適用をすべきものとされている（連結納税1 Q16）。ただし、承認がまだ下りていない場合であっても、翌事業年度から連結納税を開始することが明らかであり、かつ、連結納税を考慮した税効果会計が合理的に行われていると認められる場合には、翌事業年度からの連結納税の適用を前提とした税効果会計を行うことができるものとされている。

　連結納税を開始する場合、連結納税子会社となる会社の繰越欠損金は原則として切り捨てられるため、これに係る繰延税金資産の回収可能性は無いものと判断されるが、そのように判断される時点についても、連結納税の承認日になるものと考えられる（連結納税2 Q8）。

12.3.2 加入見込みの考慮時期

　会計上の連結子会社であるが、100％保有でないこと等により連結納税の対象ではない子会社について、将来連結納税の対象にする見込みがある場合に、いつから連結納税を前提とした税効果会計を適用すべきかが問題となる。これ

については、連結納税親会社等により、この子会社株式を追加取得する等により連結納税子会社として加入させることについて意思決定がなされ、その実行可能性が高いと認められる場合には、将来この加入が行われるものとして繰延税金資産の回収可能性を判断することとされている（連結納税主体・連結納税会社のいずれにおいても同じ）（連結納税1 Q13）。

連結納税に加入する場合についても、加入する子会社の繰越欠損金は原則として切り捨てられるため、これに係る繰延税金資産の回収可能性は無いものと判断されるが、そのように判断についても同様に、連結親会社等による意思決定がなされ、実行される可能性が高いと認められることとなった時点になるものと考えられる（連結納税主体・連結納税会社のいずれにおいても同じ）（連結納税2 Q8）。

なお、現在連結子会社でない会社についてはこの取扱いは適用されず、連結納税親会社等が買収の意思決定をしたとしても、連結納税主体の連結財務諸表または買収する連結納税会社の個別財務諸表には反映されない。ただし買収対象会社の個別財務諸表においては、連結納税主体に加入することを考慮して繰延税金資産の回収可能性を判断することとされている（連結納税2 Q8）。

12.3.3　離脱見込みの考慮時期

連結納税からの離脱の見込みについても同様であり、連結納税親会社等により、現在、連結子会社かつ連結納税子会社である会社を、その株式の売却等により連結納税主体から離脱させることについて意思決定がなされ、実行される可能性が高いと認められる場合には、将来この離脱が行われるものとして繰延税金資産の回収可能性を判断する（連結納税主体・連結納税会社のいずれにおいても同じ）（連結納税1 Q13）。

なお、離脱する連結納税子会社に帰属する連結欠損金個別帰属額は、原則としてその会社の繰越欠損金として引き継がれるため、その前提で回収可能性を検討するものと考えられる（連結納税主体・連結納税会社のいずれにおいても

同じ)。

　また、連結納税主体においては、連結納税親会社等の当該連結納税子会社に対する投資に係る一時差異のうち、売却により解消されるものについて税効果を認識する(将来減算一時差異については回収可能性がある場合に限る)。

12.4　表示及び開示

12.4.1　繰延税金資産及び繰延税金負債の表示

　繰延税金資産及び繰延税金負債の表示は、同一の納税主体のものは流動項目と固定項目に分けて相殺表示するのに対し、異なる納税主体のものは原則として相殺してはならないとされている。

　連結納税主体は法人税について同一の納税主体となることから、連結納税主体の法人税に係る繰延税金資産と繰延税金負債は、流動項目と固定項目に分け、相殺して表示する(連結納税1　Q17)。

　連結納税主体の法人税の繰延税金資産と繰延税金負債と、それ以外のもの(連結対象であるが連結納税対象ではない会社のものや、地方税に関するもの)については、異なる納税主体のものであるため、原則として相殺しない。

　なお、繰延税金資産及び繰延税金負債の主な発生原因別の内訳や、法定実効税率と税効果適用後の法人税等の負担率との差異の原因となった主な項目別の内訳については、税金の種類ごとに内訳を示す必要はないが、繰延税金資産から控除された金額(評価性引当額)については、税金の種類によって回収可能性が異なる場合には、税金の種類を示して注記することが望ましいとされている(連結納税2　Q9)。

12.4.2　開示

　連結納税制度を適用開始した場合又は取りやめた場合における最初の連結財

務諸表及び個別財務諸表においては、その旨を注記することが適当とされている（連結納税1 Q17）。

＜監修＞

市川　育義（いちかわ　やすよし）
・有限責任監査法人トーマツ　パートナー
・公認会計士
・金融庁企業会計審議会監査部会専門委員（現任）
・日本公認会計士協会理事（現任）

＜執筆者＞

小堀　一英（こほり　かずひで）（第7章担当）
・有限責任監査法人トーマツ　パートナー
・公認会計士

大野　久子（おおの　ひさこ）（第11章、第12章担当）
・税理士法人トーマツ　シニアマネジャー
・公認会計士

庄内　彰子（しょうない　あきこ）（第8章、第9章、第10章担当）
・有限責任監査法人トーマツ　マネジャー
・公認会計士

川口　桂子（かわぐち　けいこ）（第1章、第2章、第3章、第4章、第6章担当）
・有限責任監査法人トーマツ
・公認会計士

鈴木　真都佳（すずき　まどか）（第1章、第2章、第3章、第4章、第5章、第6章担当）
・有限責任監査法人トーマツ
・公認会計士

有限責任監査法人トーマツ

有限責任監査法人トーマツはデロイト トウシュ トーマツ（スイスの法令に基づく連合組織体）のメンバーファームで、監査、マネジメントコンサルティング、株式公開支援、ファイナンシャルアドバイザリー サービス等を提供する日本で最大級の会計事務所の一つです。国内約40都市に約2,500名の公認会計士を含む約5,500名の専門家を擁し、大規模多国籍企業や主要な日本企業をクライアントとしています。詳細は当法人トーマツWebサイト（www.tohmatsu.com）をご覧ください。

主たる事務所　東京都港区芝浦4-13-23　MS芝浦ビル
東 京 事 務 所：
　八重洲オフィス　東京都千代田区丸の内1-11-1　パシフィックセンチュリープレイス丸の内ビル
　丸の内オフィス　東京都千代田区丸の内3-3-1　新東京ビル
その他事務所：国内29カ所（札幌、仙台、盛岡、新潟、さいたま、千葉、横浜、長野、金沢、富山、静岡、名古屋、岐阜、三重、京都、大阪、奈良、和歌山、神戸、岡山、広島、松江、高松、松山、福岡、大分、熊本、鹿児島、那覇）
連 絡 事 務 所：国内8カ所（宇都宮、高崎、松本、福井、浜松、滋賀、長崎、宮崎）
海外駐在員派遣：約40都市（デロイト トウシュ トーマツ/ニューヨーク、ロサンゼルス、ロンドン、北京ほか）
＜沿　　革＞　1968年5月に等松・青木監査法人（現、有限責任監査法人トーマツ）設立。1975年5月に国際会計事務所組織であるトウシュ・ロス・インターナショナル（現、デロイト トウシュ トーマツ）へ加盟。その後、5回の国内での合併を経て、1990年2月に監査法人トーマツと名称を変更。2009年7月に有限責任監査法人へ移行し、名称を有限責任監査法人トーマツに変更。

税理士法人トーマツ

税理士法人トーマツは、国内外の企業に税務コンサルティングサービスを提供する、全国規模の税理士法人です。国内13都市に事務所を有し、一人ひとりの卓越したプロフェッショナルがその連携により、大きな専門家集団を形成しています。また、全世界140カ国以上、約169,000人から成る国際的会計事務所デロイト トウシュ トーマツの主要構成事務所としての運営に参画し、世界水準の高品質なプロフェッショナルサービスの提供をしています。詳細は税理士法人トーマツWebサイト（www.tohmatsu.com/tax）をご覧ください。

数値モデルで作成プロセスを理解する 詳解 連結財務諸表 作成ガイドブック

2010年6月28日　発行

編　者	有限責任監査法人トーマツ Ⓒ
発行者	小泉　定裕
発行所	株式会社 清文社　東京都千代田区内神田1-6-6（MIFビル） 〒101-0047　電話03(6273)7946　FAX03(3518)0299 大阪市北区天神橋2丁目北2-6（大和南森町ビル） 〒530-0041　電話06(6135)4050　FAX06(6135)4059 URL http://www.skattsei.co.jp/

印刷：図書印刷㈱

■著作権法により無断複写複製は禁止されています。落丁本・乱丁本はお取り替えします。
■本書の内容に関するお問い合わせは編集部までFAX（03-3518-8864）でお願いします。

ISBN978-4-433-56950-1